***ACCESO GRATIS** a la Lectura en la Nube*

Para visualizar el libro electrónico en la nube de lectura envíe junto a su nombre y apellidos una fotografía del código de barras situado en la contraportada del libro y otra del ticket de compra a la dirección:

ebooktirant@tirant.com

En un máximo de 72 horas laborales le enviaremos el código de acceso con sus instrucciones.

La visualización del libro en **NUBE DE LECTURA** excluye los usos bibliotecarios y públicos que puedan poner el archivo electrónico a disposición de una comunidad de lectores. Se permite tan solo un uso individual y privado

LA FISCALIDAD DE LA PRODUCCIÓN DE LA ENERGÍA ELÉCTRICA EN ESPAÑA

(A la luz del cuestionado impuesto sobre el valor de la producción de la energía eléctrica)

LA FISCALIDAD DE LA PRODUCCIÓN DE LA ENERGÍA ELÉCTRICA EN ESPAÑA

(A la luz del cuestionado impuesto sobre el valor de la producción de la energía eléctrica)

ANA MOLINA LEBRON
Profesora de Derecho Financiero y Tributario
Universidad Autónoma de Madrid
Letrada Dirección Contencioso-Fiscal Iberdrola

tirant lo blanch
Valencia, 2025

La aceptación de la presente obra ha tenido en consideración la evaluación y calificación otorgada por los expertos componentes del tribunal calificador de la tesis doctoral en la que se basa, cumpliendo con el criterio correspondiente de los revisores externos y ofreciendo la calidad debida a la presente edición.

EDITA: TIRANT LO BLANCH
C/ Artes Gráficas, 14 - 46010 - Valencia
TELFS.: 96/361 00 48 - 50
FAX: 96/369 41 51
Email:tlb@tirant.com
www.tirant.com
Librería virtual: www.tirant.es
DEPÓSITO LEGAL: V-4778-2024
ISBN: 978-84-1095-276-8

Si tiene alguna queja o sugerencia, envíenos un mail a: *atencioncliente@tirant.com*. En caso de no ser atendida su sugerencia, por favor, lea en *www.tirant.net/index.php/empresa/politicas-de-empresa* nuestro Procedimiento de quejas.

Responsabilidad Social Corporativa: http://www.tirant.net/Docs/RSCTirant.pdf

A mi hijo Alejandro; dicen que una madre es el primer amor de un hijo, y que un hijo es el último amor de una madre, que nada ni nadie pare tus sueños.

La técnica es ineludible en la vida financiera moderna y su desarrollo y perfeccionamiento no pueden producirse en modo alguno a expensas de los valores jurídicos.

SAINZ DE BUJANDA

Hacienda y Derecho, Volumen V (1967)

Ningún sistema permanece inmutable, ni siquiera en el corto espacio de un año; aunque no sea más que por las incidencias de la coyuntura, y, más aún, por las del permanente forcejeo para hacer recaer la carga tributaria sobre otros, que es la esencia del debate político en torno a los impuestos, los cambios son inevitables y rápidos. No hay que extrañarse que sea así.

JAIME GARCÍA AÑOVEROS

Las reformas fiscales (1998)

ÍNDICE

Capítulo III

EL IMPUESTO SOBRE EL VALOR DE LA PRODUCCIÓN ELÉCTRICA Y EL DERECHO EUROPEO

Capítulo IV
LA LITIGIOSIDAD EN EL ÁMBITO DEL IMPUESTO SOBRE EL VALOR DE LA PRODUCCIÓN DE LA ENERGÍA ELÉCTRICA

NOTA PREVIA

Decía LOPE DE VEGA que: "el ingrato escribe el bien en el agua y el mal en la piedra", así que procedo en estas líneas a darle la vuelta a esa gran frase, para escribir mi gratitud en la piedra.

Los éxitos nunca son unipersonales, el trabajo duro detrás de una obra probablemente sí, pero el resultado final es mérito de muchos factores, sobre todo factores humanos.

Al profesor Antonio Cubero, qué te digo a ti que no me quede corta, gracias por estar siempre ahí, por no dejarme flaquear, por tu tiempo. Creo que lo sabes, pero siempre has sido un pilar importante para mí y un modelo a seguir, en lo profesional, pero sobre todo en lo personal; como dijo el profesor Luis Toribio, sabes sobre todo dirigir el lado humano de las cosas. Al final, la vida siempre te coloca al lado de las personas correctas. Eso es suerte. Tú eres mi suerte. Mil veces gracias.

Al profesor Luis Toribio, gracias por tu mano tendida, por esas risas, por esa complicidad y porque es un auténtico lujo contar a mi lado con alguien como tú.

A los miembros del ilustre Tribunal que juzgaron mi trabajo, un verdadero honor contar con su presencia, todo un orgullo para mí:

- Al profesor Juan Arrieta, no sabes cuanto de importante has sido tú aquí. Quienes tenemos la suerte de conocerte, sabemos que tu profesionalidad la supera lo buena persona que eres. Sólo tengo palabras de agradecimiento, y lo estaré eternamente.
- Al profesor Florián García Berro y la profesora María Teresa Mories, gracias infinitas, no solo por esto, sino por tantos días, por haberme hecho sentir siempre, a pesar de la distancia, parte de este grupo de trabajo que configura el Departamento de Derecho Financiero y Tributario de la Facultad de Derecho de la Universidad de Sevilla. Porque, aunque pase el tiempo vuelvo y siempre la siento mi casa;
- Al profesor Sánchez Pino, gracias, Antonio José, tienes la virtud de hacer de cualquier evento de nuestro sector una fiesta. Eres de las personas más ingeniosas y divertidas que conozco.
- A la profesora Rodríguez Bereijo, María, gracias por tu mano tendida siempre, por tu paciencia este tiempo, por alentarme a no ceder en el ob-

jetivo, por animarme, por hacerme sentir desde el primer día una más en el área de Derecho Financiero y Tributario de la UAM. Gracias, amiga, ahí estaré para que tampoco cedas tú.

A mis compañeros de la Universidad Autónoma de Madrid. En particular:

- al profesor Diego Marín-Barnuevo, gracias por simplemente estar, por tus silencios últimos que lo decían todo, y por ser consejero y amigo;

  –y al profesor Félix Vega Borrego: donde hay amigos hay riqueza, creo que no eres consciente del ser de luz que eres, supongo que por tu humildad, compañero, maestro y, por encima de todo, amigo, gracias por tu apoyo constante, por tu calidad profesional, pero sobre todo por tu calidad humana y tu generosidad (cualquier aspecto jurídico lo conoces, pero lo más importante es que poca sabiduría te guardas, porque toda la compartes). Muchas gracias, por ser el compañero que cualquiera querría tener. No sé qué hice bien, pero no puedo estar más agradecida, espero estar a la altura. Esto lo hago extensivo a la profesora Ester Marco, gracias por todo, ese sentido del humor que tienes, sólo es fruto de alguien con una capacidad intelectual increíble.

Al profesor Juan López Martínez, compañero de algunos eventos tributarios y de algunas risas, por ayudarme en la ardua labor de publicar esta obra, que ya sabemos que a veces, es casi tan dura como elaborar la misma obra.

A mi familia, en especial a mis padres, Joaquín y Ana, porque me han enseñado todo lo que soy, como afirmó Jean Jacques Rousseau: "unos buenos padres valen por cien maestros", y yo he tenido esa suerte. A mis hermanos, Mar y Joaquín, quienes me dan su paraguas en las tormentas y después me acompañan a ver el arco iris, el mejor regalo que mis padres me hicieron.

A Nacho, compañero de vida, por sobrellevarme tan bien, por soportar mis malos momentos, aunque como siempre le digo, para tener lo bueno también hay que soportar lo menos bueno.

No puedo olvidarme de quienes me hicieron amar el Derecho Financiero y Tributario, al profesor Luis María Cazorla Prieto, maestro, gracias por ser una pieza fundamental en todo esto; al profesor Don Jaime García Añoveros, mi recuerdo emocionado; y al profesor Ángel Aguallo Avilés, es la superación de las dificultades lo que hace a los héroes, y él fue más que un héroe: "los que sean sabios resplandecerán como el fulgor del firmamento, y los que enseñan la justicia a muchos, brillarán como estrellas por toda la eternidad" (Libro de Daniel 12.3).

Pero todos me van a permitir que mi agradecimiento más importante, sea a mi hijo Alejandro (a quien dedico con todo mi amor este libro). Cuando tu hijo, recién nacido, te aprieta con su pequeña mano por primera vez tu dedo, te tiene atrapada para siempre. De todas las cosas que soy en esta vida, la que más me gusta es ser tu madre. Estoy absolutamente orgullosa de ti, por lo trabajador y estudioso que eres, que se muestra en tus resultados, pero sobre todo, porque te has convertido en una buena persona. Hay veces que las cosas no salen a la primera, a veces ni a la segunda, pero luchando hasta lo imposible se consigue. Que nada ni nadie pare tus sueños.

PRÓLOGO

I. ¿ALGUIEN PUEDE DUDAR DE LA IMPORTANCIA DEL TEMA DE LAS ELÉCTRICAS Y DE SU ACTUALIDAD?

Toda presentación de una monografía debe comenzar por justificar el interés del tema y, en consecuencia, la oportunidad de la publicación y de su lectura. En esta ocasión, casi puede decirse que sobran las palabras. Así, si nos asomamos al panorama tributario de los últimos años, nos encontraremos con muestras evidentes del protagonismo de la energía eléctrica en las decisiones normativas que se han ido tomando. Baste aludir a un par de ejemplos.

En primer lugar, la irrupción del Gravamen temporal energético, que ha obligado a las —contadas— grandes empresas del sector a pagar un 1,2 por 100 del importe neto de la cifra de negocios, cargando sobre ellas una parte significativa de las expectativas recaudatorias del Estado. El ajuste riguroso a los principios de igualdad y progresividad puede suscitar dudas de mucha enjundia, debiendo subrayarse la impropia calificación como prestación patrimonial de carácter público en lugar de impuesto, en absoluto casual sino bien interesada, puesto que de ser cierta, que no lo es, conduciría a la liberación del vínculo a los principios constitucionales del artículo 31.1 de la Carta Magna, dado que estos principios van dirigidos literalmente al sistema tributario, a los tributos, y no al concepto más amplio de prestación patrimonial de carácter público, empleado en el vecino artículo 31.3 para consagrar el principio de reserva de ley (delimitación de ámbitos que ha consagrado la discutida doctrina del Tribunal Constitucional, volcada en sentencias como la 83/2014, de 29 de mayo, o la 167/2016, de 6 de octubre). Por fortuna, las figuras tienen la naturaleza jurídica que se desprende del análisis objetivo de su configuración, con independencia del *nomen iuris* legalmente otorgado, aunque razones elementales de seguridad jurídica nos llevan a lamentar el empleo de catalogaciones inexactas. La argumentación esgrimida en el Preámbulo de la *Ley 38/2022, de 27 de diciembre, para el establecimiento de gravámenes temporales energético y de entidades de crédito y establecimientos financieros de crédito y por la que se crea el impuesto temporal de solidaridad de las grandes fortunas, y se modifican determinadas normas tributarias*, no nos resulta convincente: "Dichas prestaciones no tienen un carácter tributario, por cuanto se configuran como instrumentos de intervención del Estado en la economía, ya que, como se ha justificado ampliamente con anterioridad, las prestaciones se constituyen en un elemento esencial dentro de la arquitectura del denominado «pacto de rentas» que encarna una herramienta esencial para la lucha contra los efectos nocivos de la inflación que viene sufriendo la ciudadanía. Por tanto, la exigencia de la prestación a los obligados al pago no se incardina en el ámbito de una relación jurídico-tributaria, sino en el contexto de la intervención del Estado en la economía a fin del cumplimiento de los principios y valores constitucionales que rigen nuestro contrato social. En definitiva, los gravámenes se configuran como un instrumento para hacer efectivo el denominado principio del «reparto del esfuerzo» presente en la doctrina del Tribunal Constitucional (sentencia 167/2016, de 6 de octubre)". Al menos parece que en la discusión actual sobre si tales gravámenes deben o no incardinarse con estabilidad en nuestro sistema tributario, lo único que está claro es que ya sí reconocerían en la nomenclatura su carácter de impuestos.

El segundo ejemplo del peso de la energía eléctrica en las principales decisiones de política fiscal lo hallamos en las medidas tomadas en los últimos años en los tipos reducidos del IVA. Cuando ha habido que afrontar las graves consecuencias de un duro contexto de crisis, con acontecimientos nucleares como la pandemia o la guerra de Ucrania, se optó por reducir el IVA de algunas operaciones, tratando con ello de combatir el alza de la inflación. Y ahí, junto a los alimentos de primera necesidad, se consideró esencial aplicar una reducción transitoria del IVA a la factura eléctrica de quienes fueran perceptores del bono social de electricidad y tuvieran reconocida la condición de vulnerable severo o vulnerable severo en riesgo de exclusión social y en general, de todos los contratos de suministro de energía eléctrica cuya potencia contratada no superara los 10 kW (es decir, casi todos los hogares y algunos autónomos), pero solo cuando el precio medio mensual del mercado mayorista en el mes anterior al del último día del período de facturación hubiera superado los 45 €/MWh. La luz como herramienta básica para el control de la inflación. De hecho, esta cuestión del efecto impositivo en los precios de la electricidad es central en el libro de Ana Molina, que estudia la trayectoria del Impuesto sobre el valor de la producción de la energía eléctrica, en la medida en que el Impuesto ha visto suspendida su vigencia durante los años de la crisis, para supuestamente los precios y por ende los consumidores se vieran beneficiados, mas la autora discrepa o muestra sus reticencias sobre la virtualidad de semejante objetivo.

En mi proyecto docente o mi forma de entender la docencia, procuro suscitar la curiosidad y la implicación de los estudiantes animándoles a seguir la marcha de la asignatura al hilo de los titulares de los periódicos. Les propongo una actividad consistente en extraer noticias de prensa y entregar una ficha reflexionando sobre su vinculación con los contenidos del programa, en un intento de convencerles de que no deben ver nuestra materia como una entelequia que hay que estudiar para aprobar, trámite necesario en el progreso de su formación, sino que deben percibir en sus carnes cuan cotidianos son los asuntos a los que nos dedicamos y cómo nuestras problemáticas forman parte del día a día en las problemáticas de nuestra entera sociedad. Verbigracia: las negociaciones sobre el cupo catalán y de su mano, sobre un nuevo sistema de financiación de las Comunidades Autónomas, a las que se trata de contentar con la condonación de la deuda; las negociaciones sobre el Presupuesto, que nos permiten ilustrar en directo los apuntes sobre la prórroga automática en caso de no aprobación, y más allá, las implicaciones que pueda tener el fracaso presupuestario sobre la marcha de la legislatura; las diferencias ideológicas que llevan a unos a abundar en los tipos más altos de las escalas del IRPF y a otros a defender la contención en los gravámenes e incluso la eliminación de algunos...

Pues bien, en ese muestrario de noticias que utilizo con mis alumnos o que me envían ellos tienen una cuota estimable las referencias a las eléctricas. En concreto, he recibido en los últimos días varios comentarios sobre la peripecia parlamentaria que está viviendo una enmienda dirigida a volver a suspender la vigencia del Impuesto sobre la producción de la energía eléctrica, que ha sido resucitado justo cuando se redactaba esta obra, una enmienda que ha aglutinado en su defensa a partidos que vienen sustentando al gobierno y partidos de la oposición.

Estamos insistiendo en la importancia y la actualidad de todo lo relativo a las eléctricas, y se nos antoja que han quedado probadas; pero la innegable connotación político-periodística de estos asuntos no debe hacer sombra al verdadero valor reflexivo y científico que el lector encontrará en cuanto se adentre en la obra de Ana Molina. Esta obra es un trabajo sobre el Impuesto del valor de la producción de la energía eléctrica, pero se quedaría corta su descripción si se detuviera ahí. Lejos de tratarse de una prosaica exposición de los elementos del Impuesto y de su cronología, su enfoque es mucho más profundo y sobre él rondan cuestiones molares (¡y morales, si se me permite el juego de palabras!) de nuestra disciplina, desde los criterios de clasificación de los impuestos a la evaluación del respeto a los principios constitucionales. Me parece que cualquier libro de Derecho Financiero y Tributario (por no decir cualquier libro de Derecho) en el que no esté sobrevolando la perspectiva constitucional es un libro incompleto. Nos gustaría recibir de nuestro Tribunal Constitucional una sentencia lúcida en la que se disertara sobre la licitud de que determinados sectores económicos, señaladamente, el sector bancario y el sector eléctrico o de los hidrocarburos estén sometidos a una mayor carga fiscal. Y libros como este deberían ser tenidos en cuenta en la construcción de la doctrina jurisprudencial.

A la indispensable ponderación constitucional que debe localizarse en cualquier trabajo investigador, hay que añadir en nuestros días la perspectiva europea, la evaluación del respeto al Derecho de la Unión Europea, y ello se deja sentir a la perfección en la obra de Ana Molina, que cumple escrupulosamente con el hoy necesario perfil europeo de los estudios jurídico-tributarios. Nuestro legislador no puede abordar la regulación de este sector económico de espaldas a Europa, si no quiere arriesgarse a la conflictividad y al fracaso, como la muestra la inagotable jurisprudencia del Tribunal de Justicia de la Unión Europea sobre el tipo autonómico del Impuesto sobre Hidrocarburos.

II. ¿ALGUIEN PUEDE DUDAR DE LA IMPORTANCIA DE UNA TESIS DOCTORAL, DE LA IMPORTANCIA DE SER DOCTOR (O DOCTORA)?

Conviene señalar que la obra que prologo no es sino resultado de la tesis doctoral de Ana Molina, tesis que fue defendida en el Salón de Grados de la Facultad de Derecho de la Universidad de Sevilla el 19 de junio de 2024, obteniendo la máxima calificación de Sobresaliente Cum Laude por unanimidad. Tengo un vivo —y muy grato, muy emocionante— recuerdo de aquel día. El acto de lectura de la tesis doctoral es uno de los más importantes de la vida académica, por no decir el que más. Y aunque sea un acto ritual, que tiene que seguir unas pautas establecidas, cada uno tiene su carácter propio, su fisonomía particular. Cuando se exige que el texto de la tesis cumpla los naturales requisitos de originalidad, esa originalidad se contagia a todo el proceso, también se está insinuando en el fondo que la originalidad lo impregne todo. En este caso tenemos una clara manifestación de la consustancial originalidad de la tesis y de todo el proceso que llevó hasta la consecución del doctorado.

Ha sido una tesis original, con toda la claridad del mundo y desde todos los puntos de vista. Fundamentalmente, por ser el fruto de un proceso largo, más largo de lo habitual, y eso que los estándares temporales de las tesis son de suyo prolongados. Pero aquí nos encontramos con algo especial, con la culminación de un deseo latente sostenido en el tiempo. Y cuando me refiero al tiempo, estoy yendo más allá de los datos formales del periodo de permanencia en el programa de doctorado. Se trata de una tesis de vida.

Si unos párrafos atrás aludía a la actividad de aportación de noticias relacionadas con la asignatura, también planteo a los estudiantes una actividad similar consistente en presentar fichas de películas, poniendo de manifiesto la conexión con el Derecho Financiero y Tributario, donde cabe obtener otro modesto 0,1 computable para la evaluación continua (ni que decir tiene que la serie española *Celeste* ha entrado con pie firme en el arsenal de largometrajes, documentales o series que los estudiantes invocan, por su estrechísima conexión con el ámbito fiscal, al tratarse de una inspectora de Hacienda que antes de la jubilación se empeña en demostrar que una famosa cantante, trasunto obvio de Shakira, ha permanecido en España más de 183 días y debe pagar cifras millonarias en concepto de IRPF; pero aún nadie ha comentado la película *Al otro barrio*, de la que solo conozco el tráiler: "Hay un señor y una señora esperándote en tu despacho, dicen que son funcionarios de Hacienda". "Sabemos que ha domiciliado su agencia en Los Caños *[un barrio desfavorecido, no la playa]* para desgravarse una pasta". "Se enfrenta a una pena de 18 a 72 meses *[sic]* de cárcel". "¿Cómo cárcel? ¿Cárcel, de cárcel?". "Cárcel, hijo, cárcel, lo que es la cárcel de toda la vida, la cárcel". "A no ser que traslade su agencia de comunicación a Los Caños". Definitivamente estamos de moda).

¿Qué película se me ocurre que represente el espíritu de la tesis de Ana Molina? Sin duda, *Boyhood*, de Richard Linklater, cinta que el director empezó a rodarla cuando su hijo en la ficción era pequeño y la va rodando poco a poco, una o dos escenas cada año durante muchos años. Este doctorado es algo así, se ha ido gestando poco a poco con el paso del tiempo. Con interrupciones, pero sin cejar en el empeño.

Ana Molina comenzó como doctoranda bajo la dirección del profesor Jaime García-Añoveros. Yo creo que inconscientemente no finalizó entonces su tesis porque quiso dejarme el honor de ser la mía la última tesis dirigida por don Jaime y aplazó con generosidad el asunto. Pero el hecho de que se iniciara bajo la batuta de don Jaime es significativo. Porque tenemos un padre académico común y por tanto, somos de algún modo hermanos, lo cual nos sitúa en una escala diferente al presumible estrato de separación entre director y doctorando. Publicamos en 1999 un artículo juntos, cosa que yo he hecho con contadas personas y todas dignas de mi admiración académica y de mi aprecio (tres de ellas estuvieron sentadas en el tribunal de la tesis, mis grandes amigos, Florián García Berro, Antonio José Sánchez Pino y María Teresa Mories). Nos situamos por tanto desde aquellos tiempos en una situación de igualdad, de equilibrio, que me ha permitido, una vez que accedí al rol de director de tesis —*y que no conste en acta*— desentenderme de las labores de orientación, porque confiaba ciegamente en la capacidad y en la madurez científica de la doctoranda. Con esa tranquilidad, solo he ido observando con admiración sus avances, su determinación, y el único papel que he jugado es el de insistir en que, por favor, le diera el cierre y la depositara. ¡Por fin ocurrió y llegó el momento, tan soñado, tan importante!

Si algo podía añadir importancia a esta tesis, cuando ya parecía que tenía los máximos componentes, resulta que es la primera tesis codirigida con Luis Toribio, al que dirigí la tesis hace solo cinco años y quien ya ha adquirido poderes sobrados para actuar como *maestro*. Representa una gran satisfacción darle así el relevo a quien me está dando tanto motivos de orgullo académico, como orgulloso estoy del trabajo de Ana.

Sí, ha sido una tesis en codirección, pero a la vez tesis en una especie de régimen de *cotutela* con otra universidad, la Universidad Autónoma de Madrid, donde colabora como Profesora Asociada Ana Molina. Los colegas de la Autónoma, que tan extraordinariamente acogen a Ana, han sido fundamentales con su aliento para que esta tesis llegara a término, lo cual ha generado una enriquecedora solidaridad entre dos universidades avalando un proceso doctoral. Tal comunión se tenía que hacer gráficamente visible en el tribunal de la tesis, de forma que junto a profesores de la Universidad de Sevilla, Director y Secretaria de nuestro Departamento (y puedo incluir en ese lote sevillano al profesor Sánchez Pino, a quien realmente consideramos de casa, por mucho que sea el flamante Decano de la Facultad de Derecho de la vecina Universidad de Huelva), junto a ellos formaron parte de la comisión destacados y apreciadísimos miembros de la Autónoma, Juan Arrieta, asimismo Decano de aquella Facultad, y María Rodríguez-Bereijo; uniéndose a esa reunión familiar el Director de aquel Departamento, Félix Alberto Vega Borrero. A todos ellos mi agradecimiento infinito.

La elaboración, defensa y publicación de una tesis me ofrece también una oportunidad para la reivindicación de la vocación universitaria, del amor a nuestro trabajo. Y me gusta poner especial énfasis en el valor de las tesis realizadas por profesionales. Ana Molina es Letrada de la dirección contencioso-fiscal de Iberdrola (y ello es evidente que ha influido en el dominio práctico del objeto de estudio). Merecen un reconocimiento doble, porque doble es el esfuerzo al tener que repartir el tiempo con su profesión de cabecera. No puedo menos que citar aquí a mi gran amigo desde la lejana juventud Pedro Villalba, que todavía no sé cómo ha podido sortear el ritmo frenético de su despacho de abogados para hacer una tesis-milagro, la única tesis que he dirigido más larga que la muy extensa de Ana Molina (pues de esta tesis va a surgir próximamente una segunda monografía). Soy un entusiasta de la universidad, y observar que la gente de fuera tiene interés en la universidad, en presumir del grado de doctor, me llena de alegría. Es como una ratificación objetiva de que he tenido buen gusto al seleccionar mi actividad y mi destino. Ahora bien, en el caso de Ana Molina, no puede hablarse de un profesional al uso al que le atrae la universidad y la investigación y hace lo posible por compaginar ambos frentes; porque la tendencia docente e investigadora de Ana no es ni circunstancial ni accesoria, sino que es una constante vital, es un rasgo en ella esencial que alcanza su culmen simbólico con el logro de la condición de doctora. Compartimos pues el grado más extremo y radical de la vocación.

La nueva normativa universitaria (todavía nueva no solo por reciente sino por falta de desarrollo) parece potenciar la reubicación de los profesores asociados invitándolos a convertirse en académicos a tiempo completo, en una suerte de retroalimentación pues a los académicos a tiempo completo se nos invita desde hace algunos años a exprimir también nuestra vertiente extrauniversitaria mediante el auspicio de lo que se ha dado en llamar "transferencia". Dado que la LOSU lo incentiva, no me extrañaría en esa línea que la ahora doctora diera algún día el paso a la dedicación académica plena, méritos reúne para obtener la correspondiente acreditación, y este libro del que puede presumir, publicado en una editorial como Tirant lo Blanch de inmejorable posición en los rankings al uso, en una colección de prestigio liderada por mi querido compañero Juan López, constituye un hito esencial en su curriculum.

Los éxitos de la tesis no concluyeron con la evaluación del tribunal sino que ha habido flecos posteriores. En el acto protocolario de investidura anual de doctores celebrado el 16 de diciembre de 2024 en la Facultad de Derecho de la Universidad de Sevilla, Ana Molina fue la encargada de intervenir en representación de los doce compañeros investidos, y defendió un discurso cargado de emotividad y de lucidez, por el que fue muy felicitada, y de rebote los codirectores. Utilizó como hilo conductor fragmentos de El Mago de Oz, para glosar los valores que allí se perseguían, el cerebro, el corazón, la valentía y el hogar y la familia, valores cuya combinación resulta fundamental a la hora de hacer una tesis. Pues tengo que reconocer llegados a este punto que siempre pensaba que la actriz Judy Garland era algo mayor para interpretar a la pequeña Dorothy en la película, y sin embargo, lo hacía *perfecto*. ¿Puede pensarse *mutatis mutandis* que Ana Molina no era la adecuada para representar a un grupo de doctores, en el que predominaban los que habían hecho la tesis inmediatamente después del Grado y del Máster en una secuencia normalizada? Sospecho que si alguien lo pensó al principio (aunque lo dudo porque la diferencia apenas se reflejaba a la vista), todos terminaron convencidos de que había estado *perfecta*. Para mí, el proceso de la tesis de Ana Molina no ha sido un proceso convencional pero puedo terminar diciendo que todo ha salido *perfecto*, y este libro que de ella surge me parece de lectura *perfectamente* recomendable, invito a todos a penetrar en sus páginas.

Antonio Cubero Truyo

RESUMEN

"Cómo un gobierno excesivo mató a la antigua Roma.
Impuestos, impuestos y más impuestos como medio homicida.
(Bruce Bartlett, 1994)"

Decía ORTEGA Y GASSET que: "*la claridad es la cortesía del filósofo*", y añadía a ello el maestro SAINZ DE BUJANDA que: "*el reconocimiento de la labor creadora, y del papel que en ella corresponde a cada partícipe, es la justicia del intelectual (...). No existe en el mundo coalición capaz de destruir en el hombre los anhelos de verdad y de justicia*"[1].

Cualquier regulación legislativa, y en concreto la regulación tributaria, debe venir precedida del respeto a principios fundamentales, *ex* **artículo 3.1 de la Ley 58/2003, de 17 de diciembre, General Tributaria**, como: la buena fe, confianza legítima, justicia, generalidad, igualdad, progresividad, equitativa distribución de la carga tributaria[2] y, por supuesto, la seguridad jurídica, no siendo ajeno tampoco el derecho a una buena Administración como parte integrante de todos estos principios, pues "*del principio de buena fe, vertebrador de nuestro ordenamiento (...), y tras el que se cobijan virtudes como la rectitud o la honradez, son corolarios el de buena administración y el de confianza legítima*"[3]; siendo así que,

---

1 Cfr. SAINZ DE BUJANDA, F. (1967): *Hacienda y Derecho V*, Instituto de Estudios Políticos, Madrid, páginas 617 y 618.

2 Así, ARRIETA MARTÍNEZ DE PISÓN, J. (2016): "Fiscalidad, equidad y redistribución", *Anuario de la Facultad de Derecho de la Universidad Autónoma de Madrid*, número 20, página 213, recoge que: "*podemos empezar por el final, con la conclusión, esto es, afirmando que, en efecto, nuestro sistema tributario tiene que ser equitativo (igualitario) y progresivo porque la CE lo exige*".

3 Vid. SALAS GARCÍA-NEBLE, L. M. (2023): "Buena administración y confianza legítima: a propósito de las liquidaciones del IIVTNU en las transmisiones mortis causa", *Revista de Contabilidad y Tributación, CEF*, número 487, octubre, página 7. Cfr. también PONCE SOLÉ, J. (2023): "El derecho a una buena administración, su exigencia judicial y el privilegio de ejecutoriedad de los actos administrativos. A propósito de la Sentencia de la Sala 3ª del Tribunal Supremo 1421/2020, de 28 de mayo de 2020, recurso de casación 5751/2017", Revista de Administración Pública, número 221, páginas 163 y siguientes.

lejos de ser conceptos inertes, han venido siendo configurados por la jurisprudencia del Tribunal Supremo con unos contornos del todo ciertos[4]. Sin embargo, si uno "*penetra en el abismo de los textos normativos tributarios*"[5], sólo encuentra cada vez más, una tendencia a la expansión de potestades administrativas, con la consiguiente merma de los derechos de los contribuyentes, observándose además "*una tendencia hacía el pragmatismo reactivo del Derecho*"[6], con una senda fragmentada, casuística, a veces con medidas inoperantes, que buscan soluciones a corto plazo sin miras al futuro, basadas únicamente en llenar las arcas del Estado, sin fundamentos ni objetivos claros, sobregravando continuamente, de manera equivocada, a los mismos sectores.

Siempre he sentido una verdadera predilección por el personaje de ROBIN HOOD, tal vez, porque mi mente lo conecta con aquel habilidoso arquero inglés del bosque de Sherwood, que "*les quitaba el dinero a los ricos para dárselo a los pobres*", o más profundamente, por rebelarse por algo parecido a lo que él entendía que era un sistema tributario de la época injusto, llegando a luchar contra una tiranía tributaria. Pero la realidad estaba, en que los enemigos de ROBIN HOOD nunca fueron los ricos, sino el Estado y el recaudador de impuestos (Juan Sin Tierra y el Sheriff de Nottingham). No creo que exagere si digo, que nuestro sistema tributario tiene mucho de Robin Hood, Juan Sin Tierra y del Sheriff de Nottingham, sobre todo en relación con la fiscalidad del sector energético, que se ha convertido en un auténtico caos, en una amalgama que mezcla tributos, exacciones parafiscales —ahora llamadas prestaciones patrimoniales públicas no tributarias—, con la principal argumentación, de que "*aquellos que supuestamente se les presupone que ganan mucho*", contribuyan hasta la extenuación: "*si intentas ordeñar una ubre seca sólo conseguirás una patada de la vaca*"[7]. Y esto es lo que viene sucediendo con la tributación del sector eléctrico, se ha sobregravado a un nivel tan elevado a las empresas energéticas (no podemos olvidar que es un sector estratégico), hasta el punto de poner en riesgo las inversiones de estas en nuestro

4 Vid. Sentencia del Tribunal Supremo, de 14 de abril de 2021. Cfr. también la Sentencia del Tribunal Supremo 1421/2020, de 28 de mayo (recurso de casación número 5751/2017).

5 GANDARIAS CEBRIÁN, L. (2024): "El doble uso del Derecho", *Fiscalblog*, 21 de enero de 2024, https://fiscalblog.es/?p=9676

6 Ibídem.

7 ROBIN HOOD, película dirigida por RIDLEY SCOTT (2010).

país, con todas las consecuencias que de ello se derivan[8]. Y todo, bajo el curioso *síndrome robinhoodniano*, con el pobre argumento de "*que son ricos*" o "*ganan mucho*", olvidándose de una máxima financiera: "no sólo consiste en recaudar, sino también, en mantener un equilibrio económico-estatal y empresarial"[9].

---

8 *Repsol, Iberdrola, Endesa y Naturgy cercan al Gobierno y amenazan con paralizar inversiones milmillonarias*. Las energéticas insisten en la inseguridad jurídica y los impuestos pagados en España. "*Son inversiones que, si no se hacen en un marco de estabilidad y con un marco fiscal atractivo, ni mejor ni peor, competitivo con respecto a las regiones próximas a nosotros, no se harán. Las inversiones sobre el hidrógeno verde en España son las que corren mayor peligro y las empresas podrían mirar a Portugal o Francia, donde el marco jurídico es más concreto y conciso*" (30 de noviembre de 2023).
https://www.elindependiente.com/economia/2023/11/30/repsol-iberdrola-endesa-y-naturgy-cercan-al-gobierno-y-amenazan-con-paralizar-inversiones-mil-millonarias/

9 Ha llegado a tal extremo el excesivo gravamen a las empresas eléctricas, que la misma Comisión Europea, ha instado a España a eliminar impuestos a las energéticas: "*Con el descenso gradual de los precios de la energía a lo largo de 2023 (que se mantienen por encima de los niveles históricos), el entorno para generar beneficios inesperados se ha atemperado en comparación con las extraordinarias condiciones del año anterior 2022, ya que las empresas tienen que componerse con un entorno económico más incierto y unos costes de capital crecientes. (...)*". También recuerda que: "*tenía un carácter excepcional, específico y temporal y tenía un doble objetivo: intervenir en el mercado de la electricidad para reducir la demanda de electricidad y redistribuir los beneficios excepcionalmente elevados de determinados actores del sector energético, en particular hacia los clientes finales. Ahora, con un panorama completamente diferente, es necesaria la reorganización de los gravámenes europeos*". La CE insta al Gobierno a eliminar los impuestos a las energéticas (elindependiente.com)
https://www.elindependiente.com/economia/2023/11/30/la-comision-europea-insta-al-gobierno-a-eliminar-los-impuestos-a-las-energeticas/.
Lo último ha sido, la propuesta de SUMAR, de supeditar su apoyo a los Presupuestos Generales del Estado para 2025, a que se hagan permanentes los impuestos a la banca y energéticas. Imaz, consejero delegado de Repsol, habla de populismo fiscal, y advierte que: "*miles de millones de euros se desviarán a otros países. Es posible que, ante la dificultad de descarbonizarse, el sector del refino español vaya teniendo dificultades*". Cfr. Tribuna, *Diario La Vanguardia*, 22 de octubre de 2024. En este sentido se ha pronunciado el *Informe Draghi*, de 9 de septiembre de 2024, poniendo el foco en la descarbonización, exigiendo un gran plan europeo que haga que el cambio a una industria limpia sea coordinado. Es en este ámbito en el que Draghi centra su primera aviso sobre Pekín. "*La UE se enfrenta a una posible disyuntiva. Depender cada vez más de China puede ser la vía más barata y eficiente para cumplir nuestros objetivos de descarbonización. Pero la competencia estatal china también representa una amenaza para nuestras productivas industrias de tecnología limpia y automoción*".

Esta incansable creación de tributos energéticos *medioambientales* por parte del Estado y Comunidades Autónomas, casi infinita, parece no tener límites. ¿Para qué racionalizar el gasto público o establecer otras medidas si puedo crear impuestos energéticos? Pero ¿cuánto cuesta al Estado y a las empresas energéticas esta pésima maraña de tributos y no tributos: trámites burocráticos, conflictos judiciales, etc.?; ¿es la mejor solución una marea inundatoria de tributos específicos, con *pretendido* matiz medioambiental, sobrecargando a un sector estratégico en la economía, para proteger *supuestamente* el medioambiente[10]?

Un análisis económico del Derecho Tributario[11] a la hora de crear muchos de estos tributos *aparentemente* medioambientales, nos pondría en una perspectiva

---

Cfr. DRAGHI, M. (2024): *Informe sobre la competitividad europea,* de 9 de septiembre de 2024.

10 Cfr. VILLAR EZCURRA, M. (2013): "Cuestiones de eficiencia, eficacia y legalidad comunitaria europea en el proceso hacia un modelo de fiscalidad de la energía", *Quincena Fiscal,* número 5, recurso electrónico Westlaw: BIB 2013/450, donde afirma que: "*debería de realizarse una revisión del sistema de impuestos e incentivos existentes antes de incorporar nuevos impuestos o elementos ambientales*"; vid también, WEIZSÄCKER (1992) que recoge que "*la idea es establecer impuestos sobre los combustibles sólidos y la energía nuclear, sobre el consumo de agua, sobre las materias primas (especialmente aquellas que pueden originar emisiones tóxicas o residuos peligrosos), y también posiblemente sobre las emisiones y residuos, y reducir a cambio otros tributos. Una reforma tributaria neutral desde la perspectiva de la recaudación debe cumplir el requerimiento de que no aumente el conjunto de la carga fiscal que soportan las empresas*". *Vid. Ecological Tax Reform: A policy proposal for sustainable development,* Zed Books, London-New Jersey, página 18 (*traducción propia*).

11 La piedra fundamental del nacimiento del análisis económico del Derecho vino con RONALD COASE, economista inglés y profesor de la Universidad de Chicago, galardonado con el Premio Nobel de Economía en 1991. Cfr. COASE, R. (1961): "The Problem of Social Cost", *Journal of Law and Economics,* número 3, páginas 1 a 23. Para CARVALHO: "*Mientras que la teoría jurídica tradicional se preocupa principalmente por las definiciones y conceptos de institutos jurídicos, el Análisis Económico del Derecho aplica las herramientas microeconómicas para construir modelos, que puedan predecir comportamientos regulados por las leyes. Y, no obstante, ese carácter analítico y predictivo propio de una autentica ciencia, el Análisis Económico inclusive es capaz de sugerir cambios o alternativas jurídicas mucho más capaces para alcanzar los objetivos pretendidos por el legislador*". Cfr. CARVALHO, C. (2011): *El análisis económico del Derecho Tributario,* editorial Grijley, página 34.

de realismo (¿cuánto le supone al Estado recaudar el tributo en cuestión?); ¿no sería más equitativo y eficiente perseguir, no una mayor recaudación, sino una recaudación óptima?, es decir, huyendo del *trade off* entre eficiencia y equidad (hacer más con lo mismo, o lo mismo con menos). Una ley será más eficiente que otra, si es capaz de alcanzar los mismos resultados a través de costes menores (financieros, personales, morales o sociales —las externalidades—)[12], y será equitativa si es capaz de aplicar justicia a determinados casos concretos. Decía ARISTÓTELES que: "*la equidad, aunque sea justa, no es justicia legal, sino rectificación de esta*"[13].

La elección de la figura o de la medida tributaria tendrá que ser racional, equilibrada, eficiente y que se valoren sus consecuencias, atendiendo también, a uno de los principios más olvidados y estériles en el ámbito tributario, el **principio de limitación de costes indirectos en la aplicación de los tributos**, ex **artículo 3.2 Ley General Tributaria**, de manera, que la actuación administrativa tributaria debe tender a reducir al máximo los costes de cumplimiento de las obligaciones formales para el obligado tributario, y a que su intervención, cuando sea necesaria, se lleve a cabo en la forma menos gravosa posible.

Podemos afirmar *prima facie*, que *grosso modo* dos son los problemas principales que dificultan el entendimiento, la homogeneidad y el logro de los fines perseguidos en la regulación tributaria del sector eléctrico: por un lado, la falta de codificación, claridad y coherencia de sus normas[14]; y por otro, el factor político que rodea la actividad financiera[15].

---

12 Cfr. CARVALHO, C. (2011): *op. cit.*, páginas 38 a 41.

13 ARISTÓTELES: *Ética a Nicômaco*, traducción de CALVO MARTÍNEZ, J. L. (2014), Alianza editorial, página 160.

14 Como afirmara uno de los genios más grande de la historia, que desentrañó muchos de los misterios más complejos del universo con su teoría de la relatividad, ALBERT EINSTEIN: "*Lo más difícil de entender en este mundo es el Código Tributario, el Impuesto sobre la Renta*". Leo Mattersdorf, que fue el contador de Albert Einstein, preparaba sus declaraciones de la renta mientras Einstein vivió en Estados Unidos. Durante una cena, el genio pronunció esta frase. Cfr. LAGARDE, C. (2019): *Discurso de apertura en el Instituto Peterson de Economía Internacional sobre tributación de las empresas en la economía internacional*, Fondo Monetario Internacional, 25 de marzo de 2019: https://www.imf.org/es/News/Articles/2019/03/25/sp032519-md-piie-opening-remarks-on-international-corporate-taxation#.

15 Así, ARRIETA MARTÍNEZ DE PISÓN, J. (2016): "Fiscalidad, equidad y redistribución", *Anuario de la Facultad de Derecho de la Universidad Autónoma de Madrid*, nú-

Ya en los albores de la emancipación de nuestra disciplina, como disciplina especial y autónoma del Derecho Público[16], PUGLIESE certeramente afirmó, que el Derecho Financiero se había convertido en la disciplina jurídica: "*más rápida y vigorosamente desarrollada (...), subordinada al principio político que domina y endereza toda actividad financiera del Estado (...). La actividad financiera tiene naturaleza política, porque político es el sujeto agente, políticos son los poderes de los que éste aparece investido para la consecución de sus fines y políticos son también estos mismos fines, para cuya obtención se desarrolla la actividad financiera*"[17].

Si bien resulta evidente que no se puede desligar la naturaleza del Derecho Financiero y Tributario de los fines del Ente Público: fundamentos políticos, éticos o sociales[18], no es menos cierto, que ello no puede redundar exclusivamente en un cálculo económico puro, olvidándose de los aspectos jurídicos, de las bases y principios constitucionales de esta rama del Derecho, del sometimiento pleno de la Administración al Derecho[19], de la seguridad jurídica de los ciudadanos (entendiendo por ciudadanos, cualquier persona física o entidad jurídica) y, lo que es peor, tomando como mero formalismo de infracciones irrelevantes o como

mero 20, página 212, afirma que: "*No parece necesario justificar en exceso por qué, en un escenario de impulso (real o potencial) de reformas globales que persigan la modernización del Estado, las reformas fiscales constituyan uno de los ejes más sobresalientes de dicho objetivo*".

16 Esta labor se inició a comienzos del siglo XX en Austria y Alemania, desarrollándose más tarde en Italia por el profesor MARIO PUGLIESE. Cfr. SAINZ DE BUJANDA, F. (1948): "Introducción al Derecho Financiero", *Revista de Derecho Mercantil*, número 15, página 316.

17 PUGLIESE, M. (1938): *Corso di scienza delle finanze*, Padova, páginas 177 y siguientes.

18 Así, ya KELSEN hablaba de que un Derecho puro sin consideraciones extrajurídicas no es posible y ni siquiera deseable. Cfr. VERNENGO, R. J. (traducción 2002): *KELSEN, Teoría pura del Derecho*, México, Porrúa, página 15. En este sentido DÍEZ SASTRE, S. (2018) afirma que "*estas premisas están desbordadas por una realidad jurídica compleja, con nuevos retos que exigen una aproximación moderna y plural al Derecho*", en: *La formación de conceptos en el Derecho Público. Un estudio de metodología académica: definición, funciones y criterios de formación de los conceptos jurídicos*, Marcial Pons, páginas 27 y siguientes.

19 GIANNINI proclamó que: "*constituye una reconocida exigencia del Estado moderno —Estado de Derecho— que todas sus manifestaciones de voluntad en el campo de la Administración y las relaciones con los particulares que ésta engendra encuentren en la Ley su fundamental disciplina*". Vid. GIANNINI, A. D. (1945): *Elementi di Diritto Finanziario*, Milano, página 3.

"*mala praxis*" la actual manera de legislar, donde el Estado de Derecho obliga a que garantías, como la publicidad, transparencia, y debate contradictorio, tengan la finalidad del conocimiento previo y adaptación al cambio normativo[20]. Ello implica aunar: el aspecto político (por la naturaleza y el fin que persigue el ente que lo produce), el aspecto económico, y el aspecto jurídico.

En este sentido SAINZ DE BUJANDA afirmó ya en 1948 que sería más eficaz el Derecho si se abandonara:

> *"el actual estado de dispersión y alejamiento de las normas (...). La actividad financiera del Estado y de las Corporaciones Locales aparece regulada por una multiplicidad de leyes, decretos, de órdenes y de normas de rango diverso, en las que urge poner orden. (...). Mas el ritmo vertiginoso de la vida moderna, que no p erdona al Estado ni a los demás entes públicos, ha dado origen a una copiosa legislación fiscal que no participa ciertamente de esas excelencias. (...). Es necesario que los profesionales del Derecho comprendan la necesidad imperiosa de que todos esos preceptos positivos sean cuidadosamente estudiados, analizados, sistematizados, para que la envoltura doctrinal de que se les revista pueda paliar sus deficiencias, y la solución de los problemas fiscales no quede exclusivamente confiada a criterios burocráticos. Cuando esto se logre, la prolija e inextricable legislación de Hacienda pública no será más que el soporte de un verdadero Derecho Financiero. He ahí una tarea importante y fecunda en la que todos los juristas españoles deben colaborar"*[21].

---

20 Así, nuestro propio Tribunal Constitucional llegó a atribuir a la tramitación parlamentaria "*la virtud de poner sobre aviso, meses atrás, a los ciudadanos, permitiéndoles en aquel momento tomar conciencia (...) de «la posibilidad de que se efectuasen cambios en la legislación» (STC 197/1992, FJ 6.º in fine), dándoles la oportunidad de ajustar su propio comportamiento económico a las consecuencias fiscales derivadas del cambio legislativo que se anunciaba*" (Sentencia Tribunal Constitucional 182/1997, de 28 de octubre).

21 Cfr. SAINZ DE BUJANDA, F. (1948): "Introducción al Derecho Financiero", *op. cit.* páginas 317 y 351. RODRIGUEZ DE SANTIAGO, J. M (2017), habla de lo necesario que resulta en al ámbito del Derecho la "*existencia de un conjunto ordenado de conceptos de calidad, con ayuda de los cuales todos los miembros de la comunidad científica de que se trate tienen la confianza de estar hablando el mismo idioma (...). Yo creo que muchos problemas teóricos complejos del Derecho no pacificados tienen su origen en la ausencia de ese sistema de conceptos elementales, común a todos los miembros de la comunidad científica*". Vid. Prólogo a la obra de DÍEZ SASTRE, S. (2018): *La formación de conceptos en el Derecho Público, op. cit.*, páginas 15 y 16. DÍEZ SASTRE recoge en esta obra que "*en nuestros días el reto fundamental de la investigación jurídica no ha cambiado respecto a hace dos centurias. El debate sobre el método jurídico sigue abierto (...). Nos siguen faltando herramientas que nos ayuden a centrar el objeto de nuestro trabajo y el modo de llevar-*

Parece que poco o nada ha cambiado tras más de setenta y cinco años.

Algunos años más tarde, en junio de **1955**, el mismo SAINZ DE BUJANDA, en el prólogo a su obra *Hacienda y Derecho, Introducción al Derecho Financiero de nuestro tiempo,* afirmaría que:

> *"vive el mundo horas muy graves, cargadas, a la vez, de inquietud y de esperanza. De inquietud, porque ante los ojos atónitos del hombre contemporáneo se están derrumbando, una tras otra, formas de vida que parecían inconmovibles; de esperanza, porque al tiempo que esas formas de vida desaparecen, se insinúa en el horizonte la luz de otras nuevas que, en prueba de continuidad histórica, vienen a reemplazarlas"*[22].

Salvando las distancias temporales y políticas de esa época, estas palabras serían perfectamente extrapolables a la situación que atravesamos hoy en día.

El Derecho sirve, muy sintéticamente, para regular en sentido amplio las conductas humanas, (para evitar conflictos, más que para solucionarlos). Estas conductas han de ser disciplinadas, para que todos los individuos puedan ejercer en la mejor medida posible los derechos que les son inherentes, así como soportar aquellos que el sistema les impone con respeto absoluto a los derechos constitucionales y al Derecho de la Unión Europea. Esa regulación debe de hacerse a través de un sistema coherente de normas, para que la esfera de derechos de cada individuo no se superponga arbitrariamente, sobre las esferas de derechos de los demás. Esta coherencia normativa no parece haber alcanzado desde hace años al Derecho Financiero y Tributario.

Decía GÓMEZ TABOADA, en una de las entradas al blog "*fiscalblog*", que los asuntos tributarios tienen mucho de "*guadiánico (que no guadianés, palabra ésta sí aceptada por la RAE)*"[23] , es decir, aquel asunto que nace, que se plantea,

---

lo a cabo. El intento decimonónico de instaurar un único método, la dogmática jurídica, fracasó hace ya mucho tiempo (...). Los conceptos jurídicos se presentan como una de las herramientas clásicas y esenciales en la elaboración del Derecho (...). Los conceptos son, así, imprescindibles para el desarrollo del pensamiento (...). La formación de conceptos, esto es, la reconducción de fenómenos de la realidad a unidades de pensamiento constituye uno de los pasos más básicos de esta tarea" (páginas 27, 28 y 31).

[22] SÁINZ DE BUJANDA. F. (1975): *Hacienda y Derecho I, Introducción al Derecho Financiero de nuestro tiempo,* Instituto de Estudios Políticos, Madrid, página XV (Prólogo escrito en junio de 1955).

[23] GÓMEZ TABOADA, J. (2022): "Lo guadiánico", *Fiscalblog,* 15 de noviembre de 2022, https://fiscalblog.es/?p=8009. Cfr. también, GANDARIAS CEBRIÁN, L.

pero que no avanza hacía el nudo y, menos aún, hacia el desenlace, encallándose hasta cronificarse. A partir de ahí se genera una suerte de anclaje, a la espera de algún acontecimiento extraordinario que logre que el asunto se desenvicie y consiga recuperar lo que siempre debió ser su senda natural. Mientras tanto, se vive en lo que NIETZSCHE hubiera podido calificar como un prototipo del "*eterno retorno de lo igual*", un bucle del que no se sale.

El singular universo tributario patrio es "*un hábitat perfecto para el anidamiento de asuntos guadiánicos*". Paradigma de ello, viene siendo la alambica regulación tributaria del sector energético, y más concretamente del sector eléctrico, añadiéndole, la aparente tributación medioambiental del mismo, para enredar aún más el hilo de la cometa.

En general, nuestra legislación tributaria, y particularmente, la tributación medioambiental energética, es fragmentaria, confusa, impredecible, apresurada, tanto es así, que nuestro ordenamiento jurídico tributario, y en particular el relacionado con el sector eléctrico, ha acabado convirtiéndose en un conjunto desordenado y asistemático de preceptos de toda índole[24], lejos de las grandes co-

---

(2023): "Bailando con lobos", *Fiscalblog,* 26 de noviembre de 2023, https://fiscalblog.es/?p=9114: a esta complejidad se unen también "*las discusiones entre los inspectores de Hacienda, sufragados por el Estado, y los asesores contratados por empresas y particulares para intentar pagar menos impuestos constituyen un juego de suma cero. Los inspectores de Hacienda, cuando menos, influyen en la creación de impuestos y la forma de cobrarlos. Los asesores responden con estrategias e interpretaciones que permiten pagar menos impuestos a sus clientes. Los inspectores de Hacienda responden, a su vez, con nuevas reglas y mecanismos para pagar más impuestos —o recaudarlos mejor— que son a su vez contestadas por los asesores privados con nuevas estrategias e interpretaciones para pagar menos impuestos. Este juego no termina nunca y genera un círculo vicioso de "tira y afloja" eterno, que no aporta ninguna riqueza a la sociedad. Tan sólo genera un efecto distributivo entre cuánto dinero se va para las arcas del Estado y cuánto se queda en el bolsillo de los contribuyentes, sin que el "juego" genere beneficios sociales tangibles. Sin embargo, ese juego si tiene —siempre según Posner— costes: el de los actores mismos, unos y otros le cuestan a la sociedad que los mantiene*".

24 Cfr., NAVAS VÁZQUEZ, R. (2008): "Sistema tributario", *Revista Quincena Fiscal,* número 6, página 11: "*Nadie que tenga relación con los tributos ha podido sustraerse a la continuidad de su pésima regulación de forma y de fondo, a entradas en vigor y derogaciones absolutamente enrevesadas, a los efectos temporales insondables de tantas normas de las leyes de presupuestos, a las formas fraudulentas de las leyes de acompañamiento o, por llegar a un final a la profusión de decretos-leyes, más allá de cualquier urgencia*"; CHECA GONZÁLEZ, C. (2019): *Persiguiendo la sombra de la justicia tributaria,* Cívitas, Thomson

dificaciones, del mito Rousseauniano[25], de *la sage lenteur* de MAURICE HAURIOU[26], y de la ingenua creencia de BENJAMÍN CONSTANT en la regla de la predictibilidad absoluta de las normas. Como afirmaba CUBERO TRUYO:

> *"los planes de Hacienda entonces infructuosos de Ramón Villaamil, que nos enseñara PÉREZ GALDÓS, se escribieron atendiendo primero, a la sencillez; segundo, a la claridad; tercero, a la brevedad (todo muy sencillo, muy práctico, muy claro). Nada nuevo lo de hoy. El agravamiento de las circunstancias desencadenantes, más que a la callada permisibilidad de la situación, puede, por insostenible, obligar a la revuelta"*[27].

La principal consecuencia de este actual caos normativo está en la dificultad, comprensión, y aplicación de nuestra legislación tributaria, ya no sólo para los ciudadanos, sino incluso para los operadores jurídicos.

Reuters, Madrid; RUBIO LLORENTE, F. (1986): "El procedimiento legislativo en España", *Revista Española de Derecho Constitucional*, número 16; DE RAMÓN FORS, I. (2009): "Sobre la necesidad de perfeccionar el ordenamiento jurídico", *Diario La Ley*, número 7152, 8 de abril; PÉREZ RON, J. L. (2014): "El nuevo Estado de Derecho", *Quincena Fiscal*, número 4.

25 Para ROUSSEAU, "*la Ley no puede ser injusta, puesto que nadie es injusto hacia sí mismo (...), el fin de todo sistema de legislación (...) se reduce a dos objetivos principales, la libertad y la igualdad (...). No hay libertad sin Leyes, ni allí donde hay alguien por encima de las Leyes (...). La libertad sigue siempre la suerte de las Leyes, reina o perece con ellas; yo no sé nada que sea más cierto que esto*". GARCÍA DE ENTERRÍA, E.: (2000): *Justicia y seguridad jurídica en un mundo de leyes desbocadas,* Cuaderno Cívitas, Madrid, páginas 25 a 28.

26 Hablaba HAURIOU a comienzos del siglo XX, de la sabia lentitud de las Asambleas deliberantes en el estudio y reflexión sobre las Leyes, que venían de cuando en cuando a perfeccionar y pulir el cuadro riguroso que habían establecidos los grandes Códigos. GARCÍA DE ENTERRÍA, E.: (2000): *Justicia y seguridad jurídica en un mundo de leyes desbocadas,* op. cit., página 48.

27 Vid. CUBERO TRUYO, A. M. (1997): *La simplificación del ordenamiento tributario (desde la perspectiva constitucional)*, Marcial Pons, Madrid, página 8. En este sentido se pronunciaba LAGO MONTERO, J. M. (2021): en *La simplificación de la imposición sobre la renta*, editorial Reus, Madrid, página 21, "*pronto vino a mi memoria el principio que más me sorprendió de todos los que soñaran hacendistas y juristas clásicos cuando comencé a leerlos en mis años mozos: el principio de simplicidad del sistema tributario. (...). ¿Acaso es posible hacer al sistema tributario no ya simple sino sólo un poco más sencillo de lo que ha sido hasta ahora?*".

Esta proliferación desordenada de Leyes, ya se puso de relieve en las distintas Memorias del Consejo de Estado[28], que viene lamentándose del resentir de uno de los elementos más importantes y tradicionales de la norma, y en particular de la norma tributaria, cual es: "*su condición de regulación de carácter general pro-futuro, cediendo en tales casos la deseable generalidad de la norma a una pretensión de ser medida de carácter coyuntural y efímero*"[29].

A esa pésima redacción de las normas, hay que unir *la particular tramitación parlamentaria de estos textos legislativos*, despreciando en bastantes ocasiones al Estado de Derecho, a principios democráticos como: el respeto a las minorías y a la legalidad tributaria, utilizando la técnica de la enmienda para crear incluso una figura tributaria[30]; todo ello aderezado, por un lado, por los *constantes cambios*

---

28 Así, el Consejo de Estado, ya en su Memoria del año 1987, indicó que el principio que formula el artículo 6.1 del Código Civil no es más que una pura ficción. En el mismo sentido se pronunció en la memoria del año 1989 y 1990 señalando que: "*sin perjuicio de reconocer la fluidez propia de la realidad social y las consiguientes necesidades de adaptación de las normas, es una aspiración razonable, al concebir y llevar a efecto los planos de producción normativa, la de conseguir el mayor grado posible de estabilidad en beneficio del conjunto del ordenamiento, y de su más eficaz recepción social, a fin de evitar las perturbaciones que, para el funcionamiento de los servicios administrativos y la certidumbre de los administrados, se siguen del ritmo de cambio de las normas aplicables, sin dar tiempo, en ocasiones, a que las anteriores acrediten sus virtudes o sus defectos*"; y en su Memoria del año 2002, reconocía, que la generalidad de la norma había empezado a convertirse en una medida de carácter coyuntural y efímero, "*la improvisación y al apresuramiento con el que se dictan las normas, lleva al padecimiento en la gramática y la sintaxis, los preceptos son largos en exceso y contienen demasiados incisos de sentido, no siempre claro, se abusa de los «en su caso» y de los «sin perjuicio» y de las reglas generales que contienen no solo su excepción, sino acaso una excepción de la excepción misma. Además, se multiplican las remisiones de un precepto a otro, ora dentro de la propia disposición ora fuera de ella: su abundancia no añade precisión, sino que, por el contrario, hace la lectura de la norma difícil y enfadosa. Esta dificultad se torna imposibilidad de comprensión en las normas modificadoras de otras cuando las innovaciones se producen a retazos, por apartados o párrafos aislados carentes por sí solos de sentido*".

29 CHECA GONZÁLEZ, C.: *Prólogo* a la obra de LAGO MONTERO, J. M. (2021): *La simplificación de la imposición sobre la renta*, op. cit., páginas 5 y 6.

30 Claro ejemplo de ello ha sido el Impuesto temporal de solidaridad de las grandes fortunas. Cfr. ESCUIN PALOP, C. (2010): "Sobre las Leyes y sus límites", *Revista Española de Derecho Administrativo, Cívitas*, número 147, páginas 579 y siguientes: "*la regulación de materias dispares no depende de la voluntad del autor del proyecto normativo, pues la regulación de materias extrañas se puede introducir en el proyecto o en la proposición por la*

de criterios jurisprudenciales, que no vienen amparados en la seguridad jurídica[31], por otro lado, con una *constante vulneración del principio de irretroactividad,*

---

vía de enmienda. Y es precisamente esta última vía la que puede plantear más problemas de técnica legislativa en cuanto esta forma de proceder puede servir para eludir ciertos trámites, como el dictamen del Consejo de Estado o del respectivo Consejo Jurídico, evitar otros controles de calidad limitar el derecho de los parlamentarios ya que su actividad se reduce, en este caso, a votar la enmienda gazapo, lo que, sin duda, va en detrimento de la participación política y del buen orden de la actividad parlamentaria"; FUERTES LÓPEZ, M. (2008): "Once tesis y una premática para restablecer la dignidad de la Ley", *Revista de Administración Pública*, número 117, página 125: "*Una mínima regla de claridad y sensatez debería ser: una Ley para cada materia, una materia en cada Ley. De ahí que no falten llamadas a favor de una nueva codificación*". Pensamos así, con CASADO OLLERO, que las exigencias de la legalidad tributaria: "*ni se agotan (como a menudo se cree) en las propias de la reserva de ley, ni tienen por destinatario exclusivo al legislador ni, por lo mismo, se detienen en la fase de creación de la norma (...) sino que también se proyectan, decisivamente, en la fase de su aplicación*". En CASADO OLLERO (2000): "Legalidad tributaria y función calificadora de la Administración fiscal", *BICAM,* número 16, páginas 25 y siguientes. En el mismo sentido, afirma MARÍN BENÍTEZ, G. (2024): "Seguridad jurídica y retroactividad en materia tributaria", en AA.VV, *Derecho y retroactividad,* Anuario de la Facultad de Derecho de la Universidad Autónoma de Madrid, número 28, página 210: "*Para nosotros, es otra vertiente del principio de legalidad la que garantiza la seguridad jurídica: la tipicidad, entendida como principio de mera legalidad; esto es, como un principio que exige que solo las leyes positivas (y no la moral y otras fuentes externas) puedan regular determinadas parcelas del ordenamiento jurídico. Por ello, cuando afirmamos la vigencia de la tipicidad en el ámbito tributario queremos subrayar la idea de que los tributos deben estar establecidos en reglas positivas y no en meros principios*".

[31] Para muestra sobra con la reciente y sorprendente **sentencia del Tribunal Constitucional de 14 de noviembre de 2023** (recurso de inconstitucionalidad 616/2023), en relación con el impuesto temporal de solidaridad de las grandes fortunas, con un cambio de criterio jurisprudencial claro y sin argumentación jurídica en esencia, sobre todo en materia de retroactividad, con un total de 85 páginas, de las cuales 50 páginas integran el voto particular de cuatro magistrados de los once que conforman el Pleno. El voto particular recoge que: "*la extensión del presente voto particular es directamente proporcional a la gravedad de la situación que se analizaba y al preocupante contenido de la sentencia que la ha validado. Lo que estaba en cuestión tras la aprobación del impuesto impugnado era algo más que el mero ejercicio de competencias armonizadoras por parte del Estado, algo más que la posibilidad de enmendar el texto de las iniciativas legislativas en tramitación o algo más que la simple aplicación prospectiva de una nueva disposición legal tras su entrada en vigor. Lo que se ha ventilado en el presente asunto ha sido la vigencia misma del Estado democrático de Derecho, en el que la ley debe ser solo la expresión de la verdadera voluntad popular (Preámbulo de las Constitución) y en el que todos los poderes públicos (incluido,*

como si de emboscadas legislativas se tratase, y por último, se ha visto además alterada por la utilización de una *dilatada terminología económica*[32], fruto de la actual crisis, dando lugar a que lo político y lo económico hayan acabado empañando lo jurídico, eso de lo que huía SAINZ DE BUJANDA allá por **1948**, tal como hemos recogido unas líneas anteriores. Pero, además, por si no fuera poco, a ello habría que añadir la errónea utilización de las categorías tributarias,

---

por tanto, el legislativo) deben estar sujetos, al igual que los ciudadanos, a la Constitución y al resto del ordenamiento jurídico (art. 9.1 CE). Lo que este Tribunal tenía ante sí era la correcta aplicación de las reglas del juego de la democracia, concretamente, el respeto a los instrumentos y procedimientos relativos a la injerencia del Estado en la autonomía financiera y política de las comunidades autónomas, al pleno ejercicio de la función representativa inherente al estatuto de los parlamentarios en el proceso de formación de la voluntad de las Cámaras legislativas, y, en fin, a la confianza legítima de los ciudadanos en la que debe ser la esperable actuación de sus poderes públicos. Nada más y nada menos". Tan grave como que cuatro magistrados de once no comparten ni uno sólo de los argumentos de la sentencia, concluyendo que existe: *"(i) el ataque frontal a la autonomía financiera y política de las comunidades autónomas, al neutralizar la defensa de los intereses respectivos en el ejercicio de las competencias propias (Tribunal Supremo. 9.1, 137, 156.1 y 157.3, todos ellos de la CE); (ii) el menosprecio al principio democrático, a los derechos de representación política de las minorías y al principio de legalidad tributaria, por la forma de aprobación de la iniciativa legislativa controvertida (Tribunal Supremo. 1.1, 9.3 y 23.2, todos ellos de la CE); y (iii) el atentado a la seguridad jurídica y a la confianza legítima de los ciudadanos en la actuación de los poderes públicos, por la sorpresiva aplicación del impuesto impugnado (art. 9.3 CE)".* Cfr. el trabajo de SÁNCHEZ PINO, A. J. (2001): "Exigencias de la seguridad jurídica en materia tributaria", *Cívitas, Revista Española de Derecho Financiero*, número 109-110, páginas 163 y siguientes; vid. también GARCÍA BERRO, F. (2019): "Seguridad jurídica y confusión de cláusulas generales antiabuso (simulación, conflicto y alternativas legítimas de tributación)", en MARTÍN LÓPEZ, J. y PÉREZ BERNABEU, B. (Directores), *Seguridad jurídica y derecho tributaria: presente y futuro*, Editorial Aranzadi, páginas 231 y siguientes.

32 Cfr. EMBID IRUJO, J. M. (2014): "Norma, Economía y Lenguaje en el derecho de la crisis económica. El control judicial de la actividad administrativa en la economía. Algunas reflexiones", *Documentación Administrativa, Nueva Época*, número 1, página 6: "*me interesa resaltar- una trascendencia jurídica cuando todo un aparataje normativo quiere sustentarse sobre un lenguaje que, en mi opinión, no tiene los suficientes elementos de claridad y en algunas ocasiones, además, parece utilizado desde un punto de vista más político que jurídico lo que solo puede llevar consigo confusión e incertidumbre, justo lo contrario de lo que hay que pedir a la norma, a cualquier norma*"; cfr. también FERREIRO LAPATZA, J. J. (1993): "El principio de seguridad jurídica en la creación y aplicación del tributo", *Revista Crónica Tributaria*, número 68; LÓPEZ GUERRA, L. M. (2006): "Pluralismo y técnica normativa", *Cuadernos de derecho Público*, número 29.

utilizándolas a conveniencia, aumentando, como no podía ser de otra manera, la conflictividad y el control judicial, para tener así un *cocktail jurídico explosivo.*

Como señalaba GARCÍA DE ENTERRÍA, es aquí, en este galimatías normativo, donde el principio del **artículo 6.1 del Código Civil**, "*la ignorancia de las Leyes no excusa de su cumplimiento*", no es más que pura ficción. Este principio se presenta como un sarcasmo, pues no hay persona alguna, incluyendo a los juristas más cualificados, que puedan pretender hoy conocer una minúscula fracción apenas de la marea inundatoria e incesante de normas, "*se comprende que con todo esto la inseguridad jurídica aparece en estado casi puro*"[33].

---

[33] GARCÍA DE ENTERRÍA, E.: (2000): *Justicia y seguridad jurídica en un mundo de leyes desbocadas,* op. cit., página 86. Señala SOLER ROCH, M. T. (2002): que existe una "*creciente complejidad del ordenamiento (...), desplazando a la creación dogmática y ha desbordado en no pocas ocasiones, la capacidad de análisis de la doctrina*", en "Reflexiones sobre la evolución del concepto de Derecho Financiero", en *I Jornada Metodológica "Jaime García Añoveros" sobre la metodología académica y la enseñanza del Derecho Financiero y Tributario*, Instituto de Estudios Fiscales, 1 de febrero de 2002, documento número 11, página 63; vid. también, ZAPATERO GÓMEZ, V. (1998): "El club de los monófilos", *Cuadernos de Derecho Público*, número 3, donde afirma que existe un distendido sistema de producción de normas, fruto en muchas ocasiones de respuestas apresuradas a necesidades y compromisos de uno u otro tipo, generando riesgos de degradación normativa, a la par que representa un evidente peligro no solo para la certeza de las normas, sino también para la calidad o racionalidad y su justicia; en igual sentido, RUBIO LLORENTE, F. (2006): "El papel del Consejo de Estado en el control de la calidad técnica de las normas", *Revista Española de la Función Consultiva*, número 6, página 28, recoge que: "*En opinión del Consejo, una de las causas de la actual inseguridad jurídica, de la opacidad de nuestros ordenamientos, es la degradación, más que de la técnica, del rigor con que deben elaborarse las disposiciones de carácter general, defecto que es una secuela casi inevitable del exceso de producción: a mayor producción, menor calidad. Esta degradación repercute en la seguridad jurídica porque no se sabe con certeza cuáles son las normas que están vigentes, porque es muy difícil localizarlas y porque, aun teniéndolas a mano, no se entienden. Actualmente, hasta para un experto profesional del Derecho es difícil señalar con certeza cuáles son las normas vigentes sobre determinada materia en un momento dado. El principio iura novit Curia ha pasado a ser una mera presunción, bastante pretenciosa, por cierto, si es que alguna vez fue verídico*"; vid también, GASCÓN ABELLAN, M. (2006): "Calidad de las normas y técnica normativa. A propósito del «Cuestionario Previo»", *Revista Española de la Función Consultiva*, número 6, página 43: "*de "crisis de la ley" se habla también para destacar otro fenómeno que corre paralelo (y que en muchos aspectos está vinculado) al anterior: el creciente deterioro de las normas; que la calidad normativa se degrada cada vez más; que se asiste, en definitiva, a un "crepúsculo del arte legislativo" que además no se resume en una simple deficiencia formal de las normas, sino que afecta negativamente a los valores que éstas han de preservar. No hace*

Esta curiosa forma frenética de legislar, sin la menor reflexión, sin técnica legislativa, sin seguridad jurídica, sin respeto a los principios constitucionales y de Derecho Europeo, con gravámenes asistemáticos, ha venido a quedar consagrada en la mal llamada "*regulación extrafiscal medioambiental del sector energético, y en particular del eléctrico*". Leyes como, la **Ley 15/2012, de 27 de diciembre, de medidas fiscales para la sostenibilidad energética**; la **Ley 38/2022, de 27 de diciembre, para el establecimiento de gravámenes temporales energéticos y de entidades de crédito** y establecimientos financieros de crédito y por la que se crea el impuesto temporal de solidaridad de las grandes fortunas y se modifican determinadas normas tributarias[34]; la exorbitante creación de "*pretendidos*" tributos medioambientales a través de Leyes autonómicas; unido a la falta de acompasamiento de la normativa regulatoria del sector energético con la regulación tributaria del mismo, nos ha llevado a una situación, ya no sólo legislativamente hablando caótica, sino generando también una inconcebible carga tributaria y

falta decir que es a este segundo sentido de la expresión "crisis de la ley" al que se vincula la preocupación por la calidad normativa. Son muchos y muy variados los factores que están en el origen de esta crisis y que contribuyen a la deficitaria calidad normativa, pero uno de los principales es, sin duda, la inflación legislativa, que supone un peligro no sólo para la certeza de las normas sino también para su calidad o racionalidad y su justicia. La sobreabundancia de normas, ciertamente, produce dos efectos igualmente negativos: por un lado, hace que el hombre de la calle y los mismos operadores jurídicos (abogados, funcionarios y jueces) estén cada vez más desorientados ante la vasta y cambiante cantidad de normas, con el consiguiente déficit que ello supone de certeza en el conocimiento del derecho vigente; pero, por otro lado, es evidente que la superproducción de normas disminuye también la posibilidad de su formación esmerada y ponderada, y propicia, por el contrario, la existencia de antinomias, redundancias e imprecisiones legislativas, o sencillamente la creación de textos confusos, ambiguos, farragosos y a veces sumamente intrincados que alimentan la falta de certeza y, por tanto, la injusticia".

34 GUERVÓS MAÍLLO, M. A. (2023): "Ley 38/2022, de 27 de diciembre, para el establecimiento de gravámenes temporales energético y de entidades de crédito y establecimientos financieros de crédito y por la que se crea el impuesto temporal de solidaridad de las grandes fortunas, y se modifican determinadas normas tributarias [Boletín Oficial del Estado-A-2022-22684]", *Ars Iuris Salmanticensis: AIS: revista europea e iberoamericana de pensamiento y análisis de derecho, ciencia política y criminología*, Volumen 11, número 1, páginas 203 y siguientes: "*Muchos puntos de la regulación de estas figuras son cuestionables, pero en este comentario nos centraremos en el que nos parece fundamentalmente criticable. La calificación de esta figura, igual que comentaremos con el siguiente gravamen, es básica desde el punto de vista de su valoración constitucional, puesto que calificarla como PPCPNT implica que al ser un ingreso no tributario no le son aplicables los principios constitucionales informadores de los tributos*".

burocrática para las empresas del sector, y una excesiva litigiosidad, con procedimientos que alcanzan una duración extenuante, lo que sin lugar a dudas hace huir inversiones como ya hemos apuntado[35].

Como recoge CAZORLA PRIETO:

> *"Me ha llamado poderosamente la atención y hasta en algún momento escandalizado el «ocurrentismo político», la improvisación técnico-jurídica y el pernicioso voluntarismo político a todo trance que suelen darse cita en un campo tan extraordinariamente importante, bajo todos los puntos de vista, como es el del sector eléctrico. La improvisación, el cortoplacismo y el «tira para delante hoy que ya veremos mañana» se suman a todo lo anterior y componen un cocktail explosivo, letal para la seguridad jurídica y costoso para el Estado que tiene que afrontar las consecuencias indemnizatorias de un proceder nutrido de tales criterios"*[36].

Confieso, que no consigo acostumbrarme a esta manera de legislar o de regular, como si padeciésemos, los que estamos obligados a la interpretación y aplicación de estas leyes, algún tipo de indigencia o merma intelectual[37].

---

35 El ejemplo más reciente ha sido el de REPSOL, que anunció el 26 de octubre de 2022, que la "*falta de estabilidad en el marco regulatorio y fiscal del país podría condicionar los futuros proyectos en España*", haciendo peligrar sus inversiones. REPSOL fue una de las empresas del IBEX que más impuestos pagó en 2022, más de 7.440 millones de euros, además de los más de 3.000 millones de euros que pagó fuera de España. Interesa destacar dos cuestiones: que las inversiones de REPSOL en España estuvieron en 2022, en más de 4.300 millones de euros, un 82% más que el año anterior; y que los accionistas de REPSOL, medio millón, son la mayoría pequeños accionistas, con residencia en España. Una empresa que invierte en activos industriales genera empleo, y garantiza la independencia energética de nuestro país, no tendría sentido castigarla fiscalmente como viene sucediendo en los últimos años con el sector energético, añadiendo, que tributos como el impuesto a las energéticas, favorece a los importadores que no generan empleo ni actividad económica relevante en España, siendo la consecuencia inmediata la huida de inversiones de nuestro país. ¿Verdaderamente se puede hacer prevalecer el discurso de asfixiar tributariamente a las grandes multinacionales, *so pretexto* de "*que paguen los ricos*" frente a lo que suponen las inversiones?
https://www.elmundo.es/economia/2023/10/26/653a15c8e9cf4a1b248b45b9.html.

36 Vid. Prólogo a la obra de VILLAR EZCURRA, M. (2023): *Fiscalidad, parafiscalidad y regulación económica en el sector eléctrico español*, Editorial Aranzadi, Cizur Menor, Navarra, página 20.

37 Incluso parece que abandona la lucha nuestro Alto Tribunal, dadas las sorprendentes últimas sentencias, cfr. la citada **Sentencia del Tribunal Constitucional, de 14 de noviembre de 2023** (recurso de inconstitucionalidad 616/2023), en relación con el im-

La regulación tributaria del sector eléctrico viene imbuida de una "*malsana tendencia de huida de los principios constitucionales-tributarios*"[38], convirtiéndose en un "*satélite de los Presupuestos Generales del Estado, donde se residencian importantes financiaciones de las políticas públicas*"[39]. Todo ello da lugar a una espiral regulatoria que nunca consigue mitigar los efectos de las actuaciones económicas.

Un claro ejemplo de lo expuesto, lo encontramos en el Impuesto sobre el Valor de la Producción de la Energía Eléctrica (en adelante "**IVPEE**") sobre el que centraremos nuestro estudio. Creado por la **Ley 15/2012, de 27 de diciembre, de medidas fiscales para la sostenibilidad energética**, ha sido de los impuestos más cuestionados en todos los ámbitos como analizaremos detalladamente[40].

puesto temporal de solidaridad de las grandes fortunas. Apelo al mantra latino "*etiam si omnes ega non*".

38 VILLAR EZCURRA, M. (2023): *Fiscalidad, parafiscalidad y regulación económica en el sector eléctrico español*, op. cit., página 22.

39 *Ibídem.*

40 Valga como muestra inicial de los vaivenes del tributo, una reproducción de los diferentes titulares de algunos periódicos económicos de nuestro país, desde la creación del tributo en el año 2012, a fecha actual (2024). Así durante el **bienio 2012-2013** los titulares recogían lo siguientes:
– El economista: "*El déficit de tarifa registró la mayor desviación en el año 2012. Desde el año 2000, el déficit se ha multiplicado por 140%*". "*Récord histórico en el déficit de tarifa*".
– Cinco días: "*El déficit de tarifa se desboca superando los 28.000 millones de euro*".
– Expansión: "*El Gobierno aprueba La Ley de medidas fiscales para la sostenibilidad energética (con el IVPEE a la cabeza) para frenar el déficit de tarifa*".
Durante el **año 2014**, los titulares fueron los siguientes:
– Comisión Nacional de los Mercados y la Competencia: "*La reforma tributaria del sector energético no ha cumplido con sus objetivos*".
– Expansión: "*Déficit de tarifa historia de un fracaso multimillonario*".
– El país: "*El Gobierno reconoce que las medidas adoptadas en 2012 han sido insuficientes para reducir el déficit de tarifa eléctrica*".
En el **año 2018**, los titulares de los mismos periódicos económicos recogían lo que sigue:
– El Economista: "*El recibo de la luz se dispara y marca el mes de mayo más caro de la historia*".
– Cinco días: "*El gobierno suspende temporalmente el Impuesto sobre el Valor de la Producción de la Energía Eléctrica con el objeto de abaratar el precio de la factura eléctrica*".
Y durante el año **2024**, esos titulares de los periódicos económicos fueron los siguientes:
– Cinco Días: "*La vuelta del IVPEE. El gobierno elimina la suspensión del IVPEE*".

Aceptando que los cambios en el sistema jurídico, y más aún en el sistema jurídico tributario son inevitables, como recogía el profesor GARCÍA AÑOVEROS; no podemos ignorar la importancia de la técnica legislativa y de los valores jurídicos en la vida financiera moderno, valores que ya el profesor SAINZ DE BUJANDA reclamaba.

Grosso modo, el déficit de tarifa, como explicaremos, se convirtió a principios de siglo en un serio problema para el sector eléctrico, alcanzando cotas inusitadas en el año 2012 (casi 30.000 millones de euros), y para poder solucionarlo se acudió a la fiscalidad, pero resultó que las medidas fiscales fueron insuficientes además de provocar que aumentara el recibo de la luz[41], lo que llevó al Gobierno a tener que suspender el IVPEE a fin de abaratar el precio.

Durante todo el **siglo XX** se vino produciendo un incremento desmesurado de la **demanda de la electricidad**, corriendo el sistema eléctrico español un grave riesgo de saturación, ello unido al cumplimiento de los criterios de **Maastricht**, fundamentalmente mantener un nivel de inflación que no excediera en más de 1,5% sobre la media de las inflaciones de los tres Estados de la Unión Europea con mejor comportamiento (Suecia, Finlandia y Alemania), obligando a España a reducir su nivel de inflación. Esa necesidad de reducir la tasa inflacionaria tuvo un **efecto rebote** en el sector energético, haciendo **disparar el precio de la electricidad,** y necesitando instaurar entre otras medidas, la **congelación de los precios** para frenar el aumento de estos. Esta congelación de precios, lógicamente, **no** se vio correspondida por una **congelación de los costes del sistema**, dando lugar a un desajuste: **el precio real de la producción eléctrica estaba por encima del precio que abonaban los consumidores.**

– Expansión: *"Repsol, Iberdrola, Endesa y Naturgy cercan al Gobierno y amenazan con paralizar inversiones milmillonarias. Las energéticas insisten en la inseguridad jurídica y los impuestos pagados en España".*
– El economista: *"La Comisión Europea insta al Gobierno de España a eliminar los impuestos a las energéticas".*
Crf. *El Economista*, 27 de enero de 2013: El déficit de tarifa registró la mayor desviación en 2012 (eleconomista.es); *Expansión*, 22 de noviembre de 2012: El déficit de tarifa se desboca en 3.000 millones pese a las reformas | Empresas | Cinco Días (elpais.com); *Expansión*, 4 de octubre de 2014; *Cinco Días*, 3 de octubre de 2018.

41 El efecto mariposa de *Edward N. Lorenz* (1996), *"El aleteo de una mariposa en Sri Lanka puede provocar un huracán en Estados Unidos".* En *The Essence of Chaos*, University of Washington Press.

Había nacido el **"déficit de tarifa"**, comprometiéndose el Estado con las diferentes empresas eléctricas a reconocerles el derecho a recuperar este desajuste en un futuro, reconociéndoseles el derecho a obtener su reembolso en **quince anualidades**, considerando el reembolso anual del déficit de ejercicios pasados un **coste regulado**, que se incluye en los peajes que forman parte de la tarifa que **pagan los consumidores**, siendo éstos, en último término, a los que les corresponden hacer frente al déficit que se va generando. **Las empresas vendían por debajo de coste y se les reconocía esa deuda, y los consumidores compraban por debajo del precio real y eran deudores de las eléctricas.**

El déficit de tarifa alcanzó su cota más alta en el **bienio 2012-2013**, llegándose a adquirir una deuda de casi 30.000 millones de euros, convirtiéndose en el mal endémico del sector eléctrico. El *dead line* que se autoimpuso la Administración para que los ingresos fueran suficientes para cubrir los costes, objetivo que debía cumplirse antes de 1 de enero de 2013, se acercaba sin que pareciera hallarse una solución que reparara la situación, ni para la propia Administración, ni para las empresas eléctricas, y menos aún para los consumidores, convirtiéndose así en una enfermedad crónica del sector eléctrico español.

Los desequilibrios tarifarios tenían fácil solución, simplemente equilibrar las tarifas a mercado, pero se optó por mantener artificialmente los precios, dando lugar, más que a un **déficit tarifario técnico**, a lo que podríamos llamar un **déficit tarifario político**, todo ello aderezado con que resultó más sencillo para el legislador acudir a la tributación para paliarlo, lo cual, viendo el recorrido, de poco o nada ha servido.

Con el fin de encontrar alguna solución, se acudió al Derecho Tributario, y a la creación de una serie de tributos sobre la producción eléctrica, ocultos bajo el *nomen iuris* de "**tributos medioambientales**", pero pronto se descubriría su verdadero objetivo: servir para paliar el "déficit de tarifa". Valga como ejemplo observar, como el IVPEE ha servido, durante todo este tiempo, no para la protección medioambiental, pero sí para el descenso paulatino de la acumulación de la deuda viva del déficit de tarifa, aunque no ha sido suficiente. Algo a simple vista absurdo, me endeudo con las empresas eléctricas, me comprometo a devolverles el dinero, quienes deben de asumir esa deuda son los consumidores, pero como se dispara el precio de la luz resulta imposible sobrecargar más la factura, por lo que se crean unos tributos que pagan las productoras de energía eléctrica, para que el Estado pueda devolverles a ellas mismas la deuda contraída, que acaban pagando de manera indirecta los consumidores (a pesar de la prohibición de repercusión), lo que hace de nuevo encarecer la factura.

Las dificultades a las que se enfrenta la fiscalidad medioambiental[42] energética son complejas, y el esfuerzo jurídico tiene que ir enfocado fundamentalmente:

- *a crear unas bases en el ámbito del Derecho Internacional*: medidas globales frente a un problema también global[43], con el establecimiento de elemen-

---

42 La preocupación por la fiscalidad medioambiental no es actual. Valga como ejemplo, como en 1975, AMATUCCI, A. comienza a preocuparse por la fiscalidad medioambiental en la primera de sus obras sobre esta materia: "Qualità della vita, interessi diffusi e capacità contributiva", *Rivista di Diritto Finanziario e Scienza delle Finanze,* número 3, páginas 351 y siguientes.

43 Es interesante, aunque no lo compartimos como expondremos más adelante, el reciente trabajo de TRAVERSA, E. y SCHERLEITNER, M. (2023): "How to Achieve the EU's Climate Goals? A Model Proposal for Multinational Entities Contributing to Fill the Green Investment Gap", December 1, 2023.
https://ssrn.com/abstract=4650390 or http://dx.doi.org/10.2139/ssrn.4650390.
Los autores, con el objetivo de luchar contra el cambio climático y la contaminación en el ámbito de la Unión Europea, y obtener ingresos para ese fin, rechazan la utilización de instrumentos tradicionales, o tributos medioambientales, afirmando que no son instrumentos adecuados, y proponen la creación de un Fondo Europeo para el Clima (*EU Climate Fund*), similar al *Single Resolution Fund* (Fondo Único de Resolución en materia de riesgo bancario), que se nutriría de una especia de contribución climática no tributaria (cuya base jurídica la depositan en el **artículo 192.1 del Tratado de Funcionamiento de la Unión Europea**, que al no ser tributaria, lo liberaría de la unanimidad, siendo tramitada por el procedimiento legislativo ordinario), cuyos sujetos pasivos serían: un conjunto determinado de contribuyentes (fundamentalmente, las multinacionales con actividades contaminantes "*Multinational Entities (MNEs)*") y con afección total de lo recaudado, no formando parte de los Presupuestos de la Unión Europea): "*Es un hecho que el sector empresarial es a la vez responsable de una parte significativa de las emisiones y, al mismo tiempo, el principal beneficiario de las políticas europeas destinadas a establecer un mercado interior sin fronteras internas. Al igual que los ciudadanos particulares, también son víctimas potenciales o incluso reales de los fenómenos naturales causados por el cambio climático; por lo tanto, tienen un interés directo en participar hoy en inversiones que minimicen los riesgos y daños futuros. Sin embargo, instrumentos tradicionales como el impuesto de sociedades no son herramientas políticas adecuadas para garantizar una implicación real de la comunidad empresarial en los objetivos del acuerdo verde por varias razones. En primer lugar, no son proporcionales a la cantidad de inversión necesaria ni están relacionados con la consecución de un objetivo específico. En segundo lugar, su cálculo no tiene en cuenta el comportamiento del contribuyente. En tercer lugar, dejan poco o ningún margen para que los contribuyentes participen activamente en la definición de las políticas de gasto. Nuestro modelo del Fondo Europeo para el Clima pretende establecer un vínculo entre los beneficios derivados del marco jurídico y su facilitación del desarrollo de actividades económicas en toda la Unión, y las responsabilidades específicas que asu-*

tos adecuados internacionales, ya que difícilmente se podrán combatir los problemas climáticos si no vienen de la globalidad[44], sin entrar en un "*free rider*", donde el esfuerzo lo haga el vecino con el objeto de que todos se aprovechen de él, lo que puede llevar a invitar a todos los vecinos a no hacer nada[45];

---

men las empresas en lo que respecta a apoyar objetivos climáticos. También tiene en cuenta desde una perspectiva dinámica el comportamiento del agente empresarial a nivel microeconómico y, en particular, las inversiones realizadas para disminuir la huella ecológica, así como a nivel macroeconómico, al prever un nuevo cálculo de la contribución en función de la consecución de objetivos comunes. Vivimos tiempos extraordinarios; solo a través de medios extraordinarios, es decir, no convencionales, podremos resolver los retos que tenemos por delante. Con el EU Climate Fund, introducimos un modelo sencillo, pero poderoso, que implica a las Multinacionales "Multinational Entities (MNEs)" en la recaudación de cantidades sustanciales de dinero en un plazo bastante breve. Aunque desarrollado en el contexto de la UE, el concepto puede aplicarse sin cambios significativos en su arquitectura en otras partes del mundo - si se pretende, incluso a nivel regional".

44 Europa ha sido bastante reacia, al establecimiento de impuestos sobre el CO2 (concretamente sobre el carbono), y a gravar vía imposición las actividades industriales, tal vez movida porque los socios de las otras áreas de la OCDE, en especial Japón y Estados Unidos, no lo habían hecho. Japón fue el primer país asiático en imponer un impuesto sobre el carbón (2012), aunque el importe impositivo es irrisorio, muy por debajo de los niveles que se estima que tienen un impacto significativo en el clima. Tímidamente Europa empieza a tomar conciencia, así, aprobó el *Reglamento 2023/956*, del Parlamento Europeo y del Consejo, de 10 de mayo, por el que se establece un mecanismo de ajuste en frontera por carbono, el llamado "arancel del carbono", que tal como reza, este mecanismo será la base de referencia sobre la que se realizarán posteriores cálculos de impuestos.

45 Cfr. BORRELL I FONTELLES, J. (1996): Apertura Primer Congreso Internacional sobre Protección Fiscal del Medioambiente (Madrid, 22 a 24 de enero), cuyos resultados fueron recogidos en el libro: YÁBAR STERLING, A. (1998), editora: *Fiscalidad Ambiental*, Cedecs Editorial, Barcelona, página 18, recoge que: "*No tiene ningún sentido que el consumidor occidental medio haga un esfuerzo importante, para limitar sus emisiones de CO2, si las masas desheredadas del Tercer Mundo, se embarcan en una «revolución industrial», con las mismas pautas de consumo energético que presidió el desarrollo de Europa Occidental hace cien años. Porque el equilibrio global, no se vería en absoluto afectado, por mucho esfuerzo que hiciéramos la minoría de europeos o de estadounidenses que somos, frente a los miles de millones de las masas emergentes del sudeste asiático, por no hablar de los africanos, que los pobres ni siquiera tienen expectativa alguna de embarcarse en este proceso. Una norma, pues, de rango internacional, no hay soluciones locales a problemas globales, y hoy la falta de capacidad de la Comunidad Internacional para abordar de forma consensuada el problema, es evidente*".

- *al engarce constitucional de las nuevas figuras tributarias con fundamento medioambiental*: figuras que nacen con preocupación ecológica, pero que no son capaces de cumplir sus objetivos;
- la reducción de la amalgama de tributos medioambientales y la *implantación del fundamento medioambiental en tributos tradicionales*; el papel central del sistema tributario debe girar alrededor de las figuras tradicionales (a fin de garantizar los principios constitucionales, fundamentalmente el principio de progresividad y capacidad económica), y las figuras periféricas, deben ser pocas y tener una sólida justificación de su configuración extrafiscal;
- el *reconocimiento de impuestos finalistas*: que los ingresos que provienen de tributos medioambientales queden afectos a programas relacionados con la protección medioambiental, asignados directamente a un fin socialmente visualizable, de manera que quede claramente definido para qué sirven, sin que ello suponga una quiebra del principio de unidad de caja[46];

---

46 De esta manera, será más fácil la aceptación ciudadana del tributo. Afirma BORRELL I FONTELLES que: "*Aquí habrá un campo de polémica entre la Hacienda tradicional y la Hacienda que aflora en el siglo que viene. La Hacienda tradicional, ya lo saben ustedes parte del principio de unidad de caja, pongamos juntos todos los recursos, vengan de donde vengan, que los parlamentos decidirán su distribución entre los objetivos de utilidad social, políticamente más adecuados. Este mecanismo de no aceptación choca hoy en las sociedades democráticas de fin de siglo, con la opacidad de los procedimientos parlamentarios, digo bien, opacidad, porque, aunque no lo parezca, hay opacidad en el mensaje que llega al contribuyente ciudadano. No digo que el trabajo se haga de forma opaca, digo que la información que tiene el ciudadano de cómo se desarrollan los procedimientos de debate parlamentario y cómo los valora desde su subjetividad, choca con la implantación de nuevos impuestos sino está claramente definido, para qué sirven. Y estoy convencido de que sería mucho más fácil aplicar impuestos finalistas, asignados directamente a un fin socialmente visualizable, que no su incorporación indiferenciada a la masa de recursos que la Hacienda Pública genera y que el debate parlamentario distribuye. En algunos casos de una forma, casi, imperativa de esa aceptación, que debería producirse para garantizar la eficacia del fin perseguido*". Vid. Apertura Primer Congreso Internacional sobre Protección Fiscal del Medioambiente (Madrid, 22 a 24 de enero 1996), op. cit., página 19.

- la *compatibilidad entre la imposición medioambiental*[47] *y los requisitos de la libertad de comercio* (libertad de empresa y libre competencia)[48].

Nuestra "pretensión" será, analizar, investigar, e intentar ordenar desde un punto vista eminentemente jurídico, las posibilidades, los mecanismos y los límites de actuación de una verdadera tributación extrafiscal sobre la producción de la energía eléctrica, es decir, de una tributación que, más allá de un interés puramente recaudatorio, tenga por objeto ayudar a la regulación de ese mercado, bien estimulando conductas deseables, bien desincentivando conductas no deseables (aunque lícitas), teniendo presente la defensa de los valores jurídicos, y señalando las vías a través de las cuales se pueden corregir todos los errores que se han venido produciendo, para poder dotar al sector eléctrico de cierta homogeneidad, de técnica jurídica, de seguridad jurídica, y de respeto al resto de principios constitucionales, siendo conscientes de las dificultades que entraña todo ello en una regulación (extra)fiscal, de un sector regulado y necesario como el eléctrico, donde parece claro que la enfermedad existe, pero no ha sido acertado, a nuestro entender, el diagnostico, y menos aún las soluciones.

47 Vid ARDANT, G (1972): *Historie de l'Impôt, Livre II, Du XVIIIe au XXIe siècle*, Librairie Arthème Fayard, París, páginas 519 y siguientes, donde recogía que "*De una forma general, se puede pensar que la imposición de la contaminación será uno de los capítulos más importantes de la legislación fiscal no sólo del siglo XXI, sino del XX*".

48 Así el *Libro Blanco de DELORS*, recogía: "*la posibilidad de gravar las actividades o productos contaminantes, la energía o los recursos naturales escasos, o bien el fomento de sistemas de seguro privados. No obstante, la posible introducción de «impuestos ecológicos» suscita opiniones diversas: algunos Estados miembros expresan sus reservas en cuanto a los efectos de tales impuestos sobre la competitividad internacional (...). El impuesto C02/energía, propuesto en 1992 por la Comisión, podría suponer ingresos equivalentes al 1% del PIB. En todos estos casos, habría que garantizar la oportuna previsibilidad, así como la necesaria neutralidad fiscal, para no penalizar a aquellos sectores expuestos a la competencia internacional*". Cfr. DELORS, J. (1993): *Crecimiento, competitividad, empleo: retos y pistas para entrar en el siglo XXI: Libro Blanco*, Comisión Europea, CECA-CE-CEEA, Bruselas-Luxemburgo, páginas 150, 164 y 168.

INTRODUCCIÓN
PLANTEAMIENTO

Para saber que sabemos lo que sabemos,
y saber que no sabemos lo que no sabemos,
hay que tener cierto conocimiento histórico
NICOLÁS COPÉRNICO

Tal como reconoce la Organización de las Naciones Unidas, la energía eléctrica es un pilar fundamental para el progreso, definiéndola dentro de los objetivos de desarrollo sostenible[49]. Por lo que, algo que constituye el núcleo central para la mayor organización existente, también debería de constituir, cuanto menos, un eje importante para el sistema tributario español.

Nos encontramos ante una situación nacional e internacional altamente compleja, y las respuestas que las sociedades den a estos problemas tiene importantes consecuencias económicas y tributarias.

Cuando los países empezaban a recuperarse de la pandemia derivada del COVID-19, surgen los problemas geopolíticos de la guerra en Ucrania y posteriormente el problema palestino, todo ello unido a la escasez de materias primas energéticas y los problemas derivados del cambio climático[50]. La situación actual

---

49 Naciones Unidas, "Objetivos de Desarrollo Sostenible", número 7: *Energía asequible y no contaminante*, en https://www.un.org/sustainabledevelopment/es/objetivos-de-desarrollo-sostenible/. A este respecto, es interesante el trabajo de DELGADO PIQUERAS, F. (1993), "Régimen jurídico del Derecho constitucional al medio ambiente", *Revista Española de Derecho Constitucional*, número 38, página 63, se refiere a la necesidad de que los gobiernos lleven a cabo "*políticas de desarrollo sostenible*"; cfr. también FERNÁNDEZ RODRÍGUEZ T. R. (1980), "Derecho, Medio Ambiente y Desarrollo", *Revista Española de Derecho Administrativo*, número 24.

50 Para contribuir a mejorar los problemas derivados del cambio climático, en España se aprobó la **Ley sobre el Cambio Climático (Ley 7/2021, de 20 de mayo),** recogiendo algunas medidas de fomento en la que participan tanto las administraciones (estatal, autonómica y local) como el sector privado, empresarios, universidades y otras organizaciones no gubernamentales. Dentro de estas medidas destacan "*fomentar la actividad económica y su modernización (...) en la transición hacia una economía baja en emisiones de carbono, en particular, en casos de cierre o reconversión de instalaciones*" (artículo 28.1),

requiere de una respuesta coordinada por parte de la comunidad internacional y, sobre todo, de los Estados miembros de la Unión Europea.

En todo este panorama internacional juega un papel fundamental temas tan trascendentales como: la tributación de los gigantes digitales, la tributación medioambiental (enfocada a proteger el medioambiente y los problemas derivados del cambio climático), los retos energéticos, o la exploración de nuevas fórmulas de imposición, que requieren no solo de soluciones políticas, sino que previamente es necesaria una reflexión especializada sobre los principios y postulados básicos que han de presidir este tipo de debate.

La regulación de la energía eléctrica está integrada por un conjunto normativo, que disciplina un sector sumamente estratégico y de interés general, que afecta sensiblemente a multitud de actores y operadores económicos tan dispares como lo son, entre otros: los productores, desarrolladores, fabricantes, compañías distribuidoras y transportistas, comercializadoras, entidades financieras, organismos reguladores y, por supuesto, en última instancia, los propios consumidores (unido ahora a los llamados "*prosumidores*"[51]).

La normativa que regula el sector eléctrico es absolutamente cambiante[52], tanto a nivel europeo, como nacional y autonómico, y no sólo en materia regu-

---

incluyendo "*medidas fiscales para la consecución de esos logros*". En este sentido puede consultarse, LÓPEZ RAMÓN, F. (2021): "Notas a la Ley de Cambio Climático", *Actualidad jurídica ambiental*, número 114, páginas 132 y siguientes.

51 Los llamados prosumidores son aquellos consumidores que tienen ahora la facultad de producir la propia energía que van a consumir y verter los excedentes a la red, obteniendo beneficios económicos, todo ello gracias a la entrada en vigor del RD 244/2019, de 5 de abril, por el que se regulan las condiciones administrativas, técnicas y económicas del autoconsumo de energía eléctrica. Los prosumidores asumen el papel de productores de energía eléctrica y de consumidores finales; cfr. VILLAR EZCURRA, M. y CÁMARA BARROSO, M. C. (2022), *Los incentivos fiscales al autoconsumo de la energía fotovoltaica*. Editorial Instituto de Estudios Fiscales, página 32, "*el prosumidor es una figura novedosa la cual ha sido difícil de regular a nivel europeo, pero ha sido posible gracias a los compromisos que han propiciado la sostenibilidad en la política energética*".

52 Para ARIÑO ORTIZ, G. y LÓPEZ DE CASTRO GARCÍA-MORATO, L. (1998): "*El análisis de la evolución jurídica que este sector ha tenido en España se enfrenta a varias dificultades, referidas entre otros aspectos, a la complejidad técnica del mismo, al fuerte contenido de su regulación, a la fragmentación normativa (...)*". En *El sistema eléctrico español, regulación y competencia*, Editorial Montecorvo, página 29. Para BACIGALUPO, la fragmentación y la falta de claridad en la normativa "*intensifica la conflictivi-*

latoria, sino que ha cobrado un especial interés la regulación fiscal del sector, tanto que viene a salvar los muebles de cualquier gobierno al uso[53]. Dentro de esta regulación fiscal del sector eléctrico, ha cobrado un mayor interés la rama de la extrafiscalidad[54], utilizada por los Estados para políticas de carácter intervencionista.

El sector eléctrico, aparece condicionado tanto, por el carácter de servicio esencial[55] o de interés general, que presenta el suministro de electricidad, como

---

dad que viene acompañando a nuestro ordenamiento energético". Cfr. BACIGALUPO SAGESSE, M. (2020): "Cambios normativos y litigiosidad en el ámbito de la regulación española de las energías renovables: estado de situación", en DARNACULLETA I GARDELLA, M., ESTEVE PARDO, J. y IBLER, M. (coordinadores), *Nuevos retos del Estado garante en el sector energético,* Marcial Pons, Madrid, páginas 103 y siguientes.

53 No podemos dejar de hacer referencia al gravamen sobre el sector eléctrico, presentado como proposición de Ley el 28 de julio de 2022, y aprobado por la Ley 38/2022, de 27 de diciembre, tomando la sorprendente fórmula de prestación patrimonial pública no tributaria (traducido a nuestro parecer como un impuesto a la carta), que tendrá carácter temporal (2023-2024), aunque toda apunta a que nace para quedarse, y que viene, con un variopinto popurrí de argumentos con mucha más carga ideológica que sustancia, de manera absolutamente arbitraria, simple y llanamente para salvar los costes de la inflación. En román paladino, viene a decirle a bancos y energéticas (pero no a todos, tan sólo a los grandes), *"a ti te toca poner tres mil millones y a ti cuatro mil, porque lo digo yo"*. Algo que tiene mal encaje en un Estado de Derecho, pero además no sería la mejor forma de convencer a nadie para que invierta en España, sino más para alejar inversores.

54 Cfr. GRIZIOTTI, B. (1953), "I principi delle entrate extrafiscali", en *Saggi sui rinovamiento delle finanze e del Diritto tributario,* Giuffrè, Milano. La idea, de que la función fiscal y extrafiscal del tributo constituyen, en esta perspectiva, dos fenómenos inescindibles que se presentan como las dos caras de una misma realidad, tuvo su origen en la tesis de GRIZIOTTI, que ponía de manifiesto la importancia del aspecto extrafiscal de la imposición como una faceta inescindible del fenómeno tributario.

55 El artículo 2 de la Ley 54/1997, de 28 de noviembre, del Sector Eléctrico (en adelante LSE 1997), recogía que: "*Estas actividades se ejercerán garantizando el suministro de energía eléctrica a todos los consumidores demandantes del servicio dentro del territorio nacional y tendrán la consideración de* ***servicio esencial***". La Ley 24/2013, de 26 de diciembre, del Sector Eléctrico (en adelante LSE 2013) también recoge el **carácter esencial** del suministro eléctrico. Esto responde al concepto de servicio económico de interés general que se coloca entre los valores comunes de la Unión (artículo 14 del Tratado de Funcionamiento de la Unión Europea —TFUE— y Protocolo 26 sobre los servicios de interés general), amparado también en esos servicios esenciales que menciona el artículo 28 y 37 de la Constitución Española. Cfr. DE LA CRUZ FERRER, J. (2019): "La regulación de la transición renovable ante el trilema de la política energética", en DE LA

por una serie de peculiaridades físicas, técnicas, sociales y económicas, propias de dicho suministro, cobrando gran importancia en el momento actual en el que nos encontramos de transición energética. Al no ser la energía eléctrica almacenable, debiendo generarse en el momento que se consume, y las oscilaciones de la demanda de los consumidores deben ser atendidas en tiempo real, hace precisa una adecuada coordinación del sistema para que pueda garantizarse el suministro de forma continuada. De manera esquemática, el suministro energético exige que los productores estén unidos a los consumidores a través de redes de transporte y distribución, que conforman verdaderos monopolios naturales. Estos rasgos propios del sector eléctrico determinaron que el mismo estuviera, desde sus orígenes, organizado a partir de empresas verticalmente integradas, desarrollando actualmente actividades de generación, transporte, distribución y comercialización de energía eléctrica. Esta estructura tradicional y compleja del sector eléctrico, ha ofrecido en ocasiones importantes escollos para la realización de una de las políticas europeas más ambiciosas y conflictivas: *el establecimiento en el seno de la Unión Europea de un mercado interior de la electricidad y del gas natural.* A la consecución de este objetivo, ha obedecido la evolución del sector eléctrico español desde los años 90 del pasado siglo hasta el momento actual.

El gran reto de la regulación del sector eléctrico se encuentra en la dificultad de armonizar múltiples intereses económicos, sociales, medioambientales, políticos y fiscales, muchas veces contrapuestos entre sí. Por este motivo, la actual ordenación jurídica del suministro eléctrico es notablemente compleja y cambiante, dando lugar a un sector del ordenamiento en el que el denominado riesgo regulatorio, el problema del déficit tarifario y los retos de la protección medioambiental, cobran un papel protagonista. A esta complejidad se une, la impredecible regulación fiscal que rodea a este sector, que poco ayuda, caótica, inextricable y alambicada, con una intensa presión fiscal, sin orden ni concierto, que gravan cada una de las fases por las que pasa la energía eléctrica (generación, transporte, distribución y comercialización), de esas empresas verticalmente integradas a las que nos hemos referido, sin diferenciar, en la mayoría de los tribu-

CRUZ FERRER, J., (Director), ZAMORA SANTA BRIGADA, I. (coordinador), en *Energía y Derecho ante la transición renovable,* Thomson-Aranzadi, página 18; vid. también ÁLVAREZ FERNÁNDEZ, M. (2022): "De la interrumpibilidad del mercado de capacidad: las penalizaciones como elemento de cierre de la seguridad del suministro", *Cívitas, Revista Española de Derecho Administrativo,* número 223/2022, páginas 32 y siguientes.

tos, las distintas fuentes de energía (gravando de manera indiscriminada incluso las fuentes de energías renovables).

Este caos clama una reordenación de los tributos que gravan este sector eléctrico, adelantándonos ya a afirmar, que la inmensa mayoría de los mismos, nacen con pretensión ecológica, para regularse con tan sólo un mero barniz medioambiental[56], siendo su único y exclusivo objetivo, el fiscal (sufragar el déficit de tarifa, salvar los costes de la inflación, etc.), alejados del concepto de tributo medioambiental que ha establecido la jurisprudencia durante décadas. Aparentes tributos medioambientales, que en su regulación nada contienen para perseguir fines que coadyuven y eviten la contaminación medioambiental, y la realidad del cambio climático (gravar la verdadera contaminación, posibilitar una progresiva electrificación, sustituir los combustibles fósiles y la descarbonización de la economía española).

De los impuestos medioambientales, es el sector energético el que contribuye en mayor medida a la recaudación medioambiental. El 83% de la recaudación de los impuestos medioambientales en España provienen del sector energético, frente al 77% de la media europea[57]. Pero a mayor abundamiento, en el marco de los sectores regulados, es el sector eléctrico, el que padece una mayor carga fiscal.

Si comparamos, desde el punto de vista de la carga fiscal, el sector energético con dos sectores regulados, también estratégicos, como son el sector bancario y el sector del transporte, a simple vista las conclusiones son sorprendentes.

En apretada síntesis, nos encontramos, que el **sector bancario** fundamentalmente está sujeto al Impuesto de Sociedades, al Impuesto sobre el Valor Añadido[58], al Impuesto sobre Depósito de Entidades de Crédito y al nuevo gravamen temporal sobre determinadas entidades de crédito; añadiendo en algunos muni-

---

56 Cfr. SIMÓN ACOSTA, E. (2005): "Aunque la mona se vista de seda", *Actualidad Jurídica Aranzadi*, número 659, páginas 1 y siguientes: "*un sutil atajo para sortear la ley*".

57 Datos extraídos de Oficina Europea de Estadística (EUROSTAT), informe de 25 de noviembre de 2021. En este sentido, puede verse "La fiscalidad ambiental en España. Situación actual y tendencias", *REAF-CGE*, informe octubre 2019, página 21, "*En el conjunto de países de la UE los impuestos sobre la energía representan el 76,9 por 100 y en España es ligeramente superior, pues suponen el 82,9 por 100*". Por lo que podemos concluir que en España la media de recaudación del sector eléctrico supera en más del 6% al resto de países de la Unión Europea.

58 La mayoría de las operaciones financieras están exentas del Impuesto sobre el Valor Añadido (artículo 20.1.18° de la Ley 37/1992 del Impuesto sobre el Valor Añadido).

cipios, el establecimiento de la tasa local sobre cajeros automáticos y el resto de los tributos locales; y el **sector transporte**, además de los tributos centrales del sistema tributario (Impuesto de Sociedades e Impuesto sobre el Valor Añadido), básicamente está sujeto al Impuesto Especial sobre Hidrocarburos, al Impuesto Especial sobre el Carbón, al Impuesto Especial sobre Determinados Medios de Transporte, y al Impuesto municipal sobre Vehículos de Tracción Mecánica, añadiendo, que la Comunidad Autónoma de Cataluña creó un tributo medioambiental sobre la aviación comercial.

Frente a ello, el **sector energético** está sometido a una increíble presión fiscal, donde los tributos de este sector gravan la producción, el consumo, la comercialización, aquellos que pueden incidir sobre el comercio internacional, así como los tributos que gravan el beneficio. Estos tributos, junto con otros gravámenes, pueden recaer sobre distintos operadores o sobre los consumidores, donde podrán ser repercutibles o no legalmente, o trasladarse de los sujetos pasivos a terceros. En este sentido, las fundamentales figuras que recaen sobre el sector eléctrico se pueden resumir: en el ámbito de la tributación **estatal**, al Impuesto de Sociedades e Impuesto sobre el Valor Añadido[59], además está sujeto al Im-

59 Con el objeto de dar respuesta a la situación generada durante el año 2021, por el incremento de los precios de la electricidad y con el fin de abaratar el precio de la factura eléctrica, se redujo el IVA transitoriamente (hasta el 31 de diciembre de 2021) del 21%, al 10%. La medida fue introducida a través del Real Decreto-Ley 12/2021, de 24 de junio, por el que se adoptaron medidas urgentes en el ámbito de la fiscalidad energética y en materia de generación de energía, y sobre gestión del canon de regulación y de la tarifa de utilización del agua (Boletín Oficial del Estado, 25 de junio de 2021). Esta medida ha sido prorrogada en varias ocasiones entre ellas por acuerdo del Consejo de ministro de 21 de diciembre de 2021, prorrogando las rebajas fiscales del recibo de la luz y manteniendo la citada reducción del tipo impositivo del IVA al 10%, hasta el 30 de abril de 2022. Para prorrogarlo de nuevo hasta julio de 2022. Desde el 1 de julio de 2022 se aprobó la rebaja del IVA en el suministro de electricidad, del 10% (que venía aplicándose) al 5%, rebaja que se prorrogó por Real Decreto Ley 18/2022, de 18 de octubre, por el que se aprobaron medidas de refuerzo de la protección de los consumidores de energía. El sexto paquete de medidas socioeconómicas, fue aprobado por el Real Decreto-Ley 20/2022 (Boletín Oficial del Estado de 28 de diciembre), como respuesta urgente a las consecuencias inflacionistas de la Guerra de Ucrania, medidas que pasan principalmente por prorrogar un año más las ya establecidas anteriormente, y otras de nueva creación, destacando de nuevo la rebaja de los tipos de IVA, prorrogándose, por ahora, hasta el 31 de diciembre de 2023 la reducción al 5% del tipo impositivo del IVA en la factura del gas natural y en la factura de la luz. En el ejercicio 2024, a través del Real Decreto-Ley 8/2023, el tipo impositivo de IVA ha subido al 10%, siempre y cuando el

puesto Especial sobre le Electricidad[60], al IVPEE[61], al gravamen temporal a las empresas energéticas, al Impuesto Especial sobre Hidrocarburos, al Canon Hidroeléctrico[62], a los tributos sobre la energía nuclear (en particular, el Impuesto sobre el almacenamiento del combustible nuclear gastado, el Impuesto sobre la producción de combustible nuclear y a la tasa ENRESA[63]), el Impuesto Especial

---

precio medio del mercado mayorista del mes natural anterior al último día del periodo de facturación esté por encima de los 45€/MWh, si bajara, las facturas del mes siguiente se cobrarán al tipo del 21% de IVA (situación que ya ha sucedido en el mes de febrero de 2024). Vid. GUERVÓS MAÍLLO, M. A. (2021): "Real Decreto-Ley 12/2021, de 24 de junio, por el que se adoptan medidas urgentes en el ámbito de la fiscalidad energética y en materia de generación de energía, y sobre gestión del canon de regulación y de la tarifa de utilización del agua", *Ars Iuris Salmanticensis: AIS: revista europea e iberoamericana de pensamiento y análisis de derecho, ciencia política y criminología*, Volumen 9, número 2, páginas 354 y siguientes.

60 De igual manera que hemos descrito en la nota anterior en relación con el IVA, entre las medidas para frenar el incremento de la factura eléctrica, se incorporó la reducción del tipo de gravamen del Impuesto Especial sobre la Electricidad. El Real Decreto-Ley 17/2021, de 14 de septiembre, de medidas en materia de fiscalidad energética, redujo el tipo de gravamen del 5,11% al 0,5%, prorrogado por Decretos posteriores (Real Decreto Ley 18/2022 y el último el Real Decreto-Ley 20/2022 (Boletín Oficial del Estado de 28 de diciembre), prorrogándose, el tipo impositivo del 0,5% hasta el 31 de diciembre de 2023). Para el ejercicio 2024, el Impuesto Especial sobre la Electricidad irá accediendo progresivamente hasta volver al valor previo a la crisis, en 2024: primero al 2,5 hasta marzo (incluido) y al 3,8 hasta el 30 de junio de 2024. Ello indica, la fuerte incidencia que tiene la fiscalidad sobre el recibo de la luz.

61 Adelantamos también, que el IVPEE, desde su introducción en 2013, también ha sido suspendido en su aplicación en varias ocasiones desde 2018, por varios Decretos (el último, el Real Decreto-Ley 20/2022 (Boletín Oficial del Estado de 28 de diciembre), que prorrogaba la suspensión temporal, hasta el 31 de diciembre de 2023, para frenar ese incremento de la factura de la luz, como veremos en profundidad más adelante. Dicha suspensión se ha prolongado en el tiempo hasta el pasado 27 de diciembre de 2023, donde el Consejo de Ministros, a través del Real Decreto-Ley 8/2023, eliminó la suspensión del IVPEE con efectos para 2024 (pasando del 0% de tributación, al 3,5% hasta marzo de 2024, al 5,25 hasta junio de 2024, alcanzando el 7% habitual a partir de julio de 2024).

62 Canon que grava la utilización o el aprovechamiento de las aguas continentales para la producción de energía eléctrica (artículo 112 bis del Real Decreto Legislativo 1/2001, de 20 de julio, por el que se aprueba el texto refundido de la Ley de Aguas).

63 *Tasa de la Empresa Nacional de Residuos Radiactivos*. Tasa que se ha mostrado insuficiente para cubrir el déficit del fondo para el desmantelamiento de las nucleares y el

sobre el Carbón; a todo ello cabe añadir, los tributos **autonómicos**, en especial, Impuestos sobre instalaciones que inciden en el medioambiente, cánones eólicos (por el impacto visual), cánones hidráulicos (por el aprovechamiento del agua embalsada para la generación de energía); y los tributos de ámbito **local**, fundamentalmente, la tasa sobre el aprovechamiento especial del vuelo[64] (o tasa del 1,5), el Impuesto sobre Actividades Económicas, el Impuesto sobre Bienes Inmuebles y el Impuesto sobre Bienes de Carácter Especial, y no digamos ya de la prestación compensatoria generada por las empresas eólicas.

No es baladí afirmar, tras lo expuesto en el párrafo anterior, que la energía eléctrica, a pesar de no ser la más contaminante o ni siquiera contaminar en determinadas fuentes de energía (como veremos más adelante), es una de las más penalizadas por nuestro sistema fiscal, constituyendo, como también analizaremos, un factor que incrementa sustancialmente la factura de la electricidad y distorsiona el mercado, y que, por mucho que se regule de manera *fantasmagórica* la prohibición de repercutir alguno de estos conceptos en el consumidor final, acaba abonándolos.

---

apagón nuclear, llevando a subidas paulatinas de la misma desde 2011 (un 19%, de 6,69 €/MWh a 7,98 €/MWh). El séptimo Plan General de Residuos Radiactivos obligará a subir de nuevo la tasa que abonan las grandes eléctricas propietarias de las centrales (fundamentalmente Iberdrola, Endesa, Naturgy y, en menor medida, EDP), con el fin de financiar el desmantelamiento y la custodia futura de los residuos atómicos, subida que rondara en un 12% (unos 9 €/MWh). España cuenta con siete centrales nucleares en funcionamiento: Almaraz I, Almaraz II (Cáceres); Ascó I, Ascó II, (Tarragona); Cofrentes (Valencia), Vandellós II (Tarragona), y Trillo (Guadalajara), sobre las que Enresa se enfrenta al grueso del desmantelamiento del parque español, que comenzará, aparentemente, con el cierre de los dos grupos de Almaraz en 2027 y 2028 y concluirá con el de Trillo, en 2035, según el protocolo firmado en 2019 por la empresa pública, tutelada por el Ministerio de la Transición Ecológica. Estas empresas eléctricas también asumen las tasas del Consejo de Seguridad Nuclear y la tasa por la prestación de servicios de seguridad permanentes por la Guardia Civil, en el interior de las centrales u otras instalaciones nucleares. Cfr. *Versión revisada del Séptimo Plan General de Residuos Radiactivos*, 7 de noviembre de 2022, Ministerio para la Transición Ecológica y el reto demográfico, https://energia.gob.es/es-es/Novedades/DocumenTribunal Supremo/7-PGRR_version-revisada.pdf.

64 Técnicamente "tasa por utilización privativa y aprovechamiento especial constituido por el suelo, subsuelo o vuelo de la vía pública a favor de empresas explotadoras de servicios de suministros".

La imposición energética se considera coste-eficiente, influye directamente sobre los precios y, en consecuencia, en el consumo y en el uso de los diferentes tipos de tecnología[65].

Así, podemos adelantar, que el gravamen de la electricidad se caracteriza por una increíble dispersión normativa y de instrumentos tributarios, pero, además, por una falta de coherencia entre estos instrumentos fiscales y los objetivos medioambientales que proclaman perseguir.

Desde el punto de vista regulatorio, el sector eléctrico ha soportado varias reformas importantes que juegan un papel significativo en el desarrollo de la tributación del sector. Sin lugar a duda, la reforma que movió los cimientos del sistema eléctrico, que tuvo una importancia transcendental en este sector y que produjo un cambio sustancial en el modelo de explotación del sistema eléctrico, fue la **Ley 54/1997, de 28 de noviembre, del sector eléctrico** (en adelante **LSE 1997**), introduciendo la liberalización del sector bajo el impulso del Derecho Europeo (**Directiva 96/92/CE, del Parlamento Europeo y del Consejo, de 19 de diciembre de 1996, sobre normas comunes para el mercado interior de la electricidad**[66]), dejando atrás una configuración de servicio público que tantos problemas había generado al sector[67] y una gestión centralizada de explotación, para pasar a una liberalización del mismo, garantizando así la seguridad del suministro pero además, la implantación de un mercado mayorista de electricidad[68].

---

65 GAGO RODRÍGUEZ, A. (2017), "Impuestos sobre la electricidad y la energía: una oportunidad para la consolidación fiscal", en GONZÁLEZ-CUELLAR SERRANO, M y ORTIZ CALLE, E. (Directores), en *La fiscalidad del sector eléctrico*, Tirant lo Blanch, página 23.

66 La Directiva 96/92/CE del Parlamento Europeo y del Consejo, de 19 de diciembre de 1996, sobre normas comunes para el mercado interior de la electricidad, sería derogada por la Directiva 2003/54/CE del Parlamento Europeo y del Consejo, de 26 de junio de 2003, sobre normas comunes para el mercado interior de la electricidad.

67 Para ARIÑO ORTIZ, G. y LÓPEZ DE CASTRO GARCÍA-MORATO, L. (1998): uno de los principales factores que ha influido en la complejidad de sector eléctrico y en su confusión, ha sido el concepto de servicio público, "*un concepto de perfiles cambiantes e indefinidos (...). El concepto tradicional de servicio público es un concepto multívoco, casi fantasmagórico, cuyo contenido ha sido muy controvertido*". En *El sistema eléctrico español, regulación y competencia*, op. cit., página 29 y 30.

68 Así lo recoge LÓPEZ DE CASTRO GARCÍA-MORATO, L. (1999), cuando afirma que: "*Con ello se abría una nueva etapa en la historia de la regulación eléctrica en España: una auténtica revolución y no un simple cambio regulatorio como los que tuvimos en 1954,*

Así lo pone de manifiesto la **Exposición de Motivos de la LSE 1997**, cuando dispone que:

> *"**A diferencia de regulaciones anteriores, la presente Ley se asienta en el convencimiento de que garantizar el suministro eléctrico, en su calidad y su coste no requiere de más intervención estatal que la que la propia regulación específica supone.** No se considera necesario que el Estado se reserve para sí el ejercicio de ninguna de las actividades que integran el suministro eléctrico. **Así, se abandona la noción de servicio público, tradicional en nuestro ordenamiento pese a su progresiva pérdida de transcendencia en la práctica, sustituyéndola por la expresa garantía del suministro a todos los consumidores demandantes del servicio dentro del territorio nacional. La explotación unificada del sistema eléctrico nacional deja de ser un servicio público de titularidad estatal desarrollado por el Estado** mediante una sociedad de mayoría pública y sus funciones son asumidas por dos sociedades mercantiles y privadas, responsables respectivamente, de la gestión económica y técnica del sistema. La gestión económica del sistema, por su parte, abandona las posibilidades de una optimización teórica para basarse en las decisiones de los agentes económicos en el marco de un mercado mayorista organizado de energía eléctrica".*

Todo ello supuso una profunda transformación del sector y de su funcionamiento, con una modificación radical de la configuración de todos sus ámbitos.

Los cambios que se fueron produciendo en el sector eléctrico con el paso del tiempo desde la aprobación de la **LSE 1997**, provocaron la continua actuación del legislador, motivando la necesidad de dotar al sistema eléctrico de un nuevo marco normativo, que llegaría dieciséis años más tarde desde la aprobación de la **LSE 1997**, con la actual **Ley 24/2013, de 26 de diciembre, del sector eléctrico** (en adelante **LSE 2013**). La nueva Ley trajo consigo un avance en el proceso de liberalización progresiva del sector iniciado con la LSE 1997 (apertura de las redes a terceros, establecimiento de un mercado organizado de negociación de la energía y reducción de la intervención pública en la gestión del sistema). Se en-

1984 o en 1994. Se trata de un cambio radical en el modelo de regulación: se abandona el modelo cerrado, integrado, con derechos exclusivos, basado en los principios de planificación vinculante, explotación centralizada y remuneración en base a costes, que caracteriza la regulación eléctrica en España hasta la misma LOSEN de 1994; y se adopta el modelo de «regulación para la competencia», abierto, desintegrado, que introduce competencia en lo posible en el sector, basado en los principios de planificación empresarial, explotación descentralizada, libre acceso a las redes y remuneración en base a precios". En "La nueva Ley 54/1997, del sector eléctrico", *AFDUAM, Anuario de la Facultad de Derecho*, 3, página 241.

marca en un contexto de integración de los mercados eléctricos europeos, para lo cual la nueva Ley tiene en cuenta la normativa europea de aplicación en el sector eléctrico, y en particular, **la Directiva 2009/72/CE del Parlamento europeo y del Consejo, de 13 de julio, sobre normas comunes para el mercado interior de la electricidad**[69] y por la que se derogó la Directiva 2003/54/CE.

Conviene tener en cuenta, que la **LSE 2013**, introduce en su **Exposición de Motivos**, como novedad, la consideración del suministro de energía eléctrica como un servicio de interés económico general (**artículo 2.2 LSE 2013**) afirmando que "*la actividad económica y humana no puede entenderse hoy en día sin su existencia*". Esta novedad que recoge la **LSE 2013**, ya era acogida, implícitamente, en la **LSE 1997**, desde el momento en que esta norma abandonaba la consideración de la energía eléctrica como servicio público, al transponer la normativa comunitaria, calificándolo de servicio de interés general[70].

---

[69] Derogada por la Directiva (UE) 2019/944, del Parlamento Europeo y del Consejo, de 5 de junio de 2019, sobre normas comunes para el mercado interior de la electricidad, y por la que se modifica la Directiva 2012/27/UE.

[70] Así lo recogió la Sentencia del Tribunal Supremo, número 535/2016, de 17 de febrero, recurso de casación 1170/2014:
"*Aunque no sea aplicable en este caso, conviene tener en cuenta la Ley 24/2013, de 26 de diciembre, del Sector Eléctrico (Boletín Oficial del Estado 27 de diciembre de 2013), que introduce como novedad la consideración del suministro de energía eléctrica como un servicio de interés económico general (art. 2.2) "pues la actividad económica y humana no puede entenderse hoy en día sin su existencia" (Exposición de Motivos). Esta novedad debe ser entendida en el sentido de que tal consideración se reconoce por primera vez de forma expresa en la Ley. Pero ya era acogida con la Ley 54/1997 desde el momento en que esta norma abandona la consideración de la energía eléctrica como servicio público y se traspone la normativa comunitaria que lo calificaba de servicio de interés general. La nueva Ley implica un avance en el proceso de liberalización progresiva del sector, iniciado con la Ley 54/1997 (apertura de las redes a terceros, establecimiento de un mercado organizado de negociación de la energía y reducción de la intervención pública en la gestión del sistema). Y se enmarca en un contexto de integración de los mercados eléctricos europeos, para lo cual la nueva Ley tiene en cuenta la normativa europea de aplicación en el sector eléctrico, y en particular, la Directiva 2009/72/CE (...). Esta Ley* (refiriéndose a la Ley 54/1997, de 27 de noviembre, del sector eléctrico), *en el artículo 2, después de establecer en su apartado primero que "Se reconoce la libre iniciativa empresarial para el ejercicio de las actividades destinadas al suministro de energía eléctrica reguladas en la presente Ley ", establece en el apartado segundo (en la redacción dada por la Ley 17/2007, de 4 de julio, que "estas actividades se ejercerán garantizando el acceso y conexión a las redes de transporte y distribución de energía eléctrica a todos los consumidores demandantes del servicio dentro del territorio*

En lo referente a la **regulación tributaria**, la profunda reforma del sector eléctrico a la que nos hemos referido más arriba llevó también a una reforma del sistema fiscal, pero mucho más lenta y tardía, y absolutamente desmedida, lo que generó importantes problemas en este sector energético. La **Ley 38/1992, de 28 de diciembre, de Impuestos Especiales**, fue el eje fundamental de la ordenación de la fiscalidad de la energía en España, proyectando las exigencias jurídicas de la reestructuración del régimen comunitario de imposición de los productos energéticos y de la electricidad.

Sin embargo, el nuevo régimen regulatorio implantado por las exigencias europeas, y por las reformas de las **Leyes del Sector Eléctrico de 1997 y 2013**, la falta de acompasamiento del sector con los problemas que se venían derivando, y la dejadez del legislador que no fue capaz de ir buscando soluciones, trajo consigo un importante **déficit de tarifa**, en el que nos detendremos más adelante. Este déficit de tarifa ha supuesto el mal endémico en la actualidad del sector eléctrico español, alcanzando en el año **2012** cotas increíblemente elevadas, y el *dead line* que se autoimpuso la Administración para que los ingresos del sector eléctrico fueran suficientes para cubrir los costes[71], objetivo que debía de cumplirse antes

---

nacional y tendrán la consideración de servicio esencial". Como acertadamente ponía de relieve la Sala de instancia, la ordenación del suministro de energía eléctrica ya no se hace a través de un Sistema Eléctrico Nacional, desapareciendo la distinción entre sistema integrado (que era el que tenía la calificación de servicio público) y sistema independiente. La Ley 54/1997, influenciada por la normativa comunitaria, abandona el concepto de servicio público e incorpora a nuestro ordenamiento jurídico las previsiones que se contenían en la Directiva 96/92/CE, del Parlamento Europeo y del Consejo, de 19 de diciembre, sobre normas comunes para el mercado interior de electricidad (derogada por la Directiva 2003/54/CE, de 26 de junio, y esta a su vez por la Directiva 2009/72/CE, de 13 de julio). El objetivo de estas normas comunitarias se encamina a la realización de un mercado competitivo de la electricidad, sin discriminación de las compañías del sector de la electricidad en cuanto a derechos y obligaciones. Aunque también la normativa comunitaria prevé que los Estados miembros impongan a estas compañías obligaciones de servicio público de interés económico general, que podrán referirse a la seguridad, incluida la seguridad de abastecimiento, a la regularidad, a la calidad y al precio de los suministros, así como a la protección del medio ambiente. La Ley 54/1997 se dictó con el triple objetivo, de garantizar el suministro eléctrico, garantizar la calidad de dicho suministro y garantizar que se realice al menor coste posible, todo ello sin olvidar la protección del medioambiente" (Fundamento Jurídico Cuarto).

71 Para MARTÍNEZ GARRIDO, S. (2009): "*Las liquidaciones de la Comisión Nacional de Energía, constituyen la pieza esencial en la función de determinación de los créditos y deudas de las actividades reguladas del sector eléctrico*". En BECKER, F., CAZORLA, L.

de 1 de enero de 2013, se acercaba sin que pareciera haber una solución que reparara la situación, ni para la propia administración, ni para las empresas eléctricas, y menos aún para los consumidores[72].

Hubiese resultado algo menos complejo (que no fácil), si la reforma regulatoria se hubiera realizado *pari passu* con la reforma del sistema tributario, o nada impedía, si se nos permite coloquialmente, que se hubieran "*matado dos pájaros de un tiro*"; por un lado, coadyuvar al fin del déficit de tarifa; y por otro, a la reordenación de la tributación medioambiental del sector energético[73]. Pero ello no fue así[74].

M., MARTÍNEZ-SIMANCAS, J. y SALA ARQUER, J. M., (Directores), "Régimen jurídico de las liquidaciones de la Comisión Nacional de Energía", *Tratado de Regulación del sector eléctrico, Tomo I, aspectos jurídicos,* Cizur Menor, Thomson Aranzadi, página 289.

72 Vid. CODES CALATRAVA, G. (2013): "El canon a la generación hidroeléctrica", en BECKER, F., CAZORLA, L. M., MARTÍNEZ-SIMANCAS, J., (Directores), *Los tributos del sector eléctrico,* Cizur Menor, Thomson Aranzadi, página 624. El autor señala que: "*La Ley 15/2012, de 27 de diciembre, de medidas fiscales para la sostenibilidad energética, se enmarca en realidad en una profunda reforma del sector eléctrico que el Gobierno ha acometido durante el año 2012 y los primeros meses del 2013. El déficit de tarifa alcanzaba cuotas inusitadas y el dead line que se autoimpuso la administración para que los ingresos del sistema fueran suficientes para cubrir los costes, (...) se acercaba sin que pareciera haber una solución que satisficiera a la propia Administración (...)*".

73 Vid. CODES CALATRAVA, G. (2013): "El canon a la generación hidroeléctrica", *Los tributos del sector eléctrico,* op. cit., página 624.

74 Como dato para ilustrar esta situación, entre muchos que podríamos destacar, podemos observar, que el nacimiento de las empresas comercializadoras de energía eléctrica en mercado libre se produjo con la liberalización de sector eléctrico a través de la LSE 1997. Pues bien, no ha sido hasta la Ley de Presupuestos Generales del Estado para 2021 (24 años después), cuando se ha establecido el epígrafe correspondiente para su tributación en el Impuesto sobre Actividades Económicas. La falta de adecuación del RDL 1175/1990, de 28 de septiembre, por el que se aprueban las tarifas y la instrucción del Impuesto sobre Actividades Económicas, a la liberalización del sector eléctrico, al no existir epígrafe concreto para las comercializadoras de energía eléctrica, generó una importante laguna en la regulación del impuesto, cuya consecuencia inmediata ha sido la enorme conflictividad en el marco de las reclamaciones económico-administrativas y en la vía del recurso contencioso-administrativo (sobre todo por la doble vía de recurso a la que obliga el legislador: las liquidaciones en el ámbito local, y el censo en el ámbito de los Tribunales Superiores de Justicia). Esta situación, aún no está resuelta a pesar de la Sentencia del Tribula Supremo de 659/2021, de 12 de mayo, recurso de casación

Dada la situación desbocada del déficit de tarifa, y la falta de interés por parte de los gobiernos por corregir ese mal endémico, habría que esperar hasta el año 2012, cuando irrumpe en nuestro sistema tributario la **Ley 15/2012, de 27 de diciembre, de medidas fiscales para la sostenibilidad energética** (en adelante, **Ley 15/2012**), ley con pretendido carácter medioambiental, o al menos así proclamada, pero matizada en el propio texto normativo *por la afectación de lo recaudado al fin de paliar el déficit tarifario.*

La citada **Ley 15/2012**, venía con un único objetivo marcado, reconocido por el propio texto normativo, la afección de lo recaudado al fin de paliar el déficit tarifario, que convertía a simple vista, incluso para quienes no sean doctos en la materia, a estos tributos en simples tributos fiscales, llevando a cabo una profunda reforma tributaria del sector eléctrico. La **Ley 15/2012** crea varias figuras tributarias, entre las que se encuentra: un nuevo impuesto sobre el valor de la producción de la energía eléctrica, dos nuevos impuestos nucleares: el impuesto sobre la producción de combustible nuclear y el impuesto sobre el almacenamiento de combustible nuclear gastado, y un nuevo canon a la generación hidroeléctrica. Tributos, todos ellos, con una apariencia medioambiental, que no se corresponde con la realidad de su diseño. La deficiente regulación de la

6913/2019 (se encuentran *sub iudice*, en la actualidad dos recursos de casación sobre esta materia, **recurso de casación 6109/2023, y recurso de casación 6563/2023**, ambos provenientes del Tribunal Superior de Justicia de Galicia). Cfr. MOLINA LEBRON, A. (2022): "El desafortunado y tardío encuadre de las comercializadoras de energía eléctrica en el impuesto sobre actividades económicas. Cuestiones pendientes", *Revista Tributos Locales*, número 157, páginas 177 y siguientes. Situación similar fue la generada durante años por la plusvalía municipal (Impuesto sobre el Incremento del Valor de los Terrenos de Naturaleza Urbana), que clamaba una reforma por parte del legislador y que ha venido siendo ignorado hasta la irrupción del Tribunal Constitucional, (por todas, la sentencia 182/2021, de 26 de octubre), y su nueva regulación a través del Real Decreto Ley 26/2021, de 8 de noviembre. Cfr. MARÍN-BARNUEVO FABO, D. (2017), "La inseguridad jurídica y el IIVTNU: incertidumbre también después de la STC (26) de 16 de febrero de 2017", en *Revista de Derecho, La Ley*, número 154, página 1, "*En estos últimos años, hubiera sido necesario que el legislador reaccionara y modificara una normativa claramente inconstitucional, pero lo cierto es que su pasividad ha provocado que los contribuyentes se vieran obligados a acudir a los tribunales para instar la anulación de un impuesto exigido de forma objetiva, sin tomar en consideración la pérdida de valor de los inmuebles producida como consecuencia de la crisis económica*". Del mismo autor (2022), "La definitiva declaración de inconstitucionalidad de la plusvalía municipal y la nueva regulación del impuesto", *Revista de Contabilidad y Tributación*, número 468.

Ley 15/2012, y de las figuras tributarias que contemplaba, adelantaba un gran periplo judicial.

Los citados impuestos han sido ampliamente criticados, por vulnerar la legalidad ordinaria, y por vulneración de nuestro ordenamiento constitucional y del ordenamiento europeo, recayendo sobre ellos, planteamiento de cuestión de inconstitucionalidad ante el Tribunal Constitucional, y de cuestión prejudicial ante el Tribunal de Justicia de la Unión Europea. Han sido cuestionados cuasi simultáneamente, en sede constitucional, europea y contencioso-administrativa, siendo un buen ejemplo de la complejidad que implica el conocimiento síncrono por distintos Tribunales de la misma norma[75]. Las cuestiones han sido resueltas, eso sí, no exentas de nuevos conflictos, como analizaremos detenidamente en nuestro trabajo, fundamentalmente a la luz del IVPEE. Nuestro objetivo es llegar a concluir, cómo debe ser un tributo medioambiental sobre la producción de la energía eléctrica, y terminar con una perspectiva a futuro con base en una posible Unión de la Energía y una necesaria reforma fiscal verde en nuestro país.

Interesa destacar, que cuando pensábamos que tras la maltrecha **Ley 15/2012** era imposible legislar peor en materia de tributación de la energía, irrumpe la **Proposición de Ley, de 28 de julio de 2022, para el establecimiento de gravámenes temporales energético y de entidades de crédito y establecimientos financieros de crédito**[76], que la supera. La citada proposición se convertiría en la **Ley 38/2022, de 27 de diciembre, para el establecimiento de gravámenes temporales energético y de entidades de crédito y establecimientos financieros de crédito y por la que se crea el impuesto temporal de solidaridad de las grandes fortunas, y se modifican determinadas normas tributarias**, y crea, entre otros, un nuevo gravamen extraordinario sobre las entidades energéticas bajo la figura de prestación patrimonial pública no tributaria, con el argumento

---

75 Cfr. SESMA SÁNCHEZ, B. (2020), "Efectos de las sentencias anulatorias de normas en el ámbito tributario", *Crónica Tributaria,* número 177/2020, página 171 y siguientes.

76 El 30 de agosto de 2022, el Boletín Oficial de las Cortes Generales (BOCG) publicó la «*Proposición de Ley para el establecimiento de gravámenes temporales energético y de entidades de crédito y establecimientos financieros de crédito*» presentada por los Grupos Parlamentarios Socialista y Confederal de Unidas Podemos-En Comú Podem-Galicia en Común. Vid. BOCG, Serie B: Proposiciones de Ley 30 de agosto de 2022, Núm. 271-1, páginas 1 y ss. Hoy convertida en la Ley 38/2022, de 27 de diciembre, para el establecimiento de gravámenes temporales energético y de entidades de crédito y establecimientos financieros de crédito y por la que se crea el impuesto temporal de solidaridad de las grandes fortunas, y se modifican determinadas normas tributarias.

de que estas empresas del sector energético se están beneficiando del alza de los precios del petróleo y del gas, y para contribuir a paliar las consecuencias de los problemas geopolíticos de la guerra en Ucrania.

La naturaleza jurídica de ese nuevo gravamen temporal[77] sobre las entidades energéticas aprobado en diciembre de 2022, necesita de una importante caridad jurídica; el interés público que subyace en la misma, el impacto en el sistema tributario, la posible inconstitucionalidad del gravamen, y la compatibilidad de este gravamen con el tributo diseñado por la Unión Europea no resulta fácil[78].

En apretada síntesis, en relación con la naturaleza de este incierto y nuevo gravamen a las eléctricas[79], podemos afirmar que:

---

[77] La Ley 38/2022, de 27 de diciembre, para el establecimiento de gravámenes temporales energético y de entidades de crédito, a pesar de que da carácter temporal al gravamen energético durante los años 2023 y 2024, ya hay ecos de prolongarlo en el tiempo. Huelga recordar, que la última vez que se creó un tributo con carácter temporal, fue el Impuesto sobre Patrimonio, en el año 1977, y lleva más de 45 años en vigor.

[78] A este respecto resulta interesante analizar las conclusiones que se extraen del *Dictamen del Banco Central Europeo, de 2 de noviembre de 2022, sobre la imposición de gravámenes temporales a determinadas entidades de crédito (CON/2022/36)*. El Dictamen del Banco Central Europeo, entre otras cosas, recomienda realizar un análisis exhaustivo de las posibles consecuencias negativas para la Economía en general y el sector financiero en particular; revisar el carácter reflexivo del gravamen temporal por sus consecuencias negativas en el tráfico bancario y subsanar defectos de técnica regulatoria evidentes como la "*discrepancia entre la redacción utilizada en la proposición de ley para establecer el criterio a la hora de determinar las entidades de crédito y financieras afectadas por el gravamen temporal, que hace referencia a "la suma de ingresos por intereses y comisiones, determinada de acuerdo con su normativa contable de aplicación", y la redacción para determinar la base a la que se aplica el gravamen temporal del 4,8 %, que se refiere a "la suma del margen de intereses y de los ingresos y gastos por comisiones que figuren en su cuenta de pérdidas y ganancias correspondiente al año natural anterior"; o* la falta de claridad de *"la función de colaboración del Banco de España para garantizar el cumplimiento por parte de las entidades de crédito del requisito establecido en la proposición de ley de no trasladar el importe del gravamen temporal a sus clientes".* Sobre este último punto, *"el BCE subraya que esta cuestión podría aclararse más, en particular, indicando que no equivale a encomendar ninguna tarea nueva al Banco de España".*

[79] Sobre este gravamen, puede verse el trabajo de BÁEZ MORENO, A. y ZORNOZA PÉREZ, J. (2024): "El Gravamen Temporal Energético: una "prestación" en busca de alguna razón de ser", en *Nuevos gravámenes*, Monográfico Nueva Fiscalidad, páginas 21 y siguientes: "*El trabajo analiza críticamente los fundamentos que, en teoría, subyacen a la creación y el diseño del Gravamen Temporal Energético. En primer lugar, cuestiona que*

- se tramita como **proposición de ley** (nada menos, que para sortear los pronunciamientos críticos de los obligados por imperativo de ley a dictaminar e informar en el supuesto que se hubiera tramitado como proyecto de ley, algo que hubiera resultado incómodo para el Gobierno);
- se la viste como **prestación patrimonial pública no tributaria**[80], casi nada, tan apreciable su objetivo, que para cualquiera saltaría a la vista el

el gravamen pueda fundamentarse en un inexistente "pacto de rentas" cuyos supuestos contenidos están, además, muy alejados de los que habitualmente propone la ciencia económica y que, en todo caso, resultan intrascendentes desde un punto de vista jurídico en particular por lo que se refiere a la calificación del gravamen como prestación patrimonial de carácter público no tributaria. En segundo lugar, cuestiona que nos encontremos ante un gravamen de beneficios extraordinarios, (...). Cuestiona por qué deberían gravarse sólo los beneficios extraordinarios debidos al fenómeno de la inflación, que todos los sectores afectados por el gravamen hayan obtenido tales beneficios, que, de existir, el Impuesto sobre Sociedades no sea un mecanismo adecuado para someterlos a gravamen y, finalmente y, sobre todo, que pretenda articularse un gravamen sobre beneficios extraordinarios condicionando la sujeción y la cuantificación del mismo a la facturación bruta de sus contribuyentes. Partiendo de estos defectos de fundamento, se denuncia las múltiples vulneraciones del Derecho Constitucional y Comunitario Europeo en las que incurre el Gravamen Temporal Energético". Cfr. también, DE LA FUENTE MORENO, A. (2022), "Comentario a la Proposición de Ley para el establecimiento de gravámenes temporales sobre determinadas empresas energéticas y entidades de crédito", *Fedea*, agosto 2022.

80 Las prestaciones patrimoniales públicas no tributarias fueron introducidas por la Ley 9/2017, de 8 de noviembre, de Contratos del Sector Público, por la que se transponen al ordenamiento jurídico español las Directivas del Parlamento Europeo y del Consejo 201/23/UE y 201/24/UE, de 26 de febrero de 2014 (en materia de contratación pública). La citada Ley, modificó la Disposición adicional primera de la Ley 58/2003, de 17 de diciembre, General Tributaria (en adelante, **Ley General Tributaria**). De acuerdo con esta modificación legislativa, se consideran prestaciones patrimoniales de carácter público no tributarias, aquellas que teniendo tal consideración se exijan por prestación de un servicio gestionado de forma directa mediante personificación privada o mediante gestión indirecta. Por lo que resultará que una prestación patrimonial pública no tributaria se refiere a una prestación de servicio con gestión directa o indirecta. De esta manera, frente a las tasas se da entrada a este tipo de prestación, para los supuestos de prestación de servicios públicos de carácter coactivo realizada de forma directa mediante personificación privada o mediante gestión indirecta (recursos de la seguridad social, ITV, servicios aeroportuarios, suministro de agua). Figura, más pensada para la financiación de servicios públicos, en régimen de concesión o similar, que para un gravamen sobre la energía cuantificado en función del importe neto de la cifra de negocios. A este respecto la Proposición de Ley recoge que "*el gravamen temporal tendrá la naturaleza ju-*

fin principal, eludir la figura del impuesto para evitar las exigencias del **artículo 31 Constitución Española** y el **3.1 Ley General Tributaria**, lo que llevaría a cuestionar la capacidad económica y la falta de generalidad, pero a mayor abundamiento, como si el barnizar el citado gravamen bajo la apariencia de prestación patrimonial pública no tributaria, no llevara la obligación del cumplimento de principios tan importantes, como el de igualdad e interdicción de la arbitrariedad;

- se le da un **carácter tan arbitrario** que sólo contribuirán al mismo, aquellas empresas energéticas que tengan la condición de operador principal, vamos, lo que viene siendo un "*impuesto a la carta*"[81], con alguna exención absolutamente incomprensible, cuál es, la de aquellas empresas con negocio energético menor del 50% de su cifra total de negocio, aunque supere los 1.000 millones de euros[82];

---

rídica de prestación patrimonial de carácter público no tributario y se regirá por lo dispuesto en esta ley y, supletoriamente, por la Ley 47/2003, de 26 de noviembre, General Presupuestaria, y la Ley 58/2003, de 17 de diciembre, General Tributaria, así como por las normas reglamentarias dictadas en desarrollo de las mismas". Sin embargo, añade que *"el régimen sancionador aplicable será el resultante de la Ley 58/2003, de 17 de diciembre, General Tributaria".* Recoge PALAO TABOADA, C. (2023), que "*el concepto de prestación patrimonial de carácter público se utiliza por el artículo 31. 3. CE con la única finalidad de delimitar el ámbito de la reserva de ley y es aplicable a prestaciones de cualquier naturaleza, públicas y privadas, tributarias o no (...). La Ley 9/2017, de Contratos del Sector Público, calificó a las tarifas de los servicios públicos con un régimen de gestión de Derecho privado de «PPCP no tributarias». Este concepto, causó una cierta perplejidad en la parte de la doctrina para la que esta expresión encierra una contradicción en los términos (...)*", en "Prestaciones Patrimoniales de carácter público", *Revista de Contabilidad y Tributación, CEF,* número 481 (abril), página 5. Vid. también, LOZANO SERRANO, C. (1998): "Las prestaciones patrimoniales públicas en la financiación del gasto público" en *Revista de Derecho Financiero,* número 97, páginas 34 a 36.

81 Lo que viene a decir que sólo las cinco grandes energéticas, con mayor cuota de mercado, vendrán a sufragar el desastre regulatorio del sector energético, (es decir, Endesa, Iberdrola, Narurgy, EDP y Acciona), ya que tal como recoge la proposición de Ley son las que cuentan con un importe neto de la cifra de negocios de al menos 1.000 millones de euros en 2019. Viene a decir a bancos y energéticas "*a ti te toca poner 3 mil millones y a ti 4 mil, porque lo digo yo*".

82 El artículo 1 y 2 de la Proposición de Ley delimitan el ámbito subjetivo y objetivo de los gravámenes propuestos cuando se refiere a *"las personas o entidades que tengan la consideración de operador principal en los sectores energéticos de acuerdo con la Resolución de 10 de diciembre de 2020, de la Comisión Nacional de los Mercados y la Competencia,*

- por supuesto, con **prohibición de repercutir el gravamen** y con imposibilidad de que el mismo se convierta en algún tipo de deducción a efectos de imposición societaria. Este sería el aspecto técnicamente más polémico, el **carácter reflexivo** (no transitivo) o **no repercutible** del gravamen, tanto a efectos fiscales como a efectos comerciales[83];
- y ya por si la maniobra no fuera suficiente, la argumentación para la imposición de este gravamen se sitúa en el *Pacto de Rentas*[84], y en establecer

---

por la que se establecen y publican, a los efectos de lo dispuesto en el artículo 34 del Real Decreto-ley 6/2000, de 23 de junio, las relaciones de operadores principales en los sectores energéticos, así como con la Resolución de 16 de diciembre de 2021, de la Comisión Nacional de los Mercados y la Competencia, por la que se establecen y publican, a los efectos de lo dispuesto en el artículo 34 del Real Decreto-ley 6/2000, de 23 de junio, las relaciones de operadores principales en los sectores energéticos, modificada por la Resolución de 9 de junio de 2022, de la Comisión Nacional de los Mercados y la Competencia, por la que se establece y publica, a los efectos de lo dispuesto en el artículo 34 del Real Decreto-ley 6/2000, de 23 de junio, la relación de operadores principales en el sector energético de energía eléctrica, deberán satisfacer un gravamen energético con carácter temporal durante los años 2023 y 2024" (artículo 1) o a "*las entidades de crédito y establecimientos financieros de crédito cuya suma de ingresos por intereses y comisiones, determinada de acuerdo con su normativa contable de aplicación, correspondiente al año 2019 sea igual o superior a 800 millones de euros, deberán satisfacer durante los años 2023 y 2024 el gravamen temporal regulado en la presente disposición*" (artículo 2). Después, entra a especificar este doble ámbito en el caso de entidades integradas en grupos fiscales y grupos mercantiles.

83 El apartado 7 y 8 del artículo 1 de la Proposición de Ley establecía que: "*7. El importe de la prestación y su pago anticipado no tendrán la consideración de gastos fiscalmente deducibles a efectos de la determinación de la base imponible del Impuesto sobre Sociedades. 8. El importe de la prestación y su pago anticipado no serán objeto de repercusión económica, directa o indirecta*". De igual forma quedó redactado en la posterior Ley.

84 El *Pacto de Rentas* apareció como la gran medida contra la inflación, imprescindible para asegurar una distribución equitativa de los costes de la inflación causada por la Guerra de Ucrania entre los distintos sectores productivos y los distintos estamentos de la sociedad española, pero el citado pacto parece no llegar, habiéndose quedado en una hoja de ruta. En palabras de HERNÁNDEZ DE COS, P., gobernador del Banco de España, el Pacto de rentas es necesario, añadiendo que "*el margen de actuación de la política fiscal está constreñido por los elevados niveles alcanzados de endeudamiento público y déficit público estructural. (...). es importante que la política fiscal nacional haga uso de su capacidad para actuar de forma muy granular y focalizada (...), es importante que estas sean temporales, para no aumentar más el déficit estructural, y que los instrumentos que se utilicen no distorsionen las señales de precios, ya que dificultarían el ajuste de la demanda. Un elemento de la política fiscal en el que resultaría conveniente incidir de manera más decidida es la*

una contribución proporcionada sobre los beneficios de las grandes eléctricas[85].

---

formulación de un compromiso creíble con la estabilidad presupuestaria a medio plazo. Ello contribuiría a limitar los riesgos de tensiones en los mercados financieros que un contexto de elevada incertidumbre como el actual podría alimentar. Este compromiso debería plasmarse en un programa de consolidación fiscal gradual, con vistas a su puesta en marcha una vez que la recuperación sea sólida. Un proceso de ajuste gradual minimiza la posibilidad de que se produzcan cambios bruscos en el tono de las políticas presupuestarias que puedan lastrar la recuperación en curso", añadiendo que "*los costes deben repartirse entre todos los agentes implicados*". Cfr. HERNÁNDEZ DE COS, P. (2022), "Un pacto de rentas en España: por qué y para qué", *50º Aniversario de la Facultad de Ciencias Económicas y Empresariales, Universidad de Sevilla*, 26 de abril de 2022, páginas 7 y siguientes.

85 La Exposición de Motivos de la Proposición de Ley muestra un catálogo proteico de razones para proponer dichos gravámenes temporales comenzando con un diagnóstico variopinto de sus causas y siguiendo por un pronóstico de los efectos benéficos de tal medida. Podemos resumir los argumentos en tres categorías:

"***a) Causas:*** *Dentro del diagnóstico de causas destacan la invasión rusa de Ucrania como desencadenante del incremento de precios de determinados productos; la inflación como principal riesgo para la economía española y europea española; y la necesidad de repartir equitativamente los costes que origina la inflación en la sociedad mediante un pacto de rentas.*

b) Medidas: *En la descripción de las medidas adoptadas por el Gobierno entre las que se insertarán los gravámenes temporales energético y de entidades de crédito resaltan: la necesidad de dar una respuesta eficaz, eficiente y contundente frente a los efectos nocivos que la escalada de precios está generando en la ciudadanía; la necesidad de profundizar en el pacto de rentas; la insuficiencia del incremento de la recaudación impositiva; la compatibilidad con el refuerzo del pacto de rentas en un momento de repunte de la inflación de la imposición de un gravamen excepcional no tributario sobre determinados sectores con márgenes de beneficios privilegiados por la escalada de precios; y la compensación retroactiva de los recursos públicos movilizados para el rescate de determinadas entidades financieras.*

c) Efectos: *En el catálogo del pronóstico de los efectos benéficos de los gravámenes temporales propuestos, nos parece adecuado fijar nuestra atención en los siguientes: El refuerzo del pacto de rentas para lograr que determinados grandes grupos económicos realicen una aportación obligatoria; la identificación del sector de las entidades de crédito como especialmente favorecido por el incremento de precios; el impacto positivo que tendrá el gravamen sobre el pacto de rentas*".

De la misma manera quedó plasmado en la Ley posterior. Cfr. TAPIA HERMIDA, A. J. (2022): "El gravamen temporal a los beneficios bancarios propuesto por el Parlamento español ante el dictamen del BCE de 2 de noviembre de 2022 apuntes para una polémica", *Diario La Ley*, número 10169/2022, Sección Tribuna, 14 de noviembre de 2022. https://diariolaley.laleynext.es/Content/Documento.aspx?params=H4sIAAAAAA-

Sin embargo, ese argumento no sólo no se sostiene, sino que resulta bastante endeble, ya que, no existe un amplio acuerdo social y político sobre el reparto de los costes de la crisis del que se deriva la Propuesta de Ley, pero, sobre todo, no se ofrecen razones mínimamente consistentes para apoyar la tesis de que los nuevos gravámenes no son exacciones arbitrarias, sino contribuciones bien proporcionadas en algún sentido. En esencia, el único argumento que se aporta es que los grandes bancos y energéticas incluidos en el IBEX tienen ya "*muchos beneficios*" (unos 20.000 millones en 2021, en el primer caso y 9.000 en el segundo, según se dice)[86], junto con la suposición, poco argumentada, de que es probable que estos tiendan a aumentar en un futuro próximo[87]. El volumen total de beneficios, sin embargo, poco nos dice sobre si estos pueden considerarse o no "excesivos" o al menos atípicos.

Lo expuesto anteriormente nos llevaría a dos precedentes preocupantes, permitir a cualquier mayoría de gobierno al uso, asignar a dedo a sectores (o incluso agentes) específicos, cargas o exacciones de cuantía muy significativa, así como interferir con el libre funcionamiento de empresas y mercados para intentar prefijar por ley, el reparto efectivo de la carga de un impuesto (o cualquier otra partida de coste), con independencia de las condiciones de mercado, que son las que generalmente determinan la incidencia real de tales shocks en una economía no planificada[88].

AEAMtMSbF1CTEAAmMzAwNDI7Wy1KLizPw8WyMDIyNDQ0MDkEBmWqVLfnJIZUGqbVpiTnEqAM-3Ti41AAAAWKE#tDT0000360012_NOTA1

86 Vid. Banco de España (2022a). Estadísticas de las sociedades no financieras. Rentabilidad ordinaria de los recursos propios. https://www.bde.es/webbde/es/estadis/infoest/a1514.pdf.

87 Cfr. página 7, Exposición de Motivos de la Proposición de Ley, para el establecimiento de los gravámenes temporales.

88 Cfr. DE LA FUENTE MORENO, A. (2022), "La tentación de los impuestos a la carta", *Fedea,* 28 de julio de 2022. DOI: https://policy.fedea.net/la-tentacion-de-los-impuestos-a-la-carta-i/. Vid. también del mismo autor, "Comentario a la Proposición de Ley para el establecimiento de gravámenes temporales sobre determinadas empresas energéticas y entidades de crédito", *Fedea*, agosto 2022. DOI: https://fedea.net/comentario-a-la-proposicion-de-ley-para-el-establecimiento-de-gravamenes-temporales-sobre-determinadas-empresas-energeticas-y-entidades-de-credito/.

En paralelo, la Comisión Europea venía trabajando para establecer un tributo que gravara los beneficios extraordinarios de las grandes empresas[89], donde sin lugar a duda estarían las grandes energéticas, como medida para amortiguar los altos precios que se estaban marcando en el mercado mayorista eléctrico[90].

89 Conocido como Windfall tax, impuesto sobre ganancias extraordinarias, o lo que viene a ser lo mismo, "beneficios caídos del cielo" ("windfall profits" o lluvia de ganancias del mercado marginal). Son aquellas ganancias que obtienen las empresas de generación eléctrica que no tienen que pagar derechos de CO2, ni usan gas, al cobrar en el mercado el mismo precio que la fuente de generación más cara. En el mercado mayorista, los generadores de energía casan sus ofertas para cada hora del día siguiente, fijando así un precio por hora. Las que primero casan, son las ofertas de tecnologías con menores costes y que pueden ofrecer precios más bajos (hidráulicas, renovables y sobre todo nucleares). Si su oferta no es suficiente para cubrir la demanda (por falta de viento o lluvia, o por la parada de una central nuclear, por ejemplo), entran otras tecnologías como los ciclos combinados, que soportan el coste del gas y cuyas ofertas son más caras. El sistema es marginalista, de forma que la última central que casa precio en cada hora, fija el precio que cobran todas. Esto hace que las tecnologías sin costes de CO2 ni de gas, obtengan una retribución muy superior a lo que es su coste de generación, esa diferencia entre el precio de producción y los ingresos extras es lo que se ha venido en denominar "beneficios caídos del cielo". Vid. REDACCIÓN (2022): "Los beneficios caídos del cielo. La lluvia de ganancias del mercado marginal", en el *Periódico de la energía*, 8 de marzo, DOI https://elperiodicodelaenergia.com/beneficios-caidos-del-cielo-lluvia-ganancias-mercado-marginal/. Cfr. Directiva (UE) 2022/2523 del Consejo, de 15 de diciembre de 2022, relativa a la garantía de un nivel mínimo global de imposición para los grupos multinacionales de empresas y los grupos nacionales de la Unión (régimen fiscal mínimo para las grandes empresas multinacionales); vid. MARTÍNEZ LAGUNA, F. D. (2023): "La Directiva 2022/2523 en materia de imposición mínima societaria", *Carta Tributaria*, número 94.

90 El encarecimiento de los precios del mercado mayoristas se debe especialmente a la subida del gas, cuyos precios se comenzaron a disparar, primero, por la alta demanda en Asia, y luego por la invasión rusa de Ucrania. La Comisión Europea señala que los Estados miembros podrán establecer un límite a los beneficios de las compañías que producen electricidad a bajo coste, "impuestos temporales" sobre los beneficios caídos del cielo, siempre que no sean retroactivos y permitan a los productores cubrir sus costes y proteger el mercado a largo plazo. La propuesta de la Comisión se sustanció en un borrador de Reglamento que planteaba la creación de una "contribución solidaria", esto es, un impuesto temporal de nuevo cuño común para todos los países. Esta iniciativa fiscal, inédita en la Unión Europea, busca recaudar un tercio de los beneficios extraordinarios cosechados por empresas energéticas como consecuencia del alza de precios en los sectores del petróleo, el gas, el carbón y las refinerías en 2022. El mecanismo permitiría ingresar más de 20.000 millones de euros. Se trata de un gravamen del 33% sobre los

A modo de conclusión, la **energía eléctrica se enfrenta a grandes retos**: la creciente demanda mundial de esta, su dependencia cada vez mayor con respecto a las importaciones, una diversificación limitada, los precios elevados y volátiles de la energía, el impacto y la preservación medioambiental (las amenazas crecientes derivadas del cambio climático), el problema del almacenamiento de la electricidad, el déficit de tarifa, la utilización eficiente de la electricidad, y en lo que nos interesa, el exceso de carga fiscal sobre la producción y el consumo de la energía que claman una reordenación de los tributos que gravan el sector eléctrico y sobre todo, rigor y seriedad a la hora de regular la tributación medioambiental que afecta a este sector regulado. El núcleo de la política energética está constituido por una serie de medidas destinadas a lograr un mercado de la energía integrado, la seguridad del suministro energético, y la sostenibilidad del sector energético[91].

En este sentido, los **grandes desafíos a los que se enfrenta la regulación fiscal del sector energético**, pasan por un problema de técnica legislativa (más que técnica, voluntad legislativa), de reorganización del sector, todo ello desde el respeto a los derechos constitucionales y al Derecho de la Unión Europea, sobre todo, partiendo de una regulación actual, que tiene un mal encaje en un Estado de Derecho. La regulación tributaria del sector energético se aleja de su fundamento medioambiental, para enfocarse a un fin puramente fiscal, o lo que es peor, político. Claros ejemplos son: la citada **Ley 15/2012**, cuyo fin es paliar el déficit de tarifa; o la **Ley 38/2022**, cuyo objetivo principal es frenar el encarecimiento de los precios del petróleo y del gas, alejadas ambas de cualquier fin medioambiental.

---

beneficios que superen en un 20% la media de ganancias anuales obtenidas por cada compañía entre 2019 y 2021. Si las compañías arrojan un resultado negativo en esos periodos la cifra de referencia seria cero. Vid. VON DER LEYEN, U.: *Discurso Estado de la Unión Europea 2022,* de 14 de septiembre de 2022.

91 Puede consultarse en este sentido, CIUCCI, MATTEO (11/2020), "La política energética: principios generales", *Fichas técnicas sobre la Unión Europea-2020*, Parlamento Europeo, www.europarl.europa.eu/factsheets/es.

Capítulo I
LA PRODUCCIÓN DE ENERGÍA ELÉCTRICA COMO SECTOR REGULADO

La solución gubernamental a un problema es
habitualmente tan mala como el mismo problema
MILTON FRIEDMAN

En palabras de ESCRIBANO LÓPEZ[92], "*el Derecho Financiero y Tributario, es una ciencia social caracterizada por su componente histórico y henchida de lógica. En la ciencia jurídica, no puede presuponerse un concepto antes de verificar dos órdenes de problemas: los históricos y los lógicos (CERRONI). Cuándo surgieron y por qué aparecieron*".

Los problemas del sector eléctrico no son nuevos, vienen de antaño, un recorrido a lo largo de su evolución histórica, tomando conciencia de su historici-

92 ESCRIBANO LÓPEZ, F. (2002): "Algunas propuestas metodológicas para la (re) construcción de un Derecho Financiero del siglo XXI", *I Jornada Metodológica "Jaime García Añoveros", Sobre la metodología académica y la enseñanza del Derecho Financiero y Tributario,* Instituto de Estudios Fiscales, 1 de febrero de 2002, documento número 11/02, página 31.

dad[93], identificando los cambios más significativos, resultará fundamental para poder entender dónde nos encontramos en la actualidad, cómo hemos llegado hasta aquí y, poder buscar vías de solución.

Una perspectiva histórica, es, por tanto, no un recurso literario que dilate el análisis en profundidad, sino un instrumento fundamental que nos va a permitir entender el porqué de su regulación actual[94].

Cuando nos enfrentamos al análisis de un sector regulado, como lo es el sistema eléctrico, y en particular a su tributación, es fundamental tener en cuenta dos notas características: por un lado, que nos encontramos ante un sector de interés general[95]; y por otro, que además es un sector estratégico, constituido por verdaderos monopolios, donde en la mayor parte de nuestro estudio observaremos, como ese interés general deja de prevalecer para que cobre un mayor interés el estratégico. Este sector, está afectado por una amalgama de normas regulatorias y por un caótico sistema fiscal, donde el legislador hasta la fecha no ha tenido (o "no ha querido porque no le ha convenido") ni el más mínimo interés en armonizar, dando origen al mal endémico que azota en la actualidad al sistema eléctrico: el denominado *déficit de tarifa*, (unido en la actualidad con los problemas derivados de la Guerra de Ucrania). El déficit de tarifa y la búsqueda de soluciones para paliarlo, llevó al legislador a hacer caer todo su peso sobre el sector energético, creando una serie de tributos con pretendido carácter extrafiscal, pero que, desnudado el tributo de ese pretendido barniz medioambiental, nos encontramos

---

93 PÉREZ DE AYALA Y LÓPEZ DE AYALA escribía sobre la necesidad de acudir a la investigación histórica de las instituciones jurídico-financieras. Cfr. PÉREZ DE AYALA Y LÓPEZ DE AYALA, J. L. (1969): "Potestad administrativa y relación jurídica (I). La concepción de la relación tributaria como relación de poder", *Revista de Derecho Financiero y Hacienda Pública*, número 79; en este mismo sentido MARTÍN QUERALT, J. (1980): "La Constitución Española y el Derecho Financiero", *Hacienda Pública Española*, número 63, página 111.

94 Vid. ARRIETA MARTÍNEZ DE PISÓN, J. (1992), *Las actas de inspección de los tributos*, Universidad Autónoma de Madrid, página 10.

95 Vid. CODES CALATRAVA, J. M. y TARLEA JIMÉNEZ, R. (2014): "El sector eléctrico". En ALONSO TIMÓN, A. J. (Director), *Sectores regulados: sector energético, sector del transporte y sectores de las telecomunicaciones*, Dykinson, página 20: "*La regulación del sector eléctrico aparece condicionada tanto por el carácter de servicio esencial que presenta el suministro de electricidad como por una serie de peculiaridades físicas, técnicas y económicas propias de dicho suministro*".

ante verdaderos tributos fiscales, cuyo único objetivo viene siendo disminuir ese déficit de tarifa.

1. EL ORIGEN DE LA PRODUCCIÓN DE LA ENERGÍA ELÉCTRICA. DE FARADAY A LA TRANSICIÓN ECOLÓGICA

1.1 EL ORIGEN DE LA ELECTRICIDAD: DE LAS PRIMERAS CENTRALES DE PRODUCCIÓN DE ENERGÍA ELÉCTRICA A LA ENERGÍA RENOVABLE

Cuando el ministro de Hacienda británico, William Ewart GLADSTONE (siglo XIX), interrogó en el Parlamento a Michael FARADAY, sobre la utilidad práctica de la energía eléctrica, su respuesta no pudo ser más premonitoria, "*Sir, un día podrá usted gravarla con impuestos*".

El hombre ha sido consciente, mucho antes de que existiera algún concepto sobre la electricidad, de la existencia de la energía eléctrica[96].

La primera aportación que puede entenderse como aproximación al fenómeno eléctrico, fue realizada por WILLIAM GILBERT, considerado uno de los pioneros del estudio científico del magnetismo, y quien acuñó el término neolatino *electricus*, para referirse a la propiedad de atraer pequeños objetos des-

---

96 Tanto es así, que tenemos que remontarnos a textos del Antiguo Egipto (que datan del año 2750 a.C), donde se detallan claramente las pequeñas descargas eléctricas que transmitían algunos peces, refiriéndose a ellos como "*los tronadores del Nilo*". En estos textos, ya se recogía que esas descargas eléctricas podían transmitirse por materias conductoras. En las culturas antiguas del Mediterráneo se sabía que, al frotar ciertos objetos, como una barra de ámbar, con lana o con piel, se obtenían pequeñas cargas (efecto triboeléctrico) que atraían pequeños objetos, y frotando de manera constante podía causar la aparición de alguna chispa. Estos hechos, casi especulaciones o registros fragmentarios, conforman el inicio de lo que conocemos como **historia de la electricidad**. Vid. Fundación ENDESA, Historia de la Electricidad:
https://www.fundacionendesa.org/es/educacion/endesa-educa/recursos/historiaelectricidad. Escritores antiguos, romanos, griegos, árabes, naturalistas y físicos, entre los que destacaban Plinio el Viejo o Escribonio Largo, describieron la sensación al tocar estos peces como un efecto de adormecimiento, que era propiciado por las descargas eléctricas que emitían estos peces y rayas eléctricas. Cfr. BULLOCK, THEODORE H. (2005), *Electroreception,* Springer, páginas 5 a 7. En este sentido puede consultarse también, MORRIS, Simon C. (2003), *Life's Solution: Inevitable Humans in a Lonely Universe,* Cambridge University Press, páginas 182 a 185.

pués de haberlos frotado[97]. Esto originó los términos *eléctrico y electricidad*, que aparecen por primera vez en 1646, en la obra *Pseudodoxia Epidémica* del escritor THOMAS BROWNE[98].

Estos estudios fueron seguidos por investigadores como GALVANI, VOLTA, COULOMB, FRANKLIN, AMPÈRE, FARADAY Y OHM, nombres que bautizaron las unidades hoy utilizadas en la medida de las distintas magnitudes del fenómeno eléctrico, y que serán también utilizadas como medidas, en las **bases imponibles de muchos de los tributos eléctricos**. Sin embargo, no sería hasta el año **1865**, con la formulación de las ecuaciones de James Clerk MAXWELL, (que describían por completo los fenómenos electromagnéticos), lo que ha venido considerándose como el **origen de la electricidad**[99].

La generación masiva de electricidad comenzó a partir de finales del **siglo XIX**, cuando se extendió la iluminación eléctrica a las calles y las viviendas. Gracias a sus grandes ventajas y sus crecientes aplicaciones, la electricidad fue uno de los motores fundamentales en la Segunda Revolución Industrial[100], y fue en este punto donde grandes inventores y científicos conocidos, entre los que destacaron GRAMME, TESLA, GRAHAM BELL, ALBA EDISON, dieron impulso a su carrera convirtiendo la innovación tecnología en una actividad industrial activa[101], que llegaría hasta la primera mitad del **siglo XX**, adquiriendo una nueva dimensión: la energía atómica y subatómica.

En contra de lo que popularmente se ha establecido, el inventor de la electricidad no fue **EDISON**, y tampoco fue el primero en patentar la bombilla de incandescencia. Otros inventores, como ya hemos señalado anteriormente, se le adelantaron casi una década, pero la suya era la única comercialmente viable. Tras obtener la patente en **1879**, fundó la *Edison Illuminating Company* e inauguró

---

97 Vid. STEWART, J. (2001), *Intermediate Electromagnetic Theory*, World Scientific, página 50.

98 Vid. SIR THOMAS BROWNE'S, (1650): *Sobre Errores Vulgares o Pseudodoxia Epidémica*, Edición publicada en 2005, Ediciones Siruela, Madrid.

99 Las ecuaciones de Maxwell, son un conjunto de cuatro ecuaciones (originalmente veinte ecuaciones) que describen los fenómenos electromagnéticos. Reunió en estas ecuaciones, los campos eléctricos y magnéticos en un solo concepto, el campo electromagnético. Cfr. https://www.lawebdefisica.com/dicc/maxwell/. La web de física, "*Ecuaciones de Maxwell*".

100 FORD, H.; CROWTHER, S. (1922), *My Life and Work*, Project Gutenberg.

101 CHENEY, M. (2001): *Tesla: Man Out of Time*, New York, Touchstone.

en **1882** la primera central eléctrica para vender electricidad a los compradores de sus bombillas[102]. Además de la primera central eléctrica, también fue la primera planta de cogeneración, ya que el vapor se aprovechaba para dar calefacción a los edificios aledaños. Ese mismo año (**1882**), el industrial ROGERS creó la **primera central de energía hidroeléctrica** en el río Fox (Wisconsin, Estados Unidos)[103].

Las primeras centrales eléctricas funcionaban con corriente continua, lo que impedía transportar la energía a largas distancias. Sería otro genio quien resolvería el problema, NICOLA TESLA y su apuesta por la corriente alterna que, junto al industrial GEORGE WESTINGHOUSE, construyeron en **1895** la **central hidroeléctrica de las cataratas del Niágara**, llevando la electricidad hasta la ciudad de Buffalo, a 40 kilómetros de distancia. Había comenzado la **electrificación del mundo** y, con ella, la **segunda revolución industrial**.

Dos nuevos proyectos en **1898** impulsaron este proceso: la **central hidroeléctrica de Decew Falls en Ontario (Canadá)**, que fue la primera en generar electricidad de alto voltaje para ser transportada a grandes distancias; y la de **Rheinfelden (Alemania)** que fue la primera en usar corriente alterna trifásica a 50 hercios, el estándar hoy en día en casi todo el mundo[104].

Durante el **siglo XX**, los combustibles fósiles y las centrales nucleares tomaron el relevo del agua como generadores de energía en todo el mundo. En **1951** se inauguró la **primera central nuclear experimental en Ohio** (Estados Unidos).

La energía renovable también irrumpió en el sector prematuramente, la preocupación por el medioambiente y la idea de concentrar los rayos del sol para aprovechar su calor, aunque resulte algo increíble, viene de la antigua Grecia[105],

---

102 Comenzó con 80 clientes y 400 bombillas, pero en dos años el negocio había crecido a más de 500 clientes —entre ellos The New York Times— y 10.000 bombillas. Dato significativo ya, desde los orígenes del sector, de **la rapidez de su crecimiento y de la demanda**.

103 Vid. https://www.iberdrola.com/medio-ambiente/historia-electricidad.

104 Como dato interesante queremos apuntar que, en 1900, el 40% de la electricidad de Estados Unidos provenía de centrales hidroeléctricas. En 1940 era el 30% y, actualmente, solo el 10%.

105 Desde siempre el hombre se ha dado cuenta de lo importante que es el Sol, los rayos solares, y el calor que estos producen. Establecer cuál fue el primer descubrimiento sobre

pero fue el visionario FRANK SHUMAN, el primero en hacerla comercialmente viable. En **1911** fundó **Sun Power Co.** creando la primera planta solar en Tancony (Estados Unidos), aunque su gran proyecto, truncado por la I Guerra Mundial, fue una **granja solar de 52.000 km² en el Sahara,** suficiente para abastecer a todo el planeta. Interesa hacer un inciso aquí, porque resulta curioso, escribiendo estas líneas, que en la actualidad debatamos la subida del coste de la luz por falta de producción energética. Es cierto que la situación actual, en cuanto a demanda se refiere, no es comparable con la de SHUMAN, pero tampoco es menos cierto que los medios actuales nos darían para muchos más y mejores planteamientos que los de SHUMAN.

En la **década de los 60** se empezó a comercializar el aprovechamiento del sol mediante placas fotovoltaicas, llegando hasta nuestros días. Se estima que la potencia instalada en todo el mundo pueda llegar a alcanzar los 750 GW en 2025, con China como principal motor[106].

Otra gran fuente de energía renovable y limpia es la energía eólica, está más actual y la de mayor crecimiento en la última década en todo el mundo, como fuente de energía importante para lograr la descarbonización y la protección medioambiental. La instalación del **primer aerogenerador** fue en **1956** en la

la energía solar es muy difícil. Ya los egipcios y los griegos utilizaban láminas de cobre o plata pulidos para reflejar la luz del sol. Los romanos utilizaron por primera vez el "cristal" para asegurar iluminación en sus viviendas y mantener el calor dentro. La primera referencia histórica que se puede encontrar al uso de la energía solar se encuentra en la antigua Grecia con Arquímedes. Durante la batalla de Siracusa en el siglo III a.C. que enfrentó a los romanos y los griegos, algunos escritos relatan como Arquímedes utilizó unos espejos hexagonales hechos de bronce para reflejar los rayos solares concentrándolos en la flota romana con el objetivo de destruirla. Vid. CARBONELL, M.: "Historia de la energía solar", en https://www.hogarsense.es/energia-solar/historia-energia-solar.

106 EPIA (Asociación de la Industria Fotovoltaica Europea) calcula que la energía fotovoltaica cubrirá entre un 10% y un 15% de la demanda de Europa en 2030. Un informe conjunto de esta organización y Greenpeace publicado en 2010 muestra que para el año 2030, un total de 1845 GW fotovoltaicos podrían generar aproximadamente 2646 TWh/año de electricidad en todo el mundo. Combinado con medidas de eficiencia energética, esta cifra representaría cubrir el consumo de casi un 10% de la población mundial. Para el año 2050, se estima que más del 20% de la electricidad mundial podría ser cubierta por la energía fotovoltaica. Cfr. "Solar Photovoltaic Electricity Empowering the World", *Informe 22 de septiembre de 2012*, Wayback Machine, EPIA.org.

costa danesa con 200 kW[107], siendo actualmente la potencia instalada en el mundo alrededor de 500 GW[108].

En los últimos años ha irrumpido con fuerza la utilización del llamado **hidrógeno verde** (hidrogeno generado por energías renovables bajas en emisiones)[109], y el sueño de una energía limpia e inagotable[110].

---

107 El innovador aerogenerador de Gedser de 200 kW (35 K JPEG) fue construido en 1956-1957 por J. JUUL para la compañía eléctrica SEAS en la costa de Gedser, en la parte sur de Dinamarca. Cfr. Asociación danesa de la industria eólica. http://www.windpower.org/es/pictures/juul.htm.

108 A lo largo de 2021, los gobiernos de todo el mundo han reafirmado su compromiso con la energía eólica como elemento clave en su camino hacia la descarbonización y, en última instancia, hacia un mundo con cero emisiones. La Agencia Internacional de la Energía, en el escenario de Desarrollo Sostenible de su informe más reciente sobre el contexto energético mundial (World Energy Outlook 2021), estima que para 2030 las instalaciones eólicas se habrán triplicado, pasando de 737 GW en 2020 a 2.378 GW. Y para 2050 la Agencia Internacional de la Energía prevé que esa base instalada se habrá duplicado de nuevo hasta alcanzar los 5.881 GW.

109 Este hidrógeno verde o hidrógeno renovable, se produce mediante la separación de moléculas de agua en hidrógeno y en oxígeno, utilizando electricidad renovable. No existe en España una regulación específica sobre hidrógeno renovable, su escasa regulación se plasma en una normativa muy dispersa. Recientemente, España ha aprobado el Real Decreto 376/2022, de 17 de mayo, que regula el sistema de garantías de origen aplicable al hidrógeno renovable. Interesa destacar que la multinacional Siemens Gamesa ha desarrollado y puesto en marcha el primer proyecto del mundo capaz de producir hidrógeno verde directamente del viento en "modo isla". El proyecto Brande Hydrogen representa un paso estratégico hacia la producción de hidrógeno verde a gran escala y de forma competitiva en la segunda mitad de esta década. Además, Siemens Gamesa y Siemens Energy han unido sus fuerzas para desarrollar una solución integrada offshore capaz de producir directamente hidrógeno verde. Según el informe publicado por Siemens Gamesa en junio de 2021, la paridad de precios con el hidrógeno gris procedente de combustibles fósiles será posible en 2030 a partir de energía eólica terrestre y en 2035 a partir de energía eólica marina, si se ponen en marcha los mecanismos de mercado y las políticas adecuadas. Vid. Informe anual 2021, SIEMENS Gamesa Renewable Energy (marzo 2022). https://www.siemensgamesa.com/es-es/-/media/siemensgamesa/downloads/es/investors-and-shareholders/informe-anual/2021/siemens-gamesa-renewable-energy-annual-report-2021-es.pdf

110 El proyecto ITER, podría hacer realidad esta energía limpia. El acrónimo ITER responde a las siglas *International Thermonuclear Experimental Reactor* (Reactor Experimental Termonuclear Internacional), aunque la palabra "Iter" también significa "el camino"

Desde hace tiempo, venimos siendo testigos de la **emergencia climática: 2021, 2022, 2023** y lo que llevamos de **2024**, han sido los años más cálidos registrados, batiendo **2023** todos los récords[111]. La concentración de dióxido de carbono en la atmósfera sigue creciendo, y el nivel del mar sigue subiendo. Industrias pesadas, como la siderurgia, la química y el vidrio, o el transporte aéreo y marítimo son actividades que emiten mucho CO2 y que son difíciles, o completamente imposibles de electrificar, además de ser actividades curiosamente poco gravadas fiscalmente, siendo ejemplo de que los tributos medioambientales no acaban gravando a las empresas que más contaminan, sino en ese síndrome robinhoodniano que describíamos, a las empresas que se entienden "*son ricas*".

1.2 LOS ORÍGENES Y EVOLUCIÓN DE LA PRODUCCIÓN DE LA ENERGÍA ELÉCTRICA EN ESPAÑA

Los primeros pasos de la industria eléctrica española tuvieron lugar en Barcelona en el año **1875**, con la construcción de la primera central eléctrica, y con la posterior creación, en la misma ciudad, de la **Sociedad Española de Electricidad** en **1881**, siendo la primera empresa que produjo y comercializó electricidad en nuestro país. Su producción eléctrica se destinó a la iluminación de algunos establecimientos y talleres, donde destacaba la **Maquinista Terrestre y Marítima**, que se considera como el primer consumidor en España que firmó un contrato de suministro de energía eléctrica, continuando por el alumbrado público

---

en latín. Se trata de uno de los proyectos energéticos más ambiciosos del mundo. La instalación de este proyecto se encuentra en Cadarache, al sur de Francia, y cuenta con la colaboración de 35 países para construir el Tokamak más grande del mundo, un dispositivo de fusión magnética diseñado para demostrar la viabilidad de la fusión como fuente de energía a gran escala y libre de emisiones de carbono, basándose en el mismo principio por el cual el sol y las estrellas generan su energía. Se trata de la fusión nuclear, la energía de las estrellas reproducida en un reactor de confinamiento magnético. El combustible es el hidrógeno, uno de los elementos más abundantes en nuestro planeta. Habrá que esperar para ver si se hace realidad. Cfr. "El proyecto de fusión nuclear ITER", https://www.foronuclear.org/actualidad/a-fondo/el-proyecto-de-fusion-nuclear-iter/.

111 Julio y agosto de 2023 han sido los meses más calurosos registrados en la historia de la tierra, según el observatorio europeo Copernicus. Cfr. https://www.copernicus.eu/es

de las principales ciudades. Se puede considerar que a partir de **1875** comienza la electrificación industrial en España[112].

La utilización de la electricidad para la iluminación pública comenzó en el año **1881**, culminando con la creación de la primera central eléctrica de Madrid, la **Compañía General Madrileña de Electricidad**[113]. En **1885** se publicó el **primer Decreto** que ordenaba las instalaciones eléctricas y, tres años más tarde, una **Real Orden** regulaba el alumbrado eléctrico de los teatros, prohibiendo expresamente el alumbrado con gas. Este acelerado desarrollo de la industria eléctrica dio pie a la creación de numerosas empresas en las últimas dos décadas del **siglo XIX**[114].

En estos comienzos, el suministro de electricidad, no se organizó conforme a un modelo de servicio público; la Administración no estaba preparada para asumir este suministro, pero además se mostraba contraria al principio decimonónico de libertad industrial. Esta actividad de suministro eléctrico fue inicialmente desarrollada por empresas privadas, sin vinculación al Estado, en régimen de absoluta libertad, salvo un sometimiento a ciertas normas de policía administrativa (uso de las vías públicas para el alumbrado, o los aprovechamientos hidráulicos para generar la electricidad).

A principios del **siglo XX**, como ya recogimos, la electricidad era generada en forma de corriente continua, y no era posible su transporte a largas distancias, por lo que el desarrollo se veía limitado a emplazamientos de las centrales próximas a los centros de consumo, normalmente a industrias o municipios.

---

112 Es importante destacar, que uno de los mayores consumidores de electricidad desde el origen de la misma, proviene del sector transporte. Para GIMENO FELIÚ, J. M. (1994), "*La electricidad llegó a España a finales del siglo XIX, durante el periodo de la Restauración. En 1875, año con el que se inicia la Restauración mediante la proclamación de Alfonso XII como rey, DALMAU y XIFRE, instalan en la Plaza de Canaletas de Barcelona la primera central eléctrica para dar suministro a la empresa La maquinista terrestre y marítima*". En *El sector eléctrico como servicio público*, Cívitas, Madrid, página 34. Si bien tenemos que apuntar, que la primera referencia de la aplicación práctica de la electricidad en España data de algo antes, en 1852, en el que la farmacéutica Domenech fue capaz de iluminar su botica en Barcelona.

113 La Compañía General Madrileña de Electricidad inicia su actividad de alumbrado público en 1900, en colaboración con AEG. Cfr. GIMENO FELIÚ, J. M. (1994): *El sector eléctrico como servicio público*, op. cit., página 34.

114 En 1840 se crea Hartford City Light Company en EE.UU. (origen de Iberdrola USA, hoy Avangrid) y en 1901, nace Hidroeléctrica Ibérica en España. En 1944 se crea la compañía ENDESA.

En **1901** se publicó en España la primera estadística oficial, según la cual, el 61% de la potencia instalada era de origen térmico, mientras que el 39% restante utilizaba la energía hidráulica como fuente matriz[115], y en el mismo año, España realizó la segunda experiencia mundial de transporte de energía eléctrica a una distancia de 3 km[116]. Ocho años más tarde, en **1909**, España disponía de la línea de mayor tensión y longitud de Europa: su recorrido, a 60.000V entre la central del Molinar (en el río Júcar) y Madrid, era de 260 km.

En España existían ya a principios del **siglo XX**, 861 centrales con una potencia total de 127.940 HP (caballos de vapor). De la cifra total de centrales, 648 dedicaban su producción al servicio público, y 213 a usos particulares. De esta forma, a finales de los años veinte, la estructura de la generación eléctrica en España había multiplicado la potencia instalada por doce, hasta alcanzar aproximadamente 1.500 MW (el 81% de la producción era de origen hidroeléctrico y existía un exceso de capacidad de producción).

Los avances de la tecnología permitieron el desarrollo de las **primeras grandes centrales hidroeléctricas españolas** en la primera mitad del siglo pasado. Su construcción exigía mayores esfuerzos económicos y financieros que las instalaciones existentes. Por eso, y de forma paralela, se empezaron a crear varias compañías eléctricas de mayores dimensiones y recursos.

La energía eléctrica fue calificada como **servicio público** por el **Real Decreto-Ley de la electricidad, rebajado a simple Decreto por la República, de 12 de abril de 1924**[117]. Como afirma MUÑOZ MACHADO[118], el suministro eléctrico se configuraba en el **Decreto de 1924**, como un servicio público en el

---

115 Como dato a destacar según los informes de Red Eléctrica de España (2020), la energía hidráulica no ha superado el 11,9% de generación a nivel nacional en los últimos años.

116 Como ya expusimos ad initio, la primera experiencia mundial de transporte de energía eléctrica a distancia se produjo en Canadá, con la central hidroeléctrica de Decew Falls en Ontario.

117 Para NEBREDA PÉREZ, J. (1999), "*En 1929, tuvo lugar la puesta de largo del Derecho eléctrico. El Decreto de 19 de abril de 1924, llevó a cabo la declaración del suministro eléctrico como servicio público, estableciendo la obligación a las empresas eléctricas de prestarlo de forma regular y de someterse a un régimen de tarifas públicas y a la supervisión administrativa*". En *Distribución eléctrica. Concurrencia de disciplinas jurídicas,* Cívitas, Madrid, página 48.

118 MUNOZ MACHADO, S. (2009), "Introducción al sector energético: regulación pública y libre competencia", en *Sector energético,* Tomo I, Iustel, página 19.

sentido que suponía un ofrecimiento al público de prestaciones de interés general controlado por la Administración[119]. La electricidad en esta época era producida casi en su totalidad por saltos de agua (existía una concesión propia por cada salto, donde se fijaba el caudal concedido y la potencia en caballos resultantes de cada aprovechamiento, así como las tarifas con las que podía venderse al público la energía producida). En **1933**, se publica el **Decreto sobre el Reglamento *"de verificaciones eléctricas"***, que unifica ciertas reglas de aplicación del servicio en régimen de tarifas de aplicación.

Durante las primeras décadas, no existía para las empresas eléctricas un mercado unificado de energía eléctrica, actuando estas, en un mercado nacional que se encontraba compartimentado en zonas geográficas, en cada una de las cuales operaba un monopolio verticalmente integrado.

La **Guerra Civil** fue un factor de crisis en el sistema, produciéndose una congelación de las tarifas eléctricas, pretendiendo la Administración que fueran las empresas las que asumieran las pérdidas, implantando un régimen de restricciones eléctricas con la grave incidencia sobre la actividad económica. **Ello dio lugar al detonante de la crisis definitiva de todo el tradicional sistema de regulación.**

Después de la Guerra Civil, y los **primeros años de la posguerra** se produjo un estancamiento de la capacidad de producción, el parque eléctrico español se encontró con grandes dificultades para garantizar la cobertura de la creciente demanda de energía. Debido a la dificultad de construir nuevas centrales de gran potencia, y la aparición de restricciones eléctricas con grave incidencia en toda la economía española, se vio la necesidad de obtener de las instalaciones ya existentes un rendimiento mayor y más eficiente, siendo preciso crear un verdadero "**sistema eléctrico**", allí donde hasta entonces sólo había existido un conjunto de empresas que desarrollaban su actividad sin una conexión estrecha entre ellas. A todo ello había que añadir la **sequía de 1944-1945**, que impidió atender una demanda creciente, con lo que el exceso de capacidad de producción de la década

---

119 Tal como destaca CODES CALATRAVA, J. M. y TARLEA JIMÉNEZ (2014): "*A diferencia de lo que sucedió de forma coetánea con otros servicios, el Decreto no transformaba el suministro eléctrico en una actividad de titularidad pública a la que sólo pudieran acceder los particulares a través de la técnica concesional, sino que las empresas eléctricas continuaban desarrollando su actividad sin vincularse al Estado a través de concesión administrativa*". En "El sector eléctrico", *Sectores regulados: sector energético, sector del transporte y sectores de las telecomunicaciones*, op. cit., página 22.

anterior se convirtió en un importante **déficit**. A este déficit también contribuyeron los impresionantes crecimientos de la demanda, de hasta el 27% anual.

Para gestionar esta situación y lograr un único sistema nacional, respondió el nacimiento en **1944 de la empresa Unidad Eléctrica S.A. (UNESA)**[120], integrada por las principales compañías del sector. A UNESA se le encomendó, mediante la **Orden Ministerial publicada el 2 de febrero de 1944**, la promoción de las interconexiones de los distintos sistemas eléctricos regionales, y de éstos con las centrales eléctricas que fueran necesarias para completar la red primaria o de transporte, y la creación del "*Dispatching Central*", desde donde se dirigía la explotación conjunta del **Sistema Eléctrico Nacional**. Así se promovió el desarrollo de la red eléctrica española, con la finalidad de que la interconexión de todas las zonas y centros de producción de electricidad permitieran optimizar la explotación del sistema eléctrico del país, y la creación de un sistema único sin necesidad de acudir a la nacionalización del sector[121], manteniendo así la generación y el transporte de energía eléctrica en manos de empresas privadas.

El **19 de julio de 1944**, se aprobó una **Orden de Presidencia** por la que se dividió el territorio nacional en zonas eléctricas, forzando así a las empresas a una interconexión entre ellas con el objeto de dar respuesta a la complicada situación de restricciones, acabando así con la perspectiva concesional aislada de cada salto. En los mismos años cuarenta, se inicia la producción de energía térmica, encomendando al **Instituto Nacional de Industria** entregar la energía producida a las empresas privadas distribuidoras, a precios tarificados con liberalidad por el Ministerio de Industria.

Pero la situación se tornó realmente crítica, lo que llevó en la consideración del Gobierno, a concebir una nacionalización completa de la producción y distribución de la electricidad.

En **febrero de 1951, se publica en el Boletín Oficial del Estado, el Decreto de 12 de enero de 1951**[122], "*sobre ordenación en la distribución de energía eléctrica y establecimiento de tarifas de aplicación*", que supone una nueva y sustancial regulación de todo el servicio público de la electricidad en nuestro país, dándole

---

120 Hoy, Asociación Española de la Industria Eléctrica.

121 Durante esta época, países como Francia, o Reino Unido, así como Bélgica, habían optado por la nacionalización del sector.

122 Boletín Oficial del Estado, número 33, de 2 de febrero de 1951, páginas 527 a 532.

un giro copernicano. La Exposición de Motivos del texto recoge el **concepto esencial** afirmando que:

> *"Siendo la industria eléctrica una de las actividades en las que la coordinación de los medios de producción y la concentración de redes y sistemas presenta mayores ventajas en los órdenes técnico y económico —siendo ésta la finalidad que invocan los países que han procedido a nacionalizar este servicio— el Estado, que propugna y mantiene los principios generales de defensa de la iniciativa privada, ha de proceder en tal forma que, por medio de regulaciones y unificaciones como las que por este Decreto se establecen, se produzcan, en beneficio de los consumidores, resultados similares a los que se obtendrían por una concentración en una sola mano de los medios de producción".*

Ello dio lugar a la "**Red General Peninsular**", concentrando en una sola mano la totalidad de los medios disponibles en redes y sistemas.

La aplicación a partir de enero de **1953** de las "*Tarifas Tope Unificadas*"[123], incentivó el ritmo de construcción de nuevas centrales, lo que trajo consigo una progresiva y rápida disminución del déficit de capacidad de producción. Este nuevo tratamiento de las necesidades del sector eléctrico contribuyó a una fase de consolidación y crecimiento rápido de la economía española, que a su vez conllevaron importantes crecimientos de la demanda eléctrica. En estos años, se puso claramente de manifiesto la ventaja que suponía contar con una red interconectada para atender instantáneamente a una demanda creciente, lo que permitió aumentar sustancialmente la garantía de suministro a los clientes, y aprovechar al máximo la potencia total disponible, logrando un abaratamiento de las tarifas.

Una vez la economía se fue recuperando, se hizo posible emprender la construcción de nuevas centrales hidroeléctricas y termoeléctricas de gran potencia, de carbón y fueloil. Además, en **1968** España se incorporó al desarrollo nuclear, conectando a la red su primera central de este tipo, en Zorita de los Canes (Guadalajara).

La fase más fuerte de crecimiento que experimentó la economía española fue, **entre principios de los 60 hasta la entrada de la década de los 70**, impulsando

123 Las "*tarifas tope unificadas*" serían uniformes en todo el territorio. Cfr. GARCÍA DE ENTERRÍA, E (2006).: "Memoria sobre la reconfiguración sustancial del sistema eléctrico español en 1951", *Revista de Administración Pública*, número 171, Madrid, septiembre-diciembre, páginas 403-413.

de forma espectacular el consumo de energía eléctrica. Puede afirmarse que el hecho de llegar a un nivel adecuado de actividad económica, una mejor calidad de vida y un mayor control en la preservación del medioambiente, hicieron necesario un aumento del uso de energía eléctrica frente otros tipos de energías finales.

En **1970**, la producción de energía eléctrica se había triplicado, alcanzándose en torno a los 56.500 GWh, con una potencia instalada de 17.925 MW[124]. La estructura de generación se modificó sustancialmente, la producción hidroeléctrica pasó de suponer un 84% de la producción en **1960**, a un 50% en **1970**. También se incrementó sustancialmente la producción con fuel-oil en un contexto de bajos precios del petróleo, hasta que en mayo de **1973** se empezó a producir una escalada de los precios del petróleo, tomándose medidas para contener la dependencia del petróleo[125].

El modelo de agregación de sistemas zonales, que había venido coordinando UNESA, permaneció hasta prácticamente **1980**. A partir de aquí, surge la necesidad de potenciar el control de la Administración sobre la producción y el transporte de la energía eléctrica, objetivo que fue recogido en la **Ley 49/1984, de 26 de diciembre, sobre explotación unificada del Sistema Eléctrico Nacional** (en adelante "**LSE 1984**"). Esta nueva Ley, declaraba la explotación unificada del sistema como un servicio público, suponiendo una nacionalización de la red de transporte, que hasta la fecha había permanecido en manos privadas. La sociedad gestora de ese servicio público de explotación unificada era **Red Eléctrica de España**, sociedad anónima de capital mayoritariamente público, creada en

124 Solo a efectos comparativos, según el informe de Red Eléctrica de España 2020, la producción de la energía eléctrica en España durante el año 2020 alcanzó un total de 249.991 GWh, siendo la potencia total instalada de 110.839 MW. La demanda real refleja el valor instantáneo de la demanda de energía eléctrica, la previsión de la demanda es elaborada en la actualidad por Red Eléctrica con los valores de consumo en periodos precedentes similares, corrigiéndola con una serie de factores que influyen en el consumo, como laboralidad, climatología y actividad económica y la programación horaria operativa es la producción programada para los grupos de generación a los que se haya adjudicado el suministro de energía en la casación de los mercados diario e intradiario, así como en los mercados de gestión de desvíos y regulación terciaria. Estos dos últimos son gestionados por Red Eléctrica teniendo en cuenta la evolución de la demanda.

125 A destacar, que ya en esta fecha, en 1973, se habla de contener la dependencia del petróleo.

1985, cuya principal función consistía en coordinar la producción y suministro de energía eléctrica a través de las redes de alta tensión[126].

En línea con esas directrices, en la primera mitad de la **década de los años ochenta**, entraron en servicio las centrales de carbón nacional. Simultáneamente, entre **1980** y **1986** entraron en servicio cinco grupos nucleares. También se empezó a apostar por la cogeneración y las energías renovables. A finales de los ochenta el sector eléctrico español se encontraba en una situación con una elevada capacidad ociosa, como consecuencia de la política que fomentó la construcción de centrales de combustibles alternativos al petróleo, con crecimientos moderados de la demanda y, por otra parte, un elevado endeudamiento con altos tipos de interés. **Comenzaba el desequilibrio financiero del sector**.

Con el ingreso de España en la Comunidad Europea en **1986** (hoy Unión Europea), momento en que en el ámbito europeo se daban los primeros pasos para la liberalización del suministro eléctrico, vieron la luz en nuestro país dos normas esenciales: el llamado **Marco Legal Estable, aprobado por Real Decreto 1538/1987, de 11 de diciembre**, y la **Ley 40/1994, de 30 de diciembre, de Ordenación del Sector Eléctrico Nacional** (en adelante "**LSE 1994**").

La primera de ellas, el **Marco Legal Estable**, pretendía otorgar a las empresas generadoras la garantía de la recuperación de las importantes inversiones que habían realizado, estableciendo el derecho a estas empresas a obtener una retribución a fin de cubrir los costes estándares reconocidos a su actividad. El mayor escollo al que se enfrentó fue la fijación objetiva de esos costes, que trajo bastantes controversias.

La segunda de las normas, **LSE 1994**, vino a intentar solucionar las deficiencias que se detectaron en el funcionamiento del Marco Legal Estable, y los problemas que acarreaba su regulación a través de una norma sin rango legal. Esta **LSE 1994** derogó la **LSE 1984**, estableciendo un sistema eléctrico de manera general y sistemático, permitiendo la fijación de costes reconocidos, abriendo una pequeña puerta a la libre competencia en el ámbito de la generación, creando un sistema integrado, independiente, donde la energía podría someterse a inter-

---

126 Vid. https://www.ree.es/es/conocenos/ree-en-2-minutos/nuestra-historia. Red Eléctrica de España fue la primera empresa en el mundo dedicada en exclusividad al transporte y operación del sistema eléctrico.

cambios pactados libremente por las partes[127], e implantando un ente regulador, la **Comisión del Sistema Eléctrico Nacional**, cuyo objetivo era velar por la objetividad y transparencia del sistema.

El mayor logro en la estabilización del sector fue el establecimiento de este nuevo sistema de cálculo de las tarifas eléctricas que permitiera disminuir el desequilibrio financiero, teniendo como parámetros fundamentales una metodología de amortización y retribución de las inversiones, una retribución de los costes de producción y distribución en base a valores estándares, un sistema de compensaciones entre los agentes, y una corrección por desviaciones al finalizar el año.

Las tendencias liberalizadoras en el ámbito comunitario harían que la vigencia de la **LSE 1994**, fuera extremadamente breve, ya que, en **1996**, se aprobaría la **Directiva europea sobre normas comunes para el mercado interior de la electricidad (Directiva 96/92/CE del Parlamento Europeo y del Consejo, de 19 de diciembre de 1996)**, con unos objetivos claros y unos criterios mínimos de liberalización e introducción de la competencia en el Sistema Eléctrico, sin perjuicio de que los Estados miembros pudiesen imponer a las empresas del sector ciertas obligaciones de servicio público.

En síntesis, la Directiva venía a perseguir[128]:

---

127 Este sistema nunca llegó a tener una existencia real. Vid. CODES CALATRAVA y TARLEA JIMÉNEZ (2014). En "El sector eléctrico", *Sectores regulados: sector energético, sector del transporte y sectores de las telecomunicaciones*, op. cit., página 24. Para estos autores, "*En la LOSEN bajo unos aparentes avances hacia la liberalización, subyacía una Ley que en realidad no alteraba los principios básicos del modelo anterior, aunque con algunas modificaciones en su instrumentación. En efecto, las actividades comprendidas en el Sistema Integrado continuaban recibiendo la calificación de servicio público, estando su prestación reservada al Estado en lo que respectaba a la explotación unificada de dicho sistema; seguía imperando una planificación conjunta de carácter vinculante; y se continuaba garantizando a las empresas generadoras una retribución a tarifa, conforme a costes reconocidos y no conforme a precios de mercado*". "El sector eléctrico", *Sectores regulados: sector energético, sector del transporte y sectores de las telecomunicaciones*, op. cit., página 24.

128 Para, CODES CALATRAVA y TARLEA JIMÉNEZ (2014): La Directiva "*perseguía la consecución de un mercado competitivo de energía eléctrica, sin perjuicio de que los Estados miembros pudiesen imponer a las empresas del sector ciertas obligaciones de servicio público. La Directiva definió los calendarios de apertura progresiva de los mercados, e introdujo principios esenciales para el nuevo modelo como el de separación de actividades reguladas y liberalizadas, el de libertad de acceso a las redes de transporte y distribución o el de apertura gradual de los mercados para la elección libre de suministrador. Además, previó la obligación de los Estados miembros de designar una autoridad reguladora inde-*

- un mercado competitivo de energía eléctrica;
- la separación entre actividades reguladas y actividades liberalizadas;
- la libertad de acceso a las redes de transporte y distribución;
- la elección libre de suministrador; y
- la designación obligatoria de una autoridad regulatoria independiente, con el objetivo de resolver los conflictos y las negociaciones entre todos los operadores del sistema.

La aprobación de la citada Directiva llevó a la mayoría de los países comunitarios a adaptar sus legislaciones eléctricas al nuevo esquema comunitario. La Directiva establecía como fecha límite el **19 de febrero de 1999**. España fue uno de los primeros países en adoptar los criterios emanados de esta Directiva, de forma que el 1 de enero de 1998, entró en vigor la **LSE 1997**[129], que introdujo los cambios normativos más importantes de la historia del sector en España, sus-

---

pendiente encargada de la resolución de los conflictos relacionados con los contratos y las negociaciones entre operadores del sistema". Ibídem, página 24. La progresiva liberalización del sector eléctrico ha ido acompañada de previsiones comunitarias orientadas a paliar las disfunciones del mercado y a proteger a los consumidores más desfavorecidos. Así, la Directiva 96/92/CE del Parlamento Europeo y del Consejo, de 19 de diciembre de 1996, sobre normas comunes para el mercado interior de la electricidad, se centraba en el proceso de liberalización y apertura a la competencia de esta área de actividad a nivel comunitario. Cfr. GONZÁLEZ RÍOS, I. (2020), "La tutela jurídico-administrativa de la vulnerabilidad energética: medidas paliativas y estructurales", *Revista catalana de Derecho Público*, número 61, página 173. Para ARIÑO ORTIZ y LÓPEZ DE CASTRO GARCÍA-MORATO (1999), "*Sin duda, una de las razones básicas de la liberalización del sector eléctrico español ha sido la necesaria adaptación a las exigencias del Mercado Interior europeo, que son exigencias jurídicas (la apertura mínima plasmada en la Directiva 96/92/CE), pero que también son exigencias económicas: la necesaria reducción de los precios de la electricidad para aumentar la competitividad de la economía española dentro de los mercados europeos e internacionales. La apertura de los mercados eléctricos de los Estados miembros debe cumplir las previsiones de la directiva sobre normas comunes para la realización del Mercado Interior de la Electricidad*". En "Regulación del sector de la energía", en *Principios de Derecho Público Económico,* Editorial Comares, Granada, página 613.

129 La LSE 1997 supuso la adaptación en España del modelo de regulación para la competencia en el sector eléctrico, siendo las bases de funcionamiento del nuevo modelo, las exigencias del Mercado Interior de la Electricidad en Europa (MIE), y los acuerdos entre la Administración y las principales empresas eléctricas recogidos en el Protocolo de 11 de diciembre de 1996.

tituyendo así a la LSE 1994. Esta ley sería derogada posteriormente por la actual **LSE 2013** como ya hemos apuntados ad initio.

La **LSE 1997**, fue ya un exponente de la tendencia liberalizadora comunitaria, cuyas novedades fundamentales fueron:

- se mantiene el papel protagonista de la Administración central en la regulación del sector eléctrico[130];
- el suministro de energía eléctrica deja de ser considerado un servicio público, para considerarse un **servicio de interés económico general**[131],

---

130 Según el artículo 3 LSE 1997, corresponde a la Administración General del Estado, el ejercicio de la planificación eléctrica, fijar la retribución de garantía de potencia, regular la estructura de los precios (tarifas y peajes), regular la estructura y funcionamiento del mercado de producción, establecer la regulación básica de la generación, transporte, distribución y comercialización de la energía eléctrica, sancionar las infracciones, etc. Por su parte, las Comunidades Autónomas podrán realizar el desarrollo legislativo y reglamentario, regular el régimen de derechos de acometidas, autorizar las instalaciones eléctricas y ejercer las competencias de inspección y sanción dentro de su territorio, etc.

131 Se produce una clara *despublicatio*, que viene resumida en la Exposición de Motivos de la LSE 1997. A diferencia de las normas anteriores, la LSE 1997 se asienta en el convencimiento de que garantizar el suministro eléctrico, que se califica de "servicio esencial" (artículo 2), no requiere que el Estado se reserve para sí el ejercicio de ninguna de las actividades que integran dicho suministro, sino que es suficiente con que el sector de la electricidad se someta a una cierta regulación administrativa. Se adopta un modelo liberalizado, basado en los principios de objetividad, transparencia y libre competencia, con el reconocimiento a la libre iniciativa empresarial, distinguiéndose dos niveles: las actividades "libres" (producción y comercialización) y las actividades "reguladas" (transporte, distribución y coordinación económica y técnica necesaria para el funcionamiento del sistema). Cfr. CODES CALATRAVA y TARLEA JIMÉNEZ (2014), en "El sector eléctrico", *Sectores regulados: sector energético, sector del transporte y sectores de las telecomunicaciones*, op. cit., página 25 y 26. En este mismo sentido, para ARIÑO ORTIZ y LÓPEZ DE CASTRO GARCÍA-MORATO (2001): "*el cambio fundamental consiste en una verdadera despublicatio: las actividades del nuevo servicio público ya no son de titularidad estatal sino de iniciativa privada. Ahora bien, dichas actividades son todavía de responsabilidad estatal en la medida que sus prestaciones en un determinado nivel deben llegar a todos sus ciudadanos (servicio universal). Y en dicha medida puede ser necesaria la financiación estatal*". En *Derecho de la competencia en sectores regulados*, Ed. Comares, Granada, página 12. Cfr. de estos mismos autores, (1999) "Regulación del sector de la energía", en *Principios de Derecho Público Económico,* óp. cit., páginas 617 y 618. Para estos autores, la esencia del cambio de la Ley se refleja en "*el nuevo concepto y régimen del servicio público: consistente en el paso de un sistema de titularidad pública so-*

apareciendo en la **LSE 1997** bajo la expresión "*garantía de suministro a todos los consumidores dentro del territorio nacional, con la consideración de servicio esencial*";

- termina con la reserva de la explotación unificada del sistema en favor del Estado (que había imperado bajo la **LSE 1994**), atribuyendo la gestión del sector eléctrico a dos sociedades mercantiles y privadas: el **operador del mercado** (gestión económica) y el **operador del sistema** (gestión técnica);
- establece una **separación entre actividades**, por un lado, las sujetas a un régimen de libre mercado (generación o producción y comercialización), y por otro, las actividades reguladas (transporte y distribución), permitiendo, a fin de lograr una competencia efectiva, el **derecho de acceso de terceros a las redes** previo abono de los correspondientes peajes;
- en relación con la **planificación eléctrica**, deja de ser obligatoria en el ámbito de la generación, abandonándose la planificación conjunta vinculante de la regulación anterior[132], permaneciendo con carácter meramente indicativo[133] (**artículo 4 LSE 1997**). Sin embargo, la planificación continuó siendo vinculante en lo referente a las instalaciones de transporte;

---

bre la actividad, concesiones cerradas, derechos exclusivos, obligación de suministro, precios administrativamente fijados, carácter temporal y regulación total de la actividad, hasta el más mínimo detalle, a un sistema abierto, presidido por la libertad de empresa, esto es, libertad de entrada (previa autorización reglada), con determinadas obligaciones o cargas de servicio público (se trata de un servicio de interés general, esencial para las gentes), pero con libertad de precios y modalidades de prestación, con libertad de inversión y amortización y, en definitiva, en régimen de competencia abierta, como cualquier otra actividad comercial o industrial, en la que hay que luchar por el cliente (no hay mercados reservados ni ciudadanos cautivos). Por supuesto, en este segundo modelo no hay reserva de titularidad a favor del Estado sobre la actividad de que se trate".

132 La Sentencia del Tribunal Constitucional 18/2011, de 3 de marzo, declaró la inconstitucionalidad del artículo 6 de la Ley 11/1997, de 2 de diciembre, del Parlamente de Canarias, de Regulación del Sector Eléctrico Canario. Dicho precepto preveía una planificación a largo plazo de carácter vinculante en relación con el régimen ordinario de generación, apreciando el Tribunal Constitucional una contradicción con la normativa básica estatal.

133 El artículo 21 LSE 1997, recoge el carácter reglado de las autorizaciones para la construcción de instalaciones de producción.

- en relación con la **retribución** de los operadores, se abandona la fijación administrativa de las tarifas, para pasar a la formación de los precios libremente en el mercado de producción, centrándose la intervención administrativa esencialmente en la determinación de los peajes[134], en concreto, las actividades reguladas, tendrán un régimen económico según peajes y tarifas; mientras que las actividades liberalizadas, según precios (**artículo 16 LSE 1997**); y
- se refuerza la posición de la Comisión del Sistema Eléctrico Nacional, pasando a denominarse **Comisión Nacional del Sistema Eléctrico**, convirtiéndolo en una autoridad regulatoria independiente, de acuerdo con las exigencias del Derecho comunitario[135]. Entre sus funciones principales destacan: las consultivas, arbitrales, de desarrollo normativo

---

134 Mientras que bajo la LSE 1994, se garantizaba a las empresas de generación eléctrica la recuperación de los costes incurridos, el modelo liberalizado de generación de la LSE 1997, traía consigo la posibilidad de que el precio de mercado de la electricidad fuese insuficiente para compensar las inversiones realizadas, cuya recuperación pasaba a depender de la rentabilidad de estas. Por ello, la Disposición Transitoria sexta de la LSE 1997 estableció un mecanismo que permitiese a las empresas productoras recuperar dichas inversiones, los que vinieron a llamarse "**Costes de Transición a la Competencia**". Cfr. CODES CALATRAVA y TARLEA JIMÉNEZ (2014), en "El sector eléctrico", *Sectores regulados: sector energético, sector del transporte y sectores de las telecomunicaciones*, op. cit., página 26.

135 Según recogía el artículo 6 LSE 1997, la Comisión Nacional del Sistema Eléctrico, se configura como un "*ente regulador del sistema eléctrico, que tiene por objeto velar por la competencia efectiva en el mismo y por su objetividad y transparencia, en beneficio de todos los sujetos que operan en el sistema y de los consumidores*". La independencia se manifiesta en varias previsiones: mandato de 6 años para sus miembros (superior a los cuatro años del ciclo político), que deben ser nombrados por el Gobierno a propuesta del Ministerio de Industria y Energía (actual Ministerio para la Transición Ecológica y el Reto Demográfico), entre personas de reconocida competencia técnica y profesionalidad, previa comparecencia del Ministro y debate en la Comisión de Industria del Congreso, pudiendo sólo cesar sus miembros, por las causas tasadas que recoge la Ley, estando además sometidos al régimen de incompatibilidad establecidos para altos cargos de la Administración. A pesar de lo anterior, tal como señala ARIÑO y LÓPEZ DE CASTRO (1999), esta pretensión de independencia acaba chocando con varias previsiones que recogía la misma Ley: la mayor parte de las decisiones de la Comisión se someterían a un recurso ordinario ante el Ministerio, la posibilidad de asistencia, a las reuniones del Consejo de la Comisión, del ministro (o delegación) con voz y sin voto, entre otras. Posteriormente, la Ley de Hidrocarburos de octubre de 1998, derogaría los artículos 6,

y, sobre todo, velar por la competencia[136], convirtiéndose en un elemento institucional necesario para el desarrollo y supervisión del nuevo modelo de regulación para la competencia.

Tras la **LSE 1997**, durante el período **1997-2001**, la demanda de electricidad se incrementó en más de un 30%, muy por encima de las previsiones. Este hecho fue acompañado de un incremento aún mayor de la demanda punta (44%), que es la variable fundamental de cara a determinar las necesidades de infraestructuras eléctricas, tanto de generación, como de transporte y distribución. En este mismo período, los precios medios de la electricidad se redujeron un 17% en términos corrientes, lo que equivale, teniendo en cuenta la inflación, a una disminución del 30% en términos reales[137]. El sector eléctrico, en su conjunto, se vio con importantes dificultades para atender puntualmente este crecimiento no previsto, debido a los plazos de desarrollo que requieren todas estas infraestructuras (varios años en el mejor de los casos), en un entorno de creciente incertidumbre, debido a la liberalización del sector y a la ausencia de un sistema regulatorio predecible. A eso, había que sumarle una importante sensibilidad al precio de la electricidad y sin incentivos encaminados a una mejor gestión de la curva de carga.

Para poder fortalecer e impulsar el mercado interior de la electricidad iniciado por la Directiva 96/92/CE y dar soluciones a los problemas que venían surgiendo, se aprueba la **Directiva 2003/54/CE, del Parlamento Europeo y del Consejo, de 26 de junio,** sobre normas comunes para el mercado interior de la electricidad, esta nueva directiva derogaría la anterior Directiva de 1996. En apretada síntesis, esta nueva Directiva perseguía reforzar el mercado interior de la electricidad, incluyendo medidas tendentes a garantizar el acceso no dis-

7 y 8 de la LSE 1997, creando la Comisión Nacional de la Energía. Cfr. "Regulación del sector de la energía", en *Principios de Derecho Público Económico,* op. cit., página 619.

136 A partir de aquí, las funciones que ejercería el Ministerio de Industria (actual Ministerio para la Transición Ecológica y el Reto Demográfico) serían las funciones regulatorias básicas: fijación de tarifas, de otorgamiento de autorizaciones, poderes de inspección y control, establecimiento de condiciones de calidad y seguridad, y mecanismos de funcionamiento del mercado.

137 Datos obtenidos del anuario estadístico mundial de energía, https://datos.enerdata.net/electricidad/estadisticas-mundiales-produccion-electricidad.html. Vid. también series estadísticas nacionales del sistema eléctrico español, Red Eléctrica de España, https://www.ree.es/es/datos/publicaciones/series-estadisticas-nacionales.

criminatorio a las redes (reforzando la separación entre actividades) y a la libre elección de suministrador por parte de los consumidores; trató también de impulsar la cooperación entre las autoridades regulatorias europeas. Esta Directiva de 2003, acabó transponiéndose en nuestro ordenamiento con la modificación de la LSE 1997, a través de la **Ley 17/2007, de 4 de julio**.

Sin embargo, en este mismo año, en 2007, la Comisión Europea consciente de las dificultades y lejos de alcanzar aún un auténtico mercado interior de la energía[138], propuso un tercer paquete energético, que culminó en 2009 con una serie de medidas que contenía entre otros instrumentos normativos, la **Directiva 2009/72/CE, del Parlamento Europeo y del Consejo, de 13 de julio**, sobre normas comunes para el mercado interior de la electricidad (derogando la Directiva 2003/54/CE); **el Reglamento (CE) número 713/2009, del Parlamento Europeo y del Consejo, de 13 de julio,** por el que se crea la Agencia de Cooperación de los Reguladores de Energía; y el **Reglamento número 714/2009, del Parlamento Europeo y del Consejo, de 13 de julio**, relativo a las condiciones de acceso a la red para el comercio transfronterizo de electricidad. Esta reforma trajo consigo profundizar en una mayor separación de actividades, promueve una mayor colaboración entre los operadores de las redes, refuerza la protección de los consumidores (sobre todo los vulnerables), fortalece la independencia de los reguladores nacionales creando la Agencia de Cooperación[139]. Todo ello, llevó en nuestro país, a la modificación de la LSE 1997 a través del **Real Decreto Ley 13/2012, de 30 de marzo**.

Es en este momento donde aparece (o al menos se hace más patente), sin lugar a duda, uno de los principales problemas de toda esta regulación del sector eléctrico en España, un alarmante **déficit tarifario de carácter estructural**, cuyo

---

138 A este respecto, son innumerables las Comunicaciones de la Comisión, puede consultarse, "Una política energética para Europa", en Comunicación de la Comisión al Consejo Europeo y al Parlamento Europeo, de 10 de enero de 2007, y de 10 de enero de 2010 (https://eur-lex.europa.eu/legal-content/ES/TXT/?uri=LEGISSUM%3Al27067); También en "Resolución del Parlamento Europeo, de 25 de noviembre de 2010, sobre una nueva estrategia energética para Europa 2011-2020", https://www.europarl.europa.eu/doceo/document/TA-7-2010-0441_ES.html.

139 El Consejo de Reguladores de Energía Europeos (CEER) fue el precedente de la Agencia de Cooperación de los Reguladores de la Energía (ACER), hasta el año 2000 que se crearía el Grupo de organismos reguladores europeos de la electricidad y el gas (ERGEG), como órgano consultivo de la Comisión Europea, que se disolvió en el año 2011 con la entrada en funcionamiento de la ACER.

importe acumulado llegó a superar 28.000 millones de euros en el año 2014. Aunque nos detendremos en el siguiente apartado, huelga decir que dicho déficit nace de la insuficiencia de las tarifas fijadas por el Gobierno y abonadas por los consumidores para cubrir los costes reconocidos del sistema. Este problema del déficit tarifario llevo a una profunda reforma del marco regulador del sector eléctrico y, en especial, de su régimen económico, dando lugar a la aprobación de varias normas: por un lado, el **Real Decreto Ley 9/2013, de 12 de julio**, por el que se adoptaron medidas urgentes para garantizar la estabilidad financiera del sistema eléctrico; en segundo lugar, la aprobación de la nueva **Ley del sector eléctrico**, la **Ley 24/2013, de 26 de diciembre** (LSE 2013), y desde el punto de vista tributario, la aprobación de la **Ley 15/2012, de 27 de diciembre, de medidas fiscales pata la sostenibilidad energética** (Ley 15/2012)[140].

La **LSE 2013**, trajo como finalidad básica el establecimiento de la regulación del sector, garantizando el suministro eléctrico con niveles necesarios de calidad y al menor coste, siendo consciente del objetivo a alcanzar "el económico", cuya finalidad principal estaría en garantizar la sostenibilidad financiera del sistema eléctrico, jugando aquí un papel importante la regulación tributaria del sector.

La **LSE 2013** sienta sus pilares fundamentales en lo siguiente:

- sometimiento al principio de sostenibilidad económica y financiera (artículo 13), los ingresos del sistema[141] tendrán que ser suficientes para cubrir sus costes, descartando la aparición de nuevos déficits;

---

140 Huelga afirmar que, hasta la fecha, cualquier desajuste del sector eléctrico se había venido solventando de la mano del Derecho Administrativo y en concreto del sector regulado, no del Derecho Tributario.

141 En relación con los ingresos, la LSE 2013, distingue entre **peajes** y **cargos** a la hora de referirse a ciertos ingresos, que bajo el amparo de la LSE 1997 se encuadraban en una única categoría de peajes y que eran financiados con cargo al sistema. La distinción que introduce la nueva Ley responde a la terminología empleada en las directivas europeas y a la conveniencia de diferenciar los pagos por contribución a la cobertura de los costes de las redes de transporte y distribución (**peajes**), de aquellos pagos relacionados con otros aspectos regulados del sistema (**cargos**). Por lo que los **peajes** de acceso, desde la reforma con la LSE 2013, son ahora exclusivamente los ingresos que se destinan a cubrir el coste de las actividades de transporte y distribución de energía eléctrica. En cambio, los **cargos**, están destinados a cubrir los costes de las actividades del sistema que correspondan, teniendo en cuenta las cuantías que también proceden de las partidas presupuestarias o de otros mecanismos. Así, entre otros, los cargos cubrirán el régimen retributivo específico de la actividad de generación a partir de fuentes de energía renovables, cogeneración

- establecimiento de restricciones tasadas a la aparición de desajustes temporales ocasionados por situaciones coyunturales, previéndose la obligación de revisión automática de los peajes y cargos si se llega a superar determinados umbrales;
- se establecen criterios, para determinar la retribución de forma homogénea en todo el territorio nacional, de las actividades reguladas;
- clarifica las competencias de la Administración General del Estado;
- reformula el régimen sancionador; y
- establece una regulación específica para el autoconsumo de energía eléctrica.

A pesar de todo lo anterior, la intención declarada en la Exposición de Motivos de la actual **LSE 2013**, no solucionó muchos de los problemas que arrastraba el sector eléctrico, entre ellos el déficit tarifario (solo atenuado por la aprobación de la Ley 15/2012 sobre materia fiscal) y la dispersión normativa de un sector económico tan relevante[142].

Interesa puntualizar, que la política energética como competencia comunitaria, a pesar de todo lo recogido anteriormente, no encontraría su origen hasta el año **2007**. Es verdad que desde mediados de los años ochenta aparecen referencias a la política energética europea en los documentos comunitarios que venimos citando, pero no sería hasta el **Tratado de Lisboa de 13 de diciembre de**

de alta eficiencia y residuos, retribución del extracoste de la actividad de producción en los sistemas eléctricos extrapeninsulares, la retribución asociada a la aplicación de mecanismos de capacidad y las anualidades correspondientes a los **déficits del sistema eléctrico**, con sus correspondientes ajustes e intereses.

142 En palabras de CODES CALATRAVA y TARLEA JIMÉNEZ (2014): "*parece desprenderse de la exposición de motivos de la nueva norma la voluntad del legislador de hacer frente a la dispersión normativa imperante —no deseable en un sector económico tan relevante— como el eléctrico. No obstante, lo cierto es que la Ley no deroga muchas normas diseminadas en disposiciones actualmente vigentes, tanto de rango legal como reglamentario. Ni tan siquiera deroga íntegramente la LSE de 1997, puesto que deja vigentes cuatro de sus disposiciones adicionales (e incluso modifica la 21ª). No deja de causar cierta perplejidad que la aprobación de una Ley del sector eléctrico completamente nueva no vaya a ser aprovechada para unificar la regulación de la materia, sino que, al contrario, vaya a servir una vez más para introducir una gran confusión en la determinación de las normas que resultan aplicables*" en "El sector eléctrico", *Sectores regulados: sector energético, sector del transporte y sectores de las telecomunicaciones*, op. cit., página 33.

2007[143], denominado actualmente **Tratado de Funcionamiento de la Unión Europea**, donde se reconoció expresamente la energía como ámbito de competencia compartida entre la Unión Europea y los Estados miembros (**artículo 4**[144]). La falta de fundamento jurídico específico para el desarrollo de una política energética con anterioridad al Tratado de Lisboa, no impidió que en base a otras competencias comunitarias, la Unión Europea desplegase un importante intervencionismo desde Europa, en los sectores energéticos, y en especial, en el sector eléctrico, dando lugar a toda la importante transformación de los sectores eléctricos de los Estados miembros desde los años noventa del siglo pasado hasta el momento actual, tal como venimos describiendo, cobrando especial interés el Derecho Tributario y la materia medioambiental.

A partir de aquí, el **siglo XXI** se ha visto abocado a hacer frente a numerosos retos. El sistema de producción de energía eléctrica se encuentra inmerso en un proceso de transformación en su configuración, con las fuentes de energía primaria que incluyen las renovables, las tecnologías a utilizar, y los requisitos medioambientales (desde el antiguo compromiso 20-20-20[145]). También, desde

---

143 Cfr. FERNÁNDEZ DE GATTA SÁNCHEZ, D. (2008): "La política ambiental y sobre el desarrollo sostenible en la Unión Europea: de sus orígenes a la estrategia de desarrollo y al Tratado de Lisboa", *Revista Aranzadi de Derecho Ambiental,* número 14, páginas 15 a 47.

144 Así, recoge el artículo 4 Tratado de Funcionamiento de la Unión Europea, que: "*2. Las competencias compartidas entre la Unión y los Estados miembros se aplicarán a los siguientes ámbitos principales: (...) e) el medio ambiente; f) la protección de los consumidores; (...) i) la* ***energía***". El artículo 194 TFUE establece un fundamento jurídico específico para el desarrollo de la política energética de la Unión enunciando los objetivos de esta: garantizar el funcionamiento del mercado de la energía; garantizar la seguridad de abastecimiento energético en la Unión; fomentar la eficiencia energética y el ahorro energético, así como el desarrollo de energías nuevas y renovables; y fomentar la interconexión de las redes energéticas. Estos objetivos se fijan "*en el marco del establecimiento del mercado interior y atendiendo a la necesidad de preservar y mejorar el medio ambiente*", así como con "*un espíritu de solidaridad entre los Estados miembros*".

145 El objetivo 20-20-20 pretendía reducir un 20% el consumo de energías primarias y emisiones de gases efecto invernadero, y aumentar un 20% las energías renovables, además de mejorar la eficiencia energética en las edificaciones. El 40% del consumo de energía, y el 36% de emisiones de CO2 pertenecen a edificios residenciales y comerciales. Según el informe de Red Eléctrica de España de 2020, la producción de energía eléctrica de fuentes no renovables ha supuesto casi un 55% del total de la producción (siendo algo más de un 22% la procedente de la energía nuclear), mientras que la que deriva de fuen-

una concepción tradicional en la que grandes centros de generación abastecían a los lugares de consumo por medio de redes de transporte y distribución de gran capacidad y distancia, se está evolucionando hacia lo que se ha denominado "*Generación Distribuida*"[146] de energía eléctrica. En esta nueva concepción, los puntos de generación y consumo se encuentran más próximos, y las pérdidas de trasporte y distribución pueden disminuir significativamente.

La **Directiva 2009/72/CE**, sería derogada por la **Directiva 2019/944/CE, del Parlamento Europeo y del Consejo, de 5 de junio de 2019, establece normas comunes para el mercado interior de la electricidad**. Su objetivo es fomentar la competencia y garantizar el suministro de electricidad al precio más competitivo posible. Además, esta directiva es esencial para acelerar la transición energética y alcanzar los objetivos climáticos, permitiendo innovaciones sociales como las "comunidades energéticas ciudadanas"[147] para descarbonizar el sistema energético.

---

tes renovables ha estado en torno al 45%. Dentro de las fuentes renovables, la energía eólica ha supuesto un 21%, la hidráulica casi un 12%, y la solar alrededor del 6%. Cfr. SÁNCHEZ PINO, A. J. (1996): "El efecto invernadero, alternativas en la intervención de la Unión Europea, especial referencia a la propuesta del impuesto sobre las emisiones de dióxido de carbono y la energía", *Revista Noticias de la Unión Europea*, número 138, páginas 79 y siguientes.

146 La generación distribuida, también conocida como *generación in-situ*, *generación embebida*, *generación descentralizada*, *generación dispersa* o *energía distribuida*, será pieza clave para un futuro más limpio. Consiste en aquella generación eléctrica que no se realiza en las centrales convencionales (nuclear, carbón, fuel, gas, hidráulica). La producción de energía eléctrica a través de generación distribuida se realiza a partir de fuentes de energía renovables, cogeneración y residuos, plantea una serie de ventajas respecto a la producción en régimen ordinario, al realizarse de manera dispersa en el territorio frente al modelo convencional de grandes centros de generación, permitiendo acercar producción y consumo. Estas ventajas fundamentalmente son: la reducción de las pérdidas en la red eléctrica, la mejora de la fiabilidad y la calidad del sistema eléctrico, la utilización de potencias reducidas y fundamentalmente el uso de energías renovables. Pero no podemos pasar por alto que este sistema también tiene importantes desventajas, las fluctuaciones del voltaje que afecta directamente a los consumidores, un sistema de adquisición de datos más complejo, el alto coste que supone la inversión inicial y la falta de estándares para la conexión de pequeños generadores que dificulta su desarrollo.

147 Artículo 2.11 Directiva 2019/944/CE. Las características principales de las comunidades de energía son las siguientes:

- Se trata de entidades jurídicas, basadas eso sí en la participación voluntaria y abierta.
- Su control lo deben ejercer las personas o entidades asociadas.

En este contexto, cobra mayor importancia la adecuada integración de las fuentes de generación renovables (con su carácter intermitente y no gestionable[148]) y el concepto de eficiencia energética, tanto desde un punto de vista técnico, como económico. Adicionalmente, surgen otros conceptos, como microrredes, vehículos eléctricos, tecnologías de almacenamiento, líneas de transporte de corriente continua (HVDC), contadores inteligentes, redes inteligentes, gestión activa de la demanda, autoconsumo, etc., que se van poniendo en marcha poco a poco.

El reto para las empresas eléctricas y para la Unión Europea, es facilitar este progreso social y económico de modo compatible con la preservación del medioambiente y la utilización eficiente de la electricidad.

La electricidad es un producto especialmente complejo: se produce, se distribuye por la red, y se vende al usuario final. Por esta razón, la red eléctrica es tan importante, que debe formar un sistema con varias fuentes de generación donde puedan sumarse o relevarse unas a otras, incentivando las energías que provienen de fuentes renovables[149], y castigando aquellas que provienen de fuentes conta-

---

- Su principal objetivo no es otro que reportar beneficios medioambientales, económicos y sociales. No prima, por tanto, la rentabilidad financiera.
- Los asociados o miembros deben cumplir una serie de requisitos.

https://www.cnmc.es/sites/default/files/4968233.pdf

148 Las energías no gestionables son aquellas que, al depender de un recurso natural que no puede ser controlado por los hombres, como es el viento o el sol, no pueden subir o bajar su capacidad cuando así se desea, sino que por el contrario sufren subidas o bajadas repentinas de potencia, lo cual es contrario al objetivo de mantener el equilibrio entre la capacidad de generación y la demanda.

149 Puede consultarse, CIUCCI, Matteo (10/2021), "La energía renovable", *Fichas técnicas sobre la Unión Europea-2021*, Parlamento Europeo, www.europarl.europa.eu/factsheets/es. En este sentido se recoge que "*Las fuentes renovables de energía —eólica, solar, hidroeléctrica, oceánica, geotermal, de la biomasa y de los biocarburantes— constituyen alternativas a los combustibles fósiles que contribuyen a reducir las emisiones de gases de efecto invernadero, diversificar el suministro energético y disminuir la dependencia respecto de los mercados —volátiles y poco fiables— de combustibles fósiles (en particular, el petróleo y el gas). La legislación europea relativa a la promoción de las energías renovables ha evolucionado notablemente en los últimos quince años. Los líderes de la Unión establecieron en 2009 el objetivo de una cuota del 20% de energías renovables en el consumo de energía total de la Unión a más tardar en 2020, y en 2018 se acordó que este objetivo fuera del 32% para 2030. En julio de 2021, a la vista de las nuevas ambiciones climáticas de la Unión, se propuso a los colegisladores que dicho objetivo se revisara y pasara a ser del 40% para 2030.*

minantes. Es aquí donde juega un papel fundamental el **Derecho Financiero y Tributario**, sobre todo la **tributación medioambiental** a través de la **extrafiscalidad**. Porque sin lugar a duda, toda esta amalgama de ordenación del sector eléctrico debe de venir acompañado de un claro sistema regulatorio, y de un sistema tributario con objetivos primordialmente medioambientales.

A modo de conclusión, y analizando los datos que anualmente facilita la **Comisión Nacional de los Mercados y la Competencia**, la realidad a nivel nacional sigue siendo, que en la disponibilidad de las distintas fuentes de energía no prevalece ninguna de las fuentes renovables, sino que la disponibilidad mayor de energía al mercado, sigue viniendo de fuentes no renovables, y ello por su alto coste, jugando un factor importante en el precio la **excesiva tributación** a la que se las somete como veremos más adelante.

Sirva como ejemplo el siguiente cuadro, donde se manifiesta la disponibilidad media, de la energía producida por las distintas fuentes, al mercado[150]:

Tecnología	***% disponibilidad***
Nuclear	*87*
Hulla + antracita	*90*
Lignito negro	*89*
Carbón de importación	*94*
Fuel-gas	*75*
Ciclo combinado	*93*
Bombeo	*73*
Hidráulica convencional	*59*
Eólica	*22*
Solar	*11*
Instalaciones P<50MW	

El futuro marco de actuación para el período posterior a 2030 está en proceso de debate"; cfr. también SARASÍBAR IRIARTE, M. (2017): "Energías renovables y cambio climático: un binomio condenado a entenderse", en GALÁN VIOQUE, R. y GONZÁLEZ RIOS, I. (directores), *Derecho de las energías renovables y la eficiencia energética en el horizonte 2020*, Pamplona, Aranzadi, páginas 517 y siguientes.

150 Vid. Orden TED/1312/2022, de 23 de diciembre, por la que se establecen los precios de los cargos del sistema eléctrico de aplicación a partir del 1 de enero de 2023 y se establecen diversos costes regulados del sistema eléctrico para el ejercicio 2023. Boletín Oficial del Estado número 312, de 29 de diciembre de 2022, páginas 190510 a 190518.

Tecnología	*% disponibilidad*
Hidráulica	*29*
Eólica	*22*
Solar	*11*
Biomasa	*45*
R.S. Industriales	*52*
R.S. Urbanos	*48*
Calor Residual	*29*
Carbón	*90*
Fuel-Gasoil	*26*
Gas de Refinería	*22*
Gas Natural	*39*

2. LA PRODUCCIÓN DE ENERGÍA ELÉCTRICA COMO SECTOR REGULADO

Los Sectores regulados en España se configuran, como aquellas áreas de actividad económica en las que convive el ejercicio de la actividad en libre mercado o libre competencia, con el cumplimiento de exigencias o requisitos legales que no imperan en los mercados completamente liberalizados.

Es importante destacar, que la apertura a la competencia de estos sectores regulados no dio lugar a mercados "libres", sino a mercados "regulados"[151]. La importancia social de estas actividades, la asimetría de posiciones entre empresas y usuarios, la dificultad de crear un mercado abierto y transparente, las limi-

151 La primera liberalización de estos sectores regulados vino de la mano del sector del petróleo. Las crisis del petróleo de finales de los setenta y principios de los ochenta condujo a la liberalización de sus precios, abriendo la puerta a la posterior liberalización de otros sectores. Con el ingreso de España en la Comunidad Económica Europea, se establecieron los estándares de liberación entre los que destacaba la no discriminación de empresas comunitarias en suelo español y la libre circulación de mercancías. La Ley 45/1984, de 17 de diciembre, de Reordenación del sector petrolero, tuvo como objetivo la integración vertical de las empresas que conforman el sector petrolífero y el aumento de sus niveles de eficacia y competitividad, culminando este proceso de liberalización en el año 1992. Vid. CAVERO BRÚJULA, S., BELLO PINTADO, A. (2007): "Estructura y estrategia competitiva en el mercado español de carburantes", *Revista Economía Industrial*, número 365, página 97 y siguientes.

taciones técnicas y otros factores, exigen la necesidad de un mercado regulado, donde competencia y regulación no son antitéticas sino complementarias[152]. Este juego de competencia y regulación exige como condición *sine qua non*, una transparencia en el funcionamiento empresarial, con una importante separación de actividades, siendo lo prioritario la competencia, y la regulación el medio imprescindible para aquélla.

La función regulatoria, por tanto, constituye una modalidad de intervención administrativa consistente en una actividad de supervisión y control prolongado sobre determinados sectores económicos, que se consideran estratégicos o, al menos, de gran importancia para la sociedad y que, por ello, requieren asegurar la garantía de unos niveles o estándares mínimos de accesibilidad, calidad y precio en beneficio de los ciudadanos.

Esta regulación siempre será necesaria, pero debe ser sólo y exclusivamente la imprescindible, subsidiaria y complementaria del mercado. La regulación promueve el mercado, pero no lo sustituye, ni puede llevar a convertirlo en un "gestor a la sombra"[153].

Los fines básicos, constitucionales, que se persiguen con la ordenación económica de un sector regulado son:

- lograr el buen funcionamiento del mercado, garantizando la libertad de empresa y la libre competencia en el marco de la economía social de mercado (artículos 38 y 40.1 Constitución Española;

---

[152] Para ARIÑO ORTIZ, G. y LÓPEZ DE CASTRO GARCÍA-MORATO, L. (2001): "*El nuevo modelo de regulación para la competencia consiste precisamente en esto: en introducir una mayor competencia en aquellos aspectos o actividades en que ésta sea posible y en revisar o reformar el sentido de la regulación orientándola a la re-creación del mercado. Así, competencia y regulación no son antitéticas sino complementarias, como lo demuestra la experiencia británica o americana*". En *Derecho de la competencia en sectores regulados,* óp. cit., páginas 9 y 10. En relación con la experiencia británica, puede consultarse: JOWETT, A. (1994), *Competition vs. Regulation*, Herbert Smith Exchange House, London. Para Alan Jowett no existe oposición intrínseca entre ambos conceptos por dos razones: en primer lugar, porque la competencia desbocada no es deseable; y, en segundo lugar, porque en Gran Bretaña, la privatización de las *utilities* se ha acompañado de un marco regulatorio específico para promover la competencia y para garantizar las misiones de servicio público de estas actividades.

[153] Para HESSE, M. (1991): "*La peor tentación del regulador es convertirse en un gestor en la sombra*", en "Regulación del sector eléctrico: objetivos y principios", *Revista del Instituto de Estudios Económicos,* número 4, página 221.

- la defensa de los derechos e intereses de los consumidores y usuarios (artículo 51 Constitución Española); y
- la defensa y protección del medioambiente (artículo 45 Constitución Española).

Desde hace años, como ya hemos destacado, hemos asistido en España y en la Unión Europea a un importante proceso de liberalización[154] y "*neoregulación*" (también conocido como neoliberalismo[155]) de sectores que venían operando como servicios públicos, entre los que cabe destacar: la electricidad, el gas, los carburantes, la telefonía, el transporte aéreo, correos, etc.; y que tradicionalmente venían funcionando en régimen de monopolio y gestión pública. Estos sectores, están controlados por los principales organismos competentes para su

---

154 Para VIVES TORRENTS, X. (2006) la liberalización del sector eléctrico se basa en la idea de que "*la competencia es fuente de eficiencia (...). La formación del mercado integrado europeo de la energía también se basa en esta concepción y fue espoleado por las experiencias pioneras de liberalización en el Reino Unido y los países escandinavos. El aumento de eficiencia en el sector de la energía se supone fundamental para encarar los retos del suministro y del crecimiento económico. El proceso de liberalización enlaza con la tendencia privatizadora en el sector. La experiencia internacional, en el Reino Unido en particular, demuestra que la introducción de competencia es fundamental para que la privatización dé fruto en términos de eficiencia económica*". En "El reto de la competencia en el sector eléctrico", en Comisión Nacional de la Energía (Director), *Energía: del monopolio al mercado, CNE, diez años en perspectiva*, Editorial Cívitas, páginas 223 y 224.

155 En este sentido se pronuncian ARIÑO ORTIZ, G. y LÓPEZ DE CASTRO GARCÍA-MORATO, L. (2001), en *Derecho de la competencia en sectores regulados*, óp. cit., páginas 5 y 6, "*Una de las características de la política económica de los últimos años ha sido la transformación del papel del Estado en la organización de los grandes servicios públicos, dentro del proceso denominado neoliberalismo o neoregulación. Así, grandes servicios públicos del país, como los carburantes, la electricidad, el abastecimiento de gas, el correo, los teléfonos, el transporte aéreo o la televisión, han cambiado el régimen de monopolio y gestión pública, en el que tradicionalmente se prestaban, por un nuevo modelo de explotación, en régimen de mercado y bajo gestión privada, en el que hoy se desarrollan. En esto ha consistido, básicamente, el proceso de privatizaciones impulsado en España por los gobiernos de Aznar, cuyo elemento esencial no ha consistido en vender empresas, sino en privatizar actividades, antes «reservadas», al Estado y, a lo más, otorgadas en concesión a particulares (para su «gestión indirecta», según decían las leyes, dado que su titularidad correspondía a la Administración). Ahora bien, en estos sectores la apertura de la competencia no ha consistido únicamente en un proceso «liberalizador» (eliminación de barreras de entrada al ejercicio de la actividad). Por el contrario, en estos sectores, la privatización y la liberalización se ha visto acompañada de un nuevo modelo de regulación para la competencia (...)*".

regulación, fundamentalmente, en lo que aquí nos interesa, en cuanto al sector energético, por la **Comisión Nacional de los Mercados y la Competencia.**

Así, la transformación del papel del Estado como organizador de los grandes servicios públicos, a través de un monopolio y gestión pública[156], pasó a un nuevo modelo en régimen de mercado y gestión privada, pero con unas características particulares, dando lugar a un *nuevo modelo de regulación*[157], ya que

---

156 A principios de los años 90, el Estado era:
i. la primera empresa editorial del país: con el Boletín Oficial del Estado, en adelante Boletín Oficial del Estado;
ii. la primera empresa de comunicación y periodismo: con la agencia EFE;
iii. el mayor empresario con diferencia del país, en numerosos sectores industriales: REPSOL, ENDESA, CAMPSA, ACENOR, AESA, IBERIA, AVIACO, RENFE, TELEFÓNICA, TABACALERA, ARGENTARIA, HUNOSA (algunas alcanzaban el 40% del mercado bursátil español);
Vid. ARIÑO ORTIZ y LÓPEZ DE CASTRO GARCÍA-MORATO (1999), en "Regulación del sector de la energía", en *Principios de Derecho Público Económico,* op. cit., página 258.

157 Cfr. ARIÑO ORTIZ, G. y LÓPEZ DE CASTRO GARCÍA-MORATO, L. (1999), "Regulación del sector de la energía", en *Principios de Derecho Público Económico,* óp. cit., páginas 553: "*Cuando se habla de regulación se hace referencia con frecuencia a dos ámbitos distintos, que conviene aclarar. Una es la regulación externa, que en España se ha solido llamar de «policía administrativa», que hace referencia a aquellas condiciones de seguridad, salubridad, protección del medio ambiente y localización física en que se desarrolla la actividad económica de que se trata, pero sin entrar en el interior de ésta ni predeterminar las decisiones empresariales. Otro tipo de regulación es la llamada «regulación económica»: ésta afecta a sectores intervenidos (en muchos casos, de servicio público), se centra fundamentalmente en la entrada y salida de la actividad (en muchos casos, mediante concesiones) y afecta a las concesiones económicas en que la actividad se desarrolla, al «quantum» de producción, a las zonas o mercados que sirve cada empresa, a los precios o retribuciones que se perciben por ella y, en definitiva, al negocio mismo en que la actividad consiste. Nadie ha puesto seriamente en duda la necesidad de la primera, que muy probablemente se intensificará. La que está puesta en cuestión es la segunda. Y no en cuanto a su existencia, sino en cuanto al sentido y fines que con ella se buscan*". Cfr. también de los mismos autores, (2003): *La competencia en sectores regulados*, Editorial Comares.
En este nuevo modelo de regulación, FERNÁNDEZ ORDÓÑEZ, M. A. (2000), distingue entre regulación social (v. gr. en materia medioambiental), que no afecta a las condiciones de la competencia, de regulación económica. Esta última, la regulación económica, presenta dos modalidades, la tradicional, que perjudica a la competencia, ya que afecta al precio y a la inversión, y la actual, la neoregulación, que fomenta la competencia. En *La competencia*, Editorial Alianza, Madrid, página 78 y 79.

nos encontramos ante sectores sobre monopolios naturales, con acuerdos colusivos[158], que hacen imposible una total privatización o plena liberalización de estos mercados[159].

La esencia del cambio se refleja en el nuevo concepto y régimen de servicio esencial, en palabras de ARIÑO ORTIZ y LÓPEZ DE CASTRO:

> *"consistente en el paso de un sistema de titularidad pública sobre la actividad, concesiones cerradas, derechos de exclusiva, obligaciones de suministro, precios administrativamente fijados, carácter temporal (con reversión/ rescate en todo caso) y regulación total de la actividad, hasta el más mínimo detalle, a un sistema abierto, presidido por la libertad de empresa, esto es, libertad de entrada (previa autorización reglada), con determinadas obligaciones o cargas de servicio público (se trata de un servicio de interés general, esencial para las gentes), pero con libertad de precios y modalidades de prestación, con libertad de inversión y amortización y, en definitiva, en régimen de competencia abierta, como cualquier otra actividad comercial o industrial, en la que hay que luchar por el cliente (no hay mercados reservados ni ciudadanos cautivos). Por supuesto, en este segundo modelo no hay reserva de titularidad a favor del Estado sobre la actividad de que se trate"*[160].

---

158 Estos acuerdos colusivos, se basan en la limitación de la libre competencia en el mercado, por la necesidad de fijación de precios y del reparto del sector, que generalmente perjudica a los consumidores ya que no participan en estos acuerdos. Cfr. VIVES TORRENTS, X. (2006): "El reto de la competencia en el sector eléctrico", *op. cit.*, página 9, donde afirma que: "*el ejercicio de poder de mercado de forma colectiva se establece a través de la coordinación tácita o expresa de las estrategias de las empresas, con el propósito de maximizar los beneficios conjuntos. Esta colusión se produce cuando las empresas se incrementan los precios por encima de lo que sería consistente con la estrategia de maximización de beneficios a corto plazo*".

159 Para ARIÑO ORTIZ, G. y LÓPEZ DE CASTRO GARCÍA-MORATO, L. (2001): "(...) *dadas las características de monopolio natural, presente en alguna fase de su actividad y las tendencias colusivas de muchos de estos sectores, la privatización y teórica liberalización podían a la postre desembocar en un monopolio privado, tan ineficiente o más que el monopólico servicio público de titularidad estatal*". en *Derecho de la competencia en sectores regulados*, op. cit. páginas 5 y 6.

160 Vid. ARIÑO ORTIZ y LÓPEZ DE CASTRO GARCÍA-MORATO (1999), en "Regulación del sector de la energía", en *Principios de Derecho Público Económico,* op. cit., página 560 y siguientes.

La regulación aparece generalmente ante la inexistencia, los fracasos, o los fallos del mercado con el objeto de reorientarlo a la obtención de beneficios[161], a definir pautas de comportamiento, a que los agentes del mercado cumplan con los objetivos buscados y a fijar los precios. La regulación cobra otro sentido, su objetivo no es el control del sistema, sino que, en palabras de ARIÑO ORTIZ y LÓPEZ DE LA CÁMARA: "*trata de promover la competencia allí donde esto sea posible, y se limita a proteger los intereses de los usuarios (seguridad, calidad y precio del servicio) allí donde éste mantenga las características de un monopolio natural*"[162].

Cuando el mercado funciona, no hay mejor regulación que este, y el Estado lo único que tiene que hacer es mantener el orden y la seguridad, hacer que se cumplan los contratos y, en algunos mercados asimétricos, proteger al consumidor. Así, la regulación, y en especial la regulación económica, es por definición un sustitutivo del mercado, las características que debe reunir están orientadas a obtener los efectos beneficiosos y estimulantes que aquél produce, definiendo pautas de comportamiento, transmitir señales y mensajes que faciliten la orientación de los agentes y el cumplimiento de los objetivos políticos, y fijar los precios (algo que no resulta fácil[163]); en todo lo demás, tendrá que abrir vías y cauces a la libertad empresarial y crear incentivos, como hace el mercado, para una más eficiente gestión de las empresas.

---

161 Para VIVES TORRENTS, X. (2006), al pasar de un monopolio público a uno privado, se puede pasar también a ganar poco o nada, por lo que necesita la reorientación y parte de regulación. El concepto de monopolio natural ha pasado de una visión amplia a una visión más restringida. Cfr. "El reto de la competencia en el sector eléctrico", en Comisión Nacional de la Energía, *Energía*, op. cit. página 224.

162 ARIÑO ORTIZ, G. y LÓPEZ DE CASTRO (1998), *Derecho de la competencia en sectores regulados*, op. cit., página 8.

163 Cfr. RODILLA MARTÍ, C. (2018): "Precios excesivos en el mercado eléctrico", *Revista General de Derecho de los Sectores Regulados*, número 2, "*los mercados eléctricos, especialmente el español, a pesar de ser un sector regulado, han experimentado un incremento del precio de la luz en determinados momentos clave del año. Una estructura poco competitiva del mercado con una elevada integración vertical y pocos participantes que tienen una interacción reiterada varias veces al día, todos los días durante años, además de un sistema de remuneración a precio marginal que fomenta determinados comportamientos abusivos pueden considerarse causas últimas de la imposición de precios excesivos. Ante esta situación, el fin del aislamiento del mercado ibérico y la introducción de fuentes de generación más baratas y estables pueden erigirse como factores determinantes que contribuyan a la bajada de los precios*".

2.1 EL SECTOR DE LA ENERGÍA COMO SECTOR REGULADO

En **1986** con la entrada de España en la Unión Europea, se produjo una transformación importante en el sector eléctrico, que había venido experimentando a lo largo del **siglo XX** profundos cambios, pasando de un control estatal, a la liberalización del sistema, todo ello de la mano de la aprobación por el Consejo de la Unión Europea de la **Directiva 96/92/CE del Parlamento Europeo y del Consejo de 19 de diciembre, sobre normas comunes para el mercado interior de la electricidad**, cuyo objetivo fundamental fue la liberalización del sistema eléctrico comunitario, como ya recogimos detalladamente.

El sector eléctrico, es un sector regulado (neoregulado) y estratégico, cuyo rasgo característico consiste en suministrar un servicio esencial a través de grandes redes (como hemos descrito con anterioridad), sometido a leyes liberalizadoras, bajo la supervisión de la Comisión Nacional de los Mercados y de la Competencia. Para ARIÑO ORTIZ y LÓPEZ DE CASTRO GARCÍA-MORATO, este sector regulado juega un importante papel estratégico y de trascendencia política, con unos efectos directos e inmediatos sobre la opinión pública, condicionando la aplicación de políticas de competencia[164].

La construcción paulatina de un mercado interior de la energía en la Unión Europea, como venimos describiendo, determinó en España el tránsito de un modelo tradicional de servicio público, hacia la configuración del suministro eléctrico como servicio de interés económico general, desarrollando los poderes públicos una actividad de regulación y persiguiendo fundamentalmente dos objetivos:

- la libre competencia empresarial, y
- la garantía de un suministro eléctrico de calidad en todo el territorio nacional a precios asequibles.

La **LSE 1997**, como avanzamos, supuso un cambio radical en la ordenación jurídico-económica del sector energético, necesario para adaptar nuestra normativa a la citada **Directiva 96/92/CE**. El objeto fundamental de la **LSE 1997** fue la liberalización del sector, adaptándola a un modelo de "*competencia regulada, (...), reduciendo la intervención estatal, (...) desapareciendo la explotación unificada que es sustituida por el nuevo mercado mayorista (...), únicamente se mantiene*

---

164 ARIÑO ORTIZ, G. y LÓPEZ DE CASTRO (1998), *Derecho de la competencia en sectores regulados*, op. cit., página 2.

la tarifa única, por razones políticas, y no sin cierta contradicción con el nuevo modelo de competencia regulada"[165]. Esta **LSE 1997**, tuvo como fundamental misión garantizar el suministro a todos los consumidores, no considerando necesario ya, la reserva al Estado de la titularidad de la actividad (*despublicatio* del sector eléctrico), ni del ejercicio de la gestión económica, sino que se confía al sector, dentro de un modelo de competencia regulada, calificando la actividad como servicio esencial.

A la consecución de todo lo anterior contribuyó, además, la creación del organismo regulador del sector, la Comisión Nacional de los Mercados y de la Competencia, y la articulación de distintas técnicas regulatorias, entre ellas, la separación de actividades, el reconocimiento del derecho de acceso de terceros a las redes de transporte y distribución, y la imposición a los operadores eléctricos de una serie de obligaciones de servicio público.

El concepto de monopolio natural en el sector de la energía eléctrica, ha pasado de una visión amplia, donde el "cuello de botella", el transporte y distribución de electricidad, dictaba el carácter de todo el sector; a una visión más restringida, donde se introducen libertad de competencias en las fases de generación y comercialización, manteniendo la regulación y poniendo límites a la integración vertical en los segmentos de monopolio natural, produciéndose cambios importantes en las ideas sobre regulación de tarifas y el carácter de la autoridad reguladora.

---

165 ARIÑO ORTIZ, G. y LÓPEZ DE CASTRO GARCÍA-MORATO, L. (1998): En *El sistema eléctrico español, regulación y competencia*, op. cit., página 566 Y 567. Cfr. también VIVES TORRENTS, X. (2006), "*España no es una excepción en el proceso liberalizador (y privatizador). La Ley del sector eléctrico de 1997 introduce competencia parcial en generación, una transición a la competencia en comercialización, y mantiene la regulación a tarifa en transporte y distribución. La Ley de hidrocarburos de 1998 crea la Comisión Nacional de Energía (CNE), para regular gas, electricidad y petróleo, e incorpora al regulador eléctrico creado en 1994 (CNSE). En España, en contraste con el proceso de desregulación en el Reino Unido y en California que impuso la separación vertical entre generación y comercialización bajo el supuesto de que favorecería la entrada, se mantuvo la integración vertical. Asimismo, se concentró el sector antes de la privatización y, en consecuencia, en el momento de la liberalización el sector tenía un nivel de concentración elevado*". En "El reto de la competencia en el sector eléctrico", op. cit., página 224.

Este modelo neoregulado del sector eléctrico está basado en:

- los principios de objetividad, transparencia y libre competencia (artículo 1.3 LSE 1997);
- el reconocimiento de la libre iniciativa empresarial (artículo 2.1 LSE 1997). Si bien posteriormente, el régimen jurídico de las actividades (artículos 2, 3 y 11.1; y toda la LSE 1997) distinguirá dos niveles:
  1. las actividades «libres» (producción y comercialización) y,
  2. las actividades «reguladas» (transporte, distribución, y de coordinación económica y técnica necesaria para el funcionamiento del sistema);
- y la antigua calificación del sector como servicio público se sustituye por la expresa garantía de suministro a todos los consumidores dentro del territorio nacional con la consideración de "servicio esencial" (artículos 1.e) y 2.2 LSE 1997).

Así la **LSE 1997**, recogió en su artículo 11 lo siguiente:

> *"1. La producción de energía eléctrica se desarrolla en un régimen de libre competencia basado en un sistema de ofertas de energía eléctrica realizadas por los productores y un sistema de demandas formulado por los consumidores que ostenten la condición de cualificados, los distribuidores y los comercializadores que se determinen reglamentariamente.*
>
> *Los sujetos a que se refiere el párrafo anterior podrán pactar libremente los términos de los contratos de compra-venta de energía eléctrica que suscriban, respetando las modalidades y contenidos mínimos previstos en la presente Ley y en sus Reglamentos de desarrollo.*
>
> *2. La gestión económica y técnica del sistema, el transporte y la distribución tienen carácter de actividades reguladas, cuyo régimen económico y de funcionamiento se ajustará a lo previsto en la presente Ley.*
>
> *Se garantiza el acceso de terceros a las redes de transporte y distribución en las condiciones técnicas y económicas establecidas en esta Ley.*
>
> *3. La comercialización se ejercerá libremente en los términos previstos en la presente Ley y su régimen económico vendrá determinado por las condiciones que se pacten entre las partes".*

Cuando los primeros impulsos liberalizadores del sector eléctrico aterrizaron en España, todas las actividades propias del suministro eléctrico (producción, transporte y distribución, en la que se incluía la comercialización), eran desarrolladas de modo integrado por las mismas empresas, tal como sucedía en gran parte de los países europeos. Esta estructura resultaba un obstáculo para la consecución de la libre competencia[166], por lo que, en base al derecho comunitario, y en cumplimiento del mismo, nuestro derecho interno, estableció la obligación de separación (*unbundling*[167]) entre las empresas que desarrollan actividades competitivas, entre las que se encontraban la generación o la comercialización, de aquéllas que desarrollaban actividades reguladas, transporte y distribución. Dentro de este nuevo régimen, aparecen nuevas actividades (gestión económica y gestión técnica sustituyendo a la antigua explotación unificada, y la comercialización como suministro a precio libre), y con ello, un nuevo régimen jurídico de cada actividad. Todo lo anterior, hace de una gran complejidad el análisis de las competencias del sector eléctrico, por las características físicas de la electricidad, y por las distintas fases verticales desde la producción al consumo.

En apretada síntesis, estas actividades consisten en:

1.- La *actividad de producción de energía eléctrica (o generación)*, con múltiples tecnologías, tales como hidroeléctricas, térmicas (con combustible nuclear, carbón o fuel), o de energías renovables (tales como la eólica)[168], que consiste en transformar alguna clase de energía (química, cinética, térmica, lumínica, nuclear, solar entre otras) en energía eléctrica. La electricidad se crea en centrales capaces de obtener energía eléctrica a partir de energías primarias. Las empresas construyen centros de generación de energía y son propietarias (totalmente o en parte) de las llamadas centrales eléctricas y las infraestructuras. Estas empresas venden la energía generada a las compañías que las comercializan (comercializadoras). Esta actividad de producción constituye una actividad liberalizada, y puede desarrollarse en régimen ordinario o convencional (integrado por la producción de electricidad por centrales nucleares, hidráulicas, térmicas de carbón y térmicas de gas), o en régimen especial (producción de electricidad asociada a actividades no eléctricas, a la utilización como energía primaria de energías renovables, o residuos no renovables). Al tratarse de

166 Cuando la red de transporte es gestionada por una empresa verticalmente integrada, dicho gestor tiende a dispensar un trato de favor a las empresas de generación y comercialización de su mismo grupo, en detrimento de aquéllas otras que les hacen la competencia.

167 En este sentido, puede consultarse, CODES CALATRAVA y TARLEA JIMÉNEZ (2014), en "El sector eléctrico", *Sectores regulados: sector energético, sector del transporte y sectores de las telecomunicaciones*, op. cit., páginas 44 y siguientes.

168 Las llamadas energías primarias renovables entre otras, son el viento, la radiación solar, las mareas; y las no renovables entre otras, son el carbón, el gas natural o el petróleo.

una actividad plenamente liberalizada, su ejercicio resulta incompatible con las actividades reguladas de transporte y distribución. La energía producida se pone a disposición del mercado eléctrico organizado (*pool*) o se entrega, mediante contratos bilaterales, a los consumidores o a empresas comercializadoras libres, y a cambio obtienen un precio por cada kilovatio/hora vendido. Se establece, por tanto, la libertad de entrada, de inversión, de contratación, de acceso a redes y la formación competitiva de precios. Para ello, la explotación del sector eléctrico se organiza en base a un sistema de ofertas y demandas: un mercado basado en criterios económicos y gestionado por el Operador del Mercado (**artículo 33 LSE 1997**), el cual casará ofertas y demandas en función de sus precios, mientras que el Operador del Sistema (**artículo 34 LSE 1997**) velará por el mantenimiento de la seguridad y la estabilidad de la Red en todo momento. Dicho "*pool*" de electricidad, que permite la libre contratación, fue desarrollado por el **Decreto 2019/1997, de 26 de diciembre, de organización del Mercado de Producción de Energía Eléctrica**.

2.- Las *actividades de transporte (en redes de alta tensión) y distribución*, se consideran actividades reguladas, fijándose su retribución administrativamente, pero facilitándose la competencia en el acceso de terceros a las redes previo pago del peaje regulado, y permitiendo la libre construcción de líneas. En relación con la actividad de *transporte*, su objeto fundamental es la transmisión de energía eléctrica o de gas por la red interconectada constituida por las instalaciones de transporte, con el fin de suministrarla a los distribuidores o, en su caso, a los consumidores finales, así como atender los intercambios internacionales.

- Las *redes de transporte* conectan las centrales de producción de energía con los núcleos de población, transportando la energía desde la central de producción a las redes de distribución en baja tensión, redes que se encargan de llevar la energía hasta el punto del consumo final.

- El *distribuidor* es la sociedad mercantil que tiene encomendada la actividad de distribución de electricidad destinada al suministro eléctrico, así como a la construcción, explotación, mantenimiento, desarrollo de la red y operación de las instalaciones de distribución, así como de la transmisión de la energía desde las redes de transporte hasta los puntos de consumo en las adecuadas condiciones de calidad. En otras palabras, esta actividad se circunscribe a la construcción, mantenimiento y operación de las redes de distribución que han de ser utilizadas para la transmisión de la electricidad demandada por todos los clientes conectados a la red del distribuidor.

3.- Aparece una nueva actividad, la *comercialización*, con libertad de contratación y de fijación de precios. Esta actividad de comercialización, que apareció con la **LSE 1997**, no se separó completamente de la actividad de suministro o distribución hasta 2009, a través del **Real Decreto 485/2009**, en un paso hacia una mayor liberalización del sector. En un sector como el eléctrico, caracterizado por las dificultades que plantea su propia configuración, la naturaleza de las redes, y la naturaleza de monopolio natural, se hizo necesaria la liberalización del sector eléctrico, así como la implementación de diferentes técnicas regulatorias, entre las que destacan: la creación de un mercado mayorista de electricidad, el reconocimiento del derecho de acceso de terceros a las redes de transporte y distribución como pieza esencial que permite el acceso a tales monopolios naturales por otros sujetos distintos de sus propietarios, e igualmente la apertura progresiva a la competencia en la fase o mercado minorista, creándose así estas empresas comercializadoras. La liberalización en el mercado minorista se articula a través del reconocimiento del derecho de adquisición de la energía en el mercado libre, a quien se elija de entre los sujetos del sistema que estén autorizados para ello, al mismo tiempo que se satisface un peaje por el acceso y uso de las redes eléctricas a fin de transportar la energía adquirida. Así las cosas, los comercializadores actúan en el mercado minorista como intermediarios que compran y venden energía eléctrica, pero, al tratarse de un producto no almacenable, necesita las redes e instalaciones eléctricas de propiedad ajena, cuya explotación, construcción, desarrollo y mantenimiento se lleva a cabo en régimen de monopolio por otros sujetos del sistema eléctrico completamente distintos de los comercializadores, los «distribuidores», en el ejercicio de una actividad regulada y vetada por ello a la competencia, entendida ésta en términos de duplicidad de redes, rivalidad y pluralidad de agentes. En consecuencia, el régimen jurídico de las actividades de distribución y comercialización y sus correspondientes derechos y obligaciones son también diferentes. Por su parte, las obligaciones de las distribuidoras, como hemos afirmado ut supra, proceden fundamentalmente de su original carácter de actividad regulada y en cierta medida asimilables a las antiguas obligaciones de servicio público. Sin embargo, las obligaciones que han de cumplir las comercializadoras en relación con el suministro, emanan principalmente de la regulación contractual con el cliente, sin excluir la existencia de un contenido de regulación administrativa en las relaciones entre clientes y comercializadoras para proteger a los primeros. La actividad característica del comercializador consiste en la compra de energía eléctrica o de gas en el mercado mayorista, a través de las diferentes modalidades de contratación previstas en la normativa, y en la venta a un precio libremente pactado en el mercado minorista. De este modo, la distribución física de la energía se efectúa en todo caso por el distribuidor con total independencia.

Las fases de generación y comercialización son potencialmente competitivas, mientras que las de transporte y distribución son un monopolio natural que debe ser regulado[169].

El régimen económico de las actividades reguladas se establecerá según peajes y tarifas, mientras que el régimen económico de las actividades liberalizadas se establecerá según precios. En concreto, el artículo 16 de la LSE 1997 vino a establecer, que la retribución de cada actividad incluirá los siguientes conceptos:

1.- *Producción*: precio del Mercado, garantía de potencia y servicios complementarios;

2.- *Transporte*: costes de inversión, operación y mantenimiento,

3.- *Distribución*: costes de inversión, operación y mantenimiento (el modelo retributivo caracterizará las zonas de distribución según la energía circulada y otras variables, incluyendo incentivos de calidad), y

4.- *Comercialización*: para los usuarios a tarifa, costes derivados de la actividad; y para los consumidores cualificados, la retribución pactada.

Además, se deben retribuir, entre otros, los *costes permanentes del sistema* (por el extracoste de actividades extrapeninsulares, de los operadores del sistema y del

169 El sector ha pasado de estar verticalmente integrado y regulado a abrirse a la competencia en las fases competitivas. En la actualidad, en España, las grandes empresas siguen estando verticalmente integradas, excepto en el segmento de transporte, que está controlado por red eléctrica, y con el requisito de separación contable de la actividad de distribución. Cfr. VIVES TORRENTS, X. (2006): "El reto de la competencia en el sector eléctrico", en *Comisión Nacional de la Energía (Dirección), Energía: del monopolio al mercado, CNE, diez años en perspectiva*, Editorial Cívitas, página 5.

mercado, de la Comisión Nacional de la Energía[170]) y *los costes de diversificación y seguridad de abastecimiento* (fomento de renovables y cogeneración, coste de la moratoria y segundo ciclo del combustible nuclear).

En relación al régimen tarifario, los artículos **17 y 18 LSE 1997** establecen que las tarifas del suministro regulado y los peajes de transporte y distribución serán únicas en todo el territorio nacional.

Ya adelantaba ARIÑO ORTIZ Y LÓPEZ DE CASTRO GARCÍA-MORATO (1998)[171], que el principio de la tarifa única se tornaría en contradictorio con la creación de un mercado de generación y, con la pretensión de que los precios regulados reflejen los costes reales, para lograr la eficiente asignación de recursos, abogando por un establecimiento de tarifas diversificadas.

Dicho cuanto antecede, la primera conclusión que podemos extraer es que la **LSE 1997** no produjo una desregulación del sector energético, sino una desestatalización del mismo[172], y ello es así, porque un sector como el eléctrico, como ya venimos recogiendo, siempre necesitará de una regulación por muchos factores, entre otros, por sus características colusivas en la oferta, restricciones técnicas de la Red, necesidad de organizar el mercado, características de monopolio natural en determinadas actividades, carácter del suministro eléctrico como servicio esencial para los ciudadanos y de importancia estratégica para el país, etc.

Sin embargo, el sistema no ha sido perfecto[173], y con el devenir de los años empezaron a producirse problemas, convirtiéndose hoy en un sistema que hace

---

170 Hoy Comisión Nacional de los Mercados y la Competencia.

171 *El sistema eléctrico español, regulación y competencia*, op. cit., página 573.

172 Así LÓPEZ DE CASTRO GARCÍA-MORATO, L. (1999) recoge que: "*El centro de la reforma radica en desestatalizar el sistema: se trata de que las empresas recuperen su protagonismo y asuman su responsabilidad; y se trata de que los demandantes puedan elegir libremente su suministrador. Para ello se re-crea el mercado. En rigor, el sector eléctrico no ha sido desregulado*". En "La nueva Ley 54/1997, del sector eléctrico", *AFDUAM, op. cit.*, página 245.

173 Para LÓPEZ DE CASTRO GARCÍA-MORATO (1999), "*a diferencia de la regulación anterior, sustitutiva del mercado, la nueva regulación ayuda a crear el mercado. Se trata del modelo de «regulación para el mercado» que impone deberes (pool obligatorio, contrato de adhesión, sometimiento al Operador del Sistema [OdS], acceso a la propiedad de terceros...), todo ello para que sea posible el mercado. Nunca existirá un mercado perfecto sino un mercado imperfecto y regulado. Pero un mercado regulado es siempre mejor que la ausencia total del mercado y la omnipresencia de la regulación. Más aún: un mal mercado*

aguas, con un mal endémico, denominado *déficit tarifario*, ocasionado por el obsesivo cumplimiento de los objetivos marcados por la Unión Europea, que llevó a un aumento expansivo de los precios de la electricidad, culminando con la necesidad de congelar los mismos. El hecho de mantener los precios bajos artificialmente dejó esta herencia del déficit de tarifa, y el problema de su financiación (la necesidad de acudir al Derecho Tributario, como cajón de sastre, para parar las cotas inusitadas que estaba alcanzando este déficit de tarifa), como veremos más adelante.

Todo el proceso de actuación sobre la configuración del sistema eléctrico culminó en 2013 con la irrupción de la **LSE 2013**, que tuvo por objeto continuar con el avance en el proceso de liberalización progresiva del sector, iniciado con la **LSE 1997**, cuyo objetivo fundamental era garantizar el suministro de energía eléctrica, y de adecuarlo a las necesidades de los consumidores en términos de seguridad, calidad, eficiencia, objetividad, transparencia y al mínimo coste. Para lograr tal fin se asentó en una serie de principios generales, la mayor parte de los cuales procedían de la normativa europea y ya se habían iniciado con la **LSE 1997**, entre los que cabe destacar:

- el reconocimiento de la libre iniciativa empresarial para el ejercicio de las actividades destinadas al suministro de energía eléctrica, sin perjuicio de las limitaciones para las actividades que tengan carácter de monopolio natural,
- el suministro de energía eléctrica constituye un servicio de interés económico general,
- corresponde al Gobierno y a las Administraciones Públicas la regulación y el control de las actividades destinadas al suministro de energía eléctrica,
- la existencia de un operador del mercado (OMI-POLO ESPAÑOL, S.A, en adelante OMIE) y de un operador del sistema (Red Eléctrica Española)[174],

es mejor que una buena regulación (sustitutiva de aquél)". Ibídem, página 245. Sin lugar a duda, si observamos el devenir de los acontecimientos, estamos ante un mercado regulado, pero con demasiadas imprecisiones.

174 El operador del mercado asume la gestión económica del sistema, es decir, la gestión del sistema de ofertas. El operador del sistema será el responsable de la gestión técnica del sistema, cuya misión es garantizar la continuidad y seguridad del suministro eléctrico

- la sostenibilidad económica y financiera como uno de los pilares en que se fundamenta la **LSE 2013**.

La **LSE 2013**, planteaba un nuevo marco regulatorio que aportase transparencia y estabilidad al sistema, introduciendo la certidumbre y confianza que había perdido durante la última década por la acumulación de desequilibrios financieros, y la continua sucesión de cambios normativos.

Una visión general del marco legal que existía hasta la fecha (2013) muestra la modificación constante del mismo desde el inicio de la liberalización del sector, con la **LSE 1997**. Durante todo este tiempo, no ha habido año en que el entorno jurídico permaneciese estable, sucediéndose Leyes y Reales Decretos que intentaban dotar de mayor estabilidad al sistema, solucionar sus desequilibrios o adaptar la normativa a la realidad económica y energética.

2.2 LOS FALLOS DEL MERCADO. EL DÉFICIT DE TARIFA COMO MAL ENDÉMICO DEL SECTOR ELÉCTRICO

En términos generales, el mecanismo que habitualmente resuelve la asignación de recursos o provisión de bienes y servicios en las sociedades actuales es el mercado. En palabras de LAGARES CALVO "*la pregunta que naturalmente surge es la de por qué tiene el Estado que ofrecer determinados bienes y servicios a la sociedad, procurando además su financiación mediante instrumentos distintos a*

y la correcta coordinación del sistema de producción y transporte. En otros mercados eléctricos semejantes al nuestro (Gran Bretaña, Argentina, Nueva Zelanda) las funciones de gestión económica y gestión técnica son desarrolladas por el mismo ente, en el caso español se ha optado (como en California o Noruega) por exigir la separación de las figuras del operador del mercado y del operador del sistema. Suponemos que lo que se pretende así, es lograr mayor eficiencia y objetividad en el ejercicio de las funciones de cada uno. Sin embargo, dicha separación de entes es un tema controvertido, sobre todo porque en muchos casos, ambos entes ejercen funciones en el mismo horizonte temporal, lo que exige una cuidadosa coordinación entre ellos (medios informáticos, procedimientos, etc.), que se hace especialmente difícil cuando dicho horizonte temporal se acerca a la operación real.
Según LÓPEZ DE CASTRO GARCÍA-MORATO (1999), esa separación de operadores (del mercado y del sistema) ha sido un error, no tiene ventajas comerciales ni técnicas y generará un sinfín de problemas de coordinación, con el consiguiente gasto burocrático, lucha por las competencias y disfunciones, que estas situaciones generan. En "La nueva Ley 54/1997, del sector eléctrico", *AFDUAM, op. cit.*, página 248.

los precios, cuando tales bienes y servicios podrían ser asignados óptimamente por el mercado a través de los precios correspondientes"[175]. La razón está en los llamados fallos del mercado.

Para CONNOLLY y MUNRO, los fallos del mercado son aquellas situaciones en las que, debido a determinadas circunstancias, el mercado no puede alcanzar una asignación óptima de recursos[176]. Esto suele ocurrir cuando el mercado no actúa con libre competencia, o, cuando por las características de los bienes o servicios que se negocian, no existe un conocimiento previo y adecuado de su asignación, lo que lleva a que compradores, vendedores, o ambos, tengan capacidad para poder alterar el precio.

Puede suceder que, los bienes o servicios que se intercambian en el mercado no resulten eficientes, debido a que los costes marginales sean decrecientes o nulos. En este sentido, como en la libre competencia, el precio se fija por el coste marginal (el de la última unidad), pudiendo ocurrir así, que el precio no sea suficiente para financiar los costes totales.

Pero también puede suceder que los Estados, por la naturaleza de determinados bienes o servicios (servicios esenciales), o por ser sectores estratégicos, necesiten intervenir de manera total o limitada el coste de estos. Así sucede con el sector energético, que como ya expusimos, se ha convertido en un sector regulado, donde convive el ejercicio de la actividad en libre mercado o libre competencia, con el cumplimiento de exigencias o requisitos legales que no imperan en los mercados completamente liberalizados. Esta regulación, que nace para cubrir posibles fallos del mercado, origina a la vez otros fallos en el mismo mercado, como ha venido sucediendo con el déficit de tarifa.

Desde principios del **siglo XX**, como ya hemos detallado, el sector eléctrico se encontró con un importante problema, el incremento desmesurado de la demanda de electricidad, cuestión que se viene arrastrando hasta nuestros días. Así, en el año **2001**, el margen de reserva de generación de electricidad estaba muy

---

175 Vid. LAGARES CALVO, M. J. (2013): "Fundamentos de la Política Fiscal", en BECKER, F., CAZORLA, L. M., MARTÍNEZ-SIMANCAS, J., (Directores), *Los tributos del sector eléctrico*, Thomson Aranzadi, página 97.

176 CONNOLLY, S. y MUNRO, A. (1999): *Economics of the Public Sector*, Prentice Hall Europe, London, página 77.

ajustado, corriendo el sistema eléctrico español un grave riesgo de saturación[177]. Aunque las medidas liberalizadoras del sector parecían adecuadas para ajustar el precio de la electricidad, lo cierto es que el sector ha sufrido un incremento generalizado de los precios desde los años noventa, marcando así al sistema eléctrico hasta nuestros días y resultando de gran trascendencia en el ámbito de la fiscalidad[178].

España, como estado miembro de la Unión Europea, y presionado por los criterios de Maastricht, tuvo que asumir una serie de compromisos en relación con el sector eléctrico, entre los que destacaban:

- promover las energías renovables, y
- la necesidad de mantener un nivel de inflación, que no excediera en más de 1,5% sobre la media de las inflaciones de los tres Estados de la Unión Europea con mejor comportamiento[179].

Sin embargo, esa necesidad de reducir el nivel de inflación tuvo un efecto rebote en el sector energético, haciendo disparar el precio de la electricidad y necesitando instaurar entre otras medidas, la congelación de los precios para parar el aumento de estos. Esta congelación de precios, lógicamente, no se vio correspondida por una congelación de los costes del sistema, dando lugar a un desajuste: **el precio real de la producción eléctrica estaba por encima al precio que abonaban los consumidores**. Había nacido el "déficit de tarifa", comprometiéndose el Estado con las diferentes empresas eléctricas a reconocerles el derecho a recuperar este desajuste en un futuro[180].

---

177 Vid. MARCOS FANO, J. M. (2002): "Historia y panorama actual del sistema eléctrico español", *Física y Sociedad*, número 13, página 15.

178 MENDOZA HERNÁNDEZ, D. (2019), "El gravamen de la energía eléctrica en España", *Observatorio Medioambiental*, número 22, página 317.

179 TAPIA RAMIREZ, I. (2018): "Vuelve el déficit de tarifa", *El Confidencial*, https://blogs.elconfidencial.com/espana/desde-fuera/2018-09-19/deficit-tarifa-electrica-vuelve-gobierno_1618398/. En 1996 España cerró el ejercicio con una inflación del 3,6 %, 2,6 puntos porcentuales superior a la media de las inflaciones de los miembros de la Unión Europea con mejor comportamiento de entonces: Suecia, Finlandia y Alemania. En 1997, la inflación española descendió al 1,9 %, cumpliendo el requisito en ese momento.

180 La LSE 1997, ya obligó a las empresas eléctricas a financiar temporalmente el déficit del sistema, reconociéndoseles el derecho a obtener su reembolso en quince anualidades, considerando el reembolso anual del déficit de ejercicios pasados un coste regulado, que

En síntesis, el déficit de tarifa nace de la insuficiencia de las tarifas fijadas por el Gobierno y abonadas por los consumidores para cubrir los costes reconocidos del sistema[181], se define como "*la diferencia entre los derechos de cobro reconocidos a las compañías eléctricas y lo ingresado a través de las tarifas eléctricas reguladas*"[182]. Es decir, es el desfase entre lo que cuesta generar y transportar la electricidad y lo que pagan los consumidores por la luz. La situación se podría resumir en que "*las empresas vendían por debajo de coste y se les reconoció esa deuda*"[183], y los consumidores compraban por debajo del precio real. La diferencia que resulta de ese cálculo es el dinero que, en teoría, los consumidores españoles adeudan a las empresas eléctricas.

Como ha señalado MATEU DE ROS Y CEREZO, el origen de los déficits se debe al hecho de que:

> *"los ingresos de las actividades reguladas (tarifa) son insuficientes para cubrir los costes de dichas actividades reguladas. En última instancia, la razón de los déficits hay que buscarla en la decisión de los diferentes Gobiernos o Administraciones de no subir anualmente las tarifas eléctricas en los importes que hubieran sido necesarios para que las mismas cubrieran al menos los costes en los que hayan incurrido las empresas eléctricas. Las motivaciones últimas por las que no se han ido incrementando las mismas en*

se incluye en los peajes que forman parte de la tarifa que pagan los consumidores, siendo éstos, en último término, a los que les corresponden hacer frente al déficit que se va generando.

181 El precio que paga el consumidor a su comercializador es fruto de la suma del precio de la energía, libremente negociada entre el cliente y su comercializador, y la tarifa de acceso. Más concretamente, como se deduce del Real Decreto 900/2015, de 9 de octubre, un consumidor eléctrico ordinario paga por tres conceptos: 1) el coste de las redes, 2) otros costes del sistema aparte de las redes (básicamente las primas a las renovables, cogeneración y residuos, retribución adicional para los sistemas no peninsulares y anualidad del déficit) y 3) la energía que consume más el respaldo del sistema (esto es, la disponibilidad permanente del sistema para consumir).

182 Cfr. FABRA PORTELLA, N. y FABRA UTRAY, J. (2012): "El déficit tarifario en el sector eléctrico español", *Papeles de Economía Española,* número 134, página 2. Vid. también CODES CALATRAVA y TARLEA JIMÉNEZ (2014), en "El sector eléctrico", *Sectores regulados: sector energético, sector del transporte y sectores de las telecomunicaciones,* op. cit., página 28. Para estos últimos, el déficit tarifario es "*sin duda uno de los principales problemas a los que se enfrenta la regulación del sector eléctrico en España*".

183 CODES CALATRAVA y TARLEA JIMÉNEZ (2014), en "El sector eléctrico", *Sectores regulados: sector energético, sector del transporte y sectores de las telecomunicaciones,* op. cit., página 28.

los años anteriores en niveles suficientes para que el déficit sea inexistente, o al menos sea reducido, están relacionadas con consideraciones de tipo macroeconómico, social, político o de oportunidad"[184].

Así afirmaba LAVILLA RUBIRA, que naturalmente, parece ocioso destacar que tales niveles de déficit no resultan de simples —y, por lo demás, inevitables— errores de cálculo en las previsiones de ingresos y costes del sistema —lo que podría caracterizarse como déficit tarifario "*técnico*"—, sino que derivan de la voluntad política de la Administración de fijar el importe de los peajes de acceso en cuantía insuficiente para hacer frente a todos los costes que éstos han de sufragar, y ello al objeto de mantener artificialmente bajo el precio que los consumidores pagan por la electricidad al servicio de diversas finalidades de índole social y económica —esto es, nos hallamos ante un déficit tarifario que con toda justicia puede caracterizarse como "*político*"— [185].

---

184 Vid. MATEU DE ROS Y CEREZO, R. (2009): "El déficit de tarifa eléctrica: origen y regulación por el derecho positivo", en BECKER, F., CAZORLA, L. M., MARTÍNEZ-SIMANCAS, J. y SALA, J. M., (Directores), *Tratado de regulación del sector eléctrico, Tomo I: Aspectos jurídicos*, Thomson Aranzadi, página 351. Cfr. CAZORLA PRIETO, L. M. y CAZORLA GONZALEZ-SERRANO, L. (2009), para estos autores el déficit tarifario "*supone la infracción de principios esenciales informadores del régimen de la tarifa como son la aditividad y la suficiencia tarifaria. Su causa es una tarifa artificialmente baja que no cubre los costes reales del sistema eléctrico y genera anualmente un déficit, que se acumula al que ya existía*", en "El tratamiento en el ordenamiento jurídico español del incremento de los precios de la energía eléctrica como consecuencia de la internalización de los derechos de emisión de CO^2", en BECKER, F., CAZORLA, L. M., MARTÍNEZ-SIMANCAS, J. y SALA, J. M., (Directores), *Tratado de regulación del sector eléctrico,* ibídem, página 755; Vid. también, GOMEZ-FERRER RINCON, R. (2003), "El déficit de ingresos en el sector eléctrico", *Revista de Administración Pública*, número 162; BETANCOR RODRÍGUEZ, A. (2008): "Discrecionalidad y tarifa eléctrica. Los retos jurídicos del déficit tarifario", *Revista de Administración Públ*ica, número 177; MEDINA, S. y RAMS RAMOS, L. (2009), "Las ayudas públicas en el sector eléctrico: el déficit tarifario", en GUILLÉN CARAMÉS, J. (director), *Derecho de la competencia y energía eléctrica*, Cívitas, páginas 323 y siguientes.; y LAVILLA RUBIRA, J. J. (2009), "El déficit tarifario en el sector eléctrico", en MUÑOZ MACHADO, S., SERRANO GONZÁLEZ, M. L. y BACIGALUPO SAGGESE, M. (coordinadores), *Derecho de la Regulación Económica, III. Sector Energético*, Iustel, páginas 937 y siguientes.

185 LAVILLA RUBIRA, J. J. (2015): "Prestaciones patrimoniales no tributarias impuestas a las empresas que operan en el sector eléctrico", *X Congreso de la Asociación española de profesores de Derecho Administrativo,* febrero, Madrid. Cfr. también GARCÍA DE ENTERRÍA, E. (1994) "El régimen jurídico de la electricidad durante el siglo de vida de la

El nacimiento del déficit de tarifa, tal como lo conocemos en la actualidad, se remonta a **1997**[186], con la liberalización del sector eléctrico, aunque no sería hasta el año **2000**[187] cuando comienza a desplegar sus efectos, siendo fuertemente expansiva a partir de **2006**, para alcanzar su cota más alta en los años **2012-2013**.

En el año **2000**, se produjo un ligero desajuste en el sistema eléctrico entre la previsión inicial de ingresos y costes, que llegó a alcanzar un valor significativo en **2002**, volviendo prácticamente a desaparecer durante los dos ejercicios siguientes. Pero a partir del año **2006**, el déficit de tarifa llegó a alcanzar los 5.000 millones de euros, sin que la Administración optase por incrementar los peajes de acceso con el fin de lograr la suficiencia de tarifa para cubrir los costes reconocidos.

Como afirmó la extinta Comisión Nacional de la Energía en su **"Informe sobre el sector energético español", de fecha 7 de marzo de 2012**, (en respuesta a la solicitud planteada por el Secretario de Estado de Energía, al objeto de proponer medidas de ajuste regulatorio para atajar la creciente evolución del déficit

---

Compañía Sevillana de Electricidad", en *Compañía Sevillana de Electricidad. Cien años de historia*, página 124, donde ya advertía que "*el mayor riesgo a evitar es la utilización de la tarifa como un factor antiinflacionario*".

186 Aunque interesa reseñar que el primer conocimiento sobre el déficit de tarifa, como hemos observado en el apartado de los orígenes y evolución de la producción de la energía eléctrica en España, en pequeña escala se remonta a la Guerra Civil española, donde por la crisis del sector se produjo una congelación de las tarifas eléctricas, pretendiendo la Administración que las empresas asumieran las pérdidas.

187 Cfr. FABRA PORTELLA, N. y FABRA UTRAY, J. (2012): "El déficit tarifario en el sector eléctrico español", *op.cit.*, página 2, "*El déficit tarifario del sector eléctrico español, asciende aproximadamente a 24.000 millones y superará los 28.000 millones cuando finalice 2012. Este déficit se ha ido acumulando desde el año 2000, a pesar de que los precios de la electricidad que paga el consumidor final han crecido más del 70 por 100 en los últimos seis años, situándonos en el tercer puesto de la lista de países europeos en los que la electricidad es más cara*". España es uno de los países de la Unión Europea con el precio de la luz más alto, por detrás de Alemania, Dinamarca, Bélgica, Reino Unido e Irlanda. La electricidad en España se ha ido encareciendo en los últimos años. En el año 2017, la subida que experimentó la electricidad fue de un 26,2%. En los años 2020 a 2022, las subidas se dispararon, así de octubre de 2020 a octubre de 2021 duplicó su precio, y en menos de 6 meses, de octubre de 2021 a marzo de 2022 de nuevo experimentó una subida de casi un 50% más. Vid. Informe EUROSTAT, "*Electricity Price statistics*", 2021. Vid. también, Informe Instituto Nacional de Estadística (en adelante INE), 12 de noviembre de 2021. Cfr. Informe OCU, 1 de agosto de 2023: "El precio de la luz", https://www.ocu.org/vivienda-y-energia/gas-luz/informe/precio-luz

tarifario del sector eléctrico), el sistema eléctrico español registraba un déficit estructural de ingresos de actividades reguladas (*déficit tarifario*) desde hace una década, debido a que los costes que se han reconocido a las distintas actividades y costes regulados, han sido (y siguen siendo) superiores que los ingresos obtenidos por los precios regulados que pagan los consumidores.

La trayectoria de los costes de las actividades reguladas, como venimos recogiendo, ha venido siendo fuertemente expansiva, sobre todo a partir de **2006**, llegándose a producir en términos acumulados hasta **2010** un aumento de los *ingresos medios* por peajes de acceso de un 70%, mientras que el aumento de los *costes de acceso* fue de un 140%[188], alcanzando en el año **2012** cotas inusitadamente elevadas (aumentando los ingresos del sector en un 122%, mientras que los costes regulados alcanzaban la friolera de casi el 200%)[189] y el *dead line* que se autoimpuso la Administración para que los ingresos fueran suficientes para cubrir los costes, objetivo que debía cumplirse antes de **1 de enero de 2013**[190], se acercaba sin que pareciera haber una solución que reparara la situación, ni para la propia Administración, ni para las empresas eléctricas, y menos aún para los consumidores, convirtiéndose así en una enfermedad crónica del sector eléctrico

188 Las tres partidas de costes de acceso más significativas en 2010 fueron: las *primas de régimen especial* (representaron el 40,3% de los costes totales en 2010), *los costes de redes* (39,8%) y las *anualidades para la financiación del déficit de las actividades reguladas* (10,5%). Las partidas con una mayor contribución al crecimiento de los costes de acceso fueron las primas del régimen especial y las anualidades del déficit de ingresos acumulados, partidas que se multiplicaron por 6 y por 9, respectivamente, en el período comprendido entre los años 2004 y 2012. Cfr. LAVILLA RUBIRA, J. J. (2015): "Prestaciones patrimoniales no tributarias impuestas a las empresas que operan en el sector eléctrico", *X Congreso de la Asociación española de profesores de Derecho Administrativo,* febrero, Madrid.

189 Así recoge LAVILLA RUBIRA, J. J. (2015), ibídem: que el déficit tarifario, *"llegó a alcanzar unos niveles tales que ha puesto al sistema eléctrico en un auténtico "riesgo de quiebra", como reconoce el Preámbulo de la LSE 2013. Y ello como consecuencia de que, según se indica en el Preámbulo del RDL 9/2013, entre los años 2004 y 2012 los ingresos del sistema eléctrico por peajes se han incrementado en un 122%, mientras que el aumento de los costes regulados del sistema ha sido de un 197%, de forma que a 10 de mayo de 2013 el saldo vivo del déficit tarifario ascendía a más de 26.000 millones de euros".*

190 Vid. MATEU DE ROS y CEREZO, R. (2009): "El déficit de tarifa eléctrica: origen y regulación por el Derecho positivo", en BECKER, F., CAZORLA, L. M., MARTÍNEZ-SIMANCAS, J. y SALA, J. M. (Directores), *Tratado de regulación del sector eléctrico,* Tomo I, *Aspectos jurídicos*, óp. cit., página 347-390.

español[191]. Esta falta de convergencia entre los ingresos y los costes de actividades reguladas, en las últimas décadas, llevó a una deuda insostenible del sistema, adelantando ya como veremos, que en definitiva se ha conseguido el efecto contrario al perseguido, ya que no se aumentaron los costes regulados por frenar los elevados precios de la energía, y a largo plazo este ha sido un factor importante de aumento del precio de la factura eléctrica, algo absolutamente lógico, porque a la larga los costes del sistema deben de ser abonados por alguien, y ese alguien suele ser siempre el consumidor.

Así, en el año **2012**, cuando la deuda acumulada hizo que el sistema se tornara insostenible (alrededor de los 30.000 millones de euros), y con el fin de encontrar alguna solución, se acudió al **Derecho Tributario**, y a la creación de una serie de tributos sobre la producción eléctrica, disfrazados bajo el *nomen iuris*[192] de "tributos medioambientales", pero descubierto a simple vista su único fin: servir para paliar el "déficit de tarifa". Valga como ejemplo a priori, aunque será algo sobre lo que nos detendremos más adelante, observar como uno de los impuestos que se creó en **2012** con este fin paliativo de la deuda del sistema, el **Impuesto sobre el Valor de la Producción de la Energía Eléctrica** ha servido, no para la protección medioambiental, pero sí para el descenso paulatino de la acumulación de la deuda viva del déficit de tarifa, aunque no ha sido suficiente. Así, en el año **2014**, el déficit tarifario acumulaba una deuda viva de 28.000 millones de euros[193], dicha deuda descendió en fecha **31 de diciembre de 2016**

---

191 Vid. CODES CALATRAVA, G. (2013): "El canon a la generación hidroeléctrica", en BECKER, F., CAZORLA, L. M., MARTÍNEZ-SIMANCAS, J., (Directores), *Los tributos del sector eléctrico*, óp. cit, página 624.

192 Cfr. CUBERO TRUYO, A. (1997): "Una manifestación de inseguridad jurídica: las incongruencias entre el régimen jurídico material y el nomen iuris", *Revista Impuestos*, número 13, páginas 1.376 y siguientes. Cfr. del mismo autor, CUBERO TRUYO, A. (2013): (Director): *Evaluación del Sistema Tributario Vigente. Propuestas de Mejora en la Regulación de los Distintos Impuestos*, Cívitas, Madrid; y CUBERO TRUYO, A. (Director), (2018): *Tributos asistemáticos del ordenamiento vigente*, Tirant lo Blanch, Valencia.

193 Desde hace una década las tarifas no alcanzan la suficiencia tarifaria, lo que provoca la aparición reiterada de los déficits tarifarios que acumulaban una deuda viva de más de 28.000 millones de euros en 2014. La decisión del Gobierno de no incrementar las tarifas de acceso en una cuantía suficiente traslada la recuperación de este déficit al futuro, pagándose en anualidades que ya rondaban los 2.900 millones de euros. Cfr. MONTES PÉREZ DEL REAL, E. (2014) "La fiscalidad del sector eléctrico y su necesidad de reforma", *Cuadernos de energía*, 43, página 55.

a 23.070,40 millones de euros[194], para bajar a fecha **31 de diciembre de 2019** a 16.602,01 millones de euros (un 11,93% inferior al importe total a fecha **31 de diciembre de 2018**, que fue de 18.851,55 millones de euros)[195]. El **informe de la Comisión Nacional de los Mercados y la Competencia, de fecha 11 de febrero de 2021**, recogía que a fecha **31 de diciembre de 2020**, la deuda del sistema eléctrico ascendió a 14.294,32 millones de euros[196], un 13,90% menos que el importe total a fecha **31 de diciembre de 2019**. El informe emitido por la citada Comisión, de fecha **20 de enero de 2022**, recoge que la deuda del sistema eléctrico en España se redujo hasta los 12.182 millones de euros a finales de 2021, un 14,6% menos que en **2020**[197]. El **informe de fecha 19 de enero de 2023**, reduce la deuda del sistema, en el año **2022**, a 10.016 millones de euros (un 17,8% menos que en 2021). Y el último informe conocido sobre el estado actual de la deuda del sistema eléctrico, publicado por la Comisión Nacional de los Mercados y la Competencia, revela que a fecha de **31 de diciembre de 2023** la deuda del sistema eléctrico español se situó en 7.866 millones de euros, un 21,5% inferior al año anterior[198].

194 Como señalaba el "*Informe sobre el estado actual de la deuda del sistema eléctrico*" emitido por la Sala de Supervisión regulatoria de la Comisión Nacional de los Mercados y la Competencia, de 16 de marzo de 2017 (Expediente número: INF/DE/049/17), la deuda se cifraba, a fecha 31 de diciembre de 2016 en 23.070,40 millones euros.

195 Cfr. "*Acuerdo por el que se emite informe sobre el estado actual de la deuda del sistema eléctrico*", emitido por la Sala de Supervisión regulatoria de la Comisión Nacional de los Mercados y la Competencia de fecha 14 de enero de 2020 (Expediente número: INF/DE/002/20).

196 Cfr. "*Acuerdo por el que se emite informe sobre el estado actual de la deuda del sistema eléctrico*", emitido por la Sala de Supervisión regulatoria de la Comisión Nacional de los Mercados y la Competencia de fecha 11 de febrero de 2021 (Expediente número: INF/DE/006/21).

197 Cfr. "*Informe sobre el estado actual de la deuda del sistema eléctrico*", Expediente número: INF/DE/163/21, Sala de Supervisión Regulatoria, 20 de enero de 2022.

198 Informe sobre el estado actual de la deuda del sistema eléctrico, de 25 de enero de 2024 (INF/DE/582/23); Cfr. también "*Informe sobre el estado actual de la deuda del sistema eléctrico*", Expediente número: INF/DE/003/23, Sala de Supervisión Regulatoria, 19 de enero de 2023. Como analizaremos más adelante, el IVPEE, afecta de tal manera al déficit de tarifa y a la factura eléctrica, que su suspensión provisional desde el año 2019, motivada para abaratar el precio de la luz, también ha afectado a que la deuda deje de minorar para volver de nuevo a aumentar. Así, los primeros años de aplicación del tributo (entre los años 2013 a 2018) la deuda se minoró en más de 15.000 millones de

Se puede observar que durante los periodos 2014 a 2019, la deuda se redujo en más del 50%, mientras que en los periodos de 2020 a 2023, dicha reducción no ha superado levemente el 20%. Ello no es más que reflejo de que en los años 2020 a 2023, el Impuesto sobre el Valor de la Producción de la Energía Eléctrica, como ya hemos apuntado, ha estado en suspenso con el objeto de paliar la subida del precio de la electricidad.

Es importante señalar que este déficit de tarifa no responde a una única causa, sino que es consecuencia de la insuficiencia global del mecanismo retributivo de las actividades reguladas, por lo que es un déficit que recae de forma global sobre todo el sistema. Como señala la exposición de motivos de la **LSE 2013**:

> *"Las causas de este desequilibrio se encuentran en el crecimiento excesivo de determinadas partidas de costes por decisiones de política energética, sin que se garantizara su correlativo ingreso por parte del sistema. Todo ello agravado por la ausencia de crecimiento de la demanda eléctrica, fundamentalmente consecuencia de la crisis económica".*

En este sentido, el "déficit de tarifa" es un concepto que subsume todas aquellas ineficiencias que el sistema retributivo regulado presenta para hacer frente a los costes del sistema, no solo la producción de energía. Así, pese al incremento tardío de los peajes de acceso, éste ha sido insuficiente para cubrir los costes del sistema. Esta inestabilidad económica y financiera del sistema eléctrico, provocada por el déficit de tarifa, ha impedido garantizar un marco regulatorio estable, necesario para el correcto desarrollo de una actividad como la eléctrica, muy intensiva en inversión.

Pues bien, la necesidad de financiación y corrección de dicho déficit de tarifa es la que movió al legislador nacional a aprobar la **Ley 15/2012** (con un ficticio fin medioambiental), a través de la cual se impone a determinados sujetos del sistema, nuevas figuras impositivas con las que financiar el coste del citado déficit de tarifa[199].

---

euros, sin embargo, a partir del año 2019 al año 2023 (años en que el tributo ha estado suspendido y a fecha de cierre de este trabajo continua en suspenso), la deuda sólo se ha reducido en algo menos de 4 millones de euros, ya que a pesar de no recaudar del tributo, se sigue recaudando del porcentaje que pagan los consumidores en la factura eléctrica por el concepto "*anualidad del déficit*", pero que no será suficiente ya que la previsión es que vuelva a aumentar a partir del año 2024.

199 A pesar de la pretendida justificación medioambiental en el preámbulo de la Ley, tal como reconoce PEÑA ALONSO el impuesto presenta "*un carácter esencialmente con-*

Interesa adelantar, aunque nos detendremos más adelante, que es habitual que los Estados, a la hora de perseguir una protección medioambiental, dentro de sus políticas energético-ambientales, combinen distintos instrumentos, entre ellos, los regulatorios, de mercado, y fiscales[200], resultando más eficiente la combinación de varios instrumentos, que la simple utilización de uno solo de ellos[201]. Dentro de estos instrumentos, la fiscalidad ha demostrado resultar eficaz para conseguir reducir el consumo energético y alcanzar una sostenibilidad medioambiental[202], influye directamente sobre los precios y, en consecuencia, en el consumo, permitiendo a la Administración orientar la recaudación a políticas que favorezcan la eficiencia energética[203]. Pero huelga decir que, para ello, la orientación del tributo debe ser verdaderamente medioambiental, y no tener puramente un fin recaudatorio.

La Recomendación del **Consejo Europeo, de 14 de mayo de 2008**, relativa a las orientaciones generales para la política económica de los Estados Miembros y de la Comunidad (**2008-2010**) recoge que:

> *"La utilización de instrumentos de mercado, con precios que reflejen mejor el daño ambiental y los costes sociales, desempeña un papel clave en este contexto, y es importante aprovechar las señales de precios apropiadas completamente. Debería también mejorarse el régimen del convenio de emisiones de la UE. El fomento del desarrollo y el uso de tecnologías favorables al medio ambiente y las innovaciones ecológicas, la integración de conside-*

---

tributivo, su recaudación se destinará a financiar los costes del sistema eléctrico con el objetivo de reducir del déficit tarifario en los próximos años". PEÑA ALONSO, J. L. (2013): "El impuesto sobre el valor de la producción de la energía eléctrica", en BECKER, F., CAZORLA, L. M., MARTÍNEZ-SIMANCAS, J., (Directores), *Los tributos del sector eléctrico*, óp. cit., página 651. Sobre la naturaleza de la financiación del citado déficit de tarifa, se ha planteado si el mismo pudiera constituir ayuda de Estado, cuestión que será tratada más adelante.

200 Cfr. MENDOZA HERNÁNDEZ, D. (2019), "El gravamen de la energía eléctrica en España", *Observatorio Medioambiental*, op. cit., página 313.

201 PEREA SOLANO, B., ZATARAIN, A., CAÑIZARES, E. Y MONREAL, A. (2013), "Los instrumentos fiscales en el sector eléctrico", en BECKER, F., CAZORLA, L. M., MARTÍNEZ-SIMANCAS, J., (Directores), *Los tributos del sector eléctrico*, Thomson Aranzadi, página 93.

202 Ibídem, página 93 y 94.

203 Vid. GAGO RODRÍGUEZ, A. (2017), "Impuestos sobre la electricidad y la energía: una oportunidad para la consolidación fiscal", en GONZÁLEZ-CUELLAR SERRANO, M y ORTIZ CALLE, E. (Directores) RODRIGUEZ, A., op. cit., página 23.

raciones medioambientales en la contratación pública, con especial atención a las PYME, y la supresión de subvenciones ambientalmente dañinas, junto con otros instrumentos políticos, incluida la fiscalidad, los subsidios y las cargas medioambientales pueden mejorar el rendimiento innovador y aumentar la contribución al desarrollo sostenible. Por ejemplo, las empresas de la UE figuran entre las líderes mundiales del desarrollo de nuevas tecnologías de energías renovables. En un contexto de subida constante de los precios de la energía y de acumulación de las amenazas para el clima, es importante impulsar mejoras de la eficiencia energética, como la contribución al desarrollo sostenible y a la competitividad" (Directriz 10)[204].

Los impuestos energéticos persiguen diversos objetivos, que dependen de su diseño y configuración, aunque en España el recaudatorio ha sido un argumento de peso para su creación, y en lo aquí nos interesa, lejos de buscar una protección medioambiental, la tributación energética en España ha estado más preocupada por superar el déficit tarifario que por una protección real del medioambiente.

Si bien es cierto, que la deficiente regulación del mercado eléctrico se debe fundamentalmente al déficit tarifario, es también cierto que otros factores han influido también negativamente en este sector: la excesiva carga tributaria (más de un 20% de la factura eléctrica son tributos), los problemas derivados de la fijación del precio de la energía eléctrica[205], decisiones equivocadas de los gobiernos que acaban en Sentencias del Tribunal Supremo implicando refacturaciones a los consumidores, etc.[206].

---

204 Diario Oficial de la Unión Europea, número 137, de 27 de mayo de 2008, páginas 13 a 24.

205 La supresión del sistema de subastas por su opacidad acabó desembocando en la facturación por horas y en un nuevo sistema de fijación del precio que sigue generando más que dudas.

206 Entre otros factores negativos cabe reseñar: la **supresión de la tarifa nocturna** (la creación de la tarifa nocturna suponía una reducción en el precio de la energía consumida en el periodo nocturno del 55% y una penalización sobre el consumo en el periodo diurno del 5%. Además, la potencia en el periodo nocturno no estaba limitada. Pymes y consumidores, aprovechándose de esta ventaja, instalaron calefacción de acumuladores eléctricos con la consiguiente inversión en las instalaciones. Sin embargo, en 2008 esta tarifa se sustituyó por la de discriminación horaria, que supuso una subida de los precios de la energía, sobre todo en el horario diurno, donde la penalización fue del 35%, y la limitación de potencia empezó a aplicarse las 24 horas, con la obligatoria instalación del interruptor de control de potencia o ICP, lo que incrementó más aún el coste de la factura, ya que los acumuladores exigían mucha potencia; **aumento constante del precio**

A modo de conclusión, el sector eléctrico con el objeto de frenar la inflación impuesta por Europa y contener los precios de la energía eléctrica, ha venido manteniendo un sistema que desde hace décadas se desequilibró, por una razón absolutamente lógica, la subida de los costes regulados no vino equiparada con los ingresos del sector (que estaban muy por debajo), generando una deuda conocida como "*déficit de tarifa*". **Hubiera sido más lógico intentar equilibrar los costes del sector con los ingresos, pero no se hizo por una cuestión a nuestro parecer equivocada, frenar de manera artificial la subida de la luz, advirtiéndose a medio plazo que se conseguiría el efecto contrario.** El sistema se volvió insostenible, y en **2012**, con el único fin de paliar el déficit de tarifa, se **crean unos tributos aparentemente medioambientales**, sobre la producción de la energía eléctrica, con el único objetivo de financiar el citado déficit, **ignorando, que a corto plazo, por mucho que el sujeto pasivo de estos tributos fueran las empresas productoras de energía, resultaría inevitable la repercusión de los costes** de manera indirecta al consumidor, haciendo de nuevo subir la factura eléctrica y obligando al legislador a suspender la aplicación de estos tributos, para de nuevo encontrarse con una subida del déficit, retornando así de nuevo al problema inicial, y generándose así una situación guadiánica a la que ya nos referimos al inicio de nuestro trabajo, que no avanza, que se cronifica, que vive, como recogía NIETZSCHE, en "*el eterno retorno de lo igual*"[207].

---

del término de potencia; **las reclamaciones de las renovables** (las acciones de reclamación de empresas que invirtieron en renovables en España por los recortes realizados a estas energías han desembocado en procesos judiciales que se acaban cargando sobre los consumidores); **imposible comparación de tarifas** (el hecho de que convivan el mercado regulado en el PVPC con el mercado liberalizado ha generado una multiplicación de las comercializadoras y de los planes de tarifas que ofrecen cada uno, con lo que resulta muy complejo poder comparar entre ellas. Si a ello le sumamos que los precios de cada hora para la PVPC se fijan el día anterior, las dificultades para encontrar la tarifa más conveniente a medio plazo se multiplican).

207 Así afirmaba BECERRIL MARTÍNEZ, C. (2011) que: "*el déficit de tarifa es un debe en la cuenta de los consumidores que, tarde o temprano, tendremos que pagar mediante subidas en los precios de la energía*", *Actualidad Económica*, febrero, número 13.

2.3 SOBRE LOS CONCEPTOS QUE INTEGRAN LA FACTURA DE LUZ. VINCULACIÓN DE LA IMPOSICIÓN A LOS CONCEPTOS DE LA FACTURA

Para la mayor parte de la población española, la lectura de la factura que emiten las comercializadoras de energía resulta un galimatías[208]. Ya no digamos, lo complicado que puede resultar identificar, cuál es la carga impositiva asociada al consumo de la electricidad, entendiendo por esta, tanto la soportada por el mecanismo de repercusión jurídica, como aquella soportada indirectamente, (como consecuencia de la traslación vía precio de impuestos abonados en las fases previas a la comercialización, como ocurre con el caso del IVPEE).

Grosso modo, y tal como se desprende del **Real Decreto 900/2015**[209], dentro del precio que abona un consumidor eléctrico ordinario a su comercializadora (que compra la electricidad para venderla a sus clientes al mejor precio posible, y teniendo en cuenta la competencia), aparecen varias partidas:

- el *coste de las redes*;
- *otros costes del sistema* aparte de las redes (básicamente las primas a las renovables, cogeneración y residuos, retribución adicional para los sistemas no peninsulares y anualidad del déficit) y,
- la *energía que se consume*, más el respaldo del sistema (esto es, la disponibilidad permanente del sistema para consumir).

De manera más detallada, podemos afirmar que la factura de energía eléctrica cuenta fundamentalmente con los siguientes conceptos:

---

208 Con el objeto de protección a los consumidores en relación con la factura de energía eléctrica, la Directiva sobre el mercado interior de la electricidad (Directiva (UE) 2019/944 del Parlamento Europeo y del Consejo, de 5 de junio de 2019), contempla la obligación de los Estados miembros de garantizar una información precisa sobre la factura eléctrica, fácilmente comprensibles, claras y concisas, y sencillas para los usuarios. Además, se prevé que los clientes finales que lo soliciten recibirán una explicación clara y comprensible sobre los conceptos en los que está basada su factura.

209 Real Decreto 900/2015, de 9 de octubre, por el que se regulan las condiciones administrativas, técnicas y económicas de las modalidades de suministro de energía eléctrica con autoconsumo y de producción con autoconsumo.

- los *peajes de acceso*: que son precios regulados destinados a recuperar los costes de las redes de transporte y distribución y son fijados por la Comisión Nacional de los Mercados y de la Competencia[210];
- los *cargos:* que son costes fijos destinados a cubrir gastos como la financiación de las renovables, o el sobrecoste de producción de energía en las islas, Ceuta y Melilla. Los fija el Ministerio competente;
- la *comisión:* que recibe la comercializadora que contratamos;
- el *alquiler del equipo;*
- los *impuestos* (de manera directa fundamentalmente IVA e Impuesto Especial de la Electricidad);
- la *potencia contratada; y*
- el *consumo de energía.*

De acuerdo con lo recogido por **la Comisión Nacional de los Mercados y de la Competencia**[211], se calcula que el **precio de la energía real consumida**, en el tramo minorista, sobre el total de la factura, oscila aproximadamente en un **35%**. A lo anterior hay que añadir lo que se conoce como ***tarifas de acceso o peajes***, que no, es más, que lo que cuesta el transporte y la distribución de la energía eléctrica (los peajes propiamente dichos), y otros cargos relacionados indirectamente con el suministro eléctrico. Estos peajes venían siendo fijados anualmente por el Ministerio del ramo, aunque desde **enero de 2020**, la **Comisión Nacional de los Mercados y la Competencia** es la encargada de regular la parte destinada a los peajes propiamente dichos. Da igual con qué compañía se opere, ya que se trata de una cuantía fija que integra la factura y que independiente del consumo hay que abonar. Según la **Comisión Nacional de los Mercados y la Competencia** supone más del **42%** de la factura. Estos peajes de acceso, a pesar de recaudarlos las eléctricas, no engrosan la partida de retribución de éstas, ya que los mismos, tienen que ser ingresados al organismo regulador, que será quien

---

210 El último marco regulador del cálculo de los peajes de acceso y cargos (transporte y distribución) está en la Circular 3/2020, de 15 de enero, el Real Decreto 148/2021, de 9 de marzo, sobre metodología de cálculo de los cargos del sistema, y en la Resolución de 15 de diciembre de 2022, de la Comisión Nacional de los Mercados y la Competencia, por la que se establecen los valores de los peajes de acceso a las redes de transporte y distribución de electricidad a partir del 1 de enero de 2023.

211 Cfr. https://www.cnmc.es/la-nueva-factura-de-la-luz

se encargue de su distribución. Son los denominados costes con destino específico[212]. El último concepto importante a tener en cuenta en la factura energética es la **carga impositiva** sobre la misma. Tal como ha señalado la Comisión Nacional

---

212 El **artículo 5** del Real Decreto 2017/1997, de 26 de diciembre, por el que se organiza y regula el procedimiento de liquidación de los costes de transporte, distribución y comercialización a tarifa, de los costes permanentes del sistema y de los costes de diversificación y seguridad de abastecimiento recoge los costes definidos como cuotas con destinos específicos incluyendo dentro de las mismas los siguientes conceptos:
– Operador del Sistema.
– Operador del Mercado Ibérico de Energía.
– Compensación insular y extrapeninsulares.
– Moratoria nuclear.
– Ciclo Combustible Nuclear.
– Fondo para la financiación de actividades del Plan General de Residuos Radiactivos.
– Recargo para recuperar el déficit de ingresos en la liquidación de las actividades reguladas generado entre el 1 de enero de 2005 y el 31 de diciembre de 2005.
– Tasa de la Comisión Nacional de la Energía.
– Interrumpibilidad por adquisición de energía a las instalaciones de producción en régimen especial y otras compensaciones.
El **artículo 6** del citado texto legislativo, recoge el método de recaudación, ingreso y abono a los beneficiarios de estas cuotas en los siguientes términos:
"***1.*** *La cuantía de las cuotas anteriormente especificadas serán establecidas en la disposición que apruebe la tarifa para el año correspondiente, distinguiendo entre cuotas aplicables a:*
a) *Suministros a tarifas.*
b) *Comercializadores o consumidores cualificados.*
2. Los costes definidos como cuotas específicas que correspondan a los consumidores a tarifa deberán ser recaudados por las empresas distribuidoras, *y se calcularán mediante la aplicación de los porcentajes (…).*
3. Los costes definidos como cuotas específicas a satisfacer por los comercializadores o consumidores cualificados serán recaudados por las empresas distribuidoras, *(…).*
4. Antes del día 25 de cada mes, las empresas distribuidoras deberán presentar a la Comisión Nacional del Sistema Eléctrico información de la facturación correspondiente al mes anterior, con desglose de periodos y facturas.
5. El ingreso de estas cuotas se realizará por los distribuidores *e, igualmente, por los productores, (…),* ***en las cuentas que la Comisión Nacional del Sistema Eléctrico abrirá en régimen de depósito a estos efectos y comunicará mediante circular publicada en el «Boletín Oficial del Estado»***".
Por su parte el **artículo 7** del mismo texto establece el abono a los beneficiarios de las cuotas con destinos específicos y recoge que: "***En la misma fecha límite para el ingreso de las cuotas con destinos específicos, la Comisión Nacional del Sistema Eléctrico deberá dar a las cantidades ingresadas la aplicación que proceda*** *(…)*".

de los Mercados y la Competencia, el porcentaje que suponen los impuestos sobre la factura total **supera el 21%**[213].

El siguiente gráfico recoge aproximadamente cada uno de estos conceptos y el porcentaje de estos sobre el total de la factura que abona el consumidor.

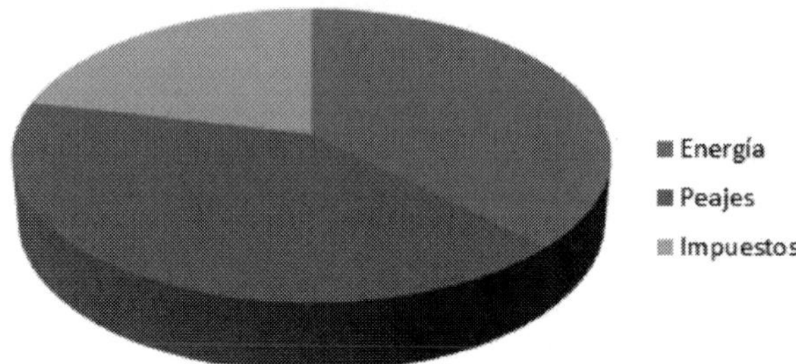

De acuerdo con lo recogido, resulta que el importe realmente consumido de electricidad supera levemente el 30% del importe total de la factura, constituyendo más del 60% del importe total de la factura, otros costes e impuestos[214]. A mayor abundamiento, a pesar de la reducción impositiva que venía aplicando el Gobierno, la energía realmente consumida aumentó en porcentaje, pero aún así supera levemente el 40% del total de la factura.

La **energía consumida** constituye lo que conocemos como el tramo variable, y que depende de la energía usada, **es aquí donde las comercializadoras incor-**

---

213 Huelga recordar, como ya venimos recogiendo, que, de manera provisional, el coste impositivo se redujo con la disminución de los tipos de gravámenes tanto del IVA (5%), como del Impuesto Especial de la Electricidad (0,5%), hasta el ejercicio 2024, donde el IVA se ha fijado al 10% (con la condición de superar el precio de la luz los 45 euros/MWh, ya que si el importe del MWh disminuye, el IVA volverá a estar en el 21%, algo que ya ha sucedido en el mes de febrero de 2024); y el Impuesto Especial sobre la Electricidad, hasta marzo incluido en un 2,5%, y hasta junio de 2024, en un 3,8%. Así como el coste de la factura, con la aprobación del Real Decreto-ley 10/2022, de 13 de mayo, por el que se establece con carácter temporal un mecanismo de ajuste de costes de producción para la reducción del precio de la electricidad en el mercado mayorista (conocido como Decreto del tope de gas).

214 Vid. ALMUDÍ CID, J. M y PALAO BASTARDÉS, B. (2021). "El impuesto sobre el Valor de la Producción de la Energía Eléctrica (IVPEE) y la sentencia del Tribunal de Justicia de la Unión Europea de 3 de marzo de 2021, asunto C-220/19, Oliva Park: una visión crítica", *Revista Técnica Tributaria,* 135, página 20.

poran los costes derivados de otras figuras impositivas que gravan la actividad de generación de electricidad, tales como el IVPEE, o bien otros tributos que gravan la actividad de producción de electricidad, como el denominado **canon hidroeléctrico** que, de forma simplista, grava al 22% los rendimientos obtenidos por las centrales hidroeléctricas en la producción de electricidad, y cuya adecuación al ordenamiento interno ha sido y está siendo altamente cuestionada, o los múltiples tipos de **cánones eólicos**[215], o **ecotasas**, aprobados por las Comunidades Autónomas que buscan, resarcirse del presunto impacto medioambiental y visual, generado por los parques eólicos y que, curiosamente, no generan los parques fotovoltaicos[216].

En esta misma línea estarían también otros tributos, como el **impuesto sobre la producción de combustible nuclear gastado y residuos radiactivos resultantes de la generación de energía nucleoeléctrica**, o el **impuesto sobre el almacenamiento de combustible nuclear gastado y residuos radiactivos en instalaciones centralizadas**, todos ellos aprobados por la tan citada **Ley 15/2012**[217].

A grandes rasgos podemos afirmar, que los tributos que afectan a la factura de luz **pueden ir sobre el precio final** (véase Impuesto sobre el Valor Añadido o Impuesto Especial sobre la Electricidad) o **sobre la energía consumida en una fase previa**, o lo que es lo mismo, asociados a la producción de la energía consumida (véase IVPEE, canon hidroeléctrico, impuestos nucleares, ecotasas autonómicas).

---

215 Vid. sobre los cánones autonómicos, MOLINA LEBRON, A. (2017): "Los cánones eólicos de las Comunidades Autónomas como falsos tributos medioambientales. Problemas de inconstitucionalidad e incumplimiento del Derecho de la Unión Europea", en *Tributos propios de las Comunidades Autónomas*, coordinado por SANZ GÓMEZ, R, editorial Tirant lo Blanch.

216 ALMUDÍ CID, J. M y PALAO BASTARDÉS, B. (2021). "El impuesto sobre el Valor de la Producción de la Energía Eléctrica (IVPEE) y la sentencia del Tribunal de Justicia de la Unión Europea de 3 de marzo de 2021, *op. cit.*, páginas 20 y 21.

217 Vid. Ley 15/2012, de 27 de diciembre, de medidas fiscales para la sostenibilidad energética. Cfr. GUERVÓS MAILLO, M. A. (2013): "Ley 15/2012, de 27 de diciembre, de medidas fiscales para la sostenibilidad energética [Boletín Oficial del Estado n.º 312, de 28 de diciembre de 2012]", *Ars Iuris Salmanticensis: AIS: revista europea e iberoamericana de pensamiento y análisis de derecho, ciencia política y criminología*, Volumen 1, número 1, páginas 183 y siguientes.

A los efectos que aquí nos interesa, sólo nos detendremos en los peajes de acceso y cargos, el término potencia y en el término energía[218].

2.3.1 Los peajes de acceso y cargos

Las redes de transporte y distribución permanecen bajo un esquema regulado, tal como ya detallamos anteriormente, por ser actividades que, dadas sus características intrínsecas, son monopolios naturales.

Por este motivo, los costes de las redes, junto con los costes ajenos al suministro eléctrico, son repercutidos a todos los consumidores según el nivel de tensión al que se conecten, independientemente de que se adquiera la energía a precio libre o precio regulado, a través de los peajes de acceso y de los cargos.

Los peajes de acceso son fijados por la Comisión Nacional de los Mercados y la Competencia, cuyo marco regulador se encuentra, en cuanto a la metodología para su determinación, en la Circular 3/2020, de 15 de enero; y en cuanto a la determinación de su valor concreto en las Resoluciones de la propia Comisión Nacional de los Mercados y la Competencia. Son únicos en todo el territorio español, con independencia de las particularidades económicas y geográficas de las redes en las distintas zonas en las que se ubican los consumidores, y deben ser calculados para cubrir todos los costes relacionados con la retribución de las redes de transporte y distribución.

Los peajes de acceso están compuestos de un término de potencia (Tp) y un término de energía (Te). De esta manera, el coste de acceso depende tanto de la potencia que el consumidor tenga contratada (término fijo, debido a que las redes deben ser diseñadas para garantizar en cualquier momento el suministro de las potencias que los consumidores tienen contratadas), como del consumo que haya realizado (término variable, en función del consumo de energía que haya circulado por la red)[219].

---

218 Para un estudio en profundidad sobre todos los conceptos que integran la factura eléctrica puede consultarse, PÉREZ ARRIAGA, J. J. (2005): *Libro Blanco sobre la reforma del marco regulatorio de la generación eléctrica en España*, Instituto de Investigación Tecnológica, Universidad Pontificia Comillas, Madrid.

219 A modo de ejemplo, los peajes de acceso en vigor desde el 1 de enero de 2023 vienen recogidos en la Resolución de 15 de diciembre de 2022 de la Comisión Nacional de los Mercados y de la Competencia. El precio de los términos de energía y potencia varía en función del tipo de tarifa (es creciente a medida que baja el nivel de tensión de la red a la

2.3.2 El Término Potencia

En cuanto al *término de potencia*, se trata de un término fijo que depende de los kW contratados y, que se abona por tener disponible en todo momento la potencia contratada. Se obtiene multiplicando la potencia contratada por los días que engloba la factura y por el término de potencia. Este término de potencia podrá ser, al precio voluntario para el pequeño consumidor (también denominado tarifa regulada)[220] que fija el Ministerio encargado de la Energía (actual Ministerio para la Transición Ecológica y el Reto Demográfico) o, en su caso, por el precio de tarifa del mercado (mercado libre).

La tarifa regulada integra el precio del término de potencia del peaje de acceso y el margen de comercialización, mientras que, en el caso de la tarifa libre, la misma incorpora tanto el precio del término de potencia de los peajes como todos los costes ya sea directos o indirectos, necesarios para la venta del producto y el margen de la comercializadora que fije el mercado.

2.3.3 El Término Energía

Por su parte, el término energía es un precio que se compone, del **término de energía del peaje de acceso** (término fijo), y **del coste de producción de la energía eléctrica en cada período**, es decir, el consumo (término variable, kWh).

El **término de energía del peaje de acceso**[221] es un importe que fija anualmente el Gobierno. Mientras que, el **coste de producción de la energía eléctri-**

que se conecta el consumidor), y del período o momento del tiempo en que se realice el consumo (esto es así para reflejar que el consumo de energía no tiene el mismo coste en una hora punta —en la que hay una mayor probabilidad de congestión en las redes y por tanto unos mayores costes marginales—, que en una hora valle —en la que la probabilidad de congestión en las redes es sustancialmente inferior o, incluso, nula—).

220 Existen dos tipos de empresas comercializadoras de energía eléctrica, las reguladas o las de mercado libre. Las primeras, son las únicas autorizadas para ofrecer la tarifa de precio voluntario al pequeño consumidor y se denominan comercializadoras de referencia.

221 En cumplimiento de la normativa europea, el *Real Decreto-Ley 1/2019, de 11 de enero, de medidas urgentes para adecuar las competencias de la CNMC a las exigencias derivadas del derecho comunitario en relación a las Directivas 2009/72/CEE y 2009/73/CE, del Parlamento Europeo y del Consejo, de 13 de julio de 2009, sobre normas comunes para el mercado interior de la electricidad y del gas natural,* introduce la diferenciación de la

ca o consumo se compone: del precio horario del mercado de electricidad, de los servicios de ajuste del sistema, así como de otros costes asociados al suministro.

A este respecto, interesa ya adelantar, que es el concepto **término de energía**, al que están vinculados de forma directa e indisociable los tributos que recaen sobre los productores de energía eléctrica y más en concreto, el IVPEE, ya que este tributo, constituye un coste asociado a la producción, y vertido de energía a la red, por lo que se puede adelantar ya, a nuestro juicio, que, en relación al IVPEE (y a cualquier impuesto de similares características), existe un vínculo directo e inmediato al menos, con uno de los dos términos más importantes objeto de facturación, "*el término energía*"[222]. El resto de los tributos (IVA e Impuesto Especial sobre la Electricidad), son repercutidos directamente al consumidor al final de la factura.

---

tarifa de acceso entre **peajes** y **cargos**. Los peajes son precios regulados destinados a recuperar los costes de las redes de transporte y distribución, y son determinados por la Comisión Nacional de los Mercados y la Competencia. Los cargos son los precios regulados destinados a cubrir el resto de los costes regulados, tales como la financiación de las renovables, el sobrecoste de producción de energía en los territorios no peninsulares o las anualidades del déficit, y son determinados por el Ministerio competente.

222 Como analizaremos más adelante, esta afirmación no es compartida por el Tribunal de Justicia de la Unión Europea (sentencia de 3 de marzo de 2021, asunto C-220/19, Oliva Park).

Capítulo II
ASPECTOS CONSTITUCIONALES DEL IMPUESTO SOBRE EL VALOR DE LA PRODUCCIÓN DE LA ENERGÍA ELÉCTRICA

SUMARIO: 1. INTRODUCCIÓN. 2. LOS PROBLEMAS DE CONSTITUCIONALIDAD DE LOS LLAMADOS TRIBUTOS MEDIOAMBIENTALES DEL SECTOR ELÉCTRICO. 2.1 Principios constitucionales en materia medioambiental en el marco de la producción de la energía eléctrica. 2.2 La proclamada extrafiscalidad medioambiental de los aparentes tributos medioambientales en las Exposiciones de Motivos de las Leyes que los regulan. *2.2.1 Ausencia de finalidad extrafiscal del Impuesto sobre el Valor de la Producción de la Energía Eléctrica. a) La finalidad declarada en el Preámbulo de la Lay 15/2012. b) Verdadera finalidad del tributo analizado. 2.2.2 El IVPEE no es un tributo de carácter medioambiental (ni ninguno de los tributos de la Ley 15/2012). 2.2.3 De la redacción originaria del Preámbulo de la Ley 15/2012, sin justificación medioambiental y con una afección indeterminada, al intento de barniz medioambiental en la redacción definitiva.* 2.3 Naturaleza y carácter tributario e impositivo del Impuesto sobre el Valor de la Producción de la Energía Eléctrica. *2.3.1 La naturaleza del Impuesto como requisito esencial para determinar su incompatibilidad con el ordenamiento constitucional. 2.3.2 La naturaleza directa (?) del impuesto. 2.3.3 La discutible naturaleza medioambiental del impuesto. 2.3.4. Análisis de los elementos esenciales del Impuesto. a) Objeto y hecho imponible. b) Obligados tributarios. c) Base imponible y cuantificación del tributo. d) Problemas derivados de la determinación de la base imponible.* 2.4. La proclamada doble imposición del impuesto. 3. VICIOS DE LEGALIDAD ORDINARIA DE LOS TRIBUTOS MEDIOAMBIENTALES DEL SECTOR ELÉCTRICO RECOGIDOS EN LA LEY 15/2012. 4. CONCLUSIÓN.

¿Qué confianza puede tenerse ni qué protección encontrase
en leyes que dan lugar a trampas y enredos interminables,
que arruinan a los pleiteantes, engordan a los curiales y
facilitan a los Gobiernos el cargar impuestos y derechos
sobre las dimensiones y pleitos eternos de sus súbditos?

BARÓN D'HOLBACH

Se piensa que lo justo es lo igual, y así es; pero no para todos,
sino para los iguales. Se piensa por el contrario que lo justo es lo desigual,
y así es, pero no para todos, sino para los desiguales

ARISTÓTELES

Como afirmara CHARLES LOUIS DE SECONDAT, Barón de Montesquieu, allá por el año 1.748, en su magnífico Tratado *El Espíritu de las Leyes*, "*Una cosa no es justa por el hecho de ser ley. Debe ser Ley porque es justa*"[223].

La tributación de la energía eléctrica a través de la masiva creación de *supuestos* tributos medioambientales, ha dado lugar a un sistema caótico, fragmentario, confuso, desordenado, asistemático, donde la mayoría de las figuras creadas han estado rozando constantemente la inconstitucionalidad (vulnerando principios constitucionales como: generalidad, igualdad tributaria, capacidad económica, no confiscatoriedad o progresividad), sin verdadera finalidad medioambiental, jugando con los conceptos de tributos directos o indirectos[224] para evitar la doble imposición, y utilizando dudosos mecanismos parlamentarios con el objeto de evitar los Dictámenes preceptivo del Consejo de Estado[225].

Todo lo anterior ha derivado en un considerable aumento de la litigiosidad, alcanzando cotas verdaderamente importantes, y derivando a su vez en dos graves problemas: el retraso en la resolución de los conflictos, perdiendo eficacia la doctrina jurisprudencial; y, una pérdida de calidad de las sentencias, puesto que la gran cantidad de asuntos que tienen que afrontar, merma indudablemente el tiempo que pueden dedicar a los mismos, y la necesaria atención que se precisaría para resolverlos de la manera más correcta posible.

---

223 DE TRASOVARES, J. F. (1877): *Traducción de la obra Comentario al Espíritu de las Leyes de Montesquieu por el Conde Destut de Tracy*, Imp. Lib. y Lit. del Diario de Córdoba, Córdoba, págs. 2 y siguientes.

224 Es interesante el trabajo de PASQUALE PISTONE y ANDREAS ULLMANN (2020): "Digital Taxes and Article 2 OECD Model Convention 2017", en *Taxes Covered under Article 2 of the OECD Model*, Last Reviewed: 30 November, donde a través de los impuestos digitales y del artículo 2 del Modelo de Convenio de la OCDE, analiza las características de un impuesto directo en contraposición con el impuesto indirecto.

225 GABRIOTTI, M. (1995): "Le ecotasse nella política ambientale comunitaria", en *Ambiente e Sviluppo*, número 3 (recurso electrónico: Dottrina e Dottrine), afirma que, aunque esta categoría tributaria (ecotasa) puede resultar eficaz para la consecución de determinados objetivos relacionados con la protección del medioambiente, la imposición ambiental no puede erigirse como la única solución a todos los problemas que existe en este ámbito y que, en consecuencia, se debe alternar el uso de los mismos con la utilización de otros instrumentos de mercado, incluso, con la fijación de un cierto nivel de reglamentación administrativa (*traducción propia*).

Así CARBAJO VASCO[226] afirma que, lo que tenemos en España por "*orden fiscal*", no es un sistema tributario, sino un andamiaje de normativas, prácticas y aplicaciones incoherentes, deslavazado y remendado, sometido a un torrente de disposiciones sin orden, concierto o ilación alguna entre las mismas, y muchas de ellas contradictorias entre sí, gestionado, además, sin auténtica cooperación interadministrativa por múltiples administraciones tributarias. Esto aún se enreda más si nos asomamos al mundo de la tributación de la energía eléctrica.

Dos son las reflexiones que interesa construir sobre el sistema tributario de la energía eléctrica: desde el Derecho Tributario Constitucional, y desde el Derecho Tributario Europeo (lugar que ocupa, este último, no precisamente secundario dentro del sector eléctrico). Recuperando la figura de GRIZIOTTI, en el sistema tributario eléctrico, es necesaria la idea de una visión interdisciplinar, una visión integralista como la que proclamó la Escuela de Pavía[227].

Y es esta visión integradora, la que debe prevalecer en el análisis de la tributación extrafiscal medioambiental eléctrica. Análisis que nos llevará a proyectar estos tributos desde el punto de vista constitucional y desde el punto de vista del ordenamiento europeo, para poder concluir, cuando un tributo medioambiental relacionado con el sector eléctrico respeta el ordenamiento constitucional y europeo como disciplinas que no pueden apartarse del Derecho Financiero y Tributario. Todo ello se hará a la luz del análisis de la Ley 15/2012, de 27 de di-

---

226 Cfr. CARBAJO VASCO, D. (2012): "Urgencia y necesidad de una reforma global del sistema tributario español", en AA.VV., *Encuentro de Derecho Financiero y Tributario (primera edición), Desafíos de la Hacienda Pública Española (tercera parte), La Administración Tributaria*, Instituto de Estudios Fiscales, documento número 17, páginas 11 y siguientes.

227 Cfr. ESCRIBANO LÓPEZ, F. (2002): "Algunas propuestas metodológicas para la (re) construcción de un Derecho Financiero del siglo XXI", *I Jornada Metodológica "Jaime García Añoveros", Sobre la metodología académica y la enseñanza del Derecho Financiero y Tributario,* Instituto de Estudios Fiscales, 1 de febrero de 2002, documento número 11/02, página 31: "*la actividad financiera podrá ser mirada desde otras perspectivas, la cuestión radicará en que la propia no deberá ser ajena a las otras; por el contrario, deberá integrarlas, es decir, enriquecer el campo de visión para hacerlo más preciso. Como se verá, negar la sedicente visión integralista de la Escuela de Pavía empobreció el razonamiento hasta extremos tan caricaturescos, que hoy costaría trabajo acreditarlo: recuérdese, sin más, aquella afirmación gianniniana, maquillada sin rubor por sus epígonos, del carácter extrajurídico (!) del principio de capacidad económica o del fundamento meramente formalista del deber de contribuir*".

ciembre, de sostenibilidad energética, y en concreto, del Impuesto sobre el Valor de la Producción de la Energía Eléctrica.

La interpretación de la Constitución en el ámbito tributario es técnica que reclama específicas exigencias, requiriendo este planteamiento una visión del conjunto del entramado constitucional, superadora de una mecánica y aislada apreciación del grado de cumplimiento de la norma tributaria en atención a un principio específico: la capacidad contributiva o económica o, más genéricamente, el principio de igualdad relativa.

1. INTRODUCCIÓN

Por definición, los impuestos extrafiscales, encuentra un difícil acomodo en los principios de justicia tributaria tradicionales. Ello es así, porque estos principios, están especialmente diseñados para tributos cuya finalidad fundamental es la financiación del gasto público.

La extrafiscalidad ha irrumpido con fuerza en las últimas décadas, en ocasiones de manera excesiva. Un tributo es **extrafiscal**, cuando en el mismo exista un predominio de la función a la que viene a proteger, reflejándose este fin en los elementos esenciales del tributo. A nuestro juicio pocos tributos relacionados con el sector eléctricos, son verdaderos tributos extrafiscales, lo que provoca que, en demasiadas ocasiones, su regulación no respete los postulados constitucionales, el Derecho de la Unión Europea, y los principios de legalidad tributaria. Fundamentalmente pocos tributos extrafiscales del sector eléctrico están orientados a disuadir las conductas que vienen a proteger, convirtiéndose en instrumentos de intervencionismo administrativo (**tributos extrafiscales impropios**, barnizados de extrafiscalidad)[228].

Los mecanismos tributarios para la protección medioambiental pueden venir de la mano de **tributos ordinarios**, o de la mano de una **reforma fiscal verde**[229].

228 En relación con la tributación extrafiscal del sector eléctrico, se puede consultar el trabajo inédito de esta autora. MOLINA LEBRON, A. (2024): *La controvertida extrafiscalidad de la producción de la energía eléctrica en España*. Cfr. también, FERRAZ LEMOS TAVARES, D. (2016), *Los tributos del mercado financiero: una perspectiva extrafiscal,* Editorial Marcial Pons, Madrid, página, 120 y siguientes.

229 Cfr. GAGO RODRÍGUEZ, A. y ÁLVAREZ VILLAMARÍN, J. C. (1995): "Hechos y tendencias de la reforma fiscal en los países de la OCDE (1980-1990)", *Hacienda Públi-*

Los mecanismos tributarios para la protección medioambiental sobre **tributos ordinarios** no han sido utilizados en España más que tímidamente. Los **beneficios fiscales** (exenciones, amortizaciones, desgravaciones a la base imponible o deducciones a la cuota), han resultado ser la mayoría inadecuados, porque la adquisición de elementos para la protección medioambiental sobre los que se aplican estos beneficios, puede resultar más costoso que seguir contaminado. Por otro lado, la **introducción del elemento medioambiental en tributos ordinarios** brilla por su ausencia en nuestro país.

En España, se ha optado **por la implantación masiva de tributos aparentemente ecológicos.** Desde hace décadas, en nuestro país, se viene produciendo en el sector de las empresas eléctricas, una creación indiscriminada de tributos "*aparentemente extrafiscales, o barnizados como medioambientales*", sin que ello suponga ninguna reducción ni bajada en la tributación tradicional, gravando a un sector tan estratégico como el eléctrico hasta la extenuación, con lo que ello lleva aparejado: la limitación de inversiones y la paralización de la generación de empleo[230].

Para medir la constitucionalidad de un tributo extrafiscal, es necesario un análisis profundo de sus elementos esenciales, y en particular, de los elementos cuantificativos (base imponible y tipo de gravamen). De manera, que, en esos elementos esenciales, quede plasmado el problema específico sobre el que se quiere intervenir, que en nuestro caso ese problema en concreto no es más que el que se derivaría de la contaminación que produce la producción, distribución y consumo de la energía eléctrica, sobre todo cuando esa energía proviene de fuentes contaminantes. El objetivo estaría, en que el tributo en cuestión buscará, ya no tanto eliminar o corregir (huelga recordar de nuevo, que estamos ante una actividad necesaria), sino intentar o limitar determinadas conductas que pueden producir una mayor contaminación al medioambiente.

El impuesto extrafiscal desconocerá a menudo la capacidad económica como medida de la imposición, "*lo que no es un mero efecto colateral sino una consecuencia buscada por el legislador, que no mide el gravamen en función de la rique-*

---

ca Española, número 134, páginas 73 y siguientes; GAGO RODRÍGUEZ, A. (2000): "La fiscalidad del siglo XXI", *Hacienda Pública Española,* número 155, páginas 39 y siguientes.

230 Cfr. SMITH, A. (1976) *An inquiry into the nature and causes of the Wealth of Nations.* The University of Chicago Press, Chicago.

za que evidencia al consumo, sino otro factor totalmente independiente, como es en nuestro caso la contaminación, o el impacto contaminante de una determinada actividad"[231].

Para acomodar este tipo de tributos al principio de capacidad económica, tendríamos que plantearnos al menos **dos opciones:** o bien, un **concepto muy amplio** del principio de capacidad económica; o bien, aceptar que el acomodo a este principio de capacidad económica de los tributos extrafiscales **es diferente**, de manera que estos tributos tendrían nada o poco que ver con el principio de capacidad económica, siendo su canon fundamental dentro de los principios de justicia tributaria, el principio de igualdad (artículo 31.1 Constitución Española)[232].

Ya no es admisible la simple presencia de una capacidad económica potencial (**Sentencia Tribunal Constitucional 37/1987, Fundamento Jurídico Decimotercero**), ni realmente aceptable, ya que el límite infranqueable es, que esta capacidad económica, sea real y efectiva y no ficticia (**Sentencia Tribunal Constitucional 26/2017, de 16 de febrero, Fundamento Jurídico Segundo**)[233].

---

231 Cfr. HERRERA MOLINA, P. (1998): *Capacidad económica y sistema fiscal*, Marcial Pons, Madrid, páginas 87 y siguientes; PALAO TABOADA, C. (2004): "Nueva visita al principio de capacidad contributiva" *op. cit.*, páginas 775 y siguientes; Vid. también, VARONA ALABERN, J. E. (2009): *Extrafiscalidad y dogmática tributaria*, Marcial Pons, páginas 75 y siguientes.

232 PALAO TABOADA, C. (1976): "Apogeo y crisis del principio de capacidad contributiva", *Estudios jurídicos en homenaje al profesor Federico de Castro,* Volumen II, Editorial Tecnos, Madrid, página 418: "*La legislación con fines extrafiscales es el principal escollo al principio de capacidad económica. Desde una cierta perspectiva, el legislador puede perseguir cualquier finalidad distinta, siempre que no actúe de manera arbitraria*".

233 HERRERA MOLINA, P. (1998): *Capacidad económica y sistema fiscal*, op. cit., página 62; RODRÍGUEZ BEREIJO, A. (2011): *Igualdad tributaria y tutela constitucional. Un estudio de jurisprudencia*, Marcial Pons, Madrid, páginas 199 y siguientes; Cfr. AGUALLO AVILÉS, A. (2002), en "Una vez más, acerca de la necesidad de hacer un verdadero análisis constitucional de las Normas Tributarias", *I Jornada Metodológica "Jaime García Añoveros", Sobre la metodología académica y la enseñanza del Derecho Financiero y Tributario,* Instituto de Estudios Fiscales, 1 de febrero de 2002, documento número 11, página 224, en relación a la jurisprudencia constitucional del principio de capacidad económica señala este autor que: "*Pero es sin duda la STC 276/2000 la que contiene la puntualización de mayor trascendencia respecto del concepto constitucional de tributo al afirmar que éste «grava un presupuesto de hecho o "hecho imponible" (art. 28 LGT) revelador de capacidad económica (art. 31.1 CE) fijado en la Ley (art. 133.1 CE)» (Fun-*

Tampoco resultaría admisible ni convincente en la actualidad, afirmar que la conducta regulada (sea la contaminación o cualquier consumo excesivo), pueda constituir por sí sola, una suerte de *indicador imperfecto de capacidad económica*[234], no como capacidad de pago, sino como capacidad de disponer de riqueza

damento Jurídico cuarto). (...). Ciertamente, son muchas las decisiones de nuestro Tribunal Constitucional en las que se pone de manifiesto la necesidad de que los tributos respeten el principio de capacidad económica contemplado en el art. 31.1 CE (entre otras, SSTC 19/1987, 37/1987, 209/1988, 45/1989, 221/1992, 186/1993, 214/1994, 164/1995, 134/1996, 182/1997, 14/1998, 233/1999, 46/2000 y 194/2000). Sin embargo, creo que sería un error considerar que con la afirmación que acabo de transcribir la STC 276/2000 no está diciendo nada nuevo. En efecto, aseverar que el tributo debe respetar el principio de capacidad económica equivale a decir que el tributo que no grave una manifestación de riqueza es un tributo inconstitucional por vulnerar el art. 31.1 CE. En cambio, considero que tras la STC 276/2000 debe entenderse que la prestación patrimonial de carácter público a la que la ley denomine "tributo" que no se establezca como consecuencia de una circunstancia reveladora de riqueza, no es que sea un tributo inconstitucional, sino que, simplemente, no es un tributo, en tanto que esta última es una característica intrínseca, constitucional, del mismo. Lo que acabo de señalar, sin embargo, no significa que no puedan existir prestaciones de carácter público constitucionalmente tributarias que vulneren el principio de capacidad económica a que expresamente alude el art. 31.1 CE. Y es que, a mi juicio, desde la ***STC 276/2000*** *puede afirmarse que la capacidad económica puede tener dos funciones o manifestaciones distintas: en primer lugar, puede operar como elemento constitutivo o configurador del tributo o, lo que es igual, como justificación del mismo; cualidad propia del tributo que el Tribunal Constitucional no haría derivar de la mención que a la "capacidad económica" hace el art. 31.1 CE, sino de la interpretación de la noción "tributo" que se contiene en nuestra Constitución (sólo es "tributo" la prestación que grava una manifestación de riqueza); en segundo lugar, la capacidad económica como criterio o medida de la imposición (el gravamen —como dice la* ***STC 194/2000****, FJ 8— debe establecerse en función o en la medida de la riqueza), principio al que se refiere expresamente el art. 31.1 CE y que, a mi juicio, sería predicable, no sólo, como ha dicho el Tribunal Constitucional, del "sistema tributario" en su conjunto (****SSTC 19/1987, 134/1996*** *y* ***182/1997****), sino también de cualquier prestación patrimonial de carácter público que se exija para financiar gastos públicos".*

234 Cfr. HERRERA MOLINA, P. M. (2000): *Derecho Tributario Ambiental (Environmental tax law). La introducción del interés medioambiental en el ordenamiento tributario,* Marcial Pons, Madrid, página 159; RUIZ ALMENDRAL, V. (2018): "La imposición sobre las bebidas azucaradas envasadas: su compatibilidad con los límites y principios del ordenamiento tributario", *Quincena Fiscal,* número 18, páginas 107 y siguientes: "*esta idea, apuntada en alguna ocasión por la doctrina alemana, descansa en la idea de que quien genera un daño ambiental o social (por ejemplo, contribuyendo al incremento de los propios gastos sanitarios) muestra una mayor capacidad económica al no asumir los costes generados y derivados de su conducta*"; cfr. también, RUIZ ALMENDRAL V. y

(enriquecimiento injusto). Sin embargo, esta idea tendría mal encaje en el artículo 31 Constitución Española, una más que dudosa imposibilidad de medición del daño, y problemas relacionados con el principio de igualdad, excluyendo a los propios principios constitucionales en los que tiene asiento nuestro sistema jurídico tributario (nunca podría sujetarse a gravamen del mismo modo todas las conductas).

El enjuiciamiento de un tributo extrafiscal del sector eléctrico debe realizarse con una doble vertiente:

- el **respeto a la capacidad económica**[235] en su establecimiento, entendida ésta como *capacidad de pago*, y,
- que su **estructura y elementos esenciales del tributo guarden una coherencia con el fin perseguido**.

Todo ello exigiría, con el fin de evitar la tacha de medida discriminatoria, y por ende inconstitucional, que el tributo cumpla a su vez un doble requisito:

- que el **fin perseguido sea jurídicamente protegible**,
- y que la **estructura del tributo esté alineada con el fin que pretende conseguir**, sin generar efectos discriminatorios (a través de sus elementos

---

ZORNOZA PÉREZ, J. J (2004): "Constitución económica y Hacienda pública", en PECES-BARBA MARTÍNEZ, G.; RAMIRO AVILÉS, M. A. (Coordinadores): *La Constitución a examen: un estudio académico 25 años después*, Marcial Pons, Madrid, páginas 657 y siguientes; vid. también, ROSEMBUJ ERUJIMOVICH, T. (1995): *Los tributos y la protección del medio ambiente*, Marcial Pons Ediciones Jurídicas, Madrid; del mismo autor (2009): "El impuesto como disfrute de bienes colectivos", *Revista Quincena Fiscal*, número 18, páginas 31 y siguientes.

235 Los fines extrafiscales de los tributos pueden matizar o modular los elementos característicos del tributo, pero sin que con ello se conduzca a una desnaturalización de la institución tributaria, debiendo de preservase siempre un contenido mínimo (constitucionalmente reconocido). Este contenido mínimo, estará en función no sólo del **artículo 31 Constitución Española**, sino del conjunto del sistema financiero (principios de solidaridad, igualdad, justicia). La excepción a la regla general del principio de capacidad económica tendrá que justificarse en virtud de otras exigencias constitucionales, y esto es lo que sucede ante la tributación extrafiscal. La capacidad económica implica que ésta, ha de basarse en una fuente de riqueza, es lo que se conoce como "*capacidad económica como fuente de imposición*". Cfr. CASADO OLLERO, G., (1991): "Los fines no fiscales de los tributos", *Revista de Derecho Financiero y Hacienda Pública,* Volumen 41, número 213.

cuantificativos y modulación de la carga tributaria en función del fin extrafiscal perseguido)[236].

Estos requisitos no aparecen en la mayoría de los impuestos medioambientales, pero particularmente destacan por su ausencia en la tributación del sector eléctrico, y más patente en el IVPEE, a pesar de su declarada constitucionalidad como analizaremos más adelante.

2. LOS PROBLEMAS DE CONSTITUCIONALIDAD DE LOS LLAMADOS TRIBUTOS MEDIOAMBIENTALES DEL SECTOR ELÉCTRICO

2.1 PRINCIPIOS CONSTITUCIONALES EN MATERIA MEDIOAMBIENTAL EN EL MARCO DE LA PRODUCCIÓN DE LA ENERGÍA ELÉCTRICA

Sin lugar a duda, la constitucionalización de los principios jurídico-tributarios, proporciona los más sólidos fundamentos para la culminación de la configuración jurídica del deber de contribuir: "*ordinaria juridicidad de un deber de base solidaria mediante el que su organiza el sostenimiento de los gastos públicos de acuerdo con un sistema de tributos fundado en la actuación de los principios de igualdad y generalidad*"[237].

Los principios que rigen el poder tributario quedan recogidos fundamentalmente en el **artículo 31 de la Constitución Española**, de necesario cumplimiento a la hora de elaborar cualquier figura tributaria.

Cuando reclamamos el cumplimiento de los principios constitucionales a la hora de elaborar cualquier tributo medioambiental eléctrico, no cuestionamos la libertad del legislador estatal (o autonómico) para establecer tributos como instrumentos de política económica, medioambiental, o social. La cuestión es, si tal intervención es constitucionalmente admisible a través de instrumentos normativos que carecen de la más mínima coherencia entre los fines declarados por el legislador y la actividad efectivamente gravada, esto es, en este caso, el objetivo de política económica que verdaderamente motiva la creación del tributo. Es de-

---

236 RODRÍGUEZ BEREIJO, A. (2011): *Igualdad tributaria y tutela constitucional. Un estudio de jurisprudencia*, op. cit., páginas 106 y siguientes.

237 ESCRIBANO LÓPEZ, F. (2002): "Algunas propuestas metodológicas para la (re)construcción de un Derecho Financiero del siglo XXI", *op. cit.*, página 32.

cir, no se pone en duda que el legislador tenga capacidad para crear un tributo como instrumento de intervención del mercado eléctrico para, o bien, corregir y financiar el "déficit de tarifa"[238], o bien para proteger al medioambiente, o para evitar el exceso de contaminación; el extremo controvertido es si puede hacerlo a través de figuras que supuestamente pretende una finalidad distinta, y si ello no supone una infracción de **la doctrina del Tribunal Constitucional** en materia de tributos extrafiscales, y, como consecuencia de ello, de los principios constitucionales que limitan el poder tributario del Estado, principios que siempre deben ser respetados pese a la libertad configurativa apuntada.

En este sentido, amén de la infracción de la doctrina constitucional en materia de tributos extrafiscales, estamos, como veremos más adelante, ante una serie de figuras impositivas, donde muchas de ellas quiebran **el principio de reserva de ley** en materia tributaria, produciéndose una **deslegalización**[239], así como los

---

238 LAVILLA RUBIRA, J. J. (2009): "El déficit tarifario en el sector eléctrico", en MUÑOZ MACHADO, S.; SERRANO GONZÁLEZ, M. L. y BACIGALUPO SAGGESE, M., *op. cit.*; MATEU DE ROS Y CEREZO, R. (2009): "El déficit de tarifa eléctrica: origen y regulación por el derecho positivo", en BECKER, F.; CAZORLA, L. M.; MARTÍNEZ-SIMANCAS, J. y SALA, J. M., *op. cit.*, páginas 351 y siguientes.

239 Vid.: CUBERO TRUYO, A. (2001): "La doble relatividad de la reserva de ley en materia tributaria. Doctrina constitucional", *Revista Española de Derecho Financiero, Cívitas*, número 109-110, páginas 241 y 242: "*el concepto de deslegalización debe quedar reservado para aquellos casos en los que una norma con rango de ley regula una materia no reservada a la ley y esa misma norma u otra posterior señala que esa materia podrá ser, en lo sucesivo, regulada por normas reglamentarias, evitando así la congelación de rango, esto es, deslegalizando lo que había sido elevado a rango legal*"; Así CALVO ORTEGA, R. y CALVO VÉRGEZ, J. (2021): *Curso de Derecho Financiero. I. Derecho Tributario. Parte general y Parte especial II. Derecho Presupuestario*, Thomson-Reuters, Cívitas, Cizur Menor, página 60, ha constatado que la preferencia de la ley "*juega un papel importante en términos de estabilidad normativa y seguridad jurídica*" afirmando que "*una materia no cubierta por la reserva de ley, pero sí por la preferencia encuentra una resistencia psicológica importante en la opinión pública para su deslegalización, lo que resulta en definitiva positivo*"; vid. también TORIBIO BERNÉRDEZ, L. (2023): "El defectuoso tratamiento de la reserva de ley en la Ley General Tributaria. Propuestas de mejora", *Revista Española de Derecho Financiero, Cívitas*, número 197, páginas 151 y siguientes: "*en aplicación de este, las Cámaras Legislativas quedan compelidas a llevar a cabo su particular responsabilidad dentro del sistema de separación de poderes, evitándose así que puedan traspasar al ejecutivo competencias que solo a ellas corresponden y garantizando el principio democrático frente a intervenciones en el ámbito de la libertad de los ciudadanos por parte del poder público. Es decir, no solo se trata de que sea el Parlamento quien deba encargarse de la*

principios de generalidad, igualdad y capacidad económica consagrados en el **artículo 31.1 de la Constitución**.

Recordemos que, junto con los límites competenciales, los tributos están en todo caso sujetos a los límites que dimanan del respeto a los principios constitucionales que disciplinan el poder tributario, todo ello, conforme a lo dispuesto en el citado **artículo 31.1 de la Constitución**.

Por tanto, un tributo que formalmente ha sido configurado y aprobado por el legislador como medioambiental, pero que, tras el examen de sus elementos estructurales, conforme a la doctrina del **Tribunal Constitucional** en materia de tributos extrafiscales[240], se revela como un tributo meramente contributivo, cuyo único objetivo es allegar nuevos ingresos para la Hacienda estatal, ***¿puede ser compatible con el adecuado respeto a los principios de reserva de ley en materia tributaria, así como con el resto de principios y límites que disciplinan el poder tributario contenidos en los artículos 133 y 31 de la Constitución?***

A fortiori, en muchas de estas figuras tributarias, irrumpen disposiciones reglamentarias aprobadas por la Administración, regulando aspectos esenciales del tributo, donde no podríamos más que concluir sin esfuerzo, que estaríamos ante un supuesto de desviación de poder proscrito por el **artículo 70.2 de la Ley de la Jurisdicción Contencioso-Administrativa**[241], dado que el poder tributario

---

regulación de una determinada materia, como si de una prerrogativa en su favor se tratara. Sino que el principio de reserva de ley encarna una obligación de la que el Legislativo no puede escabullirse"; véase también: GARCÍA DE ENTERRÍA, E. y FERNÁNDEZ RODRÍGUEZ, T. R. (2000): *Curso de Derecho Administrativo I*, Cívitas. Madrid, página 245; GARCÍA MACHO, R. (1988): *Reserva de Ley y potestad reglamentaria*, Ariel Derecho, Barcelona; MELERO ALONSO, E. (2004): "La flexibilización de la reserva de ley", *Revista Jurídica, Universidad Autónoma de Madrid*, número 10, páginas 109 y siguientes.

240 Cfr. CUBERO TRUYO, A. y GARCÍA BERRO, F. (2001): *El Derecho Financiero y Tributario en la Jurisprudencia del Tribunal Constitucional*, Mergablum.

241 Claro ejemplo ha sido la regulación reglamentaria del *canon por la utilización de las aguas continentales para la producción de la energía eléctrica*. Con carácter general ya en el Informe del Ministerio de Industria, Energía y Turismo de fecha 17 de julio de 2014 se venía a poner de manifiesto que, atendiendo al principio de legalidad tributaria, suscitaba dudas el fundamento legal de la diferenciación que, ya de entrada, se incluía en el artículo 1 del Borrador del Reglamento, al especificar este último precepto que el canon sería de aplicación en las cuencas intercomunitarias, no señalándose nada a este respecto en el Real Decreto Legislativo 1/2001, de 20 de julio, por el que se aprueba

el Texto Refundido de la Ley de Aguas. En parecidos términos se había pronunciado ya, apenas unos días antes, el Informe del Ministerio de Hacienda y Administraciones Públicas de 14 de julio de 2014. Igualmente, el citado principio de legalidad tributaria podía llegar a verse vulnerado al aludir el artículo 2 del Borrador del Reglamento únicamente a los concesionarios como contribuyentes, mientras que el apartado 3 del artículo 29 de la Ley 15/2012 se refiere, a concesionarios y, en su caso, a quienes se subroguen en aquellos. Todo ello tuvo su culmen con la **Sentencia 513/2021, de 15 de abril, de la Sala Tercera del Tribunal Supremo**. Subrayemos que la Sentencia afirma, al interpretar el contenido del artículo 112bis, apartado segundo del Texto Refundido de la Ley de Aguas ("*El devengo del canon se producirá con el otorgamiento inicial y el mantenimiento anual de la concesión hidroeléctrica y será exigible en la cuantía que corresponda y en los plazos que se señalen en las condiciones de dicha concesión o autorización*"), lo siguiente: "*En realidad, el precepto no se reduce a fijar una regla de mero devengo, esto es, la previsión del momento en que acaece el hecho imponible, sino que también incorpora el sometimiento a la condición legal o condictio iuris, expresada en lo que resulte de los plazos que se señalen en las condiciones de la concesión o autorización.* ***De esta declaración cabe inferir que no es exigible el canon hasta la revisión de las concesiones previas o el otorgamiento de las nuevas. La propia estructura de la tasa, basada en el valor de la producción, que ha de cuantificarse de conformidad con los usos e intensidades de uso permitidas por la concesión, como título habilitante, así lo impone de manera inexorable. En cualquier caso, el sentido de la norma está claro y no admite interpretaciones extensivas como la que propicia el reglamento. En particular, la ley no establece el devengo en una fecha fija o determinada***" *(la negrita es nuestra)*. Páginas 40 y 41: apartado 3. *Sobre la imputada retroactividad en grado máximo y extralimitación reglamentaria al respecto*, de la citada sentencia. Cfr. ARRIETA MARTÍNEZ DE PISÓN, J. (1991): *Régimen Fiscal de las aguas*, Cuadernos Cívitas, páginas 76 y 77: "*Regulación contra legem que hace el Reglamento en materia de recaudación del canon. Un supuesto similar a la anterior por cuanto se atenta contra el principio de jerarquía normativa, es el del artículo 311 del Reglamento. Sin detenernos de modo especial en ello (además de ser análogo aquel, resulta éste aún más evidente) cabe afirmar la nulidad de este precepto por modificar el régimen legalmente establecido. Si la Ley de Aguas señala que los sujetos pasivos del canon de regulación son los beneficiados, no puede el Reglamento establecer que el organismo de Cuenca podrá exigir el pago directamente a los obligados o, si así lo decidiera, a través de las Comunidades de Usuarios o de cualquier otro organismo representativo de los mismos. El Reglamento no puede constituir a las Comunidades de Usuarios o a otras entidades en sustitutos del contribuyente. Y no sólo porque vaya en contra del principio de jerarquía normativa, al no respetarse el contenido que por Ley se establece, sino también porque se vulnera el principio de reserva de ley, al regular materias (la determinación de los sujetos pasivos) que son propias y exclusivas de la ley (artículo 10.LGT)*". Vid. también CALVO VÉRGEZ, J. (2022): "El canon por la utilización de las aguas continentales para la producción de energía eléctrica", *Revista Aranzadi Doctrinal*, número 11; y MOLINA LEBRÓN, A. (2015): "El

ha sido ejercido enmascarando el verdadero fundamento que inspira la creación de muchos de estos tributos energéticos y en particular del IVPEE, esto es, la creación de un nuevo tributo meramente contributivo, que únicamente pretende allegar nuevos recursos económicos para la Hacienda estatal.

Pues bien, el hecho de que no exista una previsión expresa en nuestra Constitución que proscriba lo que, permítasenos la licencia, podríamos denominar "*desviación de poder de carácter legislativo en materia tributaria*" no quiere decir que tal límite constitucional no pueda inferirse lógicamente de la correcta aplicación de los principios de reserva de ley en materia tributaria, así como el resto de los principios constitucionales consagrados en los **artículos 133 y 31 de la Constitución**.

En efecto, el **principio de reserva de ley** en materia tributaria no solo demanda que la creación de tributos revista externamente la forma de ley, sino que, consciente el constituyente del extraordinario alcance que el ejercicio del poder tributario tiene en la esfera de los derechos de los contribuyentes, solo superado por el ejercicio del *ius puniendi*, impone, al residenciarlo en el poder legislativo, con todas las garantías que ello trae consigo, la existencia de una necesaria coherencia y conexión entre el fundamento que supuestamente inspira la creación del tributo y la regulación que finalmente se otorgue al mismo. Tal es el sentido que cabe atribuir al **artículo 31.3 de la Constitución** cuando señala que: "*Sólo podrán establecerse prestaciones personales o patrimoniales de carácter público con arreglo a la ley*"[242].

Adviértase que tal exigencia no constituye en modo alguno una cláusula o expresión vacía de significado, sino la constatación de un límite jurídico al ejercicio del poder tributario por parte del Estado cuya infracción debe traer consigo, necesariamente, la inconstitucionalidad de cualquier tributo que lo incumpla.

Canon a la Generación Hidroeléctrica. Problemas de inconstitucionalidad e incumplimiento del Derecho Comunitario", *Revista de Contabilidad y Tributación*, número 382.

242 Cfr. SIMÓN ACOSTA, E. (2010): "Reflexiones sobre los fundamentos de la legalidad y la reserva de ley en el Derecho Tributario", en ARRIETA MARTÍNEZ DE PISÓN, J., COLLADO YURRITA, M. A. y ZORNOZA PÉREZ, J. (Directores): *Tratado sobre la Ley General Tributaria: Homenaje a Álvaro Rodríguez Bereijo, Tomo I*, Thomson-Reuters Aranzadi, Cizur Menor, página 300: "*la ley se revela como expresión máxima de la voluntad popular, en el bien entendido de que la misma procede del órgano representativo que mejor refleja el pluralismo social. Y es precisamente esta acepción de la palabra ley la que entra en juego cuando hablamos del principio de reserva de ley*".

Por tanto, en supuestos como los que nos ocupa (la tributación medioambiental eléctrica), en el que el principio de reserva de ley ha sido formalmente respetado en la mayoría de ellos, dado que estos tributos, y en particular el IVPEE, nacen de una norma con rango de ley, pero materialmente burlado, en la medida en que estos tributos no responden a la finalidad declarada por el legislador, debemos concluir, a nuestro parecer, que estamos ante tributos viciados de inconstitucionalidad por infracción de los **artículos 133 y 31 de la Constitución**.

En efecto, la integración del **principio de reserva de ley** con el resto de principios constitucionales a los que el **artículo 31.1 de la Constitución** sujeta el ejercicio del poder tributario, permite concluir que cuando el legislador realiza una configuración del tributo extrafiscal meramente superficial o aparente, revelada la auténtica naturaleza jurídico-tributaria del tributo creado distinta de la declarada, el tributo deviene necesariamente en inconstitucional dado que en tal caso resultará imposible que satisfaga las exigencias que con carácter general el **artículo 31.1 de la Constitución** impone a los tributos fiscales o contributivos.

Así, desvelado el verdadero fundamento y finalidad de estos tributos, resulta evidente que estas figuras impositivas exceden claramente de la libertad de la que goza el legislador para la creación y configuración de nuevos tributos, dado que el correcto ejercicio de dicha libertad debe exigir que exista una mínima conexión entre dicha finalidad o fundamento de su creación y los elementos esenciales del tributo creado. Por ello, un tributo, cuya finalidad declarada es la protección del medioambiente, pero que únicamente persigue como fundamento auténtico allegar nuevos recursos económicos para la Hacienda estatal, entraña una quiebra flagrante de los principios constitucionales del **artículo 31 de la Constitución**, dado que no existe correlación entre la configuración de sus elementos esenciales, y la *última ratio* que ampara su creación.

La realidad es que, en los tributos medioambientales del sector eléctrico, y en particular en el IVPEE, no existe la más mínima conexión entre los elementos esenciales del tributo y la verdadera esencia o fundamento de su creación. Si el legislador quería corregir y financiar el *déficit de tarifa*, ésa debió haber sido la esencia o fundamentación del tributo sobre la que definir sus elementos estructurales. Es decir, si el fundamento de la creación del tributo, como exige la doctrina constitucional examinada, es la finalidad extrafiscal que lo inspira, lo sometido a gravamen, al definir su hecho imponible, deberían haber sido aquellas manifestaciones de riqueza conectadas con la generación del déficit de tarifa, imponiendo la carga tributaria a todos aquellos sujetos pasivos que participan en el mismo, cuantificando la base imponible del tributo sobre magnitudes anudadas al importe del déficit a corregir, y fijando un tipo de gravamen acorde con la finalidad realmente perseguida, y, por fin, limitando la medida aprobada temporalmente el período que dicha financiación exija. Esto es, debería existir la necesaria correlación entre aquella finalidad sobre la que se proyecta la libertad configurativa del legislador, y los elementos estructurales del tributo que finalmente se crean.

Por tanto, desnudado el tributo de su pretendida finalidad medioambiental, y reluciendo como un instrumento de intervención del mercado eléctrico con el objetivo de financiar el «*déficit de tarifa*», los tributos eléctricos, y en concreto el IVPEE, infringen, a nuestro entender, aunque hayan sido aceptados por el **Tribunal Constitucional**, de modo flagrante la doctrina constitucional en materia de tributos medioambientales, ya que la articulación de sus elementos estructurales no guarda conexión de ningún tipo con aquella finalidad que supuestamente constituye el fundamento de su creación, y, como consecuencia de ello, los principios constitucionales que rigen el poder tributario del Estado, singularmente, los de generalidad, igualdad tributaria y proporcionalidad.

El **principio de generalidad** está estrechamente vinculado al **principio de igualdad**, hasta el punto de constituir una exteriorización de éste, ya que con este principio se busca la ausencia de privilegios en el reparto de la carga fiscal para todos los obligados que demuestren la misma capacidad económica. El valor y los efectos del principio de generalidad se refuerzan en su integración con el resto de los principios constitucionales y sólo desde este punto de vista, como ha postulado el **Tribunal Constitucional**[243], puede entenderse su posible quiebra, que

243 Por todas, Sentencias 37/1987, de 26 de marzo; 186/1993, de 7 de junio; y 96/2002, de 25 de abril. En concreto esta última sentencia recoge que: "*aunque el legislador goza de un amplio margen de libertad en la configuración de los tributos, no correspondiendo a este Tribunal enjuiciar si las soluciones adoptadas en la ley son las más correctas técnicamente, sin embargo, sí estamos facultados para determinar si en el régimen legal del tributo el legislador ha vulnerado el citado principio de igualdad (SSTC 27/1981, de 20 de julio, FJ 4; 221/1992, de 11 de diciembre, FJ 4, 214/1994, de 14 de julio, FJ 5; y 46/2000, de 17 de febrero, FJ 4). Por este motivo, la exención o la bonificación —privilegio de su titular— como quiebra del principio de generalidad que rige la materia tributaria (art. 31.1 CE), en cuanto que neutraliza la obligación tributaria derivada de la realización de un hecho generador de capacidad económica, sólo será constitucionalmente válida cuando responda a fines de interés general que la justifiquen (por ejemplo, por motivos de política económica o social, para atender al mínimo de subsistencia, por razones de técnica tributaria, etc.), quedando, en caso contrario, proscrita, pues no hay que olvidar que los principios de igualdad y generalidad se lesionan cuando "se utiliza un criterio de reparto de las cargas públicas carente de cualquier justificación razonable y, por tanto, incompatible con un sistema*

sólo puede responder a fines de interés general que cuenten con una justificación razonable y proporcionada.

La generalidad será así componente inexcusable del concepto de tributo, no virtud adjetiva de la institución. Sólo habrá tributo, desde la perspectiva constitucional, si desaparece el privilegio, es decir, si todos son llamados al sostenimiento del gasto público sin excepciones. El *instrumento constitucional* de financiación del gasto público será el tributo exigido a todos y el *medio* "*un sistema tributario justo e inspirado en los principios de igualdad y progresividad*". Principio de generalidad, como elemento conceptualmente necesario de la idea constitucional de tributo, y principio de igualdad como ingrediente imprescindible para la justicia del sistema tributario como instrumento de financiación del gasto público[244].

Dentro de la referida libertad de la que dispone el legislador para el establecimiento de tributos, el principio de generalidad, aplicado a los tributos medioambientales, obliga a que todos los sujetos que demostrasen la capacidad contaminante pretendidamente gravada quedaran configurados como sujetos pasivos del tributo en cuestión, atendiendo obviamente a su aptitud contaminante como

---

tributario justo como el que nuestra Constitución consagra en el art. 31" (STC 134/1996, de 22 de julio, FJ 8)" (Fundamento Jurídico Séptimo). Vid. SERRANO MORENO, J. L. (1990), "La Constitución ambiental", *Anuario de Derecho Público de Estudios Políticos*, número 2, página 207; RODRÍGUEZ BEREIJO, A. (1992), "El sistema tributario en la Constitución (Los límites del poder tributario en la jurisprudencia del Tribunal Constitucional)", *Revista Española de Derecho Constitucional*, número 36, página 15 y siguientes.

244 Esta podría ser la máxima expresión resumida, del perfil constitucional del deber de contribuir en la Sentencia del Tribunal Constitucional 27/1981, de 20 de julio: "*Pero si la interpretación que precede tiende a posibilitar el uso ponderado del sistema tributario mediante la adecuación de lo que sea preciso para, sin modificación sustancial, realizar la política económica que reclame cada momento, en cooperación del Ejecutivo y las Cortes Generales, no cabe omitir, en tal supuesto y menos cuando se tratara de una verdadera modificación, los imperativos del art. 31.1 de la Constitución que, al obligar a todos a contribuir al sostenimiento de los gastos públicos, ciñe esta obligación en unas fronteras precisas: la de la capacidad económica de cada uno y la del establecimiento, conservación y mejora de un sistema tributario justo e inspirado en los principios de igualdad y progresividad. A diferencia de otras Constituciones, la española, pues, alude, expresamente, al principio de la capacidad contributiva y, además, lo hace sin agotar en ella —como lo hiciera cierta doctrina— el principio de justicia en materia contributiva. Capacidad económica a efectos de contribuir a los gastos públicos, tanto significa como la incorporación de una exigencia lógica que obliga a buscar la riqueza allí donde la riqueza se encuentra*" (Fundamento Jurídico Cuarto).

criterio modulador de la intensidad del gravamen impuesto. En el caso, en concreto, del IVPEE, desnudado su carácter medioambiental, el respeto al principio de generalidad obligaría a modificar el espectro de sujetos pasivos del impuesto, dado que no queda justificado por qué los productores de energía eléctrica deben contribuir en mayor medida que el resto de los obligados tributarios al sostenimiento del gasto público. Idéntica conclusión se alcanza desde la perspectiva del principio de igualdad, dado que no existe justificación para gravar de modo tan acentuado la producción de energía eléctrica y no, por ejemplo, otra fuente de generación de energía. Dicho en palabras más sencillas, si el legislador ha atendido en el diseño, por ejemplo del IVPEE, a la finalidad medioambiental de la que pretendía dotarlo, evidenciada la ausencia de ésta, nos encontramos con un tributo contributivo que en su creación no ha tenido en cuenta las exigencias generales que los principios consagrados en el **artículo 31 de la Constitución**, estableciendo discriminaciones que ya no pueden quedar constitucionalmente cobijadas en una naturaleza extrafiscal inexistente[245].

La falta de generalidad en la aplicación de los tributos provocará, al tiempo, una desigualdad de trato, es decir, una injusta distribución de la carga.

Asimismo, recordemos que los **principios de igualdad y progresividad**[246] conforman e integran la noción de **justicia tributaria**[247]. Estos dos principios

245 Cfr. ESCRIBANO LÓPEZ, F. (2002): "Algunas propuestas metodológicas para la (re) construcción de un Derecho Financiero del siglo XXI", *I Jornada Metodológica "Jaime García Añoveros"*, op. cit., página 33: "*Es la constitucionalización de los principios (jurídico financieros) lo que proporcionará los más sólidos fundamentos para la culminación de la configuración jurídica del deber de contribuir: ordinaria juridicidad de un deber de base solidaria mediante el que se organiza el sostenimiento de los gastos públicos de acuerdo con un sistema de tributos fundado en la actuación de los principios de igualdad y generalidad*".

246 El principio de progresividad ha estado presente desde prácticamente los orígenes de la tributación. Resulta curioso, que allá por el siglo III a. C., las Leyes de Manu, recogieran que: *"Para que la dura obligación de pagar impuestos, no sea injustamente sentida, los tributos deben contemplar el total de los ingresos, porque no es justo que el ciudadano que gana 100 rupias, pague el 10%, y que pague también ese porcentaje quien gana 1.000 e incluso diez veces mil"*. Las Leyes de Manu, es un importante texto sánscrito de la sociedad antigua de la India. Según el texto, esas doctrinas fueron dictadas por el sabio indio Manu (quien en el hinduismo es el antepasado común de toda la humanidad). Cfr. "Historia de los impuestos", en, https://curiosfera-historia.com/historia-de-los-impuestos/.

247 Vid. FERREIRO LAPATZA, J. J. (2005): *La justicia tributaria en España*, Marcial Pons.

constituyen el núcleo cordial del sistema tributario justo, y deben ser completados por el resto de los principios constitucionales-financieros[248].

El **principio de igualdad tributaria** despliega sus efectos en un doble plano. Por una parte, obliga a que las situaciones económicamente iguales sean tratadas de igual manera, y, por otra, garantiza también, como ha señalado el **Tribunal Constitucional en su Sentencia 8/1986, de 21 de enero,** posibles desigualdades o discriminaciones siempre que estén justificadas y respondan a otros criterios amparados por el ordenamiento jurídico[249].

El sistema tributario, medio para conseguir la financiación de los gastos públicos, sólo será justo, si su configuración está inspirada en los principios de igualdad y progresividad: "*el legislador constituyente ha dejado bien claro que el sistema justo que se proclama no puede separarse, en ningún caso, del principio de progresividad ni del principio de igualdad*"[250], por lo que "*es por ello —porque la igualdad que aquí se reclama va íntimamente enlazada al concepto de capacidad económica y al principio de progresividad— por lo que no puede ser, a estos efectos, simplemente reconducida a los términos del art. 14 CE: una cierta desigualdad*

248 En tal sentido, la **Sentencia del Tribunal Constitucional 27/1981, de 20 de julio**, mantiene que: "*lo que debe entenderse por justo a efectos tributarios (...) no puede separarse, en ningún caso, del principio de progresividad, ni del principio de igualdad*".

249 Así recoge la citada sentencia: "*Pero, como también ha señalado este T.C., el art. 14 de la C.E. no implica la necesidad de que todos los españoles se encuentren siempre, en todo momento y ante cualquier circunstancia, en condiciones de absoluta igualdad (Sentencia 83/1984, de 24 de julio, entre otras). Sin perjuicio del deber de todos los poderes públicos de procurar la igualdad real, el derecho fundamental que el art. 14 de la C.E. confiere a todos los españoles lo es a la igualdad jurídica, es decir, a no soportar un perjuicio —o una falta de beneficio— desigual e injustificado en razón de los criterios jurídicos por los que se guía la actuación de los poderes públicos. Naturalmente, se trata de los criterios jurídicos normativos, contenidos en las normas jurídicas, así como los criterios jurídicos adoptados para la aplicación de las normas, puesto que, como tantas veces ha señalado este T.C., la igualdad a que se refiere el art. 14 de la C.E. lo es ante la ley y ante la aplicación de la ley. Lo que no protege dicho precepto constitucional, como derecho fundamental, es la legítima aspiración a la igualdad material o de hecho, frente a desigualdades de trato que no derivan de criterios jurídicos discriminatorios, sino de otras circunstancias objetivas y razonables. Pero en el recurso de amparo, como es obvio y deriva de lo dispuesto en el art. 53.2 de la C.E. y en la Ley Orgánica de este T.C., sólo pueden hacerse valer las pretensiones que se deduzcan en relación con presuntas violaciones de los derechos fundamentales y, entre ellos, del derecho a la igualdad jurídica reconocido en el citado art. 14 de la C.E.*".

250 Sentencia del Tribunal Constitucional 27/1981, de 20 de julio.

cualitativa es indispensable para mantener cumplido este principio"[251]. Esta desigualdad cualitativa, es precisamente la que se introduce mediante la aplicación del principio de progresividad.

El principio de **capacidad económica** en los tributos extrafiscales del sector eléctrico, como recogimos con detalle en el Capítulo anterior, tiene una finalidad que es ajena al mero reparto de la carga fiscal entre los contribuyentes. Estas normas extrafiscales producen una desviación del principio de capacidad económica que sólo puede ser constitucionalmente admisible:

- cuando persigan un fin legítimo,
- resulten idóneas para alcanzarlo,
- supongan la mínima desviación posible de las reglas generales de reparto de las cargas tributarias y,
- supongan un beneficio para el interés general superior a la relativa injusticia que ocasionan.

Cuando una norma tenga una finalidad puramente recaudatoria no está justificada en modo alguno una desviación del principio de capacidad económica[252].

---

251 Sentencia del Tribunal Constitucional 27/1981, de 20 de julio.

252 Cfr. HERRERA MOLINA, P. M. (2002): "¿Existe un principio general de justicia financiera?", *I Jornada Metodológica "Jaime García Añoveros", Sobre la metodología académica y la enseñanza del Derecho Financiero y Tributario,* Instituto de Estudios Fiscales, 1 de febrero de 2002, página 275: "*por otra parte, dentro del ordenamiento impositivo existen numerosos preceptos cuya finalidad es ajena al mero reparto de la carga fiscal entre los contribuyentes. Tales normas extrafiscales producen una desviación del principio de capacidad económica que puede ser constitucionalmente admisible, pero sólo cuando persigan un fin legítimo, resulten idóneas para alcanzarlo, supongan la mínima desviación posible de las reglas generales de reparto de las cargas tributarias y supongan un beneficio para el interés general superior a la relativa injusticia que ocasionan. Cuando una norma tenga una finalidad puramente recaudatoria —como el Impuesto sobre Actividades Económicas— no está justificada en modo alguno una desviación del principio de capacidad económica*"; En este sentido cfr. ANÍBARRO PÉREZ, S. (1997): *La sujeción al Impuesto sobre Actividades Económicas,* McGraw Hill, Madrid, páginas 202 y 203. cf. también FALCÓN Y TELLA, R. (2001): "La inconstitucionalidad declarada del Impuesto balear sobre instalaciones que inciden en el medio ambiente y la previsible inconstitucionalidad del Impuesto catalán sobre grandes superficies y del proyectado Impuesto extremeño sobre el ahorro", *Quincena Fiscal,* número 5, páginas 5 y siguientes; vid. también RUIZ ALMENDRAL, V. y ZORNOZA PÉREZ, J. (2004), "El Impuesto sobre Grandes

Dicho cuanto antecede, el examen de constitucionalidad de un tributo, entendemos que no debe quedar reducido a los **principios de capacidad económica** y **no confiscatoriedad,** sino que, resultara pertinente examinarlo a la luz de todos los principios dimanantes del **artículo 31.1 de la Constitución** a los que se somete el poder tributario estatal o el poder tributario autonómico. Dado que la acreditada ausencia de finalidad medioambiental del tributo desemboca, como corolario necesario, en una incorrecta articulación de todos los elementos esenciales que componen el tributo, en franca contradicción con las exigencias de los principios de generalidad, igualdad tributaria o progresividad.

Así, la naturaleza jurídico-tributaria, extrafiscal o contributiva, condiciona necesariamente la interpretación y aplicación de estos principios constitucionales consagrados en el **artículo 31.1 de la Constitución**, dado que en el caso de los tributos medioambientales:

i. El **principio de generalidad** impone que se sometan a tributación todos aquéllos que manifiesten su capacidad para contaminar,

ii. El **principio de igualdad** exige que se imponga el gravamen a todos los que manifiesten una misma capacidad de contaminar,

iii. El **principio de capacidad económica** se mide en términos de capacidad contaminante. A mayor capacidad contaminante, mayor debe ser el gravamen a soportar,

iv. El **principio de no confiscatoriedad** exige que la presión extrafiscal que se impone no convierta la actividad sometida a gravamen, en una actividad antieconómica,

v. El **principio de progresividad** impone que los tributos medioambientales atiendan a la actitud del sujeto pasivo frente a la contaminación, incorporando incentivos o beneficios fiscales para aquéllos que modifiquen su comportamiento en beneficio del medioambiente.

Así, la interpretación de tales principios en el ámbito de los tributos extrafiscales no es equivalente a la que corresponde en los tributos contributivos, como de forma constante ha señalado el Tribunal Constitucional. Así, es doctrina constitucional consolidada, que tales principios se analizan en los tributos

---

Establecimientos Comerciales. Análisis constitucional", *Nueva Fiscalidad,* número 10, páginas 9 y siguientes.

medioambientales desde el punto de vista del impacto contaminante[253]. Es decir, los tributos medioambientales someten a gravamen el impacto medioambiental. Son sujetos pasivos, contribuyentes, quienes provocan los impactos negativos en el medioambiente. La base imponible de los tributos atiende al mayor o menor impacto gravado, y, los supuestos de exención o las bonificaciones tienen en cuenta el mayor o menor esfuerzo de los sujetos pasivos para adaptar su conducta al impacto medioambiental que se pretende proteger, toda vez que la finalidad inherente a este tipo de figuras impositivas, esto es, la protección o mejora del medioambiente, es lo que constituye su razón de ser y de su existencia.

Partiendo de todo ello, cabe plantearse si, desnudado el tributo de su pretendido barniz extrafiscal (huelga decir, como veremos más adelante, que ello le puede llevar además a problemas de doble imposición), ***¿qué justifica que algunos de estos impuestos medioambientales graven exclusivamente a los productores de energía eléctrica? ¿Por qué sólo se grava la electricidad?***

Por tanto, la duda de constitucionalidad que subyace en la mayoría de estos tributos medioambientales del sector eléctrico, es si el ejercicio de esa libertad configurativa, de la que se ha servido el legislador estatal para crearlos, puede considerarse respetuoso con los principios del **artículo 31.1 de la Constitución**, cuando, en este caso, no existe conexión entre el fundamento de creación del tributo, aquello que motiva y mueve al legislador para crear el tributo, y la selección y configuración de sus elementos esenciales. Es decir, cuando no existe coherencia entre tal configuración y la finalidad auténtica revelada; entre el hecho imponible efectivamente definido como concreción jurídica de la manifestación de riqueza o capacidad económica realmente gravada y aquélla que verdaderamente señala el fundamento de su creación.

A criterio nuestro, cuando exista dicha coherencia o conexión interna entre el fundamento de creación del tributo y la configuración de sus elementos esenciales, el legislador habrá respetado las exigencias que dimanan de los principios consagrados en el **artículo 31 de la Constitución**. Sin embargo, cuando no exista tal coherencia o conexión entre el fundamento del tributo y la determinación de sus elementos estructurales, el tributo es necesariamente inconstitucional y contrario a los principios de reserva de ley, generalidad, igualdad, progresividad, capacidad económica y no confiscatoriedad, dado que ni el hecho imponible

253 Tal como lo han señalado, entre otras, la Sentencias del Tribunal Constitucional 289/2000, de 30 de noviembre, y 179/2006 de 13 de junio.

guarda relación con la manifestación de riqueza o capacidad económica que justifica el gravamen, ni los sujetos pasivos son quienes manifiestan tal capacidad, ni la base imponible o el tipo de gravamen guardan relación con los aspectos sustantivos sobre los que se articula la actuación del legislador y ampara su poder de imposición coactivo (entendido como la capacidad para ordenar jurídicamente la obtención de ingresos).

El respeto a los principios del **artículo 31.1 de la Constitución** impone que todos aquéllos que ostenten un posición jurídica y fáctica idéntica respecto del fundamento auténtico de la creación del tributo, el "déficit de tarifa" (fundamento para los principales tributos estatales que rigen el sector eléctrico), queden gravados por el mismo, es decir, no solo los productores de energía eléctrica, sino todos los agentes que participan de la explotación económica unificada del sistema.

Así, como corolario necesario, estos tributos, infringen los principios recogidos en el **artículo 31.1 de la Constitución**, toda vez que su configuración se realiza sin respetar los criterios que deben regir en los tributos contributivos.

2.2 LA PROCLAMADA EXTRAFISCALIDAD DE LOS APARENTES TRIBUTOS MEDIOAMBIENTALES EN LAS EXPOSICIONES DE MOTIVOS DE LAS LEYES QUE LOS REGULAN

La mayoría de los Preámbulos de estas Leyes justifican la imposición de estos aparentes tributos medioambientales, con la finalidad de armonizar nuestro sistema fiscal con un uso más eficiente y respetuoso con el medioambiente y la sostenibilidad.

Esta meritoria finalidad medioambiental dice responder al mandato del **artículo 45 de la Constitución Española**, la protección del medioambiente, y reconocen que estas Leyes pretende servir de estímulos para mejorar los niveles de eficiencia energética y asegurar una mejor gestión de los recursos naturales para seguir avanzando en un nuevo modelo de desarrollo sostenible, tanto desde el punto de vista económico y social, como medioambiental.

Estos Preámbulos no hacen más que revestir de un barniz medioambiental a estos tributos[254], ya que la realidad está en que los mismos no son más que tribu-

254 La doctrina mayoritaria ha defendido la función fiscal o recaudatoria de la tributación energética en España por encima de la extrafiscal, el profesor BORRERO MORO,

tos meramente recaudatorios que acaban gravando de una manera desproporcionada en la mayoría de los casos, a la actividad de generación de energía eléctrica, en forma discriminatoria e incluso perjudicial para la misma si la comparamos con el resto de actividades productivas, creando incluso una distorsión competitiva que perjudica a todas las empresas de generación eléctrica en España, efectos todavía más grave debido al hecho de que el mercado español está integrado con el de Portugal en el llamado Mercado Ibérico de la Electricidad (MIBEL)[255].

C. (2007), ha sido bastante crítico, llamándola *"la tributación estatal pretendidamente ambiental sobre la energía"*, en "Un sueño frustrado. (La tributación estatal pretendidamente ambiental sobre la energía)", *Revista Quincena Fiscal*, número 3-4, páginas 11 y siguientes.

255 Decisión adoptada conjuntamente por España y Portugal en el Acuerdo de Santiago de Compostela en el año 2004. El Mercado ibérico de la Electricidad es el resultado de un proceso de cooperación desarrollado por los gobiernos de España y Portugal, con el fin de promover la integración de los sistemas eléctricos de ambos países, y que supuso un avance importante en la integración económica. Los resultados que se derivan de ello constituyen una importante contribución, no sólo a la consecución del mercado de la electricidad en la Península Ibérica, sino también a nivel europeo, como un paso importante hacia la construcción del mercado interior de la energía. OMIE (Operador del Mercado Ibérico de Energía - Polo Español) gestiona el mercado spot de MIBEL (programa de funcionamiento de las centrales), que comprenden un mercado diario y seis mercados intradiarios. Por otra parte, OMIP (Operador del Mercado Ibérico de Energía - Polo Portugués) gestiona el mercado de derivados de MIBEL. Las compañías productoras de energía eléctrica han de realizar diariamente ofertas económicas para vender su electricidad mediante el mercado mayorista, organizado por el Operador del Mercado Eléctrico (OMEL). Las ofertas se cruzan con las demandas realizadas a su vez por los comercializadores, las distribuidoras y algunos grandes consumidores. La casación de oferta y demanda, partiendo de la oferta más barata hasta igualarla con la demanda, permite obtener el precio de la electricidad, que corresponderá a la última oferta casada. La Comisión Nacional de los Mercados y la Competencia, bajo la supervisión del Ministerio de Economía y Competitividad, garantiza la función de regulador y vela por el correcto funcionamiento del mercado liberalizado. El operador de la red de transporte, Red Eléctrica de España, garantiza el funcionamiento del sistema y la gestión técnica de la red. Cfr. ARNEDILLO NERA, O. (2023): "Modelos de mercado eléctrico: paradigma competitivo y alternativas de diseño", *Ministerio de Industria, Comercio y Turismo, https://www.mincotur.gob.es/Publicaciones/Publicacionesperiodicas/EconomiaIndustrial/RevistaEconomiaIndustrial/364/39.pdf.*
Cfr.https://www.mibel.com/es/home_es/#:~:text=Mercado%20Ibérico%20de%20la%20Electricidad,sistemas%20eléctricos%20de%20ambos%20países.

No podemos olvidar que es **doctrina consolidada del Tribunal Constitucional**[256] analizar la Exposición de Motivos de los tributos para fijar su verdadera naturaleza y finalidad, sin perjuicio del necesario estudio conjunto de sus elementos estructurales. El preámbulo se integra en la disposición normativa, forma parte del texto legal, tiene valor jurídico, aunque no normativo y sirven principalmente como criterio de interpretación de la voluntad del legislador[257].

Pero tampoco podemos olvidar que el propio **Tribunal Constitucional** ha reconocido, que las declaraciones recogidas en la parte expositiva sobre la finalidad de los tributos deben plasmarse en la regulación de sus elementos estructurales. Cuando esa congruencia no se produce debe primar el análisis de los elementos estructurales del tributo sobre la simple declaración recogida en la exposición de motivos[258]. La calificación de un tributo requiere una interpretación global del mismo, y del análisis de los elementos estructurales, como veremos más adelante. Podemos afirmar, que el pretendido carácter medioambiental recogido en la mayoría de las exposiciones de motivos de las Leyes medioambientales del sector eléctrico se aleja a medida que se analizan los elementos estructurales del mismo.

---

256 Vid. Sentencias del Tribunal Constitucional 289/2000, de 30 de noviembre; 168/2004, de 6 de octubre; 179/2006, de 13 de junio, entre otras.

257 Vid. Sentencias Tribunal Constitucional 36/1981, de 12 de noviembre; 150/1990, de 4 de octubre; 90/2009, de 20 de abril, entre otras. En este sentido la Resolución de 28 de julio de 2005, de la Subsecretaría del Ministerio de la Presidencia, por la que se da publicidad al Acuerdo del Consejo de Ministros, de 22 de julio de 2005, recoge que las exposiciones de motivos deben cumplir la función de describir su contenido, indicando su objeto y finalidad, sus antecedentes y las competencias y habilitaciones en cuyo ejercicio se dicta. Si es preciso, resumirá sucintamente el contenido de la disposición, a fin de lograr una mejor comprensión del texto, pero no contendrá partes del texto articulado. Se evitarán las exhortaciones, las declaraciones didácticas o laudatorias u otras análogas.

258 Vid. Sentencia Tribunal Constitucional 289/2000, de 30 de noviembre. El Tribunal Constitucional niega al impuesto balear sobre instalaciones que inciden en el medio ambiente su pretendida finalidad medioambiental porque dicha finalidad no se reflejaba en la regulación positiva de sus elementos estructurales, a pesar de que en la exposición de motivos de la Ley 12/1991, de 20 de diciembre, se indicaba expresamente que se trataba de un impuesto dirigido a compensar la internalización de los costes derivados de determinadas actuaciones contaminantes.

En efecto, y centrando el estudio en la **Ley 15/2012, de 27 de diciembre de medidas fiscales para la sostenibilidad energética**, y que creó entre otros el IVPEE, carece de la finalidad extrafiscal que propugna su preámbulo, y se configura en la práctica como una norma de marcado carácter contributivo cuyo objetivo fundamental es el de allegar nuevos recursos económicos que permitan reducir el *déficit de tarifa*. Ello trae consigo la infracción de los principios constitucionales de capacidad económica, generalidad, igualdad tributaria y progresividad. Pasemos a analizar estas infracciones de manera particulariza tomando como ejemplo, la **Ley 15/2012**, y el IVPEE.

2.2.1 Ausencia de finalidad extrafiscal del Impuesto sobre el Valor de la Producción de la Energía Eléctrica

a) La finalidad declarada en el Preámbulo de la Ley 15/2012, de 27 de diciembre, de Medidas fiscales para la Sostenibilidad Energética

El **Preámbulo de la Ley 15/2012** comienza señalando que esta Ley tiene como objetivo armonizar nuestro sistema fiscal con un uso más eficiente y respetuoso con el medioambiente y la sostenibilidad, "*valores que inspiran esta reforma de la fiscalidad, y como tal en línea con los principios básicos que rigen la política fiscal, energética, y por supuesto ambiental de la Unión Europea*".

El fundamento de esta Ley, según se señala, se residencia en el **artículo 45 de la Constitución Española**, precepto en el que la protección del medioambiente es configurada como uno de los principios rectores de las políticas sociales y económicas. Por ello, se reconoce que la nueva Ley pretende servir de estímulo para mejorar los niveles de eficiencia energética y asegurar una mejor gestión de los recursos naturales para seguir avanzando en un nuevo modelo de desarrollo sostenible, tanto desde el punto de vista económico y social, como medioambiental.

Para ratificar este objetivo, en el debate del **Proyecto de Ley**, en el Congreso de los Diputados se incorporó un nuevo párrafo con el siguiente tenor:

> *"En la sociedad actual, la incidencia, cada vez mayor de la producción y el consumo de energía en la sostenibilidad ambiental requiere de un marco normativo y regulatorio que garantice a todos los agentes el adecuado funcionamiento del modelo energético que, además, contribuya a preservar nuestro rico patrimonio ambiental".*

Así, continúa señalando el **apartado I del Preámbulo**, la reforma introducida por la **Ley 15/2012** pretende:

> *"La integración de las políticas medioambientales en nuestro sistema tributario, en el cual tienen cabida tanto tributos específicamente ambientales, como la posibilidad de incorporar el elemento ambiental en otros tributos ya existentes. Los valores y objetivos que informan la presente Ley tienen vocación transversal y por lo tanto deben ser un eje básico de la coherencia de las medidas sectoriales, especialmente cuando inciden en un sector de tanto impacto económico y ambiental para el país como es el sector energético".*

El tenor literal del **apartado I del Preámbulo** persigue destacar la finalidad medioambiental de las figuras tributarias que se incorporan en la nueva Ley. Así se deduce cuando el párrafo tercero del referido apartado indica que uno de los ejes de la reforma es la "*internalización de los costes medioambientales derivados de la producción de la energía eléctrica*". La propia confesión del legislador de que "*uno de los ejes*" de la reforma es la internalización de los costes medioambientales permite el reconocimiento de otros ejes o finalidades, que, si bien no se especifican en el **apartado I**, se aprecian de inmediato, como veremos, en el **apartado II** del mismo preámbulo.

Este **apartado II** comienza reconociendo que el establecimiento del IVPEE responde a la finalidad de favorecer el "*equilibrio presupuestario*". Este Impuesto, agrega el mismo **apartado II**, "*grava la realización de actividades de producción e incorporación al sistema eléctrico de energía eléctrica en el sistema eléctrico español*". Junto al reconocimiento de la finalidad del "*equilibrio presupuestario*", se vuelve a conectar dicho Impuesto con los indudables efectos medioambientales de las instalaciones de producción de energía, finalidades extrafiscales que no se recogían en la redacción inicial del anteproyecto[259].

Lo que no hace el preámbulo de la **Ley 15/2012**, es aclarar lo que debe entenderse por "*equilibrio presupuestario*", concepto que puede colegirse de su **Disposición Adicional Segunda**, según la cual:

> *"En las Leyes de Presupuestos Generales del Estado de cada año se destinará a financiar los costes del sistema eléctrico previstos en el artículo 16 de la Ley 54/1997, de 27 de noviembre, del Sector Eléctrico, un importe equivalente a la suma de los siguientes:*
>
> *a) La estimación de la recaudación anual correspondiente al Estado derivada de los tributos y cánones incluidos en la presente Ley.*

---

[259] Las enmiendas presentadas en el Congreso de los Diputados se recogen en el Boletín Oficial de las Cortes Generales, Congreso de los Diputados, X Legislatura, número 25-2, de 6 de noviembre de 2012. Las propuestas en el Senado en el Boletín Oficial de las Cortes Generales, Senado, número 130, de 4 de diciembre de 2012.

b) El ingreso estimado por la subasta de los derechos de emisión de gases de efecto invernadero, con un máximo de 500 millones de euros".

El correspondiente **Proyecto de Ley** articulaba inicialmente, como hemos apuntado ya, un grado de afectación indeterminado o velado, al disponer que "*podrán tenerse en cuenta*" el importe de los ingresos de los impuestos propuestos en la asignación de créditos presupuestarios para financiar determinados costes del sistema eléctrico. En la redacción inicial, pues, la afectación no era exigible de forma automática, era una mera posibilidad. La redacción final fue consecuencia de la aprobación de enmiendas a lo largo de la tramitación parlamentaria.

En todo caso, la consolidación de la afectación en los términos expuestos aleja a los nuevos tributos de su finalidad medioambiental y ratifica, como pormenorizamos en el apartado siguiente, su verdadero carácter contributivo.

b) Verdadera finalidad del tributo analizado

El **apartado II del Preámbulo** comienza reconociendo que, el establecimiento de estos impuestos, entre los que se encuentra el IVPEE, responde a la finalidad de favorecer el "*equilibrio presupuestario*". El IVPEE, añade el mismo **apartado II**, "*grava la realización de actividades de producción e incorporación al sistema eléctrico de energía eléctrica en el sistema eléctrico español*".

Junto al reconocimiento de la finalidad del "equilibrio presupuestario", se vuelve a conectar dicho Impuesto con los indudables efectos medioambientales de las instalaciones de producción de energía, finalidades extrafiscales que no se recogían en la redacción inicial del anteproyecto.

Sin perjuicio del análisis de los elementos estructurales del impuesto examinado, que abordaremos posteriormente, y que nos permitirá formular una conclusión definitiva sobre su carácter y finalidad, el propio Ministro de Industria, Energía y Turismo dejó claro desde el primer momento los verdaderos objetivos de los gravámenes regulados en la **Ley 15/2012**.

En efecto, tanto de las declaraciones del Ministro en la rueda de prensa posterior al **Consejo de Ministros (14 de septiembre de 2012)**[260] que acordó la remisión a las Cortes del correspondiente Proyecto de Ley, como en la presentación y defensa del Proyecto en el Congreso de los Diputados se deduce con niti-

---

260 www.lamoncloa.gob.es/ConsejodeMinistros/Resumenes/2012/140912-consejo.htm

dez que el objetivo principal y directo no es otro que el de la obtención de ingresos para compensar el *déficit tarifario* de la energía eléctrica. Así, los argumentos medioambientales señalados por el Ministro y el resto de referencias al adecuado funcionamiento del sistema y a la mejora de los niveles de eficiencia, no dejan de ser consideraciones con cierto barniz ecologista con las que se pretende diluir la verdadera finalidad contributiva de los nuevos tributos.

Por otro lado, la relación directa de la **Ley de Medidas Fiscales para la Sostenibilidad Energética** con la retribución del sistema eléctrico se plasma también en su **Disposición Final Primera**, que modifica el **apartado 2 del artículo 15 de la Ley 54/1997, de 27 de noviembre, del Sector Eléctrico**, a cuyo tenor:

> *"2. Los costes de las actividades reguladas, incluyendo entre ellos los costes permanentes de funcionamiento del sistema y los costes de diversificación y seguridad de abastecimiento, serán financiados mediante los ingresos recaudados por peajes de acceso a las redes de transporte y distribución satisfechos por los consumidores y los productores, así como por las partidas provenientes de los Presupuestos Generales del Estado".*

A nuestro entender, la conclusión es que, con independencia de las declaraciones recogidas en el primer apartado del **Preámbulo de la Ley 15/2012**, la finalidad última de los nuevos impuestos, expresamente confirmada en el marco parlamentario por el propio Ministro de Industria, Energía y Turismo, y destacada también por los representantes de numerosos grupos parlamentarios, es la de obtener fondos para reducir el déficit tarifario, lo que predetermina claramente su carácter contributivo por encima de cualquiera otra finalidad extrafiscal o medioambiental.

Asimismo, resulta también ilustrativo, que la solución por la que finalmente se decantó el legislador, ignora las reflexiones de la **Comisión Nacional de Energía de su dictamen 4/2012**[261], que abogaban por una mayor carga tributaria sobre los hidrocarburos, en línea con las políticas de la Unión Europea.

Tal circunstancia se vio corroborada con la entrada en vigor del **Real Decreto-ley 15/2018, de 5 de octubre**, de medidas urgentes para la transición energética y la protección de los consumidores por el que se adoptan una serie de medidas fiscales con el objetivo principal de moderar la evolución de los precios en el mercado mayorista de electricidad. Entre ellas, se exoneraba del IVPEE a la electricidad producida e incorporada al sistema eléctrico durante seis meses

---

261 https://www.cnmc.es/expedientes/cne0412

(prorrogada la suspensión hasta el ejercicio 2023, donde de nuevo comienza a aplicarse a partir de 2024[262]), coincidentes con los meses de mayor demanda y mayores precios en los mercados mayoristas de electricidad, al margen de las consideraciones medioambientales que de ello se deriven.

Como hemos apuntado ya, y a continuación analizaremos, ninguno de los requisitos o finalidades de los tributos medioambientales se cumplen en los supuestos analizados. Debemos recordar a tal efecto que, como ha señalado el **Tribunal Constitucional en su Sentencia 122/2012, de 5 de junio**:

> *"la finalidad extrafiscal tendrá que aparecer reflejada en la estructura del impuesto y plasmarse en su hecho imponible, y no será suficiente para considerar que un tributo es primordialmente extrafiscal, y diferenciarlo de otro básicamente fiscal, con introducir en sus elementos coyunturales o accesorios». En el tributo primordialmente extrafiscal «la intentio legis del tributo, mantiene el Tribunal Constitucional, «no es crear una nueva fuente de ingresos públicos con fines estrictamente fiscales o redistributivos» (STC 37/1987, de 26 de marzo, FJ 13), no es el mero gravamen de una manifestación de riqueza, de capacidad económica exteriorizada, sino coadyuvar a disuadir a los sujetos pasivos de la realización de una determinada conducta, del incumplimiento de ciertas obligaciones o, dicho en términos positivos, su intención es estimular o incentivar una determinada actuación".*

Sobre la verdadera finalidad del IVPEE también se pronunció la **Comisión de Expertos** para la reforma del sistema tributario español, en su **Informe de febrero de 2014** (páginas 325 y siguientes), en los siguientes términos:

> *"Este impuesto ha sido creado por la Ley 15/2012, con el fin de contribuir a financiar el déficit tarifario. No se trata de un impuesto medio ambiental porque su base imponible está constituida por «el importe total que corresponda percibir al contribuyente por la producción e incorporación al sistema eléctrico de energía eléctrica, medida en barras de central, por cada instalación, en el período impositivo». Ha de advertirse que el contribuyente es el productor de energía eléctrica.*
>
> *La recaudación prevista en los Presupuestos Generales del Estado para 2014 es de 1.270,1 millones de euros.*
>
> *Como la finalidad de este impuesto es que la financiación del llamado déficit tarifario recaiga sobre los productores de energía eléctrica, con independencia de que la fuente de producción sea más o menos contaminante, este tributo no responde a ningún criterio medioambiental sino que se confi-*

262 Real Decreto-Ley 8/2023, de 27 de diciembre, por el que se adoptan medidas para afrontar las consecuencias económicas y sociales derivadas de los conflictos en Ucrania y Oriente Próximo, así como para paliar los efectos de la sequía.

gura como un instrumento meramente recaudatorio que terminará incidiendo sobre el consumidor final de energía eléctrica, por lo que debería plantearse su desaparición en un marco de impuestos que pretendan salvaguardar el medio ambiente. Sin embargo, dado que la recaudación de este impuesto se encuentra destinada a la financiación del déficit de la tarifa eléctrica por la Ley de Presupuestos para 2013, resultaría necesario compensar la pérdida mediante alguna otra medida tributaria y ninguna quizá mejor que la de aumentar el tipo del Impuesto sobre la Electricidad. Pero ese aumento exigiría modificar la actual cesión del 100 por 100 de la recaudación líquida del Impuesto sobre la Electricidad a las Comunidades Autónomas de modo que el referido aumento de gravamen no tuviera carácter de tributación cedida.

En consecuencia, de lo anterior, la Comisión formula la siguiente propuesta:

Propuesta núm. 89:

Debería suprimirse el Impuesto sobre el Valor de la Producción de la Energía Eléctrica, compensándose la pérdida de su recaudación a través de un incremento del impuesto sobre la Electricidad, que en la cuantía de ese incremento no estaría cedido a las CCAA"[263].

Situación que ha venido a confirmar el **Comité de Personas Expertas para elaborar el *Libro Blanco sobre la Reforma Tributaria*,** cuya propuesta vino a ser la supresión del IVPEE. Así recogía que:

"Este impuesto, aunque en ocasiones calificado como medioambiental, se creó con la finalidad de reducir el déficit de tarifa del sector eléctrico tal y como aclaró la Ley de PGE de 2013 (Ley 17/2012 de 27 de diciembre) y no produce más beneficios medioambientales que los originados por sus efectos positivos sobre la eficiencia y ahorro energéticos que, en todo caso, pueden ser obtenidos por los tributos cuya fundamentación especialmente se dirige a ese efecto (IEE). De hecho, la configuración del IVPEE no diferencia según los efectos medioambientales de las distintas tecnologías de generación eléctrica y perjudica doblemente la transición ecológica al dificultar la electrificación,

[263] Vid. ADAME MARTÍNEZ, F. (2019): "Los tributos ambientales en España", en CUBERO TRUYO, A. y MASBERNAT, P. (2019), (Directores): *Protección del medio ambiente. Fiscalidad y otras medidas del desarrollo al desarrollo*, Editorial Aranzadi, página 329: "*En el fondo, como bien se afirma en el Informe Lagares no se trata de un impuesto ambiental ya que su base imponible "está constituida por el importe total que corresponda percibir al contribuyente por la producción e incorporación al sistema eléctrico de energía eléctrica, medida en barras de central, por cada instalación, en el periodo impositivo". El impuesto está diseñado de manera que da igual que la fuente de producción sea más o menos contaminante. Según el Informe Lagares este impuesto debería suprimirse, compensándose la pérdida de su recaudación a través de un incremento del Impuesto sobre la Electricidad, que en la cuantía de ese incremento no estaría cedido a las Comunidades Autónomas*".

> *puesto que eleva los precios relativos de la electricidad, y al no promover el cambio tecnológico dentro de la generación eléctrica"*[264].

2.2.2 *El IVPEE no es un tributo de carácter medioambiental (ni ninguno de los tributos de la Ley 15/2012)*

Conforme a la reiterada doctrina del Tribunal Constitucional en materia de tributos extrafiscales, los tributos medioambientales deben ser instrumentos de ordenación, protección, mejora y reparación del medioambiente. Éste es el parecer del Tribunal Constitucional consagrado en numerosas Sentencias (**37/1987, de 26 de marzo; 186/1993, de 7 de junio; 134/1996, de 22 de julio; 289/2000, de 30 de noviembre; 276/2001, de 16 de noviembre; 168/2004, de 6 de octubre; 179/2006, de 13 de junio; 196/2012, de 31 de octubre de 2012 y 22/2015, de 16 de febrero**).

El carácter extrafiscal de los tributos medioambientales constituye, como se reconoce en las referidas Sentencias, el fundamento de su existencia. En el correspondiente examen de constitucionalidad debe comprobarse, afirma el Tribunal Constitucional en su **Sentencia 37/1987, de 26 de marzo**:

> *"la autenticidad de los fines no fiscales que se contemplaban en sus respectivas leyes de establecimiento y ordenación jurídica, para después entrar a analizar la adecuación de su estructura a los requerimientos exigidos por el Tribunal Constitucional".*

De conformidad con la doctrina unánime del **Tribunal Constitucional**, solo puede considerarse tributo extrafiscal aquél que fundamentalmente persiga fines ajenos a los estrictamente recaudatorios, como son los ecológicos.

El carácter medioambiental debe ser cierto y no aparente. No es suficiente con la simple declaración medioambiental, ni tampoco con la mera afectación general de su recaudación a actividades relacionadas con la mejora del medioambiente[265]. Es necesario que de la estructura del impuesto y de la regulación de sus elementos configuradores se deduzca con claridad su carácter extrafiscal.

---

264 *Libro Blanco sobre la Reforma Tributaria,* Madrid, 2022, páginas 236 y 237.

265 En este sentido se pronunció, de manera muy crítica, el Consejo de Estado durante la tramitación del Reglamento del canon hidroeléctrico con fecha 9 de octubre de 2014, al afirmar que no cabe, para dar cumplimiento a la afectación, establecer un enunciado de manera genérica, sino que es necesario y fundamental regular el destino de lo recaudado

En este sentido, la **Sentencia 60/2013 del Tribunal Constitucional, de 13 de marzo,** recuerda que en el examen de los tributos medioambientales hay que buscar "*la posible concurrencia de una finalidad extrafiscal reflejada, no en el preámbulo de la norma reguladora, sino en la propia estructura del Impuesto*". En consecuencia, la finalidad extrafiscal de los tributos exige evaluar las afecciones negativas producidas, para ponderar qué factores intervienen en su producción, así como el esfuerzo de los obligados tributarios para reducir su riesgo medioambiental. Ninguna consideración al respecto se contiene en la regulación del IVPEE, ni en ninguno de los tributos que establece la **Ley 15/2012**.

Por otro lado, como reconoce el **Tribunal Constitucional** en su **Sentencia 179/2006, de 13 junio**, criterio confirmado posteriormente por su **Sentencia 22/2015 de fecha 16 de febrero**, que declaró inconstitucional la **Ley 7/1997, del Parlamento de Extremadura**:

> *"(...) la afectación del gravamen a la finalidad que se dice perseguida no es más que uno de los varios indicios —y no precisamente el más importante— a tener en cuenta a la hora de calificar la verdadera naturaleza del tributo, esto es, de determinar si en el tributo autonómico prima el carácter contributivo o una finalidad extrafiscal (...)"*[266].

Es decir, que las manifestaciones genéricas no garantizan por sí solas el carácter extrafiscal de un Impuesto, sino que tal carácter tendrá que deducirse del análisis conjunto de sus elementos estructurales. No es suficiente, por ende, con una declaración generalista o *literalista*[267] sobre la finalidad medioambiental del

---

en una doble vertiente: (i) regular dicho destino a la protección y mejora del medio ambiente de todo lo recaudado y (ii) determinar las actividades en que deba de consistir la protección y mejora. Dejando de nuevo constancia de cuál es el verdadero objetivo de estos tributos. Cfr. CHECA GONZÁLEZ, C, (1983), "Los impuestos con fines no fiscales: notas sobre las causas que los justifican y sobre su admisibilidad constitucional", en *Revista Española de derecho Financiero, Cívitas*, número 40, página 510.

266 La Sentencia 179/2006, de 13 de junio, declaró la inconstitucionalidad parcial del impuesto extremeño sobre las instalaciones que inciden en el medioambiente. Cfr. HERRERA MOLINA, P. M. (2011): "La STC 179/2006, de 13 de junio. Inconstitucionalidad parcial del Impuesto extremeño sobre las instalaciones que inciden en el Medio Ambiente", *Crónica Tributaria*, número 141, páginas 251 y siguientes.

267 Recientemente se ha pronunciado el Tribunal Supremo sobre la injusticia y desigualdad que se puede llegar a producir con una interpretación *literalista* de las normas tributarias. La Sentencia del Tribunal Supremo, de 25 de octubre de 2022, ponente NAVARRO SANCHÍS, recoge que: *"La deducción prevista en el artículo 81 bis LIRPF (...) es*

Impuesto, sino que tal finalidad debe materializarse en la regulación efectiva de éste.

Es necesario, a fin de determinar la verdadera naturaleza extrafiscal de los tributos eléctricos, analizar la regulación que el legislador ha dispensado a sus elementos esenciales[268], No es suficiente con la declaración formal de protección medioambiental, ni con la afectación general de su recaudación a actividades relacionadas con la mejora del medioambiente, como contiene muchos de estos impuestos, sino que es necesario que de la estructura del impuesto y de la regulación de sus elementos configuradores se deduzca claramente su carácter extrafiscal[269].

Pues bien, centrándonos en el IVPEE, lejos de perseguir una mejora o mayor grado de protección medioambiental, tiene como objetivo prioritario obtener ingresos que reduzcan el déficit de tarifa. Así se desprende del preámbulo de la **Ley 15/2012** y del análisis de sus elementos estructurantes que más adelante analizaremos.

Del mismo modo, tampoco puede apreciarse, ni indiciariamente, que la fundamentación sobre la existencia del IVPEE descanse en la protección del medioambiente, puesto que, más allá del aparente barniz medioambiental del preámbulo de la **Ley 15/2012**, lo que subyace en el preámbulo es la voluntad de-

---

aplicable en los supuestos en los que quede probado que no perciben esos alimentos a pesar de estar reconocidos por sentencia judicial", ese beneficio fiscal *"permite asimilar al caso de un derecho no reconocido formalmente la situación en que se encuentra el titular de un derecho a alimentos estéril o vanamente reconocido, que no han sido nunca satisfechos por el obligado a ello. Se trata de un derecho puramente ilusorio, sin que frente a ello quepa acoger el alegato de que la ley ofrece acciones para reclamarlo, pues dadas las circunstancias del caso, sería una tarea infructuosa"*. Lo más destacable de la sentencia, precisamente, por ser contraria a una preocupante corriente ahora en boga, es la afirmación de que: *"(...) se ha perseguido aquí una interpretación ya no gramatical, o literal, (...), sino puramente literalista y, en tal actitud, se alcanza una situación injusta y desigual que los principios generales del derecho, verdadero espíritu en la aplicación del ordenamiento jurídico (...), han de corregir necesariamente"*.

268 VARONA ALABERN (2005): "El tributo catalán creado por la Ley de Protección Civil de Cataluña y la STC 168/2004, de 6 de octubre", en *Nueva Fiscalidad*, número 6.

269 Cfr. PEÑA ALONSO (2008): "La finalidad extrafiscal y la estructura de los tributos medioambientales", en BECKER, F., CAZORLA, L. M., MARTÍNEZ-SIMANCAS, J., (Directores), en *Tratado de Tributación medioambiental*, Volumen I, Thomson-Aranzadi, Pamplona, páginas 475 y siguientes.

clarada del legislador de crear un nuevo ingreso que permita financiar el coste del denominado déficit de tarifa. Tampoco del análisis de los elementos estructurales del Impuesto examinado puede colegirse su finalidad extrafiscal. Baste ahora citar que el IVPEE establece un tipo fijo para todas las tecnologías, con independencia del grado de afección al medioambiente que éstas puedan entrañar, o, en cuanto a su hecho imponible, la inexistencia de supuestos de exención, extremos que evidencian la desconexión de los elementos estructurales del tributo examinado con el presunto fin medioambiental que pretender perseguir.

Ninguno de estos extremos se contiene en la regulación del IVPEE, que, lejos de respetar las exigencias inherentes a la aplicación del principio "*quien contamina paga*" y del resto de principios configuradores de la política medioambiental europea, se limita a formular afirmaciones genéricas en el preámbulo de la Ley insuficientes, conforme a lo expuesto, para fundamentar el carácter no contributivo de la disposición general examinada.

Todo ello fue confirmado por el **Auto de la Sala de lo Contencioso-Administrativo del Tribunal Supremo de fecha 10 de enero de 2018**, en el que se concluye, tras el análisis de los elementos estructurales del IVPEE, lo siguiente:

> *"5.4. Como ninguno de los elementos estructurales del IVPEE refleja la finalidad medioambiental proclamada para el mismo, porque, tratando de hacer frente a los daños causados al medio ambiente por las redes de transporte y distribución, grava de igual modo (de manera proporcional y sin ningún tipo de progresividad) a quienes utilizan esas redes intensivamente como a quienes las usan escasamente, pasa a primer plano, para presentarse como el único y auténtico objetivo del tributo, la otra finalidad confesada en el apartado II del preámbulo de la Ley 15/2012: hacer frente a los «muy relevantes costes necesarios para el mantenimiento de la garantía de suministro».*
> *(...)*
> *5.6. Por lo tanto, esta Sala alberga serias dudas sobre la finalidad medioambiental del IVPEE"*[270].

270 A este respecto, no desconocemos que la cuestión de inconstitucionalidad planteada por el citado Auto de 10 de enero de 2018 fue inadmitida por el Tribunal Constitucional por Auto de fecha 20 de junio de 2018. No obstante, subrayamos con trazo fuerte que tal inadmisión nada tuvo que ver con el examen de extrafiscalidad que nos ocupa, tal como por otro lado señala el propio Auto de inadmisión, y sí con un planteamiento más limitado de la inconstitucionalidad del IVPEE que el que sostenemos, el cual se centró en el posible agotamiento de la capacidad económica sobre la que recaen los hechos imponibles del IAE y del IVPEE. Así, el criterio del Tribunal Constitucional para inadmitir dicha cuestión de inconstitucionalidad fue considerar que los límites del principio

Los vicios de inconstitucionalidad que dimanan de la ausencia de naturaleza extrafiscal de la mayoría de los tributos medioambientales energéticos, y en particular del IVPEE, van mucho más allá de la mera infracción del principio de capacidad económica, en su dimensión cuantitativa, y afectan a la propia existencia del tributo creado dado que, acreditada la ausencia de naturaleza extrafiscal del tributo, este se rebela como un tributo puramente contributivo, que infringe necesariamente el principio de reserva de ley en materia tributaria, así como los principios constitucionales del **artículo 31 Constitución Española**.

En todo caso, y como con claridad concluyó el **Auto del Tribunal Supremo de 10 de enero de 2018**, del análisis de los elementos estructurales de los tributos medioambientales del sector eléctrico, tal como exige la doctrina constitucional, pone de manifiesto que la inmensa mayoría de ellos, se tratan de tributos meramente contributivo.

2.2.3 De la redacción originaria del Preámbulo de la Ley 15/2012, sin justificación medioambiental y con una afección indeterminada, al intento de barniz medioambiental en la redacción definitiva

Si arrancamos del examen del **Preámbulo de la Ley 15/2012**, sólo podemos concluir que el mismo, recoge finalidades antagónicas de los tributos que regula, pretendiendo, por un lado, atribuirle carácter medioambiental al tributo, y por otro, acabar reconociendo su verdadero objetivo *"financiar el déficit de tarifa"*, y así regular un auténtico tributo fiscal. Tal vez ello ha sido así, por las modificaciones que se introdujeron en el debate parlamentario.

La justificación medioambiental en el **Preámbulo del Proyecto de Ley** se incorporó en el trámite parlamentario en el Congreso de los Diputados, ya que la redacción original no contemplaba ninguna referencia al carácter medioambiental de los impuestos que creaba, es decir, las finalidades extrafiscales no se recogieron en la redacción inicial del proyecto[271].

---

de capacidad económica, principio sobre el que el Auto de planteamiento de la cuestión centró todo el reproche constitucional, quedaban delimitados por el principio de no confiscatoriedad, esto es, por el no agotamiento de la fuente de riqueza objeto del gravamen, extremo que a su juicio no quedaba acreditado en este caso.

271 Las enmiendas presentadas en el Congreso de los Diputados se recogen en el Boletín Oficial de las Cortes Generales, Congreso de los Diputados, X Legislatura, número 25-2, de 6 de noviembre de 2012. Las propuestas en el Senado se recogen en el Boletín

El proyecto de ley contemplaba en su redacción originaria un grado de afección indeterminado o encubierto al señalar que "*podrán tenerse en cuenta*" el importe de los ingresos de los impuestos propuestos en la asignación de créditos presupuestarios para financiar determinados costes del sistema eléctrico. En este sentido, en el **Proyecto de Ley**, la afección de lo recaudado a la compensación del déficit de tarifa no se aplicaba directamente, sólo era una mera posibilidad que se debía concretar en las correspondientes Leyes de Presupuestos.

Esta redacción tan indeterminada motivó que se presentaran enmiendas tanto en el Congreso de los Diputados[272] como en el Senado. El texto definitivo se cerró en el Senado a propuesta del Grupo Parlamentario Popular, a través de la **enmienda número 213**[273].

Oficial de las Cortes Generales, Senado, número 130, de 4 de diciembre de 2012. La redacción originaria del apartado II del Preámbulo del Proyecto de Ley no contemplaba ninguna referencia al carácter medioambiental del impuesto. La literalidad original del Proyecto de Ley respondía a la siguiente redacción: "*A fin de lograr una mayor recaudación tributaria y favorecer el equilibrio presupuestario, se establece en el Título I de esta Ley, un impuesto sobre el valor de la producción de la energía eléctrica, de carácter directo y naturaleza real, que grava la realización de actividades de producción y oferta de energía eléctrica en el sistema eléctrico español. Este impuesto gravará la capacidad económica de los productores de energía eléctrica que se derive de su participación en las distintas modalidades de contratación del mercado de producción de energía eléctrica medida en barras de central. El impuesto se aplicará a la producción de todas las instalaciones de generación*".

272 Varios grupos parlamentarios presentaron enmiendas cuyo objeto principal era dejar constancia en la Ley 15/2012 que los tributos financiarían fundamentalmente el déficit de tarifa. Así el Grupo Parlamentario Vasco, propuso incorporar que el tributo quedaría afecto "*a la financiación de determinados costes del sistema eléctrico*". Por su parte CIU, solicitó la incorporación clara al texto de la finalidad de los ingresos obtenidos por los tributos creados a través de la Ley 15/2012, "*los ingresos estarán destinados al pago de las cantidades pendientes de cubrir para eliminar los desajustes de años anteriores en el sistema eléctrico*". Boletín Oficial de las Cortes Generales, Congreso de los Diputados, X Legislatura, número 25-2, de 6 de noviembre de 2012.

273 Vid. Boletín Oficial de las Cortes Generales, Senado, número 130, de 4 de diciembre de 2012, página 229:
"*ENMIENDA NÚM. 213 Del Grupo Parlamentario Popular en el Senado (GPP) El Grupo Parlamentario Popular en el Senado (GPP), al amparo de lo previsto en el artículo 107 del Reglamento del Senado, formula la siguiente enmienda a la Disposición adicional segunda. ENMIENDA De modificación: «Disposición adicional segunda. Costes del sistema eléctrico. En las Leyes de Presupuestos Generales del Estado de cada año se destinará a financiar los costes del sistema eléctrico previstos en el artículo 16 de la Ley 54/1997, de 27 de noviembre, del*

La esencia del carácter recaudatorio de estos impuestos fue puesta de manifiesto desde el principio por los grupos políticos en el debate parlamentario[274], con expresiones como:

- *"su principal finalidad es la recaudatoria (...), la carga fiscal que supone la introducción de estos tributos acabará trasladándose en buena parte al consumidor" (BNG);*
- *"este impuesto atenta gravemente al principio de igualdad cuando grava de manera exactamente igual a todos los productores (...) contaminen o no (...), todo va de déficit tarifario (...) y de recaudación fiscal" (Izquierda Plural);*
- *"hay una especie de distorsión entre el título de este proyecto de ley y su desarrollo, de forma que en la exposición de motivos su propio título habla de sostenibilidad energética, y sin embargo la concreción en el articulado realmente a lo que se refiere es al conjunto de un incremento de impuestos que podía haberse planteado de forma menos indiscriminada" (Coalición Canaria);*
- *"el auténtico objetivo es paliar el déficit público" (UPD);*
- *"es una ley básicamente recaudatoria (...), con el objetivo de intentar tapar el déficit de tarifa que se genera cada año" (PNV);*
- *"el proyecto de ley de medidas fiscales para la sostenibilidad energética, lejos de plantear una fiscalidad destinada a reorientar la política energética en favor del ahorro y la sostenibilidad energética, en coherencia con los objetivos europeos 2020, se basa en una fiscalidad recaudatoria con el único fin de reducir el déficit de tarifa" (CIU);*
- *"La reforma acometida (...), es combatir el déficit de tarifa (...), bajo la apariencia de armonización del sistema fiscal con un uso más eficiente y respetuoso con el medio ambiente" (PSOE).*

La consolidación definitiva de la afección de estos impuestos al déficit de tarifa alejaría a los mismos de la finalidad medioambiental y confirmaría su verdadero carácter contributivo.

La regulación definitiva del **Preámbulo de la Ley 15/2012** comienza señalando, en su **apartado I**, que esta Ley tiene como objetivo armonizar nuestro

Sector Eléctrico, un importe equivalente a la suma de los siguientes: a) La estimación de la recaudación anual correspondiente al Estado derivada de los tributos y cánones incluidos en la presente Ley. b) El ingreso estimado por la subasta de los derechos de emisión de gases de efecto invernadero, con un máximo de 500 millones de euros.» JUSTIFICACIÓN: Mejora técnica, en consonancia con el Proyecto de Ley de Presupuestos Generales del Estado para 2013".

274 Diario de Sesiones del Congreso de los Diputados de 30 de octubre de 2012.

sistema fiscal con un uso más eficiente y respetuoso con el medioambiente y la sostenibilidad, "*valores que inspiran esta reforma de la fiscalidad, y como tal en línea con los principios básicos que rigen la política fiscal, energética, y por supuesto ambiental de la Unión Europea*"[275]. El fundamento de esta Ley añade, radica en el **artículo 45 de la Constitución**, precepto en el que la protección del medioambiente es configurada como uno de los principios rectores de las políticas sociales y económicas[276]. Por ello se reconoce que la nueva Ley pretende servir de estímulo para mejorar los niveles de eficiencia energética y asegurar una mejor gestión de los recursos naturales para seguir avanzando en un nuevo modelo de desarrollo sostenible, tanto desde el punto de vista económico y social, como medioambiental. Sin embargo, como ya hemos recogido, ya en el párrafo tercero del referido **apartado I** indica, que ***uno de los ejes*** de la reforma es la "*internalización de los costes medioambientales derivados de la producción de la energía eléctrica*". La propia confesión del legislador de que "*uno de los ejes*" de la reforma es la internalización de los costes medioambientales permite reconocer otros ejes o finalidades, que, si bien no se especifican en el **apartado I**, se aprecian de inmediato, en el **apartado II del mismo preámbulo.**

El **apartado II del Preámbulo** arranca reconociendo que el establecimiento, en concreto, del IVPEE, responde a la finalidad de favorecer el "*equilibrio*

---

275 Para ADAME MARTÍNEZ, F. (2010): *"(...) no basta pues para determinar que un tributo es ambiental con que la respectiva ley que lo cree contenga una declaración de intenciones en tal sentido en su exposición de motivos. El tributo ambiental, para merecer tal calificativo, debe incorporar en sus elementos esenciales (hecho imponible, sujetos pasivos, base imponible, base liquidable, tipo impositivo, cuota tributaria, deducciones sobre la cuota) objetivos ambientales*", en "Nuevos tributos ambientales: el impuesto sobre el daño medioambiental causado por determinados usos y aprovechamientos del agua embalsada y el canon eólico de Galicia", en *Revista Noticias de la Unión Europea*, número 308, página 6.

276 Así, señala el apartado I del preámbulo, que la reforma introducida por la Ley 15/2012 pretende:
"*la integración de las políticas medioambientales en nuestro sistema tributario, en el cual tienen cabida tanto tributos específicamente ambientales, como la posibilidad de incorporar el elemento ambiental en otros tributos ya existentes. Los valores y objetivos que informan la presente Ley tienen vocación transversal y por lo tanto deben ser un eje básico de la coherencia de las medidas sectoriales, especialmente cuando inciden en un sector de tanto impacto económico y ambiental para el país como es el sector energético*".

presupuestario"[277]. Este Impuesto, añade el mismo **apartado II**, "*grava la realización de actividades de producción e incorporación al sistema eléctrico de energía eléctrica en el sistema eléctrico español*". Junto al reconocimiento de la finalidad del "*equilibrio presupuestario*", se vuelve a conectar dicho Impuesto con los indudables efectos medioambientales de las instalaciones de producción de energía.

Con independencia de las declaraciones recogidas en el **primer apartado del Preámbulo de la Ley**, la finalidad última de los nuevos impuestos, expresamente confirmada en el marco parlamentario por el propio Ministro de Industria, Energía y Turismo[278], y destacada también por los representantes de numerosos grupos parlamentarios, es la de obtener fondos para reducir el déficit tarifario, lo que predetermina claramente su carácter contributivo por encima de cualquiera otra finalidad extrafiscal o medioambiental[279]. El alcance de las finalidades medioambientales, en el IVPEE, son meras apariencias o ropajes utilizados para disfrazar los tributos propuestos y evitar así las quiebras de principios básicos en

---

277 Lo que no hace el preámbulo de la nueva Ley es aclarar lo que debe entenderse por "equilibrio presupuestario", concepto que puede colegirse de su Disposición Adicional Segunda, según la cual:
"*En las Leyes de Presupuestos Generales del Estado de cada año se destinará a financiar los costes del sistema eléctrico previstos en el artículo 16 de la Ley 54/1997, de 27 de noviembre, del Sector Eléctrico, un importe equivalente a la suma de los siguientes:*
a) La estimación de la recaudación anual correspondiente al Estado derivada de los tributos y cánones incluidos en la presente Ley.
b) El ingreso estimado por la subasta de los derechos de emisión de gases de efecto invernadero, con un máximo de 500 millones de euros".

278 Vid. sesión plenaria número 65, celebrada el martes, 30 de octubre de 2012, Diario de Sesiones, año 2012, X legislatura, número 69, páginas 35 y siguientes. Vid. También en este sentido, www.lamoncloa.gob.es/ConsejodeMinistros/Resumenes/2012/140912-consejo.htm.

279 Cfr. MORENO GONZÁLEZ, S. (2019): "*En el Preámbulo de la Ley 15/2012, el legislador realizó un esfuerzo notable para acreditar la existencia de una justificación medioambiental, (...). A pesar de esa "grandilocuente" declaración, el canon hidroeléctrico, al igual que el resto de figuras tributarias creadas por la Ley 15/2012, es un tributo con una finalidad eminentemente recaudatoria*", en "El canon por utilización de aguas continentales para la producción de energía eléctrica: análisis constitucional y de adecuación al Derecho de la UE", en GONZÁLEZ CUELLAR, M. L. y ORTIZ CALLE, E. (Directores), *La fiscalidad del agua: situación actual y perspectiva de reforma*, Tirant lo Blanch, Valencia, página 301 y 302.

el establecimiento de tributos, como la doble imposición o la no confiscatoriedad, como veremos más adelante.

En este sentido también se ha pronunciado el **Tribunal Supremo, en su reciente sentencia 513/2021, de 15 de abril**, ya citada, recogiendo lo siguiente:

> *"A tal efecto, el preámbulo de la Ley 15/2012, de 27 de diciembre, de medidas fiscales para la sostenibilidad energética, no contiene afirmación alguna en relación con la finalidad del canon, ni de las demás figuras impositivas que establece, todas* ***unidas bajo el designio ambiental común*** *que el propio preámbulo destaca, en relación con el objetivo, que* ***se supone antagónico de este, de sufragar o contener el denominado déficit de tarifa****, en relación con el cual hay abundante jurisprudencia constitucional" (***Fundamento Jurídico Cuarto, apartado e***).*

(el subrayado y la negrita son nuestras)

Así se deduce también, de la jurisprudencia del Tribunal Constitucional contenida básicamente en su **Sentencia 289/2000, de 30 de noviembre**. En ella, el Tribunal Constitucional declaró que del análisis de la estructura del impuesto sobre instalaciones que incidan en el medioambiente balear, no permitía llegar a la conclusión de que realmente gravase las actividades contaminantes, sino más bien la titularidad de las instalaciones y estructuras que inciden en el medioambiente. Así afirmaba que:

> *"(...) aunque la Exposición de Motivos exteriorice una pretendida finalidad protectora del medio ambiente, según la Ley autonómica el hecho imponible del Impuesto lo constituye la titularidad de elementos patrimoniales afectos a la realización de las actividades que integran el objeto del tributo, a saber, las de producción, almacenaje, transformación, transporte efectuado por elementos fijos y suministro de energía eléctrica (...); siendo lo sometido a tributación (verdadera riqueza gravada), el valor de los elementos patrimoniales calculado mediante la capitalización del promedio de los ingresos brutos de explotación durante los tres últimos ejercicios o, lo que es lo mismo, articulándose el gravamen con independencia de la capacidad o aptitud de cada uno para incidir en el medio ambiente que se dice proteger. Estamos, pues, en presencia de un tributo que no grava directamente la actividad contaminante, sino la titularidad de unas determinadas instalaciones y, como veremos de inmediato, el hecho de que el valor de esas instalaciones se calcule mediante la capitalización de los ingresos no trasmuta lo que es impuesto sobre unos elementos patrimoniales en un impuesto sobre actividades contaminantes".*

La conclusión sobre el verdadero carácter de estos tributos no ofrece dudas. Parece innegable que la aprobación de estos tributos medioambientales energéticos, y en particular del IVPEE, estuvo encaminada a obtener recursos suficientes para garantizar la financiación del sistema eléctrico. De este modo, en el **Preámbulo de la Ley 15/2012**, al tiempo que se reconoce la vocación esencialmente financiera de un impuesto que, según se puede advertir, está dotado de una relevante capacidad recaudatoria[280] con la finalidad de atemperar los efectos del déficit tarifario, se hace asimismo referencia a una supuesta finalidad medioambiental, vinculada con las inversiones que deben acometerse en las redes de transporte y distribución de energía, lo cual, sin embargo, no encuentra reflejo inmediato en la configuración del tributo como analizaremos.

Para concluir, basta recordar que el Preámbulo de cualquier texto normativo, que se integra en la disposición normativa, forma parte del texto legal, tiene valor jurídico, aunque no dispositivo o normativo, y como ha señalado el Tribunal Constitucional, entre otras en sus **Sentencia 36/1981, de 12 de noviembre; 150/1990, de 4 de octubre; y 90/2009, de 20 de abril**, las Exposiciones de Motivos o Preámbulos sirven principalmente como criterio de interpretación de la voluntad del legislador que puede manifestarse de forma más explícita o generalista, según cada caso[281].

280 La recaudación media anual derivada de la aplicación de este tributo, desde su aprobación, se situó en torno a los 1.500 millones de euros, si bien, como venimos recogiendo, su aplicación se suspendió temporalmente mediante la aprobación del Real Decreto Ley 15/2018, de 5 de octubre, exonerándose de tributación la electricidad producida e incorporada en el sistema eléctrico durante el último trimestre de 2018 y el primero de 2019, con el fin de paliar el incremento del precio de la electricidad experimentado por los consumidores durante dicho periodo. Con esta norma de urgencia, ulteriormente convalidada por el Parlamento, el Gobierno daba respuesta al fuerte repunte del precio de la electricidad en el mes de agosto de 2018, que en septiembre de dicho año se elevó a máximos anuales. Dato este último que no hace más que reafirmar el carácter contributivo del impuesto. Dicha suspensión se ha prolongado en el tiempo hasta el pasado 27 de diciembre de 2023, donde el Consejo de Ministros, a través del Real Decreto-Ley 8/2023, eliminó la suspensión del IVPEE con efectos 2024.

281 En el mismo sentido se pronuncia ALONSO GARCÍA, R. y ALMUDÍ CID, J. M. (2020): "*el preámbulo, (está) desprovisto de valor normativo, pero susceptible de ser tomado en consideración a efectos interpretativos*", en: "El Tribunal Supremo ante la constitucionalidad y la europeidad de las leyes (a propósito del Impuesto sobre el Valor de la Producción de la Energía Eléctrica)". *Revista de Administración Pública*, número 212, página 60.

2.3 NATURALEZA Y CARÁCTER TRIBUTARIO E IMPOSITIVO DEL IMPUESTO SOBRE EL VALOR DE LA PRODUCCIÓN DE LA ENERGÍA ELÉCTRICA

El IVPEE fue creado a través de la **Ley 15/2012, de 27 de diciembre, de medidas fiscales para la sostenibilidad energética**[282], como un tributo de carácter directo y naturaleza real, que grava las actividades de producción e incorporación al sistema eléctrico de energía eléctrica, medida en barras de central, siendo la base imponible del mismo, el importe total que corresponda percibir al contribuyente por la producción de electricidad y su incorporación al sistema. A dicha base imponible se aplica un tipo fijo de gravamen del 7%. En relación con los sujetos pasivos, el tributo recoge que lo serán las personas físicas y jurídicas, así como los entes previstos en el **artículo 35.4 Ley General Tributaria**, que realicen en territorio español las actividades de producción e incorporación al sistema de energía eléctrica. El impuesto se devenga el último día del año natural[283].

El título competencial para el establecimiento de este nuevo tributo, tal como aparece en la **Disposición Final Segunda de la Ley 15/2012**, se justifica en la competencia exclusiva del Estado en materia de Hacienda general, que reconoce el **artículo 149.1.14º de la Constitución Española**, y en la potestad originaria del Estado para el establecimiento de tributos, **ex artículo 133.1 del Texto Constitucional**.

---

282 Reincidimos, que la Ley 15/2012 creó cuatro nuevos tributos, además del IVPEE, se estableció, el Impuesto sobre la producción de combustible nuclear gastado y residuos radiactivos resultantes de la generación de energía nucleoeléctrica, el Impuesto sobre el almacenamiento de combustible nuclear gastado y residuos radiactivos en instalaciones centralizadas, y el Canon por utilización de las aguas continentales para la producción de energía eléctrica; además modificó significativamente tres gravámenes del Impuesto Especial sobre Hidrocarburos, en concreto los que afectaban al gas natural, al carbón y al fuel-oil.

283 En relación con la liquidación del IVPEE, se establece un pago fraccionado que los contribuyentes, con un valor de producción en el año anterior, igual o superior a 500.000 euros, deberán realizar entre el día 1 y el 20 de los meses de mayo, septiembre, noviembre y febrero del año siguiente, correspondiente al período de los tres, seis, nueve o doce meses de cada año natural. De no alcanzar dicha cifra de producción, el periodo voluntario de declaración y pago es único, fijándose entre el 1 y el 20 de noviembre.

2.3.1 *La naturaleza del Impuesto como requisito esencial para determinar su incompatibilidad con el ordenamiento constitucional*

Como venimos recogiendo, con fecha **28 de diciembre de 2012 fue publicada en el Boletín Oficial del Estado, la tan citada Ley 15/2012, de 27 de diciembre, de Medidas para la Sostenibilidad Energética**. Conforme al Preámbulo de dicha Ley ésta "*tiene como objetivo armonizar nuestro sistema fiscal con un uso más eficiente y respetuoso con el medioambiente y la sostenibilidad, valores que inspiran esta reforma de la fiscalidad, y como tal en línea con los principios básicos que rigen la política fiscal, energética, y por supuesto ambiental de la Unión Europea*".

Entre las medidas que incorpora la citada **Ley 15/2012**, se encontraba, la creación del denominado "Impuesto sobre el Valor de la Producción de la Energía Eléctrica", tributo que, bajo la apariencia de una supuesta protección del medioambiente, grava el valor económico que se manifiesta en "*la realización de actividades de producción e incorporación al sistema eléctrico de energía eléctrica*".

En desarrollo de lo dispuesto en el **artículo 26 de la Ley 15/2012**, con fecha **30 de abril de 2013** se publicó en el Boletín Oficial del Estado, la **Orden HAP/703/2013, de 29 de abril,** por la que se aprobaba el **modelo 583** "Impuesto sobre el valor de la producción de la energía eléctrica. Autoliquidación y Pagos Fraccionados", y se establece la forma y procedimiento para su presentación. La citada **Orden HAP/703/2013** tenía por objeto establecer las normas y modelos para realizar la autoliquidación del impuesto y los pagos fraccionados, concretando así la obligación tributaria principal del IVPEE.

El IVPEE al igual que el resto de los tributos creados por la **Ley 15/2012**, tal como venimos insistiendo, es un tributo que nace con el único objetivo de obtener recursos económicos para reducir y financiar el "déficit de tarifa", extremo que, conforme a la **doctrina del Tribunal Constitucional** en materia de tributos extrafiscales, evidencia su naturaleza jurídico-tributaria fiscal, al margen de cualquier consideración medioambiental[284].

---

[284] Recordar el carácter instrumental del tributo frente al carácter finalista de las políticas públicas y tener presente que el tributo sirve a la financiación del gasto público, aunque pueda perseguir otras finalidades de interés general con amparo constitucional, es fundamental. Como ha afirmado el Tribunal de Justicia de la Unión Europea, en el asunto **TRANSPORTES JORDI BESORA**, para que un impuesto pueda calificarse de medioambiental es preciso que esté "*concebido por lo que respecta a su estructura, en*

En efecto, como a continuación analizaremos, apreciada la ausencia de finalidad medioambiental del IVPEE, el tributo se muestra viciado, por infracción de los principios constitucionales de generalidad, igualdad y progresividad consagrados en el **artículo 31.1 de la Constitución**, interpretados conforme a la doctrina constitucional en materia de tributos extrafiscales, vicios que, a nuestro parecer están en el tributo, a pesar de los **Autos de inadmisión de las cuestiones de inconstitucionalidad**, y de la **Sentencia del Tribunal de Justicia de la Unión Europea, de fecha 3 de marzo de 2021**, como expondremos más adelante.

La cuestión por determinar, por tanto, es qué justificaría que únicamente los productores de energía eléctrica tengan que soportar un gravamen específico para financiar el "déficit de tarifa" cuando no existen circunstancias que permitan acreditar una situación jurídica y de facto distinta a los otros agentes del

---

particular, al hecho imposible o al tipo de gravamen, de tal modo que disuada a los contribuyentes" del uso de contaminantes o "*que fomente el uso de otros productos cuyos efectos sean menos nocivos para el medioambiente*", Sentencia del Tribunal de Justicia de la Unión Europea, de 27 de febrero de 2014, [C-82/12, ECLI:EU: C.2014:108 (*Tol 4117790*)], apartado 32. En el mismo sentido, Sentencia del Tribunal de Justicia de la Unión Europea, de 5 de marzo de 2015, **TALLINNA ETTEVÕTLUSAMET V. STAOIL FUEL & RETAIL EESTI AS** (C-553/13, ECLI:EU:C:2015;149 (*Tol 4745393*), apartado 42. El que no haya un concepto común y consensuado de tributo medioambiental no significa que esta calificación carezca de relevancia jurídica, pues hay contextos en los que tal consideración supone el reconocimiento de un régimen jurídico propio, al que se anudan efectos de una mayor o menor flexibilidad reguladora. Con independencia del índice determinante considerado (base imponible, afectación de la recaudación, etc.) hay consenso en afirmar que el tributo extrafiscal verdaderamente medioambiental es expresión del principio "*quien contamina paga*" y que debe incluir un efecto incentivo, pues de otro modo no dejará de ser un tributo con finalidad preferentemente recaudatoria. Este principio, en su origen de carácter económico y reconocido como principio que rige en las políticas medioambientales internacionales, fue reconocido por la Comisión Europea en su Primer Programa de Acción de 1973 (DO 1973, C112/1) y hoy se encuentra contemplado en el artículo 191 del Tratado de Funcionamiento de la Unión Europea (TFUE), que incorpora el principio «*quien contamina paga*» entre los que rigen para las políticas medioambientales de la UE, junto a los principios de prevención, reparación e integración, precepto que ha de completarse con el 192.4 y 192.5. No obstante, la puesta en práctica del principio es imperfecta, pues hay no pocas excepciones, como las que se plasman en el ámbito de la regulación de las ayudas de Estado. Sobre esta cuestión y para un mayor desarrollo nos remitimos a la monografía de KINGSTON, *et al.* (2017), *European Environmental Law*, Cambridge, University Press, páginas. 91 y ss.

mercado que igualmente participan del sistema eléctrico. Insistimos en que, dada la finalidad de los tributos creados por la **Ley 15/2012** y, particularmente, el IVPEE, lo determinante para establecer un punto de comparación válido desde la perspectiva del respeto a los principios del **artículo 31.1 de la Constitución**, es la conexión que pueda existir entre la producción y su financiación del citado déficit, fundamento de la creación del tributo, y la configuración de sus elementos esenciales (hecho imponible, sujetos pasivos, tipo de gravamen o base imponible) con los problemas medioambientales, pues otro punto de comparación resultaría injustificado, demostrada la ausencia de finalidad medioambiental formalmente declarada por el legislador, y acreditado el carácter contributivo del IVPEE.

Por tanto, el problema regulatorio denominado "déficit de tarifa" que constituye el fundamento de la aprobación de la **Ley 15/2012**, como, por otro lado, refleja con claridad el propio nombre de la norma ("*de medidas para la sostenibilidad energética*"), nada tiene que ver con la protección del medioambiente invocada por el legislador en el texto de la Ley, y sí con la obtención de recursos económicos para financiar el citado déficit de tarifa.

Nadie pone en duda la **libertad del legislador** para fijar un gravamen con el que hacer frente al problema del déficit de tarifa. Los problemas de constitucionalidad se proyectan en, si el ejercicio de esta libertad configurativa, de ese amplio margen del que goza el legislador para el establecimiento y configuración de los tributos, ha sido llevada a cabo dentro de los límites del **artículo 31.1 de la Constitución** cuando, como sucede en el IVPEE, existe una total desconexión entre el fundamento que justifica la creación del tributo y la configuración de sus elementos estructurales, para así a su vez, poder justificar que únicamente los productores de energía eléctrica tengan que soportar este gravamen específico para financiar el "déficit de tarifa", los problemas derivados de la factura eléctrica, y el problema del control de los gases de efecto invernadero, cuando no existen circunstancias que permitan acreditar una situación jurídica y de facto, distinta a los otros agentes del mercado que igualmente participan del sistema eléctrico.

Conforme a la reiterada doctrina del Tribunal Constitucional en materia de tributos extrafiscales, los tributos medioambientales deben ser instrumentos de ordenación, protección, mejora y reparación del medioambiente. Éste es el parecer del Tribunal Constitucional consagrado en numerosas Sentencias (**37/1987, de 26 de marzo; 186/1993, de 7 de junio; 134/1996, de 22 de julio; 289/2000, de 30 de noviembre; 276/2001, de 16 de noviembre;**

168/2004, de 6 de octubre; 179/2006, de 13 de junio; 196/2012, de 31 de octubre de 2012 y 22/2015, de 16 de febrero).

El carácter extrafiscal de los tributos medioambientales constituye, como se reconoce en las referidas Sentencias, el fundamento de su existencia. En el correspondiente examen de constitucionalidad debe comprobarse, afirma el Tribunal Constitucional en su **Sentencia 37/1987**, "*la autenticidad de los fines no fiscales que se contemplaban en sus respectivas leyes de establecimiento y ordenación jurídica, para después entrar a analizar la adecuación de su estructura a los requerimientos exigidos por el Tribunal Constitucional*". De conformidad con la doctrina unánime del Tribunal Constitucional, solo puede considerarse tributo extrafiscal aquél que fundamentalmente persiga fines ajenos a los estrictamente recaudatorios, como son los ecológicos o medioambientales.

Como ya afirmamos, el carácter medioambiental debe ser cierto y no aparente. No es suficiente con la simple declaración medioambiental, ni tampoco con la mera afectación general de su recaudación[285] a actividades relacionadas con la mejora del medioambiente. Es necesario que de la estructura del impuesto y de la regulación de sus elementos configuradores se deduzca con claridad su carácter extrafiscal. En este sentido, la **Sentencia del Tribunal Constitucional 60/2013, de 13 de marzo**, recuerda que en el examen de los tributos medioambientales hay que buscar "*la posible concurrencia de una finalidad extrafiscal reflejada, no en el preámbulo de la norma reguladora, sino en la propia estructura del Impuesto*". En consecuencia, la finalidad extrafiscal de los tributos exige evaluar las afecciones negativas producidas para ponderar qué factores intervienen en su producción, así como el esfuerzo de los obligados tributarios para reducir su riesgo medioambiental[286]. Ninguna consideración al respecto se contiene en la regulación del Impuesto sobre el Valor de la Producción de la Energía Eléctrica.

---

285 En este sentido se pronunció, de manera muy crítica, el Consejo de Estado durante la tramitación del Reglamento del canon hidroeléctrico, con fecha 9 de octubre de 2014, al afirmar que no cabe para dar cumplimiento a la afectación establecer un enunciado de manera genérica, sino que es necesario y fundamental regular el destino de lo recaudado en una doble vertiente: (i) regular dicho destino a la protección y mejora del medio ambiente de todo lo recaudado y (ii) determinar las actividades en que deba de consistir la protección y mejora. Dejando de nuevo constancia de cuál es el verdadero objetivo de estos tributos.

286 Para ADAME MARTÍNEZ, F. D. (2010): "*Para calificar a un tributo como ambiental es preciso analizar todo su régimen jurídico y sus elementos esenciales. Es frecuente, y sirva ello como ejemplo de lo que sería un elemento indicativo del carácter ambiental de*

Por otro lado, como reconoce el **Tribunal Constitucional** en su **Sentencia 179/2006, de 13 junio**[287], criterio confirmado posteriormente por su **Sentencia 22/2015, de fecha 16 de febrero**, que declaró inconstitucional la Ley de la Asamblea de Extremadura 7/1997, de 29 de mayo[288], como ya recogimos, de manera que las manifestaciones genéricas no garantizan por sí solas el carácter extrafiscal del Impuesto, sino que tal finalidad debe materializarse en la regulación efectiva de éste, deduciéndose del análisis de los elementos estructurales del tributo, del objeto gravado, del hecho imponible, de los obligados tributarios, de la base imponible y de la cuota tributaria. Para reconocer la extrafiscalidad de un tributo se debe analizar la configuración de este, sus características y sus principios fundamentadores[289].

Pues bien, como ya detallamos, el IVPEE, no persigue una mejora o mayor grado de protección medioambiental, ya que su objetivo prioritario no es más que obtener ingresos que reduzcan el déficit de tarifa. Así se desprende del preámbulo de la Ley 15/2012 y del análisis de sus elementos estructurantes.

---

un tributo, que la regulación de este tipo de tributos contemple una deducción específica relacionada con inversiones o comportamientos respetuosos con el medio ambiente. En este caso no está prevista ninguna deducción de esta naturaleza. También suele ser frecuente que la recaudación de este tipo de tributos se encuentre afectada a actuaciones relacionadas con la protección del medio ambiente y de los recursos naturales, aunque por sí sola la afectación de la recaudación no es suficiente para calificar a un tributo como ambiental. En este caso sí se prevé una afectación genérica de la recaudación a la conservación del patrimonio natural fluvial gallego afectado por los daños medioambientales, pero no una afectación específica como después explicaremos". En "Nuevos tributos ambientales: el impuesto sobre el daño medioambiental causado por determinados usos y aprovechamientos del agua embalsada y el canon eólico de Galicia", en *Revista Noticias de la Unión Europea*, número 308, página 6.

287 Ley de la Asamblea de Extremadura 7/1997, de 29 de mayo, de medidas fiscales sobre la producción y transporte de energía que incidan sobre el medio ambiente.

288 Ley de la Asamblea de Extremadura 7/1997, de 29 de mayo, de medidas fiscales sobre la producción y transporte de energía que incidan sobre el medio ambiente.

289 AIZEGA ZUBILLAGA, J. M. (2001), *La utilización extrafiscal de los tributos y los principios de justicia tributaria*, Servicio Editorial Universidad del País Vasco, Bilbao, página 83.

Del análisis de los elementos estructurales del IVPEE no puede colegirse su finalidad extrafiscal[290]. El IVPEE establece un tipo fijo para todas las tecnologías, con independencia del grado de afección al medioambiente que éstas puedan entrañar, o, en cuanto a su hecho imponible, la inexistencia de supuestos de exención, extremos que evidencian la desconexión de los elementos estructurales del tributo con el presunto fin medioambiental que pretende perseguir.

Ninguno de estos extremos se contiene en la regulación del IVPEE, que, lejos de respetar las exigencias inherentes a la aplicación del principio "*quien contamina paga*"[291] y del resto de principios configuradores de la política medioambiental europea, se limita a formular afirmaciones genéricas en el preámbulo de la Ley insuficientes, conforme a todo lo expuesto, para fundamentar el carácter no contributivo del tributo examinado[292].

290 En este sentido el profesor VARONA ALABERN (2005) manifiesta que: "(...) *Para conocer la verdadera naturaleza extrafiscal es necesario analizar la regulación que el legislador ha dispensado a sus elementos esenciales, siendo preciso realizar un esfuerzo de interpretación que se proyecte fundamentalmente sobre su hecho imponible, su sujeto pasivo, su base imponible y su cuota tributaria. Sin obrar de este modo no resultaría fácil descubrir con claridad la riqueza sobre la que este tributo recae, ya que la literalidad de la configuración legal de su objeto imponible se muestra insuficiente y hasta engañosa (...)*", en "El tributo catalán creado por la Ley de Protección Civil de Cataluña y la STC 168/2004, de 6 de octubre", en *Nueva Fiscalidad*, número 6, página 15. En el mismo sentido el profesor PEÑA ALONSO (2008) insiste en que: "*(...) No es suficiente con la declaración formal de protección medioambiental, ni con la afectación general de su recaudación a actividades relacionadas con la mejora del medio ambiente, como contenían algunos impuestos que no superaron el juicio de constitucionalidad; es necesario que la estructura del impuesto y de la regulación de sus elementos configuradores se deduzca claramente su carácter extrafiscal (...)*", Vid. "La finalidad extrafiscal y la estructura de los tributos medioambientales", en BECKER, F., CAZORLA, L. M., MARTÍNEZ-SIMANCAS, J., (Directores), en *Tratado de Tributación medioambiental*, op. cit. página 475.

291 En este sentido puede verse el trabajo del profesor HERRERA MOLINA, P. M. (2008): "El principio quien contamina paga", en BECKER, F., CAZORLA, L. M., MARTÍNEZ-SIMANCAS, J., (Directores), en *Tratado de Tributación medioambiental*, Volumen I, Thomson-Aranzadi, Pamplona, páginas 187 y siguientes; vid también TOLEDO JÁUDENES, J. (1987): "El principio quien contamina paga y el canon de vertidos", *Revista de Administración Pública*, número 112.

292 Todo ello fue confirmado como hemos recogido líneas arriba, por el Auto de la Sala de lo Contencioso-Administrativo del Tribunal Supremo, de fecha 10 de enero de 2018.

Los vicios de inconstitucionalidad que dimanan de la **ausencia de naturaleza extrafiscal** del IVPEE van mucho más allá de la mera infracción del principio de capacidad económica, en su dimensión cuantitativa, y afectan a la propia existencia del tributo creado dado que, acreditada la ausencia de naturaleza extrafiscal del IVPEE, este se revela como un tributo puramente contributivo, que infringe necesariamente el principio de interdicción de la arbitrariedad, así como los principios constitucionales del artículo 31 Constitución Española[293].

En todo caso, y como con claridad concluyó el **Auto del Tribunal Supremo de 10 de enero de 2018,** el análisis de los elementos estructurales del IVPEE, tal como exige la doctrina constitucional, pone de manifiesto que se trata de un tributo meramente contributivo.

El IVPEE no recoge ninguna delimitación negativa del **hecho imponible**, ningún supuesto de exención. Cabe destacar al respecto que es también **doctrina consolidada del Tribunal Constitucional** que, para potenciar el carácter extrafiscal de los tributos, deben articularse beneficios fiscales[294], como son las

---

293 Vicios estos, que no fueron analizados por el Auto del Tribunal Constitucional 69/2018, de 20 de junio.

294 Cfr. Sentencia Tribunal Constitucional 289/2000, de 30 de noviembre: "*En efecto, aunque la Exposición de Motivos exteriorice una pretendida finalidad protectora del medio ambiente, según la Ley autonómica el hecho imponible del Impuesto lo constituye la titularidad de elementos patrimoniales afectos a la realización de las actividades que integran el objeto del tributo, a saber, las de producción, almacenaje, transformación, transporte efectuado por elementos fijos y suministro de energía eléctrica y de carburantes y combustibles sólidos, líquidos o gaseosos, así como a las de comunicaciones telefónicas o telemáticas; siendo lo sometido a tributación (verdadera riqueza gravada), el valor de los elementos patrimoniales calculado mediante la capitalización del promedio de los ingresos brutos de explotación durante los tres últimos ejercicios o, lo que es lo mismo, articulándose el gravamen con independencia de la capacidad o aptitud de cada uno para incidir en el medio ambiente que se dice proteger. Estamos, pues, en presencia de un tributo que no grava directamente la actividad contaminante, sino la titularidad de unas determinadas instalaciones y, como veremos de inmediato, el hecho de que el valor de esas instalaciones se calcule mediante la capitalización de los ingresos no trasmuta lo que es impuesto sobre unos elementos patrimoniales en un impuesto sobre actividades contaminantes (...). En efecto, el tributo cuestionado no se dirige, en sentido negativo, a disuadir el incumplimiento de ninguna obligación, pero tampoco busca, en sentido positivo, estimular actuaciones protectoras del medio ambiente, en cumplimiento del art. 45.1 CE, desvinculándose así de la verdadera aptitud de cada sujeto para incidir en el medio en el que se desenvuelve (es decir, de la capacidad para afectar como modalidad del principio de capacidad económica previsto en el art. 31.1 CE). (...).*

exenciones, para fijar niveles mínimos de afección medioambiental que contribuyan a modular los esfuerzos de los contribuyentes para reducir los riesgos medioambientales de sus instalaciones. Estos beneficios fiscales se convierten así en estímulos para potenciar las conductas respetuosas y favorecedoras con el medioambiente, se busca incentivar las conductas de los obligados tributarios hacia pautas más respetuosas con el medioambiente. La ausencia de estos beneficios fiscales, que tampoco se han considerado ni en la determinación de la base ni en la cuantificación de la deuda[295], aleja al IVPEE de su pretendida finalidad extrafiscal o medioambiental. El amplio abanico con el que cuenta el legislador para establecer estos beneficios fiscales va desde exenciones, deducciones aplicables por la adquisición o renovación de maquinaria o instalaciones que protejan el medioambiente, reducciones en el tipo de gravamen, lo que se traduce

en el impuesto autonómico creado por la Ley 12/1991 del Parlamento de las Islas Baleares, ante un tributo de naturaleza extrafiscal o con fines no fiscales, o de los que pudiéramos denominar como afectados, sino, como entiende la Sentencia, en presencia de un impuesto con fines fiscales. Ello es así por cuanto no existe afectación de los ingresos obtenidos mediante su gestión a ningún fin de protección medioambiental, ni, por otra parte, la estructura con que aparece configurado dicho impuesto da pie para sostener, de manera razonable y consistente, que se persigan de modo directo finalidades de tutela ambiental que hayan determinado la singularidad de régimen del tributo en cuestión, dado que no aparecen especificaciones (en el régimen de bonificaciones, en la fijación de la base imponible o de la cuota tributaria o en otros elementos del impuesto autonómico), en función de la mayor o menor intensidad de la degradación del entorno ambiental en el que inciden los elementos patrimoniales gravados". El impuesto medioambiental, como ha escrito PATÓN GARCÍA (2006), debe tener la capacidad para incidir positivamente en el objeto gravado modificando las conductas que se consideran perniciosas para el medio ambiente, y las exenciones contribuyen a este objetivo y a la vez permiten una delimitación más efectiva del objeto gravado, de la capacidad contaminante que se pretende gravar en cada caso. Vid. "Hacia un modelo de Impuesto ambiental. Las reformas pactadas y la creación de nuevos tributos", en *Nueva Fiscalidad*, número 7, páginas 82 y 83. Cfr. también PEÑA ALONSO, J. L. (2013): "El impuesto sobre el valor de la producción de la energía eléctrica", en BECKER, F., CAZORLA, L. M., MARTÍNEZ-SIMANCAS, J., (Directores), *Los tributos del sector eléctrico*, Thomson Aranzadi, Pamplona, página 667.

295 Para la OCDE (1994), "*cuando el vínculo entre la base imponible del impuesto y los daños producidos al medio ambiente es débil, el impuesto corre el riesgo de no ejercer el impacto deseado sobre el medio ambiente, y, paralelamente, introduce distorsiones inútiles y costosas en las decisiones de producción y consumo*". Vid. OCDE, *La fiscalidad y el medio ambiente. Políticas complementarias*, Ediciones Mundi-Prensa, Madrid, página 58.

en una discriminación positiva a favor de aquellos productores que respetan el medioambiente[296]. Nada de ello aparece en el IVPEE.

El impuesto recae directamente sobre los productores de energía eléctrica[297], sin que exista una razón aparente, de por qué sólo y exclusivamente son estos productores los que tienen que contribuir al problema del déficit de tarifa y a los efectos de los gases invernadero.

La **base imponible** del impuesto se determina en función de la rentabilidad bruta de cada instalación. Del análisis del **artículo 6 de la Ley 15/2012**, se observa que, la base imponible no recoge ningún riesgo medioambiental o capacidad contaminante. No se miden variables contaminantes, sino unidades de producción, unidades que no permiten modular la intensidad de los riesgos medioambientales a los que supuestamente responde el tributo, modulación que, constituye un elemento determinante en la **doctrina del Tribunal Constitucional** para fijar la finalidad o carácter extrafiscal de los tributos.

En este sentido, la **Sentencia del Tribunal Constitucional 289/2000, de 30 de noviembre**, ya señaló que:

> *"la configuración de la base imponible a partir únicamente del volumen de ingresos brutos de explotación pone de relieve que el IBIIMA no grava la actividad contaminante, ya que la capacidad de contaminar no depende de la cuantía de los ingresos brutos, sino de otros factores como, por ejemplo, de las inversiones realizadas para evitar precisamente la afectación del medio ambiente" (Fundamento Jurídico Sexto).*

Aplicando esta doctrina, se puede concluir que la unidad de medida elegida, las barras de central, no permite modular el riesgo contaminante en cada caso, máxime cuando todas las tecnologías de producción de electricidad se determinan de igual manera. La base imponible no permite, pues, modular el esfuerzo del contribuyente para reducir el posible riesgo ambiental, impidiendo cualquier ajuste en la medición de los pretendidos riesgos medioambientales.

Debe buscarse, por tanto, que los elementos cuantificadores de los impuestos ecológicos midan el daño medioambiental, preferentemente, de forma directa, y si no es posible, al menos, indirecta. Esta vinculación contribuye a salvaguar-

---

296 Vid. VAQUERA GARCÍA, A. (1999), *Fiscalidad y medio ambiente*, Editorial Lex Nova, Valladolid, página 57.

297 Los productores de energía eléctrica también son obligados tributarios en esa misma condición, del IAE y del Impuesto Especial sobre le Electricidad.

dar los principios de generalidad y justicia tributaria, por un lado, y el de "quien contamina paga", por otro. Pero en modo alguno, en el IVPEE, se produce un vínculo entre la base imponible y los daños al medioambiente.

Aunque en ocasiones pueda ser difícil de definir, la adecuación del tributo a la finalidad medioambiental exige en todo caso la modulación de la base imponible conforme al daño generado. El proceso industrial utilizado, la técnica y tecnología empleada, la antigüedad o modernidad de la instalación, así como el efectivo mantenimiento de esta, son circunstancias, entre otras, que pueden incidir en el riesgo de afecciones medioambientales, por lo que necesariamente deberían recogerse en la determinación de la base imponible de un tributo extrafiscal. A su vez, la producción de energía eléctrica en función de las circunstancias y tecnologías apuntadas genera diferentes niveles de contaminación, que deberían tenerse en cuenta para determinar la base imponible. La no toma en consideración de estas circunstancias constituye un factor más para fundamentar el carácter contributivo del impuesto, que fija su base imponible sin ninguna consideración medioambiental.

El gravamen indiscriminado que el IVPEE articula para todas las fuentes y tecnologías de producción de electricidad, con independencia del impacto real que cada una de ellas pueda tener en el medioambiente, solo contribuye a destacar el carácter contributivo de la figura tributaria analizada. La cuota del IVPEE se obtiene multiplicando la base imponible por el tipo de gravamen fijado en el 7 por ciento. El tipo es fijo, de alcance general, uniforme y sin modulación alguna. El gravamen resulta idéntico para todas las tecnologías de producción, con independencia de su consideración como energías renovables. Se trata de un tipo *ad valorem*[298] que se aplica directamente sobre las unidades de medida de la base imponible.

---

298 Cabe destacar que la Disposición Final Cuarta, de la Ley 15/2012, habilita a la Ley de Presupuestos Generales del Estado para modificar, de conformidad con lo previsto en el artículo 134.7 de la Constitución, los tipos impositivos y los pagos fraccionados en la misma Ley. Esta subida lineal de la fiscalidad en el tipo propuesto para todos los productores de electricidad, completamente al margen de la eficiencia de la tecnología utilizada, aumenta necesariamente el coste de la energía de la tarifa eléctrica (se ha llegado a fijar este incremento en determinados estudios en un 20%) y desincentiva la eficiencia del mercado y la sostenibilidad de la energía eléctrica, que es precisamente lo que se pretende salvaguardar. El IVPEE afecta directamente a la viabilidad de las empresas, cambia las circunstancias de explotación, altera el equilibrio económico inicial en la concesión de la instalación, incrementa el precio de la energía para el consumidor como

A la luz de ello, la uniformidad en la determinación del **tipo de gravamen** resulta contradictoria con un tributo medioambiental, que por su propia naturaleza y con fundamento en el principio general "quien contamina paga" ("quien contamina más paga más") debe ajustar la cuantía tributaria a la intensidad del daño medioambiental generado en cada caso. Además, esta uniformidad va contra el principio de igualdad, puesto que el Impuesto analizado se aplica de manera exactamente igual a todas las tecnologías de producción de electricidad, con independencia de las afecciones que generen. Recuérdese, como ya hemos señalado anteriormente, que es doctrina consolidada del Tribunal Constitucional que la aplicación de beneficios fiscales, deducciones o bonificaciones, contribuye a perfilar el verdadero carácter de los tributos. La ausencia de deducciones o bonificaciones en el Impuesto examinado vuelve a confirmar su finalidad contributiva.

Conforme a lo expuesto, el IVPEE carece de finalidad extrafiscal puesto que, lejos de perseguir una mejora o mayor grado de protección medioambiental, de disuadir el incumplimiento de alguna obligación o estimular actuaciones protectoras del medioambiente, tiene como objetivo prioritario obtener ingresos que reduzcan el "déficit de tarifa".

Los vicios de inconstitucionalidad que se vienen recogiendo aquí, no cuestionan la libertad del legislador estatal para establecer tributos como instrumentos de política económica, medioambiental, o social. La cuestión es si tal intervención es constitucionalmente admisible a través de un instrumento normativo que carece de la más mínima coherencia entre los fines declarados por el legislador y la actividad efectivamente gravada, esto es, en este caso, el objetivo de política económica que verdaderamente motiva la creación del tributo.

Un tributo que formalmente ha sido configurado y aprobado por el legislador como medioambiental, pero que, tras el examen de sus elementos estructurales, conforme a la doctrina del Tribunal Constitucional en materia de tributos

---

se puso de manifiesto con la aprobación del RDL 15/2018 y, a su vez, con un claro carácter indirecto. Además, al trasladarse de forma uniforme un tributo a todas las empresas productoras de energía eléctrica por igual, sin consideración al carácter de su tecnología, ha puesto en peligro el objetivo de alcanzar los porcentajes de consumo proveniente de energías limpias o renovables; objetivo que constituye, una exigencia nacional o el actual objetivo marcado por la Unión Europea de alcanzar el 32% en el año 2030. Este gravamen indiscriminado penaliza desde un punto de vista medioambiental precisamente a las energías más limpias.

extrafiscales, se revela como un tributo meramente contributivo, cuyo único objetivo es allegar nuevos ingresos para la Hacienda estatal:

> *(i) ¿puede ser compatible con el adecuado respeto al principio de interdicción de la arbitrariedad, así como con el resto de los principios y límites que disciplinan el poder tributario contenidos en los artículos 133 y 31 de la Constitución?*
>
> *(ii) ¿Un tributo, en el que la finalidad declarada es la protección del medioambiente, pero que realmente persigue como finalidad o fundamento auténtico de su creación, la mera obtención de recursos económicos para corregir y financiar el "déficit de tarifa", respeta los principios constitucionales del artículo 9.3 y 31 de la Constitución cuando no hay correlación entre la configuración de sus elementos esenciales, y la última ratio de su creación; cuando la articulación de sus elementos estructurales no refleja ni permite alcanzar la finalidad o fundamento de creación del tributo?*

No puede perderse de vista que la infracción de los principios de generalidad e igualdad tributaria en la que incurre la regulación del tributo examinado determina también vicios de inconstitucionalidad desde el prisma del **principio de la interdicción de la arbitrariedad**, consagrado en el **artículo 9.3 Constitución Española**, toda vez que, acreditado el carácter esencialmente contributivo del IVPEE, la aparente fundamentación medioambiental con la que se disfraza su creación, deviene incoherente con la realidad sometida a gravamen, consagrando, una evidente discriminación carente de verdadera justificación[299].

Tal como ya recogimos, la naturaleza jurídico-tributaria extrafiscal condiciona necesariamente la interpretación y aplicación de los principios constitucionales del **artículo 31.1 Constitución Española**, ya que: de acuerdo con el **principio de generalidad**, se impone que se sometan a tributación todos aqué-

---

[299] Es la coherencia y razonabilidad entre lo efectivamente gravado y las motivaciones que han llevado al legislador a la creación del tributo, la que permite garantizar su constitucionalidad desde el punto de vista del respeto al principio de la interdicción de la arbitrariedad. Como señala NAVARRO SANCHÍS, F. J. (2020): "*En realidad, esa parte introductoria de una ley —está en juego, entre otros valores, el de interdicción de la arbitrariedad— contiene su motivación, y debe ser empleada para ofrecer una explicación del porqué de la norma y de la razón de su regulación, en instituciones cuyo articulado pudiera ofrecer dudas, dado que, sobre todo en los primeros tiempos de vigencia, la mens legis —lo que ha querido decir el legislador—, es una regla interpretativa auténtica y, por ende, fundamental. No es su cometido entrar en liza con los jueces que no pueden replicar*". "¿Puede mentir la ley?", en *Entrada digital* en el blog *Fiscalbolg.es* de 30 de octubre de 2020, http://fiscalblog.es/?p=6106.

llos que manifiesten capacidad para contaminar; en relación con el **principio de igualdad**, se exige que se imponga el gravamen a todos los que manifiesten una misma capacidad de contaminar; de acuerdo con el **principio de capacidad económica**, ésta se mide en términos de capacidad para contaminas (a mayor capacidad contaminante, mayor debe ser el gravamen a soportar[300]); el **principio de no confiscatoriedad**, exige que la presión extrafiscal que se impone no convierta la actividad sometida a gravamen, en una actividad antieconómica[301]; y el **principio de progresividad**, impone, que los tributos medioambientales atiendan a la actitud del sujeto pasivo frente a la contaminación, incorporando incentivos o beneficios fiscales para aquéllos que modifiquen su comportamiento en beneficio del medioambiente.

Para PEÑA ALONSO, el IVPEE, recae directamente sobre los mismos obligados tributarios que el Impuesto sobre Actividades Económicas y el Impuesto Especial sobre la Electricidad, lo que plantea una doble tributación sobre unos mismos sujetos pasivos, los productores de electricidad. Esta sobreimposición puede suponer una quiebra de **los principios de capacidad económica y de no confiscatoriedad**[302].

---

300 Cfr. el trabajo de la profesora SOLER ROCH, M. T. (2008): "El principio de capacidad económica y la tributación medioambiental", en BECKER, F., CAZORLA, L. M., MARTÍNEZ-SIMANCAS, J., (Directores), en *Tratado de Tributación medioambiental*, Volumen I, Thomson-Reuters Aranzadi, Pamplona, páginas 187 y siguientes.

301 Cfr. el trabajo del profesor CHICO DE LA CÁMARA, P. (2008): "La regla de la no confiscatoriedad como límite a la tributación medioambiental", en BECKER, F., CAZORLA, L. M., MARTÍNEZ-SIMANCAS, J., (Directores), en *Tratado de Tributación medioambiental*, páginas 161 y siguientes.

302 En PEÑA ALONSO, J. L. (2013): "El impuesto sobre el valor de la producción de la energía eléctrica", óp. cit. página 678; en este sentido, interesa resaltar la **Sentencia del Tribunal Constitucional 182/2021, de 26 de octubre de 2021**, relativa al Impuesto sobre el Incremento del Valor de los Terrenos de Naturaleza Urbana (plusvalía), resultando de especial interés, por un lado, el esfuerzo realizado en la sentencia para explicar que el fundamento del impuesto enjuiciado no se encuentra en el artículo 47 Constitución Española, sino en el artículo 31 Constitución Española; y por otro, la sutil construcción argumental contenida en el Fundamento de Derecho Tercero, para vincular el principio de no confiscatoriedad, que fue el fundamento de la cuestión de inconstitucionalidad, con el principio de capacidad económica, que finalmente ha sido el fundamento de la declaración de inconstitucionalidad.

En definitiva, habría que plantearse si, desnudado el tributo de su pretendido barniz extrafiscal y concretado que estamos ante un hecho imponible igual o prácticamente idéntico al del IAE y al Impuesto Especial sobre le Electricidad (amén de las inadmisiones de los recursos de inconstitucionalidad del Tribunal Constitucional en relación con este tributo), *¿qué justifica, por ejemplo, que el Impuesto sobre Actividades Económicas grave a todas las actividades y el IVPEE sólo a los productores de energía eléctrica? ¿Por qué sólo se grava la electricidad?*

El respeto a los principios del **artículo 31.1 de la Constitución** impone que todos aquéllos que ostenten una posición jurídica y fáctica idéntica respecto del fundamento auténtico de la creación del tributo, el "déficit de tarifa", queden gravados por el mismo. No solo los productores de energía eléctrica, sino todos los agentes que participan de la explotación económica unificada del sistema.

Estamos pues, a nuestro criterio, ante un tributo de claro carácter inconstitucional toda vez que carece de finalidad medioambiental, que entraña la infracción de los principios constitucionales consagrados en los **artículos 9.3 y 31.1 de la Constitución** y, de modo singular, de los principios de interdicción de la arbitrariedad, generalidad, igualdad, progresividad y seguridad jurídica, dado que su diseño y configuración no atiende a los parámetros generales de los tributos contributivos, sino que establece discriminaciones de corte pretendidamente medioambiental que carecen de justificación en el marco de un tributo de esta naturaleza.

2.3.2 La naturaleza directa (?) del impuesto

Desde el origen de la creación del IVPEE, se ha defendido que el mismo opera sustancialmente como un tributo de naturaleza indirecta[303], claramente fiscal,

---

303 Para ALONSO GARCÍA, R. y ALMUDÍ CID, J. M. (2020): "*A raíz de la referida configuración del IVPEE, su calificación como tributo directo resulta, cuanto menos, cuestionable*", en "El Tribunal Supremo ante la constitucionalidad y la europeidad de las leyes (a propósito del Impuesto sobre el Valor de la Producción de la Energía Eléctrica)", *Revista de Administración Pública*, número 212, página 60. DOI: https://doi.org/10.18042/cepc/rap.212.02. En el mismo sentido SOLÉ, C. y GARCÍA MUÑOZ, J. C (2021), recogen que: "*Desde el momento en el que la Ley 15/2012 creó el IVPEE definiéndolo como un "tributo de carácter directo y naturaleza real que grava las actividades de producción e incorporación al sistema eléctrico de energía eléctrica, medida en barras de central", muchos hemos sido los que pensamos que, bajo tal definición, subyacía un tributo que en realidad operaba sustancialmente como un tributo indirecto*" en "IVPEE: ¿Sabía el Tribunal de Lu-

creado, como expresa su **Preámbulo**, para allegar recursos económicos con el único objeto de financiar y corregir el denominado "*déficit de tarifa*"[304], mediante la que se repercuten al consumidor los peajes por el transporte y distribución, así como las primas a la producción con energías renovables y cogeneración y otros costes incluidos en el suministro de la electricidad[305].

El IVPEE se añade a otros impuestos que gravan el mismo bien o servicio y que, pese a su regulación como impuesto directo, su naturaleza y elementos esenciales son los propios de un impuesto indirecto, cuya carga fiscal se repercute en el consumidor final de electricidad; además, a pesar de tener nominalmente una finalidad medioambiental, es esencialmente un impuesto recaudatorio, sin fin específico extrafiscal, que discrimina la producción de energía eléctrica derivada de fuentes renovables, sin diferenciar en función de la intensidad y de la contaminación del medioambiente, distorsionando el mercado interior de energía

---

xemburgo todo lo necesario?", en el *Periódico de la energía*, 5 de marzo de 2021, página 1, DOI: https://elperiodicodelaenergia.com/ivpee-sabia-el-tribunal-de-luxemburgo-todo-lo-necesario/. Cfr. también ENCABO RODRIGUEZ, I. (1993): "La imposición indirecta en la historia de la fiscalidad española. Una visión retrospectiva", *Gaceta Fiscal*, número 109; GAGO RODRÍGUEZ, A. y ÁLVAREZ VILLAMARÍN, J. C. (1995): "Hechos y tendencias de la reforma fiscal en los países de la OCDE (1980-1990)", *Hacienda Pública Española*, número 134, páginas 73 y siguientes; GAGO RODRÍGUEZ, A. (2000): "La fiscalidad del siglo XXI", *Hacienda Pública Española*, número 155, páginas 39 y siguientes.

304 Para ORTIZ CALLE, E. (2019): en el IVPEE "*Estaríamos, pues, ante un tributo finalista, al afectarse su recaudación a sufragar los costes del sistema eléctrico, que se han visto notablemente incrementados a raíz del recurrente déficit tarifario*", en "Compatibilidad del impuesto sobre el valor de la producción de la energía eléctrica con el Derecho de la Unión Europea", *Revista de Contabilidad y Tributación*, 437-438, página 87.
En este sentido, como ya recogimos, se pronunció la Comisión de Expertos para la Reforma del Sistema Tributario Español, en su Informe de febrero de 2014 (páginas 325 y siguientes), y el *Libro Blanco sobre la Reforma Tributaria*, Madrid, 2022, páginas 236 y 237.

305 El precio que paga el consumidor a su comercializador es fruto de la suma del precio de la energía, libremente negociada entre el cliente y su comercializador, y la tarifa de acceso. Más concretamente, como se deduce del Real Decreto 900/2015, de 9 de octubre, un consumidor eléctrico ordinario paga por tres conceptos: 1) el coste de las redes, 2) otros costes del sistema aparte de las redes (básicamente las primas a las renovables, cogeneración y residuos, retribución adicional para los sistemas no peninsulares y anualidad del déficit) y 3) la energía que consume más el respaldo del sistema (esto es, la disponibilidad permanente del sistema para consumir).

eléctrica y vulnerando la libre competencia. Por ello, cabría concluir que está más cercano a un gravamen de naturaleza indirecta, que directa, extremo que, además, se ha visto corroborado tras la aprobación del **Real Decreto-Ley 15/2018**, de 5 de octubre, de medidas urgentes para la transición energética y la protección de los consumidores.

Sobre este aspecto volveremos en el Capítulo siguiente.

2.3.3 La discutida naturaleza medioambiental del impuesto

Desde el punto de vista del funcionamiento del sistema eléctrico español, como recogimos detalladamente en el Capítulo I, el déficit de tarifa o déficit tarifario, se refiere a la diferencia entre los ingresos que las empresas eléctricas españolas perciben por los pagos de los consumidores y los costes que la normativa reconoce por suministrar electricidad[306].

Como ya detallamos anteriormente, la trayectoria de los costes de las actividades reguladas ha sido fuertemente expansiva desde **2006**, último año en que los peajes de acceso fueron suficientes, de tal modo que se ha producido un aumento de los ingresos medios por peajes de acceso de un 70% en términos acumulados hasta **2010**, mientras que el aumento de los costes de acceso fue de un 140%. Este déficit de tarifa alcanzó en el año **2012** cotas inusitadamente elevadas, sin que se encontrara una solución[307].

Como señaló la **Comisión Nacional de la Energía** en su **"*Informe sobre el sector energético español*", de fecha 7 de marzo de 2012**, (en respuesta a la solicitud planteada por el Secretario de Estado de Energía al objeto de proponer medidas de ajuste regulatorio para atajar la creciente evolución del déficit tarifario del sector eléctrico), el sistema eléctrico español registra un déficit estructu-

---

306 Vid. MATEU DE ROS Y CEREZO, R. (2009): "El déficit de tarifa eléctrica: origen y regulación por el derecho positivo", en BECKER, F., CAZORLA, L. M., MARTÍNEZ-SIMANCAS, J. y SALA, J. M., (Directores), *Tratado de regulación del sector eléctrico,* op. cit., página 351. Cfr. también, CAZORLA PRIETO, L. M. y CAZORLA GONZALEZ-SERRANO, L. (2009), en "El tratamiento en el ordenamiento jurídico español del incremento de los precios de la energía eléctrica como consecuencia de la internalización de los derechos de emisión de CO[2]", *op. cit.*, página 755.

307 Vid. CODES CALATRAVA, G. (2013): "El canon a la generación hidroeléctrica", en BECKER, F., CAZORLA, L. M., MARTÍNEZ-SIMANCAS, J., (Directores), *Los tributos del sector eléctrico*, óp. cit, página 624.

ral de ingresos de actividades reguladas (*déficit tarifario*) desde hace una década, debido a que los costes que se han reconocido a las distintas actividades y costes regulados han sido (y siguen siendo) superiores que los ingresos obtenidos por los precios regulados que pagan los consumidores.

Este déficit estructural, o déficit de tarifa, llevó al Gobierno a la creación de la **Ley 15/2012**, con el único objetivo, que ya hemos señalado, de recaudar para compensar los costes del sistema a través de la tributación. El descenso paulatino de la acumulación de la deuda viva del déficit de tarifa, como vimos en el Capítulo I, es un dato más que confirma que el IVPEE sólo ha servido para financiar el citado déficit de tarifa, desde el déficit tarifario original del año 2014, que acumulaba una deuda viva de 28.000 millones de euros, al déficit existente a fecha 31 de diciembre de 2019, de 16.602,01 millones de euros, momento en que el tributo quedó en suspenso[308].

En este sentido, el "déficit de tarifa" es un concepto que subsume todas aquellas ineficiencias que el sistema retributivo regulado presenta para hacer frente a los costes del sistema, no solo la producción de energía. Por ello, pese al incremento de los peajes de acceso, no ha sido suficiente para cubrir los costes del sistema, dando lugar a un marco regulatorio inestable, necesario para el correcto desarrollo de una actividad como la eléctrica muy intensiva en inversión.

La necesidad de financiación y de corrección del déficit estructural o de tarifa del sector eléctrico, fue la única causa que movió al legislador nacional a aprobar la **Ley 15/2012**, a través de la cual se impone a determinados sujetos del sistema, nuevas figuras impositivas, absolutamente desproporcionadas[309], con las que fi-

---

308 Cfr. MONTES PÉREZ DEL REAL, E. (2014) "La fiscalidad del sector eléctrico y su necesidad de reforma", *Cuadernos de energía,* 43, página 55; Vid. el "*Informe sobre el estado actual de la deuda del sistema eléctrico*" emitido por la Sala de Supervisión regulatoria de la Comisión Nacional de los Mercados y la Competencia de 16 de marzo de 2017; y el "*Acuerdo por el que se emite informe sobre el estado actual de la deuda del sistema eléctrico*", emitido por la Sala de Supervisión regulatoria de la Comisión Nacional de los Mercados y la Competencia de fecha 14 de enero de 2020.

309 RUIZ GARIJO, M. (2013): "La tasa ENRESA", en BECKER, F., CAZORLA, L. M., MARTÍNEZ-SIMANCAS, J., (Directores), *Los tributos del sector eléctrico*, Cizur Menor, Thomson Aranzadi, página 569, habla sobre la necesidad de reflexionar sobre si esta pluralidad de gravámenes resulta justificada y proporcionada; en el mismo sentido se pronuncia ORTIZ CALLE, E. (2018): "La prohibición de alcance confiscatorio del sistema tributario y la imposición sobre la energía nuclear", *Revista Crónica Fiscal*, núme-

nanciar el coste del citado déficit de tarifa, entre los que se encuentra el IVPEE, claramente fiscal y alejado de una naturaleza medioambiental[310].

2.3.4. Análisis de los elementos esenciales del Impuesto

a) Objeto y hecho imponible

El **apartado II del Preámbulo de la Ley 15/2012** comienza con las siguientes palabras:

> *"(...) con el fin también de favorecer el equilibrio presupuestario, se establece en el Título I de esta Ley, un impuesto sobre el valor de la producción de la energía eléctrica, de carácter directo y naturaleza real, que grava la realización de actividades de producción e incorporación al sistema eléctrico de energía eléctrica en el sistema eléctrico español".*

El IVPEE es definido en el **artículo 1 de la Ley 15/2012** como tributo de carácter **directo** y naturaleza **real** que:

> *"grava la realización de actividades de producción e incorporación al sistema eléctrico de energía eléctrica, medida en barras de central, a través de cada una de las instalaciones indicadas en el artículo 4 de esta Ley".*

En la redacción inicial del Proyecto de Ley, el artículo 1 disponía que aquél recaía "*sobre la realización de actividades de producción y oferta de energía eléctrica en el mercado eléctrico español*", mientras que la redacción finalmente aprobada hace descansar el tributo sobre "*la realización de actividades de producción e incorporación al sistema eléctrico de energía eléctrica*" (artículo 1 de la Ley).

Por su parte, el **artículo 4 de la Ley** añade que:

> *"Constituye el hecho imponible la producción e incorporación al sistema eléctrico de energía eléctrica medida en barras de central, incluidos el sistema eléctrico peninsular y los territorios insulares y extrapenisulares, en cual-*

---

ro 168, página 187: *"La presión fiscal sobre el sector* (eléctrico) *puede calificarse sin riesgo de exagerar como bastante elevada".*

310 Cfr. PEÑA ALONSO, J. L. (2013): "El impuesto sobre el valor de la producción de la energía eléctrica", en BECKER, F., CAZORLA, L. M., MARTÍNEZ-SIMANCAS, J., (Directores), *Los tributos del sector eléctrico*, óp. cit., página 651.

quiera de las instalaciones a las que se refiere el Título IV de la Ley 54/1997, de 27 de noviembre, del Sector Eléctrico".

Así pues, el IVPEE se centra en la producción e incorporación al sistema eléctrico de la energía eléctrica.

El IVPEE no recoge ninguna **delimitación negativa** del hecho imponible, ningún supuesto de **exención**. Recuérdese al respecto, como reiteramos, que es doctrina consolidada del Tribunal Constitucional que, para potenciar el carácter extrafiscal de los tributos, deben articularse beneficios fiscales[311], como son las exenciones, para fijar niveles mínimos de afección medioambiental que contribuyan a modular los esfuerzos de los contribuyentes para reducir los riesgos medioambientales de sus instalaciones. Estos beneficios fiscales se convierten así en estímulos para potenciar las conductas respetuosas y favorecedoras con el medioambiente[312]. El impuesto medioambiental, como ha escrito PATÓN GARCÍA, debe tener la capacidad para incidir positivamente en el objeto gravado modificando las conductas que se consideran perniciosas para el medioambiente[313], y las exenciones contribuyen a este objetivo y a la vez permiten una delimitación más efectiva del objeto gravado, de la capacidad contaminante que se pretende gravar en cada caso.

Con la aplicación de los beneficios fiscales se busca incentivar las conductas de los obligados tributarios hacia pautas más respetuosas con el medioambiente.

---

311 Por todas, Sentencia Tribunal Constitucional 289/2000, de 30 de noviembre.

312 Los beneficios fiscales en materia medioambiental, como ha puesto de manifiesto VAQUERA GARCIA, pueden concretarse, además de las exenciones, en deducciones aplicables por la adquisición o renovación de tecnología, maquinaria o instalaciones que protejan el medio ambiente; rebajas en el tipo de gravamen aplicable a los tributos que recaen sobre el consumo de los bienes proambientales, lo que incentiva una discriminación positiva a favor de productos ecológicos; y en las diferentes técnicas de amortización fiscal, que se encuentran muy próximas a las deducciones por adquisición, y que permiten una mayor dotación anual a los fondos de amortización de los bienes de inversión respetuosos con el medio ambiente. VAQUERO GARCIA, A. (1999): *Fiscalidad y medio ambiente*, Editorial Lex Nova, Valladolid, 1999, página 57. LÓPEZ MARTÍNEZ, J. y PÉREZ LARA, J. M. (2003): "Incentivos fiscales para la creación de empleo (libertad de amortización para inversiones generadoras de empleo)" *Nueva Fiscalidad*, número 7, páginas 47 y siguientes.

313 PATÓN GARCIA, G. (2006): "Hacia un modelo de Impuesto ambiental. Las reformas pactadas y la creación de nuevos tributos", en *Nueva Fiscalidad*, número 7, páginas 82 y 83.

La ausencia de estos beneficios fiscales, que tampoco se han considerado ni en la determinación de la base ni en la cuantificación de la deuda, aleja al IVPEE de su pretendida finalidad extrafiscal o medioambiental. En suma, como ha escrito AIZEGA ZUBILLAGA, las técnicas de aliento, promoción e incentivo para reducir las afecciones al medioambiente constituyen un objetivo en sí mismo de los tributos medioambientales[314]. La ausencia total de estas técnicas en el Impuesto estudiado, como acabamos de señalar, constituye un claro reflejo que el impuesto responde a otros objetivos, distintos de los medioambientales[315].

El **gravamen** indiscriminado que el IVPEE articula para todas las fuentes y tecnologías de producción de electricidad, con independencia del impacto real que cada tecnología de producción de electricidad pueda tener en el medioambiente, solo contribuye a destacar el carácter contributivo de la figura tributaria analizada. El Impuesto, así concebido, en modo alguno resulta respetuoso con la sostenibilidad que se pretende defender por el legislador en el preámbulo de la Ley que analizamos. Resulta claramente contradictorio el gravamen uniforme que se propone para la producción de energía eléctrica con la declaración en el **apartado I del Preámbulo**, relativa a la armonización que se pretende del sistema fiscal con un uso más eficiente y respetuoso con el medioambiente y la sostenibilidad.

Las tecnologías renovables son de los pocos instrumentos con los que contamos actualmente para conseguir los objetivos nacionales e intracomunitarios, y alcanzar una mejora significativa en el consumo de energía renovable, objetivo ratificado por España. Un verdadero tributo medioambiental debe modular el gravamen en función de la intensidad o daño al medioambiente causado, así lo exige el principio "*quien contamina paga*". La tributación uniforme que se propone equipara a las energías renovables a cualesquiera otras que procedan, por ejemplo, del uso de combustibles fósiles, que provocan importantes emisiones de CO_2 a la atmósfera, como ya vimos anteriormente.

---

314 AIZEGA ZUBILLAGA, J. M. (2001): *La utilización extrafiscal de los tributos y los principios de justicia tributaria*, op. cit., página 83.

315 En esta dirección, el Grupo Parlamentario IZQUIERDA PLURAL presentó en el Congreso de los Diputados una enmienda para proponer la exención de las tecnologías renovables en régimen especial y de las renovables destinadas al autoconsumo. Esta delimitación negativa sí contribuiría eficazmente a subrayar el carácter medioambiental del Impuesto. Cfr. en Boletín Oficial de las Cortes Generales, Congreso de los Diputados, X Legislatura, número 25-2, de 6 de noviembre de 2012, páginas 35 y siguientes.

b) Obligados tributarios

Son contribuyentes del Impuesto, según manifiesta **el artículo 5 de la Ley 15/2012**, las personas físicas o jurídicas y las entidades a que se refiere el **artículo 35.4 de la Ley General Tributaria**, que realicen las actividades señaladas en el **artículo 4**, esto es, la "*producción e incorporación al sistema eléctrico de energía eléctrica*", sin diferenciar las fuentes de energía de la que proviene la producción eléctrica. No se acuña, por tanto, ningún supuesto de sustitución ni de responsabilidad.

Para ORTIZ CALLE, el hecho de que se grave a todos los productores sin distinción de la fuente de energía, dificulta el poder entender que estos tributos se destinen a necesidades colectivas, como la protección medioambiental[316].

c) Base imponible y cuantificación del tributo

De conformidad con el **artículo 6 de la Ley 15/2012**, la base imponible, que se define para cada instalación en la que se realice la producción de electricidad, queda constituida por "*el importe total que corresponda percibir al contribuyente por la producción e incorporación al sistema eléctrico de energía eléctrica, medida en barras de central, por cada instalación, en el período impositivo*".

---

316 Vid. ORTIZ CALLE, E. (2018): "La prohibición de alcance confiscatorio del sistema tributario y la imposición sobre la energía nuclear", *op. cit.*, página 187: "*Recientemente hemos llamado la atención sobre el hecho de que el gran número de figuras que configuran actualmente los sistemas tributarios modernos, que como cualquier obra humana son producto combinado de la historia y de la razón, dificulta seriamente el juicio que pueda formarse cada contribuyente sobre la razonabilidad de su aportación a las necesidades colectivas, habida cuenta no solo de la multiplicidad de las prestaciones que integran el conjunto sino también de la descoordinación y solapamiento entre las mismas. Esta situación explica que la utilización del calificativo de «sistema» para designar el conglomerado de impuestos vigentes en nuestro Estado deba hacerse con todos los matices y pueda resultar para más de un observador imparcial un auténtico sarcasmo. Esto es especialmente cierto en el ámbito de la imposición energética en el que la carencia de sistema se hace especialmente acuciante, sobre todo a raíz de la creación de las nuevas exacciones contenidas en la Ley 15/2012, de 27 de diciembre, de medidas fiscales para la sostenibilidad energética. Junto al Impuesto sobre el Valor de la Producción de la Energía Eléctrica —que grava a todos los productores sin distinción— se aplican los Impuestos, ya más específicos, sobre la producción y almacenamiento en instalaciones centralizadas de combustible nuclear gastado y residuos radiactivos resultantes de la generación de energía nucleoeléctrica*".

En el cálculo del importe total, se considerarán en el período impositivo las retribuciones previstas en todos los regímenes económicos que se deriven de lo establecido en la Ley del Sector Eléctrico, así como las previstas en el régimen económico específico para el caso de actividades de producción e incorporación al sistema eléctrico de energía eléctrica en los territorios insulares y extrapenisulares.

Tal como ha quedado la redacción del **artículo 6 de la Ley 15/2012**, la base imponible no recoge ningún riesgo medioambiental o capacidad contaminante. No se miden variables contaminantes sino unidades de producción, unidades que no permiten modular la intensidad de los riesgos medioambientales a los que supuestamente responde el tributo, modulación que, como ya hemos advertido, constituye un elemento determinante en la doctrina del Tribunal Constitucional para fijar la finalidad o carácter extrafiscal de los tributos.

En este sentido, como señaló la citada **Sentencia del Tribunal Constitucional 289/2000, de 30 de noviembre**, una base imponible que mida únicamente el volumen de ingresos brutos de explotación pone de relieve que no grava una actividad contaminante. Aplicando esta doctrina al caso que nos ocupa, se puede concluir que la unidad de medida elegida, las barras de central, no permite modular el riesgo contaminante en cada caso, máxime cuando todas las tecnologías de producción de electricidad se determinan de igual manera. La base imponible no permite, pues, modular el esfuerzo del contribuyente para reducir el posible riesgo ambiental.

Por otro lado, como ha defendido la OCDE, cuando el vínculo entre la base imponible del impuesto y los daños producidos al medioambiente es débil, el impuesto corre el riesgo de no ejercer el impacto deseado sobre el medioambiente, y, paralelamente, introduce distorsiones inútiles y costosas en las decisiones de producción y consumo[317]. Debe buscarse, por tanto, que los elementos cuantificadores de los impuestos ecológicos midan el daño medioambiental, preferentemente, de forma directa, y si no es posible, al menos, indirecta. Esta vinculación contribuye a salvaguardar los **principios de generalidad y justicia tributaria**, por un lado, y el de "**quien contamina paga**", por otro. Pero en modo alguno, en el IVPEE, se produce un vínculo entre la base imponible y los daños al medioambiente.

---

317 OCDE, *La fiscalidad y el medio ambiente. Políticas complementarias*, Ediciones Mundi-Prensa, Madrid, 1994, página 58.

Aunque en ocasiones pueda ser difícil de definir, la adecuación del tributo a la finalidad medioambiental exige en todo caso la modulación de la base imponible conforme al daño generado. El proceso industrial utilizado, la técnica y tecnología empleada, la antigüedad o modernidad de la instalación, así como el efectivo mantenimiento de la misma, son circunstancias, entre otras, que pueden incidir en el riesgo de afecciones medioambientales, por lo que necesariamente deberían recogerse en la determinación de la base imponible de un tributo extrafiscal.

A su vez, la producción de energía eléctrica en función de las circunstancias y tecnologías apuntadas genera diferentes niveles de contaminación, que deberían tenerse en cuenta para determinar la base imponible. La no toma en consideración de estas circunstancias constituye un factor más para fundamentar el carácter contributivo del IVPEE, que fija su base imponible sin ninguna consideración medioambiental.

La cuota del IVPEE se obtiene multiplicando la base imponible por el **tipo de gravamen** fijado en el 7 por ciento.

El tipo es fijo, de alcance general, uniforme y sin modulación alguna. El gravamen resulta idéntico para todas las tecnologías de producción, con independencia de su consideración como energías renovables. Se trata de un tipo *ad valorem* que se aplica directamente sobre las unidades de medida de la base imponible.

A la luz de ello, la uniformidad en la determinación del tipo de gravamen resulta contradictoria con un tributo medioambiental, que por su propia naturaleza y con fundamento en el principio general "quien contamina paga" ("quien contamina más paga más") debe ajustar la cuantía tributaria a la intensidad del daño medioambiental generado en cada caso. Además, esta uniformidad va contra el principio de igualdad, puesto que el Impuesto analizado se aplica de manera exactamente igual a todas las tecnologías de producción de electricidad, con independencia de las afecciones que generen. Recuérdese, como ya hemos señalado en el comentario correspondiente al análisis del hecho imponible, que es doctrina consolidada del Tribunal Constitucional que la aplicación de beneficios fiscales, deducciones o bonificaciones en la materia que nos centra, contribuye a perfilar el verdadero carácter de los tributos. La ausencia de deducciones o bonificaciones en el Impuesto examinado vuelve a confirmar su finalidad contributiva.

Por último, la **Disposición Final cuarta de la Ley 15/2012 habilita a la Ley de Presupuestos Generales del Estado** para modificar, de conformidad con lo previsto en el **artículo 134.7 de la Constitución**, los tipos impositivos y los pagos fraccionados en la misma Ley.

Esta subida lineal de la fiscalidad en el tipo propuesto para todos los productores de electricidad, completamente al margen de la eficiencia de la tecnología utilizada, aumentará necesariamente el coste de la energía de la tarifa eléctrica[318] y desincentivará la eficiencia del mercado y la sostenibilidad de la energía eléctrica, que es precisamente lo que se pretende salvaguardar. El nuevo Impuesto afecta directamente a la viabilidad de las empresas, cambia las circunstancias de explotación, altera el equilibrio económico inicial en la concesión de la instalación, incrementa el precio de la energía para el consumidor[319] como se ha puesto de manifiesto con la aprobación del **Real Decreto Ley 15/2018**.

Y como ya señalamos, al trasladarse de forma uniforme un tributo a todas las empresas productoras de energía eléctrica por igual, sin consideración al carácter de su tecnología, se está poniendo en peligro, los objetivos de alcanzar los porcentajes establecidos por la Unión Europea de consumo proveniente de energías limpias o renovables; objetivos que constituye, como también hemos expuesto, una exigencia también nacional[320]. Este gravamen indiscriminado penaliza desde un punto de vista medioambiental precisamente a las energías más limpias.

---

318 Se ha llegado a fijar este incremento en determinados estudios en un 20 por 100. Cfr. *Libro Blanco para la reforma del sistema tributario,* Madrid, 2022.

319 El Grupo Parlamentario Socialista señaló en el debate en el Congreso de los Diputados (sesión plenaria número 65, Boletín de las Cortes Generales, Congreso de los Diputados, de 30 de octubre de 2012) que la aplicación del tipo lineal previsto supondrá un encarecimiento del precio del mercado eléctrico de unos 3,5 euros por megavatio/hora, y teniendo en cuenta que el precio medio del mercado eléctrico se sitúa entre 50 y 60 euros por megavatio/hora, y que las tarifas que pagan los consumidores también incluyen otras partidas, como peajes, que varían dependiendo del tipo de consumidor, el efecto final sobre las tarifas eléctricas podría rondar del 5 al 8% para los consumidores domésticos y del 10 al 15% para los industriales. Este incremento lejos de contribuir a reducir el déficit tarifario producirá un incremento significativo en el coste de la energía eléctrica para los consumidores finales, y de forma muy particular para los consumidores industriales.

320 El artículo 78 de la Ley 2/2011, de 4 de marzo, de Economía Sostenible, consagraba como objetivo nacional un "*mínimo de participación de las energías renovables en el consumo de energía final bruto del 20 por ciento en 2020. Este objetivo deberá alcanzarse con una cuota de energía procedente de energías renovables en todos los tipos de transporte en 2020 que sea como mínimo equivalente al 10 por ciento del consumo final de energía del sector transporte*".

Conviene también reiterar lo que apuntó el **informe de la Comisión de expertos para la reforma del sistema tributario de febrero de 2014**, respecto de la cuantificación del IVPEE, coincidente con las conclusiones llevadas a cabo por el **Comité de Personas Expertas para elaborar el *Libro Blanco sobre la Reforma Tributaria* de 2022**. En efecto, en el informe de 2014 se afirma que este Impuesto ha sido creado con el fin de contribuir a financiar el déficit tarifario. En este sentido, destaca el citado informe en su página 325 y siguientes que:

> *"No se trata de un impuesto medio ambiental porque su BI está constituida por el importe total que corresponda percibir al contribuyente por la producción e incorporación al sistema eléctrico de energía eléctrica, medida en barras de central, por cada instalación, en el periodo impositivo. (…). La finalidad del impuesto es que la financiación del llamado déficit tarifario recaiga sobre los productores de energía eléctrica, con independencia de que la fuente de producción sea más o menos contaminante, este tributo no responde a ningún criterio medioambiental, sino que se configura como un instrumento meramente recaudatorio que terminará incidiendo sobre el consumidor final de energía eléctrica, por lo que debería plantearse su desaparición (…)".*

El ***Libro Blanco sobre la Reforma Tributaria* de 2022**, mantiene también la supresión del IVPEE, por no ser un tributo medioambiental y tener como única finalidad la reducción del déficit de tarifa:

> *"La configuración del IVPEE no diferencia según los efectos medioambientales de las distintas tecnologías de generación eléctrica y perjudica doblemente la transición ecológica al dificultar la electrificación, puesto que eleva los precios relativos de la electricidad, y al no promover el cambio tecnológico dentro de la generación eléctrica"*[321].

---

[321] Cfr. *Libro Blanco sobre la Reforma Tributaria*, Madrid 2022, página 236. En este sentido en la página 235 recoge que: "*Distintas comisiones gubernamentales han realizado propuestas de mejora en este ámbito. Aunque la CETE (2018) propuso una reforma fiscal medioambiental con importantes implicaciones sobre la tributación del sector eléctrico, como la sustitución de los impuestos especiales sobre con-sumo de productos energéticos por impuestos generales sobre el CO2 y sobre otras emisiones atmosféricas, su utilidad práctica es limitada por el difícil y complejo encaje con las regulaciones medioambientales y tributarias existentes. La CERSTE (2014) propuso la eliminación tanto del IVPEE, por no responder a ningún criterio medioambiental, así como la del canon de utilización de aguas continentales, por no seguir el procedimiento (canon genérico) establecido por la Ley de Aguas (Texto refundido aprobado por RDL 1/2001, de 20 de julio), y compensar, en ambos casos, la pérdida recaudatoria con la subida del IEE que, además, debería definir su base imponible en términos de consumos físicos de electricidad. En el caso de la producción y almacenamiento*

Tales afirmaciones confirman el criterio que venimos defendiendo.

d) Problemas derivados de la determinación de la base imponible del IVPEE

Uno de los problemas que ha generado una mayor conflictividad judicial en el IVPEE, ha girado en torno a la cuantificación de la base imponible, por incluir la Administración de manera incorrecta, conceptos retributivos que de acuerdo a la regulación legal no se encontrarían incluidos en el hecho imponible del IVPEE.

El **artículo 1 de la Ley 15/2012** establece que:

> *"El impuesto sobre el valor de la producción de la energía eléctrica es un tributo de carácter directo y naturaleza real que grava la realización de actividades de producción e incorporación al sistema eléctrico de energía eléctrica, medida en barras de central, a través de cada una de las instalaciones indicadas en el artículo 4 de esta Ley".*

De este modo, el gravamen del tributo analizado recae sobre la producción e incorporación de energía eléctrica al sistema eléctrico, medida en barras de central.

Permítasenos subrayar que la precisión del objeto gravado y del hecho imponible resulta determinante a los efectos que ahora nos ocupan para concretar técnicamente los distintos componentes que integran la base imponible del IVPEE. A estos efectos, es preciso atender a lo dispuesto en el **artículo 14 de la Ley General Tributaria**, a cuyo tenor:

> *"No se admitirá la analogía para extender más allá de sus términos estrictos el ámbito del hecho imponible, de las exenciones y demás beneficios o incentivos fiscales".*

Por su parte, el **artículo 12 de la Ley General Tributaria** establece que, en tanto no se definan por la normativa tributaria los términos empleados en sus propias normas, éstos habrán de entenderse conforme a su sentido jurídico, técnico u usual, según proceda en cada supuesto.

El hecho imponible constituye el aspecto fundamental de la estructura de la obligación tributaria toda vez que es el elemento esencial del tributo. El hecho imponible predetermina el fin del tributo en cuanto es el presupuesto jurídico

---

de residuos nucleares dicha comisión sugirió su integración y configuración como una tasa (lo que también sugiere la CETE)".

que configura el gravamen y delimita la capacidad económica que el legislador quiere gravar en cada caso. El elemento objetivo del hecho imponible queda constituido por los negocios, actos o hechos que se sujetan a gravamen, y su delimitación, por la transcendencia que presenta en la configuración del tributo, debe realizarse mediante una norma con rango de ley. Corolario necesario de esta significación del hecho imponible es que su interpretación debe ser rigurosa desde una perspectiva jurídica, y en el caso que nos ocupa, también técnica, por la remisión que se recoge en el **artículo 6.2 de la Ley 15/2012**, a cuyo tenor:

> *"A estos efectos, en el cálculo del importe total se considerarán las retribuciones previstas en todos los regímenes económicos que se deriven de lo establecido en la Ley 54/1997, de 27 de noviembre, del Sector Eléctrico, en el período impositivo correspondiente, así como las previstas en el régimen económico específico para el caso de actividades de producción e incorporación al sistema eléctrico de energía eléctrica en los territorios insulares y extrapeninsulares".*

Por su parte, el **artículo 4.3 de la Ley 15/2012** establece que:

> *"respecto a los conceptos y términos con sustantividad propia que aparecen en la Ley, salvo los definidos en ella, se estará a lo dispuesto en la normativa del sector eléctrico de carácter estatal".*

Finalmente, el **artículo 4.1 del mismo cuerpo legal** dispone que:

> *"Constituye el hecho imponible la producción e incorporación al sistema eléctrico de energía eléctrica medida en barras de central, incluidos el sistema eléctrico peninsular y los territorios insulares y extrapeninsulares, en cualquiera de las instalaciones a las que se refiere el Título IV de la Ley 54/1997, de 27 de noviembre, del Sector Eléctrico".*

En definitiva, a nuestro entender, la delimitación de los términos "*producción e incorporación al sistema eléctrico de energía eléctrica*", debe llevarse a cabo de conformidad con la interpretación que corresponda según la normativa del sector eléctrico de carácter estatal.

Por lo que se refiere al cálculo de la base imponible del IVPEE, destáquese que el **artículo 6.1 de la Ley 15/2012** señala que:

> *"La base imponible del impuesto estará constituida por el importe total que corresponda percibir al contribuyente por la producción e incorporación al sistema eléctrico de energía eléctrica, medida en barras de central, por cada instalación, en el período impositivo".*

Así, en la determinación de la base imponible del Impuesto sólo pueden computarse aquellas retribuciones que se refieran a la producción e incorporación al sistema de energía eléctrica[322], debiendo excluirse, por tanto, aquellos otros conceptos retributivos, como los pagos por capacidad, o los complementos de energía reactiva, eficiencia o por continuidad para responder a los huecos de tensión, cuya naturaleza retributiva no se encuentra conectada con el hecho imponible del Impuesto sino que tienen como objeto asegurar el suministro de electricidad en función de las necesidades de capacidad del sistema.

La retribución del sector eléctrico está recogida actualmente en los **artículos 14, 24 y 29 de la LSE 2013**. En dichos preceptos se establecen diferentes conceptos retributivos, independientes entre sí y cuantificables de manera singular:

(i) el **precio marginal** correspondiente a la oferta realizada por la última unidad de producción cuya entrada en el sistema haya sido necesaria para atender la demanda de energía eléctrica,

(ii) la **garantía de potencia** que cada unidad de producción preste efectivamente al sistema y

(iii) los **servicios complementarios** de la producción de energía eléctrica necesarios para garantizar un suministro adecuado al consumidor.

Sobre este punto, interesa destacar cuáles son las características esenciales de los mismos:

(i) son conceptos retributivos autónomos,

(ii) retribuyen servicios distintos,

---

322 Cfr. SOLÉ, C. y GARCÍA MUÑOZ, J. C (2021): "IVPEE: ¿Sabía el Tribunal de Luxemburgo todo lo necesario?", *en el Periódico de la energía,* 5 de marzo de 2021, *DOI: https://elperiodicodelaenergia.com/ivpee-sabia-el-tribunal-de-luxemburgo-todo-lo-necesario/: "(...) por mucho que la Administración haya interpretado, hasta el momento, que el artículo 6.1 de la Ley 15/2012 permite gravar los ingresos obtenidos por productores de energía que nada tienen que ver con la producción e incorporación de energía eléctrica, tendrán que ser los tribunales, y eventualmente el Tribunal Supremo, quienes determinen si dicho precepto, interpretado conjuntamente con el artículo 4 (hecho imponible) permite gravar conceptos retributivos percibidos por los generadores eléctricos que no remuneran la producción de electricidad incorporada a la red medida en barras de central (en bornes de alternador minorada en los consumos auxiliares en generación y en las pérdidas hasta el punto de conexión a la red), sino que retribuyen servicios prestados por dichos generadores para garantizar el buen funcionamiento del sistema eléctrico".*

(iii) responden a finalidades diferentes dentro del equilibrio del sistema eléctrico y,

(iv) se cuantifican de forma diversa.

De esta forma, las empresas productoras de energía eléctrica perciben:

- el precio de la energía producida (mercado diario, mercado intradiario, mercado de contratación bilateral), art. 14.1.a);
- una serie de retribuciones a sus instalaciones por las liquidaciones efectuadas por el operador del sistema como consecuencia de la gestión económica y técnica del sistema (art. 14.1.b) y c). Que en ocasiones se basan a efectos de su liquidación en la propia energía eléctrica, y en otros casos, en conceptos como la capacidad de potencia que aportan al sistema sus instalaciones, capacidad de sus instalaciones de modificar su generación, etc.:
    - Servicios de ajuste del sistema necesarios para garantizar un suministro adecuado al consumidor,
    - Pago por capacidad en función de las necesidades de capacidad del sistema.

Por todo ello, a nuestro entender, la base imponible se integrará exclusivamente por las liquidaciones que procedan de la producción de energía eléctrica y por su incorporación al sistema, conforme establece el **artículo 6 de la Ley 15/2012**. Mientras que el resto de las retribuciones percibidas por otros conceptos, no pueden integrarse en la base imponible al quedar fuera del ámbito objetivo del hecho imponible del Impuesto.

En efecto, el resto de los conceptos, responden a servicios específicos, singulares y diferentes de los propios de producción e incorporación de energía eléctrica al sistema. Con ellos se garantiza el equilibrio de oferta y demanda de energía, la seguridad y capacidad de potencia y la disponibilidad de energía que exige el sistema para su funcionamiento eficiente. Todo ello, con el fin de hacer frente a variaciones de la demanda que no se hubieran podido anticipar o a pérdidas de la oferta que no estuvieran programadas. En consecuencia, no son retribuciones directas de la producción e incorporación de energía al sistema, sino que son consecuencia de otros factores ajenos a la generación de energía cuyo objeto es garantizar el funcionamiento óptimo del sistema.

Analizamos a continuación estos conceptos:

- **Pagos por capacidad:** la **Orden ITC/2794/2007, de 27 septiembre, por la que se revisan las tarifas eléctricas a partir del 1 de octubre de 2007**, establece un sistema de pagos por capacidad estructurado en torno a dos incentivos:

  (i) el de inversión, orientado a promover la entrada de nueva capacidad en el sistema a largo plazo;

  (ii) y el de disponibilidad, orientado a promover la disponibilidad de la capacidad ya existente a medio plazo, desarrollado por la Orden ITC/3127/2011, de 17 de noviembre, por la que se regula el servicio de disponibilidad de potencia de los pagos por capacidad y se modifica el incentivo a la inversión a que hace referencia el anexo III de la Orden ITC/2794/2007, de 27 de septiembre, por la que se revisan las tarifas eléctricas a partir del 1 de octubre de 2007.

  El incentivo de inversión está destinado a promover la construcción y puesta en servicio de nuevas instalaciones de generación que sean necesarias para reemplazar centrales que queden obsoletas en el futuro, todo ello con el objeto de asegurar la cobertura en momentos de exceso de demanda. Se trata de un incentivo a largo plazo, que retribuye la inversión durante los diez primeros años desde la puesta en marcha de la central o de las inversiones medioambientales realizadas, mediante un pago por megavatio de potencia instalada y año.

  Por su parte, el incentivo de disponibilidad retribuye a determinadas instalaciones por el hecho de contribuir rápidamente a la cobertura de las puntas de régimen ordinario en el sistema. Se trata de instalaciones elegibles que prestan el servicio durante el año, con un pago unitario en función de la potencia neta de dicha central y del índice de disponibilidad de la tecnología. En caso de que las centrales incumplan la referida disponibilidad de capacidad son penalizadas de forma proporcional a dicho incumplimiento.

  Los pagos por capacidad son básicamente una ayuda o subvención a la "adecuación de la producción" que se encuentran recogidos en las Directrices de la Unión Europea sobre ayudas estatales en materia de protección del medioambiente y energía 2014-2020 (2014/C 200/01, 28 de junio 2014). Esta ayuda, como se reconoce en el mismo Documento [3.8.1 (202)], responde al interés común de contar con infraestructuras energéticas que refuercen "*el mercado interior de la energía y la estabilidad del sistema, la adecuación de la producción, la integración de las diferentes fuentes de energía y el suministro de energía"*. Con estas ayudas, calificadas como "*condición indispensable para el funcionamiento del mercado interior*" [3.8.1 (202)], se pretende "*garantizar la adecuación de la producción, por lo general concediendo apoyo a los productores por la mera disponibilidad de capacidad de producción*" [3.9 (218)]. Las primas que se perciben son compatibles con el Tratado de la Unión Europea porque remuneran el servicio de suministro puro prestado por el productor, esto es, el compromiso de estar en condiciones de suministrar electricidad cuando sea necesario para el sistema. Por esta disponibilidad el productor percibe la remuneración por megavatio de capacidad puesta a disposición, remuneración autónoma e independiente de la que le pudiera corresponder por producción de energía.

De todo lo anterior se colige que los incentivos que ahora nos atañen garantizan la disponibilidad de potencia para el sistema eléctrico, disponibilidad que es de interés público; que responden a incentivar la inversión y la disponibilidad de generación para cubrir los excesos de demanda en el sistema a precios razonables, y que se trata de un mecanismo adicional a la remuneración que obtienen las centrales por vender su energía. En definitiva, estos incentivos no retribuyen la incorporación efectiva de energía al sistema medida en barras de central, sino una disponibilidad inmediata de potencia al sistema cuando sea necesario.

- **Retribución singular de los sistemas eléctricos insulares y extrapeninsulares:** este incentivo se recoge en el **artículo 10 de la Ley 24/2013 y se desarrolla por el Real Decreto 738/2015, de 31 de julio**, por el que se regula la actividad de producción de energía eléctrica y el procedimiento de despacho en los sistemas eléctricos de los territorios no peninsulares. En el citado Real Decreto se reconocen las peculiaridades de estos sistemas, por lo que atendiendo al mayor coste de generación previsible, derivado de la propia estructura de los sistemas aislados, se establece un mecanismo de compatibilidad económica que garantice el fin perseguido y evite la discriminación a los consumidores cualificados, distribuidores y comercializadores, sin perjudicar la eficiencia energética y económica de cada uno de los sistemas, con el fin de mantener las tarifas y precios equivalentes a las que resultan del sistema de ofertas peninsular. En consecuencia, la retribución de la actividad de generación debe ser adecuada y suficiente para asegurar la continuidad de las actividades destinadas al suministro de energía eléctrica que se desarrollen en estos territorios, con el objetivo adicional de mejorar su eficiencia económica.

Estas primas pueden calificarse de ayudas de Estado legitimadas por la **Directiva 2003/24/CE del Parlamento Europeo y del Consejo, del 26 de junio de 2003 (actual Directiva 2019/944/CE)**, relativa a las normas comunes para el mercado interior de la electricidad, en la medida que compensan la diferencia de costes de generación en dichos territorios en el mercado interno de electricidad.

En este sentido, si bien constituyen retribuciones del sistema, no responden al objeto gravado por el Impuesto, es decir, a la producción e incorporación de energía eléctrica al sistema, medida en barras de central. Asimismo, al igual que ocurría con los pagos por capacidad, las primas ahora analizadas no se cuantifican en función de la energía producida, medida en barras de central, sino en función de la potencia disponible del grupo, de la garantía de potencia en el año y del número total de horas/año de disponibilidad.

- **Reserva de potencia adicional a subir y la reserva secundaria:** la contratación y asignación de estos servicios está prevista por el procedimiento de operación 3.9 de las normas de operación del sistema y pretende retribuir a las instalaciones con capacidad de reducir o aumentar su producción de forma rápida una vez acopladas al sistema. La prestación de este servicio se retribuye en euros/megavatio y su cuantía es independiente de la energía realmente producida.

  Así, el importe por las asignaciones de reserva de potencia adicional a subir retribuye exclusivamente el servicio de poner a disposición del sistema suficiente reserva de potencia, con el fin de garantizar en todo momento la cobertura de la demanda y la seguridad en la operatividad del sistema eléctrico. Todo ello, con total independencia de los importes que puedan percibirse por la venta de la energía. Por otra parte, se retribuyen, como hemos señalado, por euros/megavatio, y no por energía producida. El cálculo de la retribución no se vincula a la producción de energía sino a las asignaciones efectivas de reserva de potencia adicional a subir, que se valoran al precio marginal de las ofertas de reserva de potencia adicional a subir asignadas en cada período de programación. Los importes obtenidos por reserva de potencia adicional a subir y reserva secundaria no son, consecuentemente, retribuciones por producción e incorporación de energía eléctrica, medida en barras de central, y, por tanto, no pueden integrarse en la base imponible del IVPEE, cuyo objeto de gravamen se circunscribe exclusivamente a la producción e incorporación de electricidad al sistema eléctrico, medida en barras de central.

Si tenemos en cuenta dicho esquema retributivo y la dicción del **artículo 6 de la Ley 15/2012**, parece claro que el IVPEE lo que pretende gravar es la retribución percibida, por todos los conceptos, provengan de las propias ventas de energía o de las liquidaciones del operador del sistema, pero no aquellas otras retribuciones percibidas por otros conceptos por las empresas de producción, dado que en su determinación se alude tanto en el hecho imponible como en la base imponible, a la producción medida en "*barras de central*", alusión que sólo puede referirse a los MW/h realmente vertidos a la red, y, por tanto, a las retribuciones percibidas por todos los conceptos por esos MW/h vertidos a la red.

Por todo ello, deben darse conjuntamente la producción de energía eléctrica y su entrega al sistema eléctrico, con exclusión del resto de los importes que las mismas centrales puedan percibir como consecuencia de la retribución de los diferentes conceptos con los que se pretende garantizar la sostenibilidad y seguridad del sistema eléctrico.

Pues bien, este criterio sólo fue acogido parcial y tímidamente por la **Audiencia Nacional**. Tanto los **Tribunales Económicos-Administrativos Regionales**, como el **Tribunal Económico-Administrativo Central**[323], así con el **Tribunal**

323 Tímidamente el Tribunal Económico-Administrativo Central, se refirió a este asunto en los siguientes términos: "*Por tanto no están sometidas al IVPEE, las retribuciones derivadas de producción eléctrica que no se incorpora a la red de transporte o distribución del sistema eléctrico, y no es objeto de la medición necesaria (en barras de central) para la liquidación de la energía y/o servicios asociados, conforme a las normas de aplicación del régimen económico de las actividades de dicho sistema. En consecuencia, si las centrales no produjeron energía eléctrica en el año 2013, entonces, no tuvo lugar el hecho imponible*". Por todas, Resolución del Tribunal Económico-Administrativo Central, de 21 de junio de 2021, resolución número: 00-00814-2019. Sin embargo, esta misma resolución concluye que: "*Sobre esta cuestión ya se pronunció la Dirección General de Tributos en contestación a la consulta vinculante V1602-13, de 14 de mayo de 2013, señalando que los citados conceptos deben formar parte de la base imponible del impuesto en la medida en que cada uno de ellos constituye una forma de retribución relacionada con el valor de la energía eléctrica producida durante los distintos ejercicios. Este criterio ha sido asumido por este Tribunal en sus*

Supremo[324], han venido manteniendo que la base imponible del IVPEE, abarca la totalidad de las retribuciones que se perciben en cada instalación, por el sujeto pasivo, en el proceso de producción e incorporación de energía eléctrica al sistema eléctrico.

A todo lo anterior, no ha contribuido a clarificar el **Tribunal de Justicia de la Unión Europea**, como analizaremos más adelante. Anticipamos, que el Tribunal de Luxemburgo, declaraba que el IVPEE resultaba ajustado al Derecho de la Unión Europea, en su **sentencia de 3 de marzo de 2021, en el asunto C-220/19 (Promociones Oliva Park)**, por entender que el IVPEE era un **impuesto directo** "*al no constituir el IVPEE un impuesto indirecto que grave directa o indirectamente el consumo de electricidad a que se refiere la Directiva 2003/96, no puede estar incluido en el ámbito de aplicación del artículo 1, apartado 2, de la Directiva 2008/118*". El Tribunal de Justicia de la Unión Europea, "*podía estar viciado por una trampa lógica*", puesto que el Tribunal de Luxemburgo había llegado a la conclusión de que el IVPEE era un impuesto directo y no indirecto partiendo de la base de que "*el impuesto no sólo grava la electricidad producida*

resoluciones 00/04780/2016 y 00/05939/2017, de 23 de abril de 2019, que constituyen doctrina y vienen a ratificar que los citados conceptos deben formar parte, dado su carácter retributivo, de la base imponible del IVPEE".

324 Por todas, Sentencia del Tribunal Supremo 1656/2023, de 11 de diciembre, recurso de casación 5637/2022. Señala el Tribunal que, tal y como tiene establecido la jurisprudencia, el Impuesto controvertido es un tributo de carácter directo, naturaleza real y devengo periódico —anual—, que grava a las personas físicas y jurídicas, así como a las entidades a las que alude el art. 35.4 de la Ley General Tributaria, que produzcan e incorporen energía eléctrica al sistema, siendo la base imponible el importe total que tales contribuyentes perciban por esa energía producida e incorporada, a los que se grava con un tipo fijo. En el caso de los productores de energía eléctrica a partir de fuentes de energía renovables, cogeneración de alta eficiencia y residuos, forma parte de la base imponible la "prima" o retribución específica percibida, por razón de la tecnología aplicada, denominada retribución a la inversión y la retribución a la operación. Así recoge que: "*Todo lo cual ha de llevarnos a reafirmar la doctrina fijada en las sentencias de 10 de mayo de 2023, rec. cas. 1000/2022 y 2202/2022, y respecto de la segunda de las cuestiones seleccionadas en el auto de admisión procede declarar que en el caso de los productores de energía eléctrica a partir de fuentes de energía renovables, cogeneración de alta eficiencia y residuos, forma parte de la base imponible la "prima" o retribución específica percibida, por razón de la tecnología aplicada, denominada retribución a la inversión y la retribución a la operación. Con la desestimación del recurso de casación y confirmación de la sentencia impugnada*".

e incorporada al sistema, sino que también grava otros ingresos de los productores eléctricos que nada tienen que ver con la electricidad producida e incorporada al sistema"[325].

Esta premisa clave (*la de que el impuesto grava otros ingresos adicionales a los obtenidos por la electricidad producida e incorporada al mercado*) no resultaba de la **Ley 15/2012**, sino de una interpretación creada en **2013** por la Administración Tributaria que extendió, de facto, el hecho y la base imponible del tributo mucho más allá de los límites previstos en la Ley, y que era una cuestión que se encontraba en tramitación ante la Audiencia Nacional, pudiendo resultar que nuestros tribunales acabaran declarando que el IVPEE sólo gravaba la producción e incorporación de electricidad al sistema, y no otros conceptos ajenos a la misma, determinando que la premisa lógica en la que se asentaba el razonamiento del Tribunal de Justicia de la Unión Europea era incorrecta.

Y así sucedió, la **Sentencia de la Audiencia Nacional 3556/2021, de 15 de julio**, en el recurso 1900/2019, llegó a reconocer que en la base imponible del IVPEE no deben incluirse otros conceptos distintos de los que corresponden estrictamente a la retribución de la electricidad producida e incorporada al sistema eléctrico. La **Audiencia Nacional**, de manera parcial, acogió el criterio que defendemos (**Sentencia 3556/2021, de 15 de julio**, en el recurso 1900/2019), donde estableció lo siguiente:

> *"Lo que se discute aquí es la base del impuesto, y esta debe estar regulada de manera precisa en la ley de creación del impuesto. Y si bien el apartado segundo del artículo 6 parece avalar que se incluyan retribuciones por conceptos distintos a la producción e incorporación de electricidad en el sistema eléctrico, esta interpretación no es conforme ni con la finalidad del impuesto ni con el apartado primero del artículo 6. Según la exposición de motivos, el impuesto se justifica por razones medioambientales: la contaminación originada por la producción de energía eléctrica y el impacto sobre el medio natural de las redes de distribución necesarias para el transporte de la electricidad. Por ello el hecho imponible lo constituye la producción e incorporación de electricidad en el sistema eléctrico. Esto lleva al propio TEAC a declarar que sin producción e incorporación al sistema eléctrico —como sucedió en dos centrales de Iberdrola— no se devenga el impuesto*[326]*. Lo que*

---

325 Vid. SOLÉ, C. y GARCÍA MUÑOZ, J. C (2021): "IVPEE: El emperador sigue desnudo", en el *Periódico de la energía*, 23 de septiembre de 2021, DOI: https://elperiodicodelaenergia.com/ivpee-el-emperador-sigue-desnudo/

326 Cfr. Resolución del Tribunal Económico-Administrativo Central, de 21 de junio de 2021, resolución número: 00-00814-2019: "*El Valor de la Producción de la Energía*

no tiene sentido es afirmar que con un solo kW h introducido en el sistema eléctrico, devengado el impuesto, la base imponible tuviera que considerar el conjunto de los ingresos que tratan de compensar el funcionamiento de la central eléctrica, que es la conclusión a la que debe llegarse a partir de los razonamientos del TEAC. Si la base imponible es la medida en la que se realiza el hecho imponible, deberá medirse la electricidad producida e introducida en el sistema eléctrico. Esto es lo que claramente pretende el artículo 6.1 cuando se refiere a la retribución obtenida por "la producción e incorporación al sistema de energía eléctrica, medida en barras de central, por cada instalación, en el período impositivo". Se establece una manera de medir la electricidad incorporada al sistema eléctrico "medida en barras de central", concepto por el que se entiende "la energía medida en bornes de alternador minorada en los consumos auxiliares en generación y en las pérdidas hasta el punto de conexión a la red" (artículo 4.2). Si todos los ingresos percibidos para el funcionamiento de la central (vía precios por electricidad o por pagos por capacidad) tuvieran que ser computados, todas estas claras referencias a tener en cuenta solo la energía introducida en el sistema eléctrico carecería de sentido. De ahí que no pueda aceptarse la interpretación de la Dirección General de Tributos, que parte de un punto de vista económico, y concluye en que sin las ayudas estatales de pagos por capacidad algunas centrales en un mercado intervenido no podrían funcionar, lo cual no es la cuestión que aquí se trata de responder. Esta posición desconoce el claro mandato legal de tener en cuenta solo los ingresos que se correspondan a energía introducida en el sistema eléctrico. Lo anterior no nos lleva a estimar en su totalidad la pretensión de la parte actora, pues el complemento por eficiencia y huecos de tensión y el complemento por energía reactiva (RD 661/2007, de 25 de mayo) sí se pagan por kW/h introducido en la red eléctrica. Son sobreprecios que se abonan por la calidad de la producción de la energía suministrada y, por tanto, son retribuciones percibidas por la producción e incorporación de energía eléctrica en el sistema eléctrico".

Eléctrica (IVPEE) es un gravamen que debe recaer sobre las retribuciones previstas en todos los regímenes económicos que se deriven de lo establecido en la Ley 54/1997, de 27 de noviembre, del Sector Eléctrico, o de los regímenes económicos específicos en los territorios insulares y extrapeninsulares, por dos motivos que deben darse conjuntamente: producción de energía eléctrica y su entrega al sistema eléctrico. Por tanto no están sometidas al IVPEE, las retribuciones derivadas de producción eléctrica que no se incorpora a la red de transporte o distribución del sistema eléctrico, y no es objeto de la medición necesaria (en barras de central) para la liquidación de la energía y/o servicios asociados, conforme a las normas de aplicación del régimen económico de las actividades de dicho sistema. En consecuencia, si las centrales no produjeron energía eléctrica en el año 2013, entonces, no tuvo lugar el hecho imponible, y, por lo tanto, no se originó lo obligación tributaria, por lo que no puede quedar sujeta a gravamen las retribuciones como "pagos por capacidad".

Sin embargo, esta **Sentencia de la Audiencia Nacional** y otras que vendrían después[327], no han logrado advertir las consecuencias de su interpretación, presentando cierta incoherencia, ya que las sentencias comienzan declarando la compatibilidad del IVPEE con el Derecho de la Unión Europea, en base a la Sentencia del Tribunal de Justicia de la Unión Europea, que ha declarado que el IVPEE es compatible con el **artículo 1 apartado 2 de la Directiva 2008/118/CE**[328]: *"un impuesto que grava la producción e incorporación al sistema eléctrico de energía eléctrica en el territorio nacional y* ***cuya base imponible está constituida por el importe total de los ingresos del sujeto pasivo obtenidos por la realización de estas actividades, sin tener en cuenta la cantidad de electricidad efectivamente producida e incorporada*** *a ese sistema";* para que unas páginas más adelante, en la misma sentencia, se reconozca que el recurso debe ser estimado parcialmente, puesto que la base imponible ha sido incorrectamente autoliquidada, ya que "*no puede aceptarse la interpretación de la Dirección General de Tributos" porque dicha interpretación* "***desconoce el claro mandato legal de tener en cuenta solo los ingresos que se correspondan a energía introducida en el sistema eléctrico***". Es decir, según estas sentencias de la Audiencia Nacional, el tributo es conforme al Derecho Europeo, *porque no sólo grava la electricidad producida, sino que grava todos los ingresos de los productores,* pero, sin embargo, *la base imponible declarada es incorrecta,* ya que de dicha base *deben excluirse todos los ingresos distintos de esa misma electricidad producida e incorporada al sistema*".

En conclusión, si la base imponible del IVPEE está limitada a los ingresos correspondientes de la energía introducida en el sistema eléctrico, entonces el IVPEE "*no es el impuesto al que se refería el Tribunal de Justicia de la Unión Europea, y por el contrario sí es un impuesto indirecto que grava directa o indirectamente el consumo de electricidad, manifiestamente contrario por lo tanto al artículo 1 apartado 2 de la Directiva 2008/118/CE*"[329].

---

327 Una de las más recientes, Sentencia de la Audiencia Nacional 1046/2024, de 20 de febrero de 2024, recurso número 924/2020.

328 Derogada por la actual Directiva (UE) 2020/262 del Consejo, de 19 de diciembre de 2019, por la que se establece el régimen general de los impuestos especiales, Diario Oficial de la Unión Europea de 27-02-2020.

329 Vid. SOLÉ, C. y GARCÍA MUÑOZ, J. C (2021): "IVPEE: El emperador sigue desnudo", en el *Periódico de la energía,* 23 de septiembre de 2021, DOI: https://elperiodicodelaenergia.com/ivpee-el-emperador-sigue-desnudo/: En relación al pronunciamiento de la Audiencia Nacional, en la Sentencia 3556/2021, de 15 de julio, estos autores reconocen que: "*A la vista de este fallo, nos vemos obligados a reconocer que quizá pecamos de*

Sin embargo, este criterio no ha venido a confirmarlo el Tribunal Supremo, al menos hasta la fecha, que con los debidos respetos no podemos compartir. La **Sentencia del Tribunal Supremo 1656/2023, de 11 de diciembre, recurso de casación 5637/2022**, entiende que:

> *"Por todo ello, sin artificio ni forzamiento alguno se comprende en la base imponible, los conceptos por pagos por capacidad, garantía de potencia de los sistemas eléctricos insulares y extrapeninsulares, complemento por energía reactiva, complemento por eficiencia y huecos de tensión, en tanto que como se ha puesto de manifiesto anteriormente al recoger su regulación reglamentaria conforman pagos parciales por el producto derivado de la actividad del sujeto pasivo. No es posible, pues, compartir el parecer de la parte recurrida de que al incluir en la base imponible el importe total que corresponda percibir al contribuyente por la producción e incorporación al sistema eléctrico de energía eléctrica, en los términos patrocinados por el Sr. Abogado del Estado y que, en definitiva, coinciden con la doctrina fijada, se extienda el hecho imponible más allá de lo legalmente establecido, en tanto que se respecta el principio de reserva de ley de los tributos, en relación con el art. 8 de la Ley General Tributaria, pues el art. 6 de la Ley 15/2012, fija la base imponible con remisión a conceptos retributivos presentes —en el caso de autos— en la Ley 54/1997, desarrollados reglamentariamente, dentro de la lógica y desenvolvimiento normal de un sistema eléctrico complejo en el que se dan cita distintos regímenes y situaciones técnicas bien diferentes con una pluralidad de factores de diversa naturaleza, que demanda, por la naturaleza de la imposición diseñada y sus distintos elementos, para su fijación la colaboración del reglamento como medio necesario para la depuración del régimen retributivo en las diversas situaciones en el proceso de la actividad productora de la electricidad".*

A modo de conclusión, se incorpora un cuadro resumen de las diferencias en los criterios en la determinación de la base imponible del IVPEE:

---

ingenuidad al pensar que un tribunal que entendiese que legalmente el IVPEE sólo puede gravar la electricidad producida e incorporada en el sistema eléctrico advertiría también que la Sentencia del Tribunal de Justicia de la Unión Europea realmente nunca ha podido referirse al IVPEE, sino que sólo pudo referirse a un tributo existente en una realidad alternativa, resultante de una interpretación administrativa que ahora se declara inaplicable (a salvo de lo que pueda acabar por entender el Tribunal Supremo, quien tiene la última palabra sobre este asunto)". El Tribunal Supremo se pronunció al respeto, tal como ya hemos señalado, en la Sentencia del Tribunal Supremo 1656/2023, de 11 de diciembre, recurso de casación 5637/2022, viniendo a conformar el criterio de la Administración Tributaria.

<table>
<tr><td></td><td>INGRESOS A INCLUIR
BASE IMPONIBLE IVPEE</td><td>GASTOS A DEDUCIR
BASE IMPONIBLE IVPEE</td></tr>
<tr><td rowspan="8">BASE IMPONIBLE IVPEE SEGÚN AEAT</td><td>Producción de energía eléctrica negociada a través de los mercados (oferta-demanda)</td><td rowspan="4">Las penalizaciones exigibles por la normativa sectorial por incumplimiento de las condiciones:
– Penalización por energía reactiva.
– Penalización por incumplimiento de la reserva de potencia adicional comprometida</td></tr>
<tr><td>Servicios de ajustes del sistema</td></tr>
<tr><td>Pagos por capacidad</td></tr>
<tr><td>Pagos por garantías de potencia</td></tr>
<tr><td>Pagos por prestación de los servicios</td><td rowspan="4">Los costes de los desvíos entre generación y consumo.</td></tr>
<tr><td>Complemento por energía reactiva</td></tr>
<tr><td>Complemento por eficiencia y huecos de tensión</td></tr>
<tr><td>Pagos por capacidad</td></tr>
<tr><td rowspan="8">BASE IMPONIBLE DEFENDIDA POR NOSOTROS</td><td rowspan="8">Producción de energía eléctrica negociada a través de los mercados (oferta-demanda)</td><td>Coste de los desvíos</td></tr>
<tr><td>Coste de reserva de potencia adicional</td></tr>
<tr><td>Peajes de acceso</td></tr>
<tr><td>Pagos de productores al operador del mercado</td></tr>
<tr><td>Pagos de productores al operador del sistema</td></tr>
<tr><td>Canon autonómicos</td></tr>
<tr><td>Complemento de reactividad para el control de tensión en el régimen permanente</td></tr>
<tr><td>Complemento por continuidad de suministro frente a huecos de tensión</td></tr>
</table>

2.4 LA PROCLAMADA DOBLE IMPOSICIÓN DEL IMPUESTO

2.4.1 Planteamiento

Pese a las afirmaciones contenidas en preámbulo de la **Ley 15/2012**, como ya detallamos, respecto del carácter extrafiscal de los tributos que regula la citada Ley, y en particular del IVPEE, a nuestro parecer, la Ley examinada tiene un carácter puramente contributivo y ha sido aprobada con el objetivo de allegar nuevos recursos económicos para que el Estado pueda hacer frente a los problemas derivados del "déficit de tarifa" con independencia de cualquier finalidad de protección o mejora del medioambiente. Este hecho motiva que el Impuesto examinado se solape, a nuestro entender, claramente con el Impuesto sobre Actividades Económicas y con el Impuesto Especial sobre la electricidad, en su regulación anterior.

En efecto, tal y como ya recogimos, la Ley 15/2012 carece de la finalidad extrafiscal que propugna su preámbulo, y se configura en la práctica como una disposición de marcado carácter contributivo cuyo objetivo fundamental es el allegar nuevos recursos económicos que permitan reducir el déficit de tarifa.

El título competencial para el establecimiento de los nuevos tributos, como se recuerda en la **Disposición Final Segunda de la Ley 15/2012**, se residencia en la competencia exclusiva del Estado en materia de Hacienda general, prevista en el **artículo 149.1.14ª de la Constitución Española**. Este artículo otorga el poder tributario al Estado, para financiar el gasto público dentro de sus competencias. En este marco, el **artículo 133.1 del texto constitucional** dispone que: "*la potestad originaria para establecer tributos corresponde exclusivamente al Estado mediante Ley*".

Con independencia de las incidencias que puede plantear el alcance y determinación de este poder tributario originario, el Estado tiene asignado el poder del establecimiento de tributos con los límites de los principios constitucionales (legalidad, generalidad, capacidad económica, igualdad, progresividad y no confiscatoriedad), de la necesaria coordinación con el poder tributario de las Comunidades Autónomas (**artículo 6.Dos Ley Orgánica de Financiación de las Comunidades Autónomas**) y de los que derivan de la pertenencia de España a la Comunidad Europea (**directivas Comunitarias, particularmente relativas a la tributación de la energía**).

Dentro de este marco general, y como ha señalado reiteradamente el Tribunal Constitucional, entre otras, en sus **Sentencias 37/1987, de 26 de marzo, 289/2000, de 30 de noviembre, y 96/2002, de 25 de abril**, el Estado dispone de plena libertad configurativa para el establecimiento de nuevos tributos.

Permítasenos recordar nuevamente que los denominados tributos medioambientales, categoría que el legislador pretende otorgar a estos tributos energéticos medioambientales, y en particular al Impuesto examinado, deben responder a una clara finalidad extrafiscal, deben ser instrumentos de ordenación, protección, mejora y reparación del medioambiente. El carácter medioambiental debe ser cierto y no aparente. No es suficiente con la simple declaración medioambiental, ni tampoco con la mera afectación general de su recaudación a actividades relacionadas con la mejora del medioambiente. Es necesario que de la estructura del impuesto y de la regulación de sus elementos configuradores se deduzca con claridad su carácter extrafiscal[330].

En consecuencia, la finalidad extrafiscal de los tributos exige evaluar las afecciones negativas producidas para ponderar qué factores intervienen en su producción, así como el esfuerzo de los obligados tributarios para reducir su riesgo medioambiental. Ninguna consideración al respecto se contiene en estos tributos medioambientales del sector eléctrico.

2.4.2 Comparativa de los elementos estructurales del Impuesto sobre el Valor de la Producción de la Energía Eléctrica con el Impuesto sobre Actividades Económicas y el Impuesto Especial sobre la electricidad en su regulación anterior a la Ley 28/2014.

El **apartado II del Preámbulo de la Ley 15/2012**, comienza con las siguientes palabras:

> *"En este sentido y con el fin también de favorecer el equilibrio presupuestario, se establece en el Título I de esta Ley, un impuesto sobre el valor de la producción de la energía eléctrica, de carácter directo y naturaleza real, que grava la realización de actividades de producción e incorporación al sistema eléctrico de energía eléctrica en el sistema eléctrico español".*

El establecimiento del IVPEE, se defiende en el mismo Preámbulo por dos razones principales. En primer lugar, porque las instalaciones de producción eléctrica: *"originan importantes inversiones en las redes de transporte y distribución de energía eléctrica para poder evacuar la energía que vierten a las mismas"*. Y, en segundo lugar, porque dichas instalaciones: *"comportan, por sí o como resultas de la propia existencia y desarrollo de las tales redes, indudables efectos medioambientales, así como la generación de muy relevantes costes necesarios para el mantenimiento de la garantía de suministro"*.

El IVPEE, como también se destaca en el mismo preámbulo de la **Ley 15/2012**, se aplica a la producción de todas las instalaciones de generación,

---

330 En este sentido, la **Sentencia del Tribunal Constitucional de 13 de marzo de 2013**, aclara que en el examen de los tributos medioambientales hay que buscar: *"la posible concurrencia de una finalidad extrafiscal reflejada, no en el preámbulo de la norma reguladora, sino en la propia estructura del Impuesto"*.

con independencia, por tanto, de su régimen ordinario o especial, y con independencia también de su incidencia sobre el medioambiente. Tanto las energías renovables, como las que no gozan de dicha calificación, se gravan de forma uniforme. Tal como recogimos el impuesto se configura como un tributo de carácter directo, naturaleza real, y su objeto y hecho imponible consiste en "*gravar la realización de actividades de producción e incorporación al sistema eléctrico de energía eléctrica, medida en barras de central, a través de cada una de las instalaciones indicadas en el artículo 4 de esta Ley*", constituyendo el hecho imponible la producción e incorporación al sistema eléctrico de la energía eléctrica, medida en barras de central, en cualquiera de las instalaciones a las que se refiere el **Título IV de la LSE 1997**. Así pues, el nuevo Impuesto se centra en la producción e incorporación al sistema eléctrico de la energía eléctrica. Como también detallamos, el IVPEE no recoge ninguna delimitación negativa del hecho imponible, ningún supuesto de exención. La ausencia total de estas técnicas en los mal llamados impuestos medioambientales constituye un claro reflejo que estos impuestos responde a otros objetivos, distintos de los medioambientales·

El gravamen desmesurado que el IVPEE articula para todas las fuentes y tecnologías de producción de electricidad, con independencia del impacto real que cada tecnología de producción de electricidad pueda tener en el medioambiente, solo contribuye a destacar el carácter contributivo de la figura tributaria analizada.

El Impuesto, recae directamente sobre los productores de energía eléctrica, productores que, a nuestro entender, en esa misma condición satisfacen el Impuesto sobre Actividades Económicas y el Impuesto Especial sobre la electricidad.

En efecto, el **artículo 78 del Real Decreto Legislativo 2/2004, de 5 de marzo, por el que se aprueba el Texto Refundido de la Ley Reguladora de las Haciendas Locales**, establece que el Impuesto sobre Actividades Económicas es un tributo directo, de carácter real, cuyo hecho imponible está constituido por el mero ejercicio de actividades empresariales. El **artículo 79 del mismo Texto Legal**, añade que se considera que una actividad se ejerce con carácter empresarial: "*cuando suponga la ordenación por cuenta propia de medios de producción y de recursos humanos o de uno de ambos, con la finalidad de intervenir en la producción o distribución de bienes o servicios*". A su vez, el **Real Decreto Legislativo 1175/1990, de 28 de septiembre, por el que se aprueban las tarifas y la ins-**

trucción del IAE, engloba en el **grupo 151** los diferentes epígrafes las diversas actividades de producción de energía[331].

En relación con esta duplicidad traigamos a colación el voto particular formulado por el Magistrado **MANUEL ARAGÓN REYES**, en la **Sentencia del Tribunal Constitucional 179/2006, de 13 de junio de 2006**, que estimó la cuestión de inconstitucional planteada por el Tribunal Superior de Justicia de Extremadura, con relación a la **Ley de la Asamblea de Extremadura 7/1997, de 29 de mayo**, de Medidas fiscales sobre la producción y transporte de energía que incidan sobre el medioambiente. Este Magistrado, que se mostró a favor con el sentido del fallo, disintió de los argumentos en que se fundaba, al considerar que, si bien el Impuesto extremeño cuestionado se configuraba como un tributo sobre la titularidad de las instalaciones, lo que realmente venía a gravar era la actividad de producción y transporte de energía, por lo que era difícil sustentar la inconstitucionalidad en el hecho de una doble tributación respecto al Impuesto sobre Bienes Inmuebles, sino que más bien debía fundamentarse en la coincidencia con el Impuesto sobre Actividades Económicas. El Impuesto extremeño lo que venía a gravar, en definitiva, argumenta el Magistrado, es una actividad ya sometida a tributación por el Impuesto sobre Actividades Económicas. En el voto particular se lee que, aunque ninguna de las partes ha alegado la duplicidad con el Impuesto sobre Actividades Económicas, era posible fundamentar la inconstitucionalidad en la duplicidad, al amparo del **artículo 39.2 de la Ley Orgánica 2/1979, de 3 de octubre, del Tribunal Constitucional,** a cuyo tenor este órgano jurisdiccional *"podrá fundar la declaración de inconstitucionalidad en la infracción de cualquier precepto constitucional, haya o no sido invocado en el curso del proceso"*.

Por otro lado, la **Sentencia del Tribunal Constitucional 196/2012, de 31 de octubre de 2012**, ha declarado la inconstitucionalidad de la **Ley de las Cortes de Castilla-La Mancha 11/2000, de 22 de julio, del Impuesto sobre determinadas actividades que inciden en el medioambiente**, precisamente por su duplicidad con el Impuesto sobre Actividades Económicas respecto a los

---

331 Epígrafe 151.1: producción de energía hidroeléctrica. Epígrafe 151.2: producción de energía termoeléctrica convencional. Epígrafe 151.3: producción de energía electronuclear. Epígrafe 151.4: producción de energía no especificada en los epígrafes anteriores, abarcando la energía procedente de mareas, energía solar, etc. Epígrafe 151.5: transporte y distribución de energía eléctrica.

hechos imponibles de producción termonuclear de energía eléctrica, y de almacenamiento de residuos radioactivos.

En relación con el primer **hecho imponible**, considera el **Tribunal Constitucional**, que uno y otro tributo (el Impuesto autonómico y el Impuesto sobre Actividades Económicas) gravan el mero ejercicio de una actividad económica, concretamente, la de producción de energía eléctrica a través de centrales nucleares, y lo hacen en la persona del titular de la actividad en función de la energía producida (kilovatio/hora) o estimada (kilovatio/potencia). La estructura de esta modalidad del Impuesto castellanomanchego es coincidente con la del tributo local, "*sin que exista dato alguno en su configuración que permita apreciar la pretendida finalidad extrafiscal o intentio legis de gravar la actividad contaminante y los riesgos para el medio ambiente*".

Respecto al almacenamiento de residuos radioactivos, el **Tribunal Constitucional** acude al mismo argumento: los dos tributos gravan el mero ejercicio de una actividad económica, concretamente, la de almacenamiento de residuos radiactivos, y lo hacen en la persona del titular de la actividad de almacenamiento. La única diferencia se encuentra en la determinación de la cuota tributaria, de forma variable por los metros cúbicos de residuos en el impuesto autonómico, y de forma fija en el tributo municipal, "*diferencia que no es suficiente para desnaturalizar la identidad en la materia imponible*".

En todo caso, y aunque se haya modificado **el artículo 6.Tres de la Ley Orgánica 8/1980, de 22 de septiembre, de Financiación de las Comunidades Autónomas**, la referida Sentencia del Tribunal Constitucional vuelve a poner de manifiesto, como ya lo había hecho anteriormente en las **Sentencias 289/2000, de 30 de noviembre**, y **179/2006, de 13 de junio**, la duplicidad de gravamen sobre los productores de energía eléctrica. La nueva redacción del citado **artículo 6.Tres de la Ley Orgánica de Financiación de las Comunidades Autónomas**, veta la duplicidad de hechos imponibles, a diferencia de la redacción anterior, que se refería a la materia imponible. En todo caso, debe superarse una interpretación literal rígida que lleve al absurdo de que cualquier mínima modificación del hecho imponible da lugar a hechos imponibles distintos. Como señaló **RODRÍGUEZ BEREIJO**:

> *"La correcta interpretación del precepto (6.Tres LOFCA) debe moverse entre los dos valores en tensión, de una parte el respeto al sistema tributario del Estado y de otra el poder tributario propio que no puede quedar reducido a la nada por el Estado. Las Comunidades Autónomas no pueden establecer tributos cuyos elementos configuradores esenciales, elementos subjetivos y*

> *objetivos del hecho imponible, sean esencialmente iguales a los de un tributo estatal»*[332].

Por su parte, **ZORNOZA PERÉZ**, considera que:

> *"es difícil dar una solución general a la interpretación del precepto, debiéndose considerar, en cada caso concreto, si se incumple, o no, el límite del artículo 6.2 LOFCA, teniendo como punto de referencia para la interpretación, la propia finalidad del precepto, que es, servir de frontera al poder tributario de las Comunidades Autónomas para que las mismas no invadan el campo de imposición estatal"*[333].

El **artículo 9.a) de la Ley del Sector Eléctrico** define a los productores de energía como: "*aquellas personas físicas o jurídicas que tienen la función de generar energía eléctrica, ya sea para su consumo propio o para terceros, así como las de construir, operar y mantener las centrales de producción*". En ningún caso, advierte el segundo apartado del mismo precepto, tendrán la condición de productores los consumidores acogidos a las modalidades singulares de suministro para fomentar la producción individual de energía eléctrica destinada al consumo en la misma ubicación. Por tanto, de conformidad con una interpretación literal, la producción para autoconsumo, tanto por una persona física como jurídica, quedaría no sujeta al Impuesto por no poderse considerar a dichos consumidores como productores, aunque cabe la duda de su inclusión en el concepto de incorporación, en cuanto la energía producida se integre en las redes eléctricas.

No puede desconocerse, que el ejercicio de la actividad de producción de la energía eléctrica, integra el hecho imponible del Impuesto sobre Actividades Económicas. La producción y transporte de energía eléctrica constituyen, como ya hemos señalado, el **grupo 151 del Real Decreto Legislativo 1175/1990, de 28 de septiembre, por el que se aprueban las tarifas y la instrucción de dicho tributo**, lo que pone sobre la mesa no solo la identidad de materias sino también de hechos imponibles (epígrafe 151.1.- Producción de energía hidroeléctrica; epígrafe 151.2.- Producción de energía termoeléctrica convencional; epígrafe 151.3.- Producción de energía electronuclear; epígrafe 151.4.- Producción de

---

332 RODRÍGUEZ BEREIJO, A. (1985): "Una reflexión sobre el sistema general de la financiación de las Comunidades Autónomas". *Revista Española de Derecho Constitucional*, número 15, páginas 75 y 76.

333 ZORNOZA PÉREZ, J. (1993): "Tributos propios y recargos de las Comunidades Autónomas". *Documentación Administrativa*, 1992-1993, Madrid, páginas 477-488.

energía no especificada en los epígrafes anteriores, abarcando la energía procedente de mareas, energía solar, etc.).

En relación al **Impuesto especial sobre la Electricidad**, regulado por la **Ley 38/1992, de 28 de diciembre**, y desarrollado por el **Real Decreto 1165/1995, de 7 de julio**, su ámbito objetivo lo conforma, como dispone el **artículo 64 de la Ley 38/1992**, "*la energía eléctrica clasificada en el código NC 2716*"[334]. Si bien dicho Impuesto ha sido objeto de una completa modificación a través de la **Ley 28/2014, de 27 de noviembre**, por la que se modifican entre otras, **la Ley 38/1992, de 28 de diciembre, de Impuestos Especiales**, no puede perderse de vista que su anterior regulación ha convivido con la del IVPEE y que, precisamente, su modificación viene también a reconocer los argumentos de solapamiento que viene criticando la doctrina, pues el tributo ha pasado de gravar la fabricación, a gravar el suministro de energía eléctrica para su consumo.

Constituye su hecho imponible la fabricación, importación y adquisición intracomunitaria de energía eléctrica, de acuerdo con las definiciones específicas que se recogen en el citado **artículo 64**, y que se refieren a los conceptos de producción de energía eléctrica, fábrica y depósito fiscal. El Impuesto se exige en todo el territorio español, incluyendo las islas Canarias, Ceuta y Melilla[335].

Por lo que concierne a la fabricación, si bien el citado **artículo 64** se remite con carácter general al concepto establecido en el **apartado 10 del artículo 4 de la misma Ley 38/1992**, debe centrarse en la **producción** de energía eléctrica, excluyendo de tal concepto la **obtención** de energía eléctrica por medio de generadores o conjuntos de generadores de potencia total no superior a mil kilovatios. La exclusión, que afecta tanto a la producción en régimen ordinario como en régimen especial (cogeneración de calor y electricidad, energías renovables, utilización como energías primarias de biocarburantes, etc.), se justifica en la finalidad de gravar la producción comercial.

---

334 Los "Códigos NC" corresponden a los códigos de la nomenclatura combinada establecida por el Reglamento (CEE) número 2658/87, de 23 de julio.

335 La aplicación territorial de los impuestos especiales de fabricación a las Islas Canarias, Ceuta y Melilla constituye una excepción a la regla general establecida en el artículo 3 de la Ley 38/1992. Importante el ámbito de aplicación a las Islas Canarias, territorio en el que no se aplican los impuestos especiales de fabricación sobre el vino y bebidas fermentadas, sobre hidrocarburos y sobre las labores de tabaco.

A los efectos del Impuesto, tienen la consideración de fábricas las instalaciones de producción de energía eléctrica, que de acuerdo con la normativa reguladora (LSE 1997 derogada por la LSE 2013), estén incluidas en el régimen ordinario o en el régimen especial, y cualesquiera otras instalaciones en las que se lleve a cabo "producción de energía eléctrica".

De conformidad con las definiciones anteriores, en el concepto impositivo de fabricación debemos incluir, como ha señalado DE MIGUEL CANUTO:

> *"tres hechos imponibles:*
> *1. La producción de energía eléctrica en instalaciones de producción.*
> *2. El transporte de energía eléctrica en instalaciones de transporte.*
> *3. La distribución de energía eléctrica en instalaciones de distribución"*[336].

La producción debe entenderse en su sentido más amplio, tanto el régimen ordinario como el régimen especial.

La delimitación del hecho imponible se completa con los supuestos de exención, que se recogen en el **artículo 64 quinquies de la Ley 38/1992**, precepto que, después de remitirse con carácter general a los supuestos de exención generales para todos los impuestos especiales de fabricación, **letras a), b), c) y d) del apartado I del artículo 9**[337], consagra dos específicos para el Impuesto sobre la Electricidad:

---

336 DE MIGUEL CANUTO, E (2007): *El Impuesto sobre la Electricidad*, Thomson-Aranzadi, Cizur Menor, página 17.

337 Las exenciones previstas en los apartados señalados del artículo 9 de la Ley 38/1992 se refieren a la fabricación e importación de productos objeto de los Impuestos especiales de fabricación que se destinen a:
"*a) A ser entregados en el marco de las relaciones diplomáticas o consulares.*
b) A organizaciones internacionales reconocidas como tales en España y a los miembros de dichas organizaciones, dentro de los límites y en las condiciones que se determinen en los convenios internacionales constitutivos de dichas organizaciones o en los acuerdos de sede.
c) A las fuerzas armadas de cualquier Estado, distinto de España, que sea parte del Tratado del Atlántico Norte y a las fuerzas armadas a que se refiere el artículo 1 de la Decisión 90/640/CEE, para uso de dichas fuerzas o del personal civil a su servicio o para el abastecimiento de sus comedores y cantinas.
d) Al consumo en el marco de un acuerdo celebrado con países terceros u organizaciones internacionales, siempre que dicho acuerdo se admita o autorice en materia de exención del Impuesto sobre el Valor Añadido".

- la fabricación de energía eléctrica en instalaciones acogidas al régimen especial que se destine al consumo de los titulares de dichas instalaciones. Se trata, por tanto, de un supuesto de autoconsumo, lo que ratifica que se pretende gravar exclusivamente la producción de energía eléctrica con carácter comercial.
- la fabricación, importación o adquisición intracomunitaria de energía eléctrica que sea objeto de autoconsumo en las instalaciones de producción, transportes y distribución de energía eléctrica.

A los dos supuestos anteriores hay que sumar una tercera exención, prevista en el **apartado 4 del artículo 64 sexies, de la Ley 38/1992**, que se refiere al envío de energía eléctrica a otros Estados miembros de la Unión Europea, supuesto que se incardina dentro del régimen especial de este Impuesto en relación con los intercambios intracomunitarios de energía eléctrica.

En todo caso, pues, el IVPEE recae directamente sobre los mismos sujetos de la regulación anterior al año 2014 del Impuesto Especial sobre la Electricidad, los productores de energía eléctrica, lo que plantea una posible doble tributación, y, por consiguiente, la posible vulneración de los principios constitucionales de capacidad económica y no confiscatoriedad.

En relación con la base imponible y cuantificación del tributo, de conformidad con el **artículo 6 de la Ley 15/2012**, la base imponible, que se define para cada instalación en la que se realice la producción de electricidad, queda constituida por "*el importe total que corresponda percibir al contribuyente por la producción e incorporación al sistema eléctrico de energía eléctrica, medida en barras de central, por cada instalación, en el período impositivo*". En el cálculo del importe total se considerarán en el período impositivo las retribuciones previstas en todos los regímenes económicos que se deriven de lo establecido en la Ley 54/1997, así como las previstas en el régimen económico específico para el caso de actividades de producción e incorporación al sistema eléctrico de energía eléctrica en los territorios insulares y extrapenisulares.

Tal como recogimos, la redacción del **artículo 6 de la Ley 15/2012**, no recoge ningún riesgo medioambiental o capacidad contaminante en la base imponible. No se miden variables contaminantes sino unidades de producción, unidades que no permiten modular la intensidad de los riesgos medioambientales a los que supuestamente responde el tributo, modulación que, como ya hemos advertido, constituye un elemento determinante en la doctrina del Tribunal Constitucional para fijar la finalidad o carácter extrafiscal de los tributos.

Aplicando la doctrina del **Tribunal Constitucional**[338] al caso que nos ocupa, se puede concluir que la unidad de medida elegida, las barras de central, no permite modular el riesgo contaminante en cada caso, máxime cuando todas las tecnologías de producción de electricidad se determinan de igual manera. La base imponible no permite, pues, modular el esfuerzo del contribuyente para reducir el posible riesgo ambiental. Para que el impuesto medioambiental sea útil, los elementos cuantificadores necesariamente deben medir el daño medioambiental, preferentemente, de forma directa, y si no es posible, al menos, indirecta. Esta vinculación contribuye a salvaguardar los principios de generalidad y justicia tributaria, por un lado, y el de "quien contamina paga", por otro.

En suma, aunque la base imponible del Impuesto analizado no resulta formalmente coincidente con la del Impuesto Especial sobre la Electricidad[339], que recae sobre la contraprestación de la energía eléctrica suministrada, no puede desconocerse que dicha contraprestación tiene su fundamento último en la cantidad de energía producida.

La cuota del IVPEE se obtiene multiplicando la base imponible por el tipo de gravamen fijado en el 7 por ciento. El tipo es fijo, de alcance general, uniforme y sin modulación alguna, siendo el mismo para todo tipo de energías, y como recogimos, se habilita a la Ley de Presupuestos Generales del Estado, a modificar, de conformidad con lo previsto en el artículo 134.7 de la Constitución Española, los tipos impositivos.

---

338 En este sentido, como detallamos, la **Sentencia del Tribunal Constitucional 289/2000, de 30 de noviembre**, ya señaló que "*la configuración de la base imponible a partir únicamente del volumen de ingresos brutos de explotación pone de relieve que el IBIIMA no grava la actividad contaminante, ya que la capacidad de contaminar no depende de la cuantía de los ingresos brutos, sino de otros factores como, por ejemplo, de las inversiones realizadas para evitar precisamente la afectación del medio ambiente*" (Fundamento Jurídico Sexto). Como ha señalado la Organización para la Cooperación y el Desarrollo Económico, cuando no existe el vínculo entre la base imponible del impuesto y los daños producidos al medioambiente, el impuesto corre el riesgo de no ejercer su función. Cfr. OCDE, *La fiscalidad y el medio ambiente. Políticas complementarias*, Ediciones Mundi-Prensa, Madrid, 1994, página 58.

339 La base imponible del impuesto está constituida por el resultado de multiplicar por el coeficiente 1,05113, el importe total determinado como base imponible en el Impuesto sobre el Valor Añadido, excluidas las cuotas del propio impuesto, para un suministro de energía eléctrica efectuado a título oneroso dentro del territorio de aplicación del Impuesto sobre el Valor Añadido entre personas no vinculadas.

Como destaca **MARTÍN DELGADO**:

> *"Apuntamos como cuestión intuitiva la de la doble imposición interna que se produce cuando una misma capacidad económica es gravada por dos tributos distintos. Y cuando hablamos de una misma capacidad económica queremos decir exactamente eso: que una misma manifestación de "capacidad económica" es gravada por dos tributos, siendo así que uno de ellos había agotado la capacidad contributiva que se había manifestado. No se trata de que no puedan coexistir dos o más tributos sobre una misma manifestación de capacidad económica; esto podrá ser así siempre que ninguno de ellos agote la "susceptibilidad de imposición" que el tributo manifiesta"*[340].

En línea con lo anterior, DE VICENTE DE LA CASA sostiene que:

> *"Respecto al tema que nos ocupa, considero que, de acuerdo con los principios constitucionales, no será admisible la concurrencia cuando como consecuencia de la misma se agote la capacidad económica por uno de los impuestos, por lo que los siguientes ya no pueden gravar nada; o bien porque la suma de las dos o más imposiciones sea confiscatoria"*[341].

En conclusión, y a nuestro entender, el IVPEE supone establecer una doble imposición prohibida en nuestro ordenamiento jurídico por cuanto coincide, tanto en su delimitación del hecho imponible, como en la de los obligados tributarios, con lo previsto en el Impuesto sobre Actividades Económicas y el Impuesto Especial sobre la Electricidad. En este sentido, y arrancando su carencia de finalidad extrafiscal, el IVPEE infringe de modo flagrante los principios de capacidad económica y no confiscatoriedad y haber sido configurado dicho Impuesto con base en una pretendida naturaleza extrafiscal de la que no participa.

En el supuesto que no ocupa, acreditado el carácter contributivo del Impuesto, la configuración que el legislador le ha dado al IVPEE es coincidente con la capacidad económica gravada por el Impuesto sobre Actividades Económicas y el Impuesto Especial sobre la Electricidad, lo que le llevaría a la infracción de los

---

340 MARTÍN DELGADO, J. M. (1981): "El control constitucional del principio de capacidad económica", *El Tribunal Constitucional*, Volumen II, Instituto de Estudios Fiscales, páginas 1.615 y 1.616; del mismo autor (1979): "Los principios de capacidad económica e igualdad en la Constitución Española de 1978", *Hacienda Pública Española*, número 60, página 64; Cfr. ARRIETA MARTÍNEZ DE PISÓN, J. (2005): "Sistema tributario y Constitución", *Cuadernos de Derecho Público*, páginas 131 y siguientes.

341 Cfr. DE VICENTE DE LA CASA, F. (2012): Revista de Información Fiscal, num.109/2012, Editorial Lex Nova. [BIB 2013/51380].

principios por los que se rige el poder tributario del Estado, y, particularmente, de los principios de capacidad económica y no confiscatoriedad.

3. VICIOS DE LEGALIDAD ORDINARIA DE LOS TRIBUTOS MEDIOAMBIENTALES DEL SECTOR ELÉCTRICO RECOGIDOS EN LA LEY 15/2012

La regulación reglamentaria de los tributos establecidos por la Ley 15/2012, en particular la **Orden HAP/703/2013**, que desarrolló la regulación legal del IVPEE, es una norma reglamentaria de carácter ejecutivo que desarrolla aspectos esenciales de la Ley 15/2012, y que, como tal, debió quedar sometida al preceptivo dictamen del Consejo de Estado conforme a lo dispuesto en los **artículos 22.3 de la Ley Orgánica 3/1980, de 22 de abril, del Consejo de Estado** y **24.2 de la Ley 50/1997, de 27 de noviembre, del Gobierno**, en conexión con el **artículo 47, de la Ley 39/2015 de 1 octubre, del Procedimiento Administrativo Común de las Administraciones Públicas**.

Así, en consonancia con la reiterada jurisprudencia del Tribunal Supremo y el tenor de los artículos señalados, entendemos que las normas reglamentarias de carácter ejecutivo, como la que nos ocupa, quedan sometidas en su tramitación al preceptivo dictamen del Consejo de Estado; la omisión de tal dictamen constituye un vicio de nulidad de pleno derecho de la disposición general (por todas, **Sentencia del Tribunal Supremo, de 21 de enero de 2000** [RJ 2000/263][342]).

En este sentido recordemos que, según el **artículo 24.2 de la Ley del Gobierno**:

> *"En todo caso, los proyectos de reglamentos habrán de ser informados por la Secretaría General Técnica, sin perjuicio del dictamen del Consejo de Estado en los casos legalmente previstos".*

Dicho precepto se completa con lo señalado el **artículo 22.3 de la Ley Orgánica del Consejo de Estado**, a cuyo tenor:

> *"La Comisión Permanente del Consejo de Estado deberá ser consultada en los siguientes asuntos:*

---

342 Recoge la Sentencia del Tribunal Supremo, de 21 de enero de 2000, que: "*(...) debe partirse de la afirmación de la necesidad de efectuar la consulta preceptiva al Consejo de Estado, so pena de incurrir en nulidad de pleno derecho de la disposición reglamentaria (...)*".

> *(...)*
> *3. Reglamentos o disposiciones de carácter general que se dicten en ejecución de las Leyes, así como sus modificaciones".*

El debate, por tanto, se centra en determinar si las Ordenes que desarrollan estos tributos, y en particular, la **Orden HAP/703/2013**, que desarrolla la regulación legal del IVPEE, tiene o no la condición de reglamento ejecutivo, y en si la remisión a otras normas sí sometidas al preceptivo dictamen del Consejo de Estado, excluye el carácter ejecutivo que el propio preámbulo de la Orden reconoce.

Desde un punto de vista doctrinal[343], traigamos a colación la clasificación de los distintos reglamentos. Por su *contenido*, se distinguen los **reglamentos internos o de organización** (que agotan su eficacia en el ámbito de la propia Administración), y los **reglamentos externos o de relación** (que disciplinan las relaciones de Administración y administrados). Por su *posición* respecto a la ley, cabe distinguir los **reglamentos ejecutivos**, que desarrollan los preceptos previamente sentados en una ley formal o acto equiparado a ella, y los **reglamentos autónomos o independientes**, que se dictan en cuestiones en que no existe ley anterior y precisamente por su ausencia, para regular relaciones o situaciones que a la Administración interesa configurar.

El **Tribunal Supremo** ha reiterado el carácter preceptivo y esencial del dictamen del Consejo de Estado en la tramitación de disposiciones reglamentarias de carácter ejecutivo. Sirva como botón de muestra, la citada **Sentencia del Tribunal Supremo, de 17 de enero de 2000**, cuyo Fundamento Jurídico Cuarto resulta especialmente clarificador a los fines que nos ocupan:

> *"El Consejo de Estado es, como señala el artículo 107 CE, el supremo órgano consultivo del Gobierno que actúa con autonomía orgánica y funcional en garantía de su objetividad e independencia no formando parte de la Administración activa y configurándose más bien, como un órgano del Estado con relevancia constitucional al servicio de la concepción del Estado que la propia Constitución establece (STC 56/1990, de 29 de marzo [RTC 1990\56]). Por imperativo de su propia Ley Orgánica (LOCE, en adelante), en el ejercicio de su función consultiva, el Consejo de Estado ha de velar por la observancia de la Constitución y del resto del ordenamiento jurídico, valorando los aspectos de oportunidad y conveniencia cuando lo exijan la índole*

[343] Entre otros, vid. GARCÍA DE ENTERRÍA, E. y FERNÁNDEZ RODRÍGUEZ, T. R. (2011): *Curso de Derecho Administrativo I*, 15ª edición, Cívitas, Madrid, páginas 221 a 228.

del asunto o lo solicite expresamente la autoridad consultante, así como la mayor eficacia de la Administración en el cumplimiento de sus fines; y de esta función genérica se derivan, como señala una STS de 16 de julio de 1996 (RJ 1996\6428), tres importantes aspectos: auxiliar a la autoridad consultante a los efectos del ejercicio de su competencia; ser garante de que la autoridad consultante va a actuar en los términos del mandato contenido en el artículo 103 CE (servir con objetividad los intereses generales) y constituir, en cierto modo, un control que tiene su expresión en un dictamen que debe revestir las características de objetividad para procurar el correcto hacer del Gobierno y de la Administración.

En el ámbito de que se trata, la elaboración de disposiciones reglamentarias, sin desconocer la importancia de la función de valoración de la oportunidad y conveniencia, resulta de la mayor trascendencia la relativa a la garantía de legalidad de la norma que se está elaborando (el control jurídico «ex ante» de la legalidad de la norma reglamentaria, en términos de STS de 14 de octubre de 1996 (RJ 1996\8651), y sin perjuicio, claro está, del control de esta Jurisdicción). Es por ello por lo que la más reciente jurisprudencia de esta Sala resalta el carácter esencial que institucionalmente tiene el dictamen del Consejo de Estado en la elaboración de las normas reglamentarias en que resulta preceptivo, resaltando, además, el carácter final que le atribuye el artículo 2.4 Ley Orgánica del Consejo del Estado".

Esta línea jurisprudencial ha tenido continuidad, como se ha reflejado en la **Sentencia del Tribunal Supremo, de 21 de mayo de 2013** (RJ 2013/3458), en cuyo Fundamento Jurídico Cuarto se recoge lo siguiente:

"Es unánime la opinión acerca de la trascendental importancia que, desde el punto de vista de técnica jurídica, posee esa consulta al Consejo de Estado en este procedimiento. Las razones son las ya conocidas del secular prestigio que posee el supremo Órgano consultivo del Gobierno en el desempeño de esa función consultiva, y su acrisolada independencia funcional. Los supuestos en que deberá ser oída la Comisión Permanente del Consejo de Estado en este procedimiento de elaboración de reglamentos se expresan en los números 2 y 3 del artículo 22 de la Ley Orgánica del Consejo 3/.1980, de 22 de abril, ya citada. Se entiende por reglamentos dictados en ejecución de Ley no solo aquellos que desarrollan una Ley determinada sino también los que den lugar a cualquier desarrollo reglamentario de preceptos de una Ley. Se excluyen, por el contrario, los reglamentos independientes, y de igual modo se excepcionan de este dictamen los reglamentos de organización".

En relación con el concepto de reglamento ejecutivo, el **Tribunal Supremo** ha mantenido, que:

"A efectos de la consulta preceptiva al Consejo de Estado, que exige en el artículo 22.3 de la LOCE, y recuerda el artículo 24.2 de la Ley 50/1997,

de 27 de noviembre, del Gobierno, la doctrina de esta Sala precisa que son "reglamentos ejecutivos" los que la doctrina tradicional denominaba "Reglamentos de ley", entendiéndolos como aquéllos que no eran obra espontánea de la autoridad ejecutiva administrativa. Considera la Sala que son reglamentos ejecutivos los que están directa, inmediata y concretamente ligados a una Ley, a un artículo o artículos de una Ley, o a un conjunto de Leyes, de manera que dicha Ley (o Leyes) sea completada, desarrollada, pormenorizada, aplicada, cumplimentada o ejecutada por el Reglamento. Se caracterizan, en primer lugar, por dictarse como ejecución o consecuencia de una norma de rango legal que, sin abandonar el terreno a una norma inferior, mediante la técnica deslegalizadora, lo acota al sentar los criterios, principios o elementos esenciales de la regulación pormenorizada que posteriormente ha de establecer el Reglamento en colaboración con la Ley. Es también necesario, en segundo lugar, que el Reglamento que se expida en ejecución de una norma legal innove, en su desarrollo, el ordenamiento jurídico sin que, en consecuencia, deban ser considerados ejecutivos, a efectos del referido artículo 22.3 LOCE, los Reglamentos secundum legem o meramente interpretativos, entendiendo por tales los que se limitan a aclarar la Ley según su tenor literal, sin innovar lo que la misma o los que no hacen una innovación trascendente del ordenamiento jurídico (así, sentencia de 12 de noviembre de 2003 (Rec. 12/2002) (...). Tras la Constitución de 1978 sirve, en los casos de Reglamentos ejecutivos, o praeter legem, a los principios de legalidad y de jerarquía normativa que consagra su artículo 9.3 y recuerda el artículo 21, en sus apartados 2 y 3, de la ya citada Ley 50/1997 del Gobierno. En la actualidad hay que traer a colación el artículo 128.3 de la Ley 39/2015 (LPACAP). Y todo ello en cuanto la potestad reglamentaria se sujeta a los principios, directrices o criterios que marca la Ley a desarrollar, y no se ejerce sólo según el buen criterio o la libre interpretación del Gobierno. La función consultiva que ejerce el Consejo de Estado es idónea para coadyuvar a los principios citados, porque se centra en velar por la observancia de la Constitución y del resto del ordenamiento jurídico (artículo 2.1 LOCE) lo que explica el carácter esencial que institucionalmente tiene para nuestra doctrina el dictamen previo de este órgano, como protección del principio de legalidad y garantía de la sumisión del reglamento a la Ley. Y es que, aunque sin duda puede el Consejo de Estado entrar a valorar en su función aspectos de oportunidad y conveniencia, sólo lo hará en los casos en que la índole del asunto lo exija o la autoridad que consulta lo pida en forma expresa (artículo 2.1 LOCE, ya citado)"[344].

A nuestro juicio el carácter ejecutivo de la Orden es claro.

El propio preámbulo de la Orden incide en lo mismo:

---

344 Cfr. Sentencia del Tribunal Supremo, de 22 de mayo de 2018, dictada en el recurso de casación número 3805/2015.

"La Ley 15/2012, de 27 de diciembre, de medidas fiscales para la sostenibilidad energética, creó, con efectos a partir del 1 de enero de 2013, un nuevo impuesto sobre el valor de la producción de la energía eléctrica. Este impuesto tiene carácter directo y grava la realización de actividades de producción e incorporación al sistema eléctrico de energía eléctrica.

El Real Decreto 1041/2013, de 27 de diciembre, por el que se modifica el Reglamento de los Impuestos Especiales, aprobado por Real Decreto 1165/1995, de 7 de julio, y se introducen otras disposiciones en relación con los impuestos especiales de fabricación y el impuesto sobre el valor de la producción de la energía eléctrica, establece en su disposición adicional única la obligación, para quienes satisfagan importes a los contribuyentes por este impuesto, de presentar una declaración anual relativa a sus operaciones con estos contribuyentes.

El apartado 3 de la disposición adicional única del Real Decreto 1041/2013, de 27 de diciembre, señala que esta declaración ha de ser presentada por vía telemática, durante los veinte primeros días naturales del mes de diciembre siguiente al año natural al que correspondan los datos.

El apartado 4 de la disposición adicional única del Real Decreto 1041/2013, de 27 de diciembre, habilita al Ministro de Hacienda y Administraciones Públicas a desarrollar lo establecido por dicha disposición.

Por otra parte, en el Impuesto sobre el valor de la producción de la energía eléctrica se prevé con carácter general el diferimiento de la presentación de la autoliquidación del impuesto al mes de noviembre posterior al año natural en el que se realizaron las operaciones gravadas. Ahora bien, esta regla general tiene una excepción, que se produce en los supuestos de cese de actividad entre los meses de enero y octubre, en los que la autoliquidación debe ser presentada en el mismo año del cese de la actividad. Esta particularidad justifica la existencia de un modelo específico de presentación de autoliquidación (nuevo modelo 588), réplica casi idéntica del modelo general de autoliquidación del impuesto (modelo 583), pero que permite una gestión y un control del impuesto más eficaz sin suponer un coste superior para el contribuyente, cuyas obligaciones ya figuran determinadas por la normativa de rango legal.

El artículo 10.1 de la Ley 15/2012, de 27 de diciembre, de medidas fiscales para la sostenibilidad energética, habilita al Ministro de Hacienda y Administraciones Públicas para aprobar las normas y modelos de autoliquidación del impuesto sobre el valor de la producción de la energía eléctrica.

El artículo 98.4 de la Ley 58/2003, de 17 de diciembre, General Tributaria, habilita al Ministro de Hacienda para determinar los supuestos y condiciones en que los obligados tributarios deben presentar por medios telemáticos sus autoliquidaciones".

Por su parte, el análisis del cuerpo articulado de la disposición general confirma igualmente el carácter ejecutivo de ésta. Destacan los **artículos 2 y 4** respecto de los obligados tributarios, los **artículos 6 y 7** respecto de la presentación telemática de los modelos de autoliquidación y su procedimiento de presentación, así como las Disposiciones Finales Primera, Segunda y Tercera y que modifican, respectivamente, la **Orden HAP/1398/2003**, la **Orden EHA/2027/2007** y la **Orden EHA/1658/2009**, en virtud de las cuales se extiende al IVPEE ahora analizado las normas de gestión tributaria dispuestas por estas disposiciones respecto de la posibilidad de presentación de las autoliquidaciones por medio de colaboración profesional, a través de las entidades de crédito y para la domiciliación del pago.

Como puede observase, el contenido de la Orden que desarrolla el IVPEE, lejos de poder ser considerado de "*segundo grado*", pormenoriza aspectos esenciales de la gestión tributaria del Impuesto, y desarrolla directamente, tal como su propio tenor refleja, aspectos esenciales de la **Ley 15/2012**.

En consecuencia, y dado su carácter ejecutivo, la disposición que desarrolla la Ley que regula el IVPEE, a nuestro entender debió someterse al dictamen preceptivo del Consejo de Estado de conformidad con lo dispuesto en los **artículos 22.3 de la Ley Orgánica del Consejo de Estado y 24.2 de la Ley del Gobierno**.

Sin embargo, no ha sido aceptado este argumento por el Tribunal Supremo.

Para el Alto Tribunal, el contenido del **artículo 22.3 de la Ley Orgánica del Consejo de Estado**, se refiere a la obligación de consulta al citado Órgano, cuando estemos ante reglamentos o disposiciones de carácter general, que se dicten en ejecución de las leyes; no basta con que una norma reglamentaria tenga conexión con una Ley para que se exija el preceptivo dictamen del Consejo de Estado:

> *"sino que para que se entienda que ejecuta o desarrolla la ley es preciso algo más que la conexión o el mero cumplimiento de un mandato legal: la innovación trascendente y no meramente marginal del ordenamiento jurídico para llenar el espacio no cubierto por la norma habilitante y que ésta dispone que se complete por el titular de la potestad reglamentaria, de forma que se ha excluido del preceptivo dictamen a aquellas disposiciones reglamentarias que no tengan carácter ejecutivo de una ley y carezcan de carácter innovador del ordenamiento jurídico, a las que se limitan a trasladar y concretar una directriz general y a las que se limitan a fijar para un año concreto la cuantía de las tarifas o a actualizar precios públicos, concluyendo, finalmente, que "partiendo de la doctrina jurisprudencial que se acaba de exponer la Orden HAP 703/2013 de 29 abril impugnada tiene la consideración de orden de mero desarrollo de las formas de pago del impuesto de la Ley 15/2012". Basta la lectura del referido fundamento jurídico para comprobar que la Sala de instancia explica de modo sucinto —pero bastante a efectos de la motivación— la razón de ser de su decisión, que no es otra que considerar que la naturaleza de la orden impugnada es la de un reglamento de mero desarrollo de las formas de pago del impuesto, lo que supone la exclusión de su naturaleza de reglamento ejecutivo y comporta la no exigencia del*

informe del Consejo de Estado (...). En definitiva, no existe la infracción de la LOCE denunciada, pues, como recoge la sentencia impugnada, con cita de jurisprudencia de esta Sala, no basta con constatar la conexión de la norma reglamentaria con la ley para exigir el preceptivo dictamen del Consejo de Estado, "pues todos los reglamentos de alguna manera tienen conexión con una ley", sino que es preciso para entender que ejecuta o desarrolla la ley algo más que esa mera conexión o cumplimiento de un mandato legal: la innovación transcendente y no meramente marginal del ordenamiento jurídico para llenar el espacio no cubierto por la norma habilitante y que ésta dispone que se complete por el titular de la potestad reglamentaria"[345] .

A pesar de ello, seguimos manteniendo que estamos ante un reglamento ejecutivo y no compartimos con los debidos respetos el criterio que viene manteniendo el **Tribunal Supremo** en relación con las diferentes **Órdenes reglamentarias que complementan a la Ley 15/2012**, pues pormenorizan aspectos esenciales de la gestión tributaria de los impuestos y desarrollan directamente, tal como su propio tenor refleja, aspectos esenciales de la propia **Ley 15/2012**.

4. CONCLUSIÓN

Conforme a lo expuesto, el IVPEE, y el resto de los tributos recogidos en la Ley 15/2012, carecen de finalidad extrafiscal puesto que, lejos de perseguir una mejora o mayor grado de protección medioambiental, de disuadir el incumplimiento de alguna obligación, o estimular actuaciones protectoras del medioambiente, tiene como objetivo prioritario obtener ingresos que reduzcan el "déficit de tarifa".

Es, por tanto, un tributo contributivo cuya regulación y configuración vulnera las exigencias que el **Tribunal Constitucional** ha establecido para las figuras impositivas extrafiscales. Como ha señalado el **Tribunal Constitucional en su Sentencia 122/2012, de 5 de junio**, como hemos reiterado, en los tributos pretendidamente medioambientales:

"la intentio legis del tributo no es crear una nueva fuente de ingresos públicos con fines estrictamente fiscales o redistributivos (STC 37/1987, de 26 de marzo, FJ 13), no es el mero gravamen de una manifestación de rique-

345 Por todas, Sentencia del Tribunal Supremo 812/2021, de 8 de junio (recurso número 2554/2014), donde se niega el carácter de reglamento ejecutivo a la Orden 1656/2023, de 11 de diciembre (Fundamento de Derecho segundo).

> *za, de capacidad económica exteriorizada, sino coadyuvar a disuadir a los sujetos pasivos de la realización de una determinada conducta, del incumplimiento de ciertas obligaciones o, dicho en términos positivos, su intención es estimular o incentivar una determinada actuación".*

Traigamos a colación, que el **principio de capacidad económica**, como el resto de los principios constitucionales del artículo 31 de la Constitución, se mide en los tributos extrafiscales en términos de capacidad contaminante o extrafiscalidad, tal como lo han señalado, entre otras, la **Sentencias del Tribunal Constitucional 289/2000, de 30 de noviembre, y 179/2006 de 13 de junio**, en las que se pone en relación la materia imponible con el gravamen de la actividad contaminante. Consecuentemente, el respeto al principio de capacidad económica en este tipo de tributos descansa necesariamente en la adecuada ponderación del perjuicio medioambiental que cada sujeto pasivo y actividad pueden generar en el medioambiente, sin que pueda desconectarse la constitucionalidad del tributo de dicha ponderación medioambiental.

En el presente supuesto, el examen de los preceptos que definen los elementos esenciales del IVPEE pone de relieve que estamos en presencia de un tributo netamente fiscal o contributivo, en la medida en que no grava directamente la actividad contaminante sino el mero ejercicio de una actividad económica consistente en la producción de energía eléctrica. De esta manera, el tributo cuestionado ni se dirige, en sentido negativo, a disuadir el incumplimiento de ninguna obligación por parte de los productores de energía eléctrica, ni busca, en sentido positivo, estimular actuaciones protectoras del medioambiente, en cumplimiento del **artículo 45.1 de la Constitución**.

Capítulo III

EL IMPUESTO SOBRE EL VALOR DE LA PRODUCCIÓN ELÉCTRICA Y EL DERECHO EUROPEO

SUMARIO: 1. PLANTEAMIENTO. 2. "EL PRINCIPIO DE QUIEN CONTAMINA PAGA". 3. LAS DIRECTIVAS 2008/118/CE Y 2020/262 DEL CONSEJO, DE 19 DE DICIEMBRE DE 2019). CON REFERENCIA AL IMPUESTO SOBRE EL VALOR DE LA PRODUCCIÓN DE LA ENERGÍA ELÉCTRICA. 4. LA DIRECTIVA 2009/72/CE. 5. VULNERACIÓN DE LOS LÍMITES RECONOCIDOS EN EL ARTÍCULO 3.2 DE LA DIRECTIVA 2009/72/CE. 6. LA REGULACIÓN EUROPEA DE LAS AYUDAS DE ESTADO Y EL IMPUESTO SOBRE EL VALOR DE LA PRODUCCIÓN DE LA ENERGÍA ELÉCTRICA.

La probabilidad de perder en la lucha no debe
disuadirnos de apoyar una causa que creemos que es justa.
ABRAHAM LINCOLN

Como recoge SOLER ROCH: "*es evidente (...) que, en la actualidad, el grado de integración del Derecho Comunitario es, no sólo creciente sino inevitable, ya que la propia configuración del sistema normativo estatal está preordenado por aquél y es ésta una integración que debe reflejarse, necesariamente, en el terreno científico, para mantener la validez del análisis*"[346].

Esta relativa dicotomía entre el Derecho interno y el Derecho supranacional o internacional, se ha manifestado también en el terreno de los principios donde, sin duda, un buen ejemplo es el de la aparente preocupación por la tensión entre los principios constitucionales y los principios del Derecho europeo originario, apostando gran parte de la doctrina, como expusimos más atrás (AGUALLO AVI-

[346] SOLER ROCH, M. T. (2002): "Reflexiones sobre la evolución del concepto de Derecho Financiero", en *I Jornada Metodológica "Jaime García Añoveros" sobre la metodología académica y la enseñanza del Derecho Financiero y Tributario*, op. cit., página 60.

LÉS[347]), por una "refundación" del Derecho Financiero sobre bases constitucionales; pero no parece que puedan ni deban excluirse de esas bases los postulados que derivan del Tratado constitutivo y de la doctrina interpretativa sobre los mismos, elaborada por el Tribunal de Luxemburgo (Tribunal de Justicia de la Unión Europea)[348], como "*tampoco deberían descuidarse los contenidos del Convenio Europeo de Derechos Humanos y la doctrina emanada de sus órganos de aplicación, por citar una materia de reciente incorporación al ámbito del Derecho Tributario (Baker y en nuestra doctrina, Falcón y Tella, Pérez Royo y Martínez Muñoz)*"[349].

El Derecho de la Unión Europea ha contribuido a estandarizar muchos aspectos del Derecho de la energía. Es importante resaltar, que el Derecho de la energía, y en particular el del sector eléctrico, reflejan la consideración de estrictos criterios legales, pero, además, de particulares criterios económicos y técnicos, estando "*encorsetado por el dinámico Derecho de la Unión Europea*"[350]. En este Derecho de la Unión, se encuentran muchas de las claves de nuestro Derecho del sector eléctrico, y sus limitaciones, que como no podría ser de otra manera alcanzan a las potestades tributarias, y a la configuración del marco esencial de nuestro Derecho de la energía[351].

---

347 AGUALLO AVILÉS, A. (2001) en: "La necesidad de un análisis constitucional del Derecho Financiero. Hacia un Derecho Financiero Constitucional", *Revista Española de Derecho Financiero*, número 109-110; del mismo autor (2002), "Una vez más, acerca de la necesidad de hacer un verdadero análisis constitucional de las Normas Tributarias", *I Jornada Metodológica "Jaime García Añoveros", Sobre la metodología académica y la enseñanza del Derecho Financiero y Tributario,* Instituto de Estudios Fiscales, 1 de febrero de 2002, documento número 11.

348 ESCRIBANO LÓPEZ, F. (2002): "Algunas propuestas metodológicas para la (re) construcción de un Derecho Financiero del siglo XXI", *I Jornada Metodológica "Jaime García Añoveros", op. cit.*, páginas 33 y siguientes.

349 SOLER ROCH, M. T. (2002): "Reflexiones sobre la evolución del concepto de Derecho Financiero", en *I Jornada Metodológica "Jaime García Añoveros" sobre la metodología académica y la enseñanza del Derecho Financiero y Tributario*, op. cit., página 60.

350 VILLAR EZCURRA, M. (2023): *Fiscalidad, parafiscalidad y regulación económica en el sector eléctrico español*, op. cit., página 50.

351 Cfr. DEL GUAYO CASTIELLA, Í. (2020): "Concepto, contenido y principios del derecho de la energía", *Revista de Administración Pública,* número 212, página 313 y 320. Para el autor: "*Puede así definirse el derecho de la energía como aquella parte del ordenamiento jurídico que establece las reglas para que el suministro final de energía a los usuarios sea seguro, económicamente eficiente y sostenible medioambientalmente. Lógicamente, está constituido por normas de derecho público y de derecho privado, de origen internacional,*

La **Comunicación de la Comisión Europea, de 8 de julio de 2020**, con el título ***"Impulsar una economía climática neutra: Una Estrategia de la UE para la integración del Sistema Eléctrico"***, reclama "*la planificación y funcionamiento del sistema energético en su conjunto, incluyendo múltiples vectores energéticos, infraestructuras y sectores de consumo*". Además, en la **Comunicación de 31 de mayo de 2022**[352], titulada ***"Orientación sobre los planes de recuperación y resiliencia en el contexto de REPowerEU"***, se establecen que "*las medidas que promueven un mayor nivel de electrificación (por ejemplo, industria, transporte y*

europeo, nacional, autonómico y local, agrupadas ratione materiae. Una parte importante del derecho de la energía tiene que ver con la regulación de las actividades energéticas (...). Durante estos años, la UE diseñó en 2015 una nueva política energética, con el nombre de Unión de la Energía (Energy Union, en inglés, Estrategia Marco para una Unión de la Energía resiliente con una política climática prospectiva, Comunicación de la Comisión al Parlamento Europeo, al Consejo, al Comité Económico y Social, al Comité de las Regiones y al Banco Europeo de Inversiones, COM (2015) 80 final, Bruselas, 25 de febrero de 2015*), dentro de la cual se propuso y aprobó un ambicioso paquete normativo (el paquete de invierno o cuarto paquete), con el lema Clean Energy for All Europeans. La nueva Comisión Europea surgida de las elecciones de 2019 promovió un Pacto Verde Europeo, donde la descarbonización es también la prioridad. En estos años, España aprobó la LSE de 2013, que contribuyó a poner fin y a encauzar la grave situación financiera del sector eléctrico español e inaugurar un nuevo sistema de promoción de las renovables. El sistema anterior, sujeto a tantos cambios, provocó una cascada de demandas en foros internacionales de arbitraje. La segunda parte de la década estuvo en España sujeta a inestabilidad política, pero en esos años se creó el Ministerio para la Transición Ecológica y se atribuyeron a la CNMC competencias que tradicionalmente habían estado en manos del Gobierno. Como consecuencia de los procesos acaecidos en estos últimos cincuenta años, nace el moderno derecho de la energía. Uno de los frutos de esos desarrollos es el consenso existente acerca de la necesidad de una transición energética hacia un sistema donde el aprovisionamiento no descanse en la combustión de combustibles fósiles. Esa transición va a ser facilitada por un conjunto de nuevas tecnologías. En el futuro, la descarbonización va a ser el objetivo preeminente, junto con la digitalización. De ambas cosas se seguirá una descentralización del sistema energético, así como otras consecuencias jurídicas*"; cfr. también, SÁNCHEZ RODRÍGUEZ, A. J. (2019): *Manual de Derecho y Mercado de la Energía*, Tirant lo Blanch, Valencia; cfr. cfr. también GUERVÓS MAILLO, M. A. (2005): "Imposición sobre energía en la Unión Europea", *Noticias de la Unión Europea*, número 240, páginas 63 y siguientes; de la misma autora, (2000): "Perspectiva de futuro de los impuestos ambientales de la Unión Europea", *Noticias de la Unión Europea*, número 190, páginas 83 y siguientes.

352 Diario Oficial de la Unión Europea L, número 243, de 9 de julio de 2021, páginas 1 a 17.

edificios) se consideran compatibles con el criterio DNSH[353] *para la mitigación del cambio climático, siempre que los Estados miembros justifiquen que un mayor nivel de electrificación va acompañado de una mayor capacidad de generación de fuentes de energía renovables a nivel nacional*".

En relación con la fiscalidad, como ya recogimos, rige lo previsto en la **Directiva 2003/96/CE, de 27 de octubre, por la que se reestructura el régimen comunitario de imposición de los productos energéticos y de la electricidad**[354]

353 El cumplimiento medioambiental del **criterio** "*no causar un perjuicio significativo*" ("do no significant harm" o **DNSH**, en terminología anglosajona).

354 Diario Oficial de la Unión Europea L, número 283, de 31 de octubre de 2003, páginas 51 a 70. El problema más acentuado de la Directiva 2003/96/CE, es que su diseño "*no emite una señal correcta en precios que jerarquice los comportamientos necesarios para reducir las emisiones contaminantes y para promover una eficiencia energética*". Cfr. VILLAR EZCURRA, M. (2023): *Fiscalidad, parafiscalidad y regulación económica en el sector eléctrico español*, op. cit., página 62. Por este y por otros motivos, la Directiva 2003/96/CE está siendo objeto de revisión, a través de la *Propuesta de una Directiva del Consejo por la que se reestructura el marco de la Unión para la imposición de los productos energéticos y de la electricidad (refundición)*: "*En un primer momento, la Directiva contribuyó de manera globalmente positiva a su principal objetivo de garantizar el buen funcionamiento del mercado interior, evitando la doble imposición o cualquier distorsión del comercio y la competencia entre las fuentes de energía y los consumidores y los proveedores de energía. Sin embargo, las tecnologías, los tipos impositivos nacionales y los mercados de energía han ido evolucionando en los últimos quince años, y la Directiva, con su redacción actual, ya no aporta esa misma contribución positiva*". Vid., *Propuesta de revisión de 2021, [COM (2021) 563 final - 2021/0213 (CNS)]*, página 8. Vid. también *Informe de situación del Consejo de la Unión Europea, 9874/22*, de 8 de junio de 2022. La reforma de la Directiva 2003/96/CE forma parte del Pacto Verde Europeo y del paquete de medidas legislativas "*Objetivo 55*", presentado por la Comisión Europea el 14 de julio de 2021. En diciembre de 2022, el Consejo y el Parlamento Europeo alcanzaron un acuerdo político provisional sobre las medidas que incorpora el nuevo paquete legislativo. La nueva propuesta de revisión de la Directiva 2003/96/CE, tiene por objeto adecuar la imposición a las políticas de la Unión Europea en materia de energía, medioambiente y clima; preservar y mejorar el mercado interior de la Unión Europea mediante la actualización de los productos energéticos y de la estructura de los tipos impositivos; y racionalizar el uso de las exenciones y reducciones fiscales por los Estados miembros; así como fomentar la capacidad de generar ingresos para los Presupuestos de los Estados miembros. Se persigue actualizar y aclarar el marco de la Directiva 2003/96/CE, así como estructurar la imposición de los productos energéticos y de la electricidad de una forma que favorezca la energía no fósil sostenible. La revisión de la Directiva 2003/96/CE, ya tuvo un intento fallido en el año 2011. La Comisión Europea (año 2011) propuso formalmente la revi-

(Derogada por la Directiva), donde se establece un nivel mínimo de imposición en los países de la Unión Europea, sometiendo a los productos energéticos y de la electricidad a impuestos armonizados en el ámbito de la Unión Europea. De especial interés, son las medidas que incorporó el **Reglamento (UE) 2022/1854 del Consejo, de 6 de octubre**[355], relativo a una intervención de emergencia para hacer frente a los elevados precios de la energía, entre las que se encuentra la *contribución solidaria temporal*, a no ser que se hayan promulgado medidas nacionales equivalentes[356].

Es en este contexto, donde juega un papel importante, "*calificada como pretoriana*"[357], **la jurisprudencia del Tribunal de Justicia de la Unión Euro-**

sión de la Directiva para introducir un componente de emisiones de CO_2 en los sectores no cubiertos por el régimen europeo de derechos de emisiones y para que la fiscalidad se basara en el contenido energético de los productos, simplificando también el régimen de exenciones y reducciones fiscales [COM (2011), 169 final, de 13 de abril de 2011]. Pero en el año 2015, se decidió retirar aquella propuesta ante la posibilidad de no lograr el necesario acuerdo unánime de los Estados miembros.

355 Diario Oficial de la Unión Europea L, número 261, de 7 de octubre de 2022, páginas 1 a 21. Según el considerando 14 del Reglamento (UE) 2022/1854 del Consejo: "*La contribución solidaria es un medio adecuado para hacer frente a beneficios excedentarios en caso de circunstancias imprevistas. Tales beneficios no se corresponden con ningún beneficio ordinario que las empresas o establecimientos permanentes de la Unión que operan en los sectores del petróleo crudo, el gas natural, el carbón y la refinería obtendrían o habrían esperado obtener en circunstancias normales, si no se hubieran producido los acontecimientos imprevisibles en los mercados de la energía. Por tanto, introducir una contribución solidaria constituye una medida conjunta y coordinada que permite, en un espíritu de solidaridad, generar ingresos adicionales para que las autoridades nacionales presten ayuda financiera a hogares y empresas que se vean gravemente afectados por la fuerte subida de los precios de la energía, garantizando al mismo tiempo unas condiciones de competencia equitativas en toda la Unión. La contribución solidaria debe aplicarse de forma paralela a los impuestos sobre sociedades ordinarios aplicados por cada Estado miembro a las empresas de que se trate*".

356 Vid. artículo 2, apartado 21, del Reglamento (UE) 2022/1854 del Consejo, define así la "*medida nacional equivalente promulgada: medida legislativa, reglamentaria o administrativa adoptada y publicada por un estado miembro a más tardar el 21 de diciembre de 2022 que contribuya a la asequibilidad de la energía*".

357 Cfr. VILLAR EZCURRA, M. (2023): *Fiscalidad, parafiscalidad y regulación económica en el sector eléctrico español*, op. cit., página 64; vid también, ALONSO GARCÍA, R. (2000): "Actividad judicial v. Inactividad normativa (El Tribunal de Justicia de las Comunidades Europeas frente al déficit normativo de las Instituciones y de los Estados

pea, permitiendo concretar las limitaciones a las potestades tributarias de los Estados miembros de la Unión Europea.

Es por ello, por lo que se hace necesario, sobre todo en el campo de la tributación medioambiental del sector eléctrico, el análisis de cualquier tributo a la luz de los preceptos del Derecho de la Unión Europea.

1. PLANTEAMIENTO

Es doctrina reiterada del **Tribunal Constitucional**, que si bien, el Derecho de la Unión Europea no es por sí canon de constitucionalidad[358], es necesario afirmar, que, en cuanto derecho interno, el **Tribunal de Justicia de la Unión Europea** debe valorar los actos de los poderes públicos, que ante él se impugnen, cuando por alguna cuestión (*cuestión prejudicial*) se plantee su posible contradicción con el Derecho de la Unión Europea.

El Derecho de la Unión Europea incide de una forma o de otra, con diferentes niveles y límites en el ordenamiento interno, es decir, en la producción estrictamente nacional, y especialmente en lo que se refiere a las competencias tributarias: **límites en la creación de tributos**[359].

---

miembros)", *Revista de Administración Pública*, número 151; cfr. también, GIMENO FELIÚ, J. M. (2015): "La codificación de la contratación pública mediante el derecho pretoriano derivado de la jurisprudencia del Tribunal de Justicia de la Unión Europea", *Revista Española de Derecho Administrativo*, número 172, páginas 81 y siguientes.

358 Cfr. Sentencia del Tribunal Constitucional 215/2014, de 18 de diciembre, "*ni el fenómeno de la integración europea, ni el artículo 93 CE a través del que esta se instrumenta, ni el principio de primacía del derecho de la Unión que rige las relaciones entre ambos ordenamientos, han dotado a las normas del derecho de la Unión Europea, originario o derivado, de rango y fuerza constitucionales*" (Fundamento Jurídico tercero a). Vid. también, Sentencia del Tribunal Constitucional 22/2018, de 5 de marzo, Fundamento Jurídico tercero, con cita de las Sentencias del Tribunal Constitucional 58/2004, Fundamento Jurídico undécimo; y 64/1991, de 22 de marzo, Fundamento Jurídico cuarto, apartado a), entre otras.

359 Parte de la doctrina se viene preguntando si, *a la luz de los límites del Derecho de la Unión Europea, y del carácter expansivo de algunos de ellos, hay margen real para el desarrollo de tal poder tributario*. Cfr. ESCRIBANO LÓPEZ, F.; MARTÍN JIMÉNEZ, A.; CARRASCO GONZÁLEZ, F.; SANZ CLAVIJO, A., (Coordinadores) (2011): *El Impacto del Derecho de la UE en el Poder Tributario de las CCAA*, Editorial Aranzadi; CALDERÓN CARRERO, J. M. (2014): "La incidencia del Derecho de la Unión Eu-

En general, los límites internos establecidos en **nuestra Constitución** y en la **Ley Orgánica 8/1980, de 22 de septiembre, de Financiación de las Comunidades Autónomas**, coinciden con los límites establecidos en el **Tratado de Funcionamiento de la Unión Europea**, tal como viene interpretando el **Tribunal de Justicia de la Unión Europea**. Esto da lugar a que entren en juego, a la hora de analizar cualquier tributo desde el punto de vista jurisdiccional, no sólo nuestros Tribunales de Justicia, sino también el Tribunal Europeo, para lo cual, será necesario plantear la *cuestión prejudicial* ante cualquier tipo de duda de incompatibilidad o vulneración del Derecho de la Unión Europea[360].

---

ropea sobre el poder tributario de las Comunidades Autónomas", en: *La distribución del poder financiero en España: Homenaje al profesor Juan Ramallo Massanet*, coordinado por VEGA BORREGO, F. A., ARRIETA MARTÍNEZ DE PISÓN, J. y ZORNOZA PÉREZ, J. (directores), Marcial Pons, Madrid, páginas 321 y siguientes; DEL BLANCO GARCÍA, A. J. (2015): *El Derecho de la Unión Europea como límite al sistema de financiación de las Comunidades Autónomas*, Madrid, Instituto de Estudios Fiscales; RUIZ ALMENDRAL, V. (2017): "Poder tributario autonómico y Derecho de la Unión Europea: consecuencias de un federalismo fiscal inacabado", *Revista Española de Derecho Europeo*, número 64, páginas 26 y siguientes; de la misma autora (2018): "La imposición sobre las bebidas azucaradas envasadas: su compatibilidad con los límites y principios del ordenamiento tributario", *Quincena Fiscal*, número 18, página 77, la autora recoge que "*la respuesta a la pregunta es en principio positiva, porque en realidad del derecho de la Unión Europea no se desprende simplemente un sistema de límites, sino un marco jurídico nuevo en el que deberán desenvolverse todas las figuras tributarias, armonizadas o no. En este contexto, no siempre claro, lo relevante es determinar cuáles son los contornos jurídicos actuales en los que puede desenvolverse tal tipo de imposición*". Cfr. también: DE VICENTE-TUTOR RODRIGUEZ, M. (2016): *La fiscalidad ambiental en la Unión Europea.*
http://www.conama.org/conama/download/files/conama2016/AEs%20 2016/1998973236_ppt_MVicente.pdf

360 Esta obligación no sólo deriva del Derecho de la Unión, sino también de nuestro propio derecho constitucional (artículo 24 Constitución Española). Cfr. Sentencias Tribunal Constitucional, 27/2013, de 11 de febrero (Fundamento Jurídico séptimo); 212/2014, de 18 de diciembre, Fundamento Jurídico tercero; 99/2015, de 25 de mayo, Fundamento Jurídico tercero; 22/2018, de 5 de marzo, Fundamento Jurídico tercero. Vid. también, ROCA TRÍAS, E. y GARCÍA COUSO, S. (2017): "¿Es real el diálogo entre tribunales?: Cuestión prejudicial y control de constitucionalidad por vulneración de derechos y libertades fundamentales. Teoría y realidad constitucional", número 39, monográfico: *El Tribunal de Justicia de la Unión Europea como actor de constitucionalidad*, UNED, páginas 529 y siguientes; RUIZ ALMENDRAL, V. (2018): "La imposición

En materia de extrafiscalidad medioambiental, el **Tribunal de Justicia de la Unión Europea** ha emitido diferentes pronunciamientos, o bien cuando ha existido dudas sobre si algún tributo era o no compatible con el ordenamiento de la Unión Europea, o bien, cuando estaba en liza si el tributo estaba configurado como una ayuda de Estado.

Así, la protección del medioambiente es considerada una medida cuyo fin último es la protección de la colectividad y de la salud, fin amparado por el Derecho de la Unión Europea y, en consecuencia, servir incluso de justificación suficiente "*para establecer una restricción de las libertades fundamentales, siempre y cuando se cumpla con el ya clásico test de decidir, esto es, siempre que esta medida sea «efectivamente adecuada para garantizar el objetivo de protección de la salud y la vida de las personas», y que «no vaya más allá de lo necesario para alcanzar dicho objetivo de protección de la salud y la vida de las personas»*"[361].

El concepto de extrafiscalidad o de tributo extrafiscal, que se extrae de los pronunciamientos del **Tribunal de Justicia de la Unión Europea**, no difiere sustancialmente del adoptado por nuestro **Tribunal Constitucional**. En la clave del razonamiento del **Tribunal de Justicia de la Unión Europea** en materia de extrafiscalidad está, por un lado, la *idoneidad de la medida*, teniendo en cuenta "*si las pruebas presentadas por el Estado miembro interesado permiten razonablemente considerar, que los medios elegidos son adecuados para realizar los objetivos perseguidos y, si es posible alcanzar éstos mediante medidas menos restrictivas*"[362]; y por otro, que "*exista verdaderamente un fin extrafiscal*"[363].

---

sobre las bebidas azucaradas envasadas: su compatibilidad con los límites y principios del ordenamiento tributario", *op. cit.*, página 79.

361 Así afirmó el Tribunal, entre otras muchas, en la Sentencia del Tribunal de Justicia de la Unión Europea, 23 de diciembre de 2015, (Asunto C333/14, Scotch Whisky, ECLI:EU:C:2015:845), supuesto en el que lo planteado era si el establecimiento de un precio mínimo de las bebidas alcohólicas calculado sobre la base de la cantidad de alcohol en el producto, suponía o no, una medida de efecto equivalente o afectaba o vulneraba el Derecho de la Unión Europa (en concreto, sobre la organización común del mercado del vino). El Tribunal consideró que, atendidas las circunstancias, podría haber sido menos restrictiva la adopción de un impuesto específico (cfr. párrafo 50 y fallo).

362 Asunto C333/14, Scotch Whisky, ECLI:EU:C:2015:845, parágrafo 59. El asunto Scotch Whisky tiene además particular importancia porque establece precisiones acerca "*de cómo ha de probarse la idoneidad de la medida, lo que sin duda será relevante en los próximos años, a la luz de incremento de medidas, a veces tributarias, aunque no siempre, conducentes a mejorar el estilo de vida en general, minimizando los factores de riesgo aso-*

Para el **Tribunal de Luxemburgo**, la finalidad específica que tiene que perseguir cualquier tributo extrafiscal debe ser claramente "*no presupuestaria*", es decir "*extrafiscal*", pudiendo consistir en proteger la salud pública o el medioambiente, pero siempre que este fin extrafiscal se derive claramente de la estructura del tributo, de sus elementos esenciales, y particularmente, de sus elementos de cuantificación, de manera que estemos ante un tributo, de cuya estructura (de su

ciados a éste". Vid. RUIZ ALMENDRAL, V. (2018): "La imposición sobre las bebidas azucaradas envasadas: su compatibilidad con los límites y principios del ordenamiento tributario", *op. cit.*, páginas 92 y siguientes.

363 Ibídem, página 92; cfr. también, Sentencia del Tribunal de Justicia de la Unión Europea, de 27 de febrero de 2014, (asunto C-82/12), Transportes Jordi Besora, ECLI:EU:C:2014:108, sobre el Impuesto sobre las Ventas Minoristas de Determinados Hidrocarburos. El Tribunal de Luxemburgo lo declaró incompatible con la entonces vigente Directiva 92/12/CEE (Directiva 92/12/CEE del Consejo, de 25 de febrero de 1992, relativa al régimen general, tenencia, circulación y controles de los productos objeto de impuestos especiales). El fallo de la sentencia era esperado tras la doctrina sentada en la anterior Sentencia del Tribunal de Justicia de la Unión Europea, de 9 de marzo de 2000, EKW y Wein & Co, C437/97, EU:C:2000:110. La doctrina, adelantándose al fallo de la sentencia, ya había apuntado la incompatibilidad de este impuesto con la Directiva de Impuestos Especiales; entre otros: GARCÍA HEREDIA, A. (2011): "La incompatibilidad con el Derecho de la Unión Europea del Impuesto sobre las Ventas Minoristas de Determinados Hidrocarburos", en ESCRIBANO LÓPEZ, F.; MARTÍN JIMÉNEZ, A.; CARRASCO GONZÁLEZ, F.; SANZ CLAVIJO; A., Coordinadores (2011): *El Impacto del Derecho de la UE en el Poder Tributario de las CCAA*, Aranzadi, páginas 329 a 336; RIBES RIBES, A. (2015): "Capacidad normativa autonómica y límites derivados del Derecho y la jurisprudencia europeos: especial referencia al Impuesto sobre las Ventas Minoristas de Determinados Hidrocarburos", en PATÓN GARCÍA, G. (dirección). *Libertades comunitarias, autonomía tributaria y medioambiente*, Madrid, Centro de Estudios Financieros, páginas 268 y siguientes. El Tribunal de Justicia recuerda, que la Directiva solo permite que los hidrocarburos puedan estar sujetos a impuestos indirectos distintos del Impuesto Especial establecido por la misma, si éstos "*persiguen una o varias finalidades específicas*" y si, además, se respetan las normas impositivas aplicables en relación con los Impuestos Especiales o con el IVA para la determinación de la base imponible, devengo y control del impuesto, pudiendo los Estados miembros establecer gravámenes diferentes, siempre y cuando "*se trate de productos distintos a los sujetos a impuestos especiales, o bien prestaciones de servicios, incluidos los relacionados con productos sujetos a impuestos especiales. En tal caso estos impuestos no podrán tener el carácter de impuestos sobre el volumen de negocios, ni tampoco podrán dar lugar, en el comercio entre Estados miembros, a trámites conexos al cruce de fronteras*" (artículo 1.2 Directiva 2008/118/CE, de 16 de diciembre de 2008, relativa al Régimen General de los Impuestos Especiales).

hecho imponible o de su tipo de gravamen) se pueda extraer una disuasión para los contribuyentes o se fomente el uso de otros productos, o de otras fuentes de energía, cuyo efecto sea menos nocivo[364].

Sobre la afección de lo recaudado en tributos extrafiscales, el **Tribunal de Justicia de la Unión Europea** viene afirmando, que puede ser un elemento a tener en cuenta a la hora de determinar la compatibilidad del tributo analizado con el fin extrafiscal, "*siempre que exista una conexión directa entre la afectación y el fin perseguido*"[365]. Aunque siempre lo trata como una cuestión secundaria, ya que lo determinante para el Tribunal, "*es que la finalidad específica quede plasmada en su estructura o elementos esenciales del tributo*"[366].

Por otro lado, el **Tratado de Funcionamiento de la Unión Europea** establece la libre circulación de mercancías o servicios (**artículos 26 y 28 a 37 Tratado de Funcionamiento de la Unión Europea**), y la prohibición de tributos discriminatorios (**artículo 110 Tratado de Funcionamiento de la Unión Europea**).

Los **artículos 28.1 y 30 del Tratado** (*prohibición de exacciones de efectos equivalentes a los derechos aduaneros*), los **artículos 34 y 35 del Tratado** (*prohibición de medidas de efectos equivalentes a restricciones cuantitativas*), y el **artículo 110 del Tratado** (*tributos discriminatorios*), van todos enfocados a la protección del mercado interior y a la eliminación de distorsiones. Es cierto, que no cualquier carga tributaria es susceptible sin más de distorsionar el mercado, sino que para ello es necesario que se den una serie de circunstancias. Para que un **impuesto indirecto** sea contrario a las reglas del Tratado y restrinja el mercado único es ne-

---

364 Cfr. Sentencia del Tribunal de Justicia de la Unión Europea, de 27 de febrero de 2014, (asunto C-82/12), Transportes Jordi Besora, op. cit., párrafo 32. En particular vid. las Conclusiones del Abogado General Nils Wahl (23 de octubre de 2013) en el asunto Transportes Jordi Besora, ECLI:EU:C:2013:694 (apartado 23); así como las del Abogado General Fennelly presentadas en el asunto Braathens, ECLI:EU:C:1998:538 (12 de noviembre de 1998; apartado 15), y las del Abogado General Saggio, presentadas en EKW y Wein & Co, ECLI:EU:C:1999:342, (apartado 40).

365 Cfr. Sentencia del Tribunal de Justicia de la Unión Europea, de 27 de febrero de 2014, (asunto C-82/12), Transportes Jordi Besora, op. cit., párrafo 30.

366 Cfr. Sentencia del Tribunal de Justicia de la Unión Europea, de 27 de febrero de 2014, (asunto C-82/12), Transportes Jordi Besora, op. cit., párrafo 30 a 36; Sentencia del Tribunal de Justicia de la Unión Europea, de 9 de marzo de 2000, EKW y Wein & Co, op. cit., párrafo 31; Sentencia del Tribunal de Justicia de la Unión Europea, de 10 de marzo de 2005, Hermann, C491/03, EU:C:2005:1, párrafo 16.

cesario, que o bien, suponga una traba a la circulación de mercancías (exigencia de formalidades administrativas en frontera), o que implique un trato diferente de sus productos nacionales sobre productos de otros Estados, (restricciones internas a productos de otros estados). Es decir, que se produzca una alteración de las reglas aduaneras o equivalentes, de manera que se "*obstaculice, directa o indirectamente, real o potencialmente, el comercio en el seno de la Unión*"[367].

En definitiva, para que un tributo indirecto que pretenda gravar algún consumo específico infrinja el **Tratado de Funcionamiento de la Unión**, tiene que darse:

- o bien que se exija alguna formalidad en frontera,
- o bien, que, examinada su estructura, se compruebe que encierra un mayor gravamen a productos procedentes de otros Estados frente al gravamen que exige a los productos nacionales[368].

Desde la aprobación de la **Ley 15/2012**, la mayoría de la doctrina y el mismo **Tribunal Supremo**, han cuestionado su compatibilidad con el Derecho de la Unión Europea, y en particular el IVPEE regulado en ese texto legal. Como ya hemos recogido, se evidencia que, amén de ser un tributo meramente contributivo, estamos, a nuestro parecer y a pesar de la resolución del Tribunal de Luxemburgo, ante un Impuesto que infringe, la **Directiva 2008/118/CE**[369], del Consejo, de 16 de diciembre de 2008, relativa al régimen general de los impuestos especiales (en adelante, "**Directiva 2008/118/CE**"), en lo que atañe a las tecnologías que acuden al mercado de producción de energía eléctrica, dado que, como tendremos ocasión de fundamentar, puede ser considerado como un **gravamen de naturaleza indirecta**, como ya anunciamos en el Capítulo anterior, al carecer de una "finalidad específica" en los términos referidos por dicha Directiva, atendida su falta de justificación real, así como por su incompatibilidad

---

367 Scotch Whisky Association y otros, C333/14, EU:C:2015:845, apartado 31; Sentencia de 21 de septiembre de 2016, C-221/15, Etablissements Fr. Colruyt, ECLI:EU:C:2016:704.

368 Sentencia de 20 de febrero de 1979, Rewe-Zentral, conocido como asunto «Cassis de Dijon», 120/78, EU:C:1979:42, apartado 14.

369 Derogada por la actual Directiva (UE) 2020/262 del Consejo, de 19 de diciembre de 2019, por la que se establece el régimen general de los impuestos especiales, Diario Oficial de la Unión Europea de 27-02-2020. En nada afecta esta derogación a lo tratado en este trabajo, porque el contenido de los artículos a este respecto es el mismo.

con los principios estructurales de la imposición indirecta, extremo que, además, se vio corroborado tras la aprobación del **Real Decreto-ley 15/2018**, de 5 de octubre, de medidas urgentes para la transición energética y la protección de los consumidores, como también venimos reiterando.

Del mismo modo, las normas creadas por la **Ley 15/2012**, no sólo no discriminan entre fuentes de energía competidoras, sino que, además, el marco impositivo establecido, obstaculiza el adecuado funcionamiento del mercado interior y afecta a la circulación de productos energéticos dentro de la Unión Europea, ya que, en concreto el IVPEE, como ha acreditado el **RDL 15/2018**, incide en el precio de la electricidad, y su naturaleza y sustancia (tal y como ha reconocido el Gobierno de España atribuyendo las competencias para su gestión al **Departamento de Aduanas e Impuestos Especiales** dentro de la **Agencia Estatal de la Administración Tributaria**) es análoga a la de los impuestos que pretende regular la **Directiva 2003/96/CE**.

En línea con las infracciones de orden interno anteriormente apuntadas, y derivado de su falta de finalidad extrafiscal, el IVPEE vulnera también el artículo **191.2 del Tratado de Funcionamiento de la Unión Europea**, en relación con el principio "*quien contamina paga*" y resto de principios orientadores de la política ambiental europea, puesto que tales principios exigen realizar un análisis de proporcionalidad que ha estado ausente en la tramitación de **la Ley 15/2012**, así como limitar la carga impositiva al coste del daño presuntamente creado. En este sentido, el IVPEE no traslada incentivo alguno al productor para no contaminar, y le impone el deber de pagar dicho tributo, siempre y en todo caso, mientras produzca electricidad. Además, los importes recaudados no se destinan específicamente a compensar los perjuicios o impactos ambientales, sino a "financiar los costes del sistema eléctrico", lo que refuerza el carácter contributivo del Impuesto examinado.

Asimismo, el IVPEE, y los tributos regulados en la **Ley 15/2012**, podrían formar parte de un **régimen de ayudas de Estado ilegal**, puesto que la creación de un tributo que afecta a unos operadores y cuya finalidad es la creación de un instrumento de financiación del déficit de tarifa, nos llevaría a considerar dichos fondos como estatales, y, en consecuencia, al formar parte tales fondos de un régimen de ayudas no notificado. Asimismo, estamos ante una medida en la que mediante fondos estatales, se otorga una ventaja selectiva a determinadas empresas en perjuicio de otras, que compiten con las primeras en mercados concurrentes, sin que la medida responda a la lógica del sistema fiscal español, ni desde la perspectiva del **principio de capacidad económica**, ni desde la de los supuestos fines extrafiscales del tributo, por cuanto se grava precisamente las tecnologías con menor nivel de externalidades, como detallamos anteriormente.

Por otro lado, desnudado el tributo examinado de su pretendida finalidad medioambiental, se evidencia que estamos ante un gravamen que choca con los límites y **principios de no discriminación, transparencia, claridad, proporcionalidad**, que han de regir la imposición de obligaciones específicas a los operadores del mercado eléctrico.

Recordemos que el artículo **3.2 de la Directiva 2009/72/CE** dispone lo siguiente:

> *"En el pleno respeto de las disposiciones pertinentes del Tratado, y en particular de su artículo 86, los Estados miembros podrán imponer a las empresas eléctricas, en aras del interés económico general, obligaciones de servicio público que podrán referirse a la seguridad, incluida la seguridad del suministro, a la regularidad, a la calidad y al precio de los suministros, así como a la protección del medioambiente, incluida la eficiencia energética, la energía procedente de fuentes renovables y la protección del clima. Estas obligaciones de servicio público deberán definirse claramente, ser transparentes, no discriminatorias y controlables y garantizar a las empresas eléctricas de la Comunidad el acceso en igualdad de condiciones, a los consumidores nacionales".*

En similares términos, sin modificar la esencia, pero con mayor contundencia, se pronuncia el **artículo 3 de la nueva Directiva (UE) 2019/944**. Así recoge:

> *"**Artículo 3 Mercado de la electricidad competitivo, centrado en el consumidor, flexible y no discriminatorio.***
>
> *1. Los Estados miembros garantizarán que su normativa nacional no obstaculice indebidamente el comercio transfronterizo de electricidad, la participación de los consumidores, incluido mediante la respuesta de demanda, las inversiones en la generación particularmente variable y flexible de energía, el almacenamiento de energía, o el despliegue de la electromovilidad o nuevas interconectores entre los Estados miembros, y que los precios de la electricidad reflejen la oferta y la demanda reales. 2. A la hora de desarrollar nuevas interconectores, los Estados miembros tendrán en cuenta los **objetivos de interconexión eléctrica** establecidos en el artículo 4, letra d), punto 1, del Reglamento (UE) 2018/1999. 3. Los Estados miembros garantizarán que **no existan barreras injustificadas** dentro del mercado interior de la electricidad en lo que respecta a la entrada, participación y la salida del mercado, sin perjuicio de aquellas competencias que los Estados miembros mantengan en lo que respecta a terceros países. 4. Los Estados miembros velarán por unas condiciones de competencia **equitativas** y porque las **normas, las tasas y el trato que se aplique a las empresas eléctricas sean transparentes, proporcio-***

> ***nados y no discriminatorios, en particular en lo que respecta a las responsabilidades de balance***, *el acceso a los mercados mayoristas, el acceso a los datos, los procesos de cambio de suministrador y los modelos de facturación y, cuando proceda, a la concesión de licencias. 5. Los Estados miembros garantizarán que los participantes en el mercado pertenecientes a terceros países que operen en el mercado interior de la electricidad cumplan el Derecho de la Unión y nacional, incluida la normativa en materia de política medioambiental y de seguridad". (La negrita es nuestra).*

Es decir, conforme a lo dispuesto en los citados preceptos, los Estados miembros solo podrán imponer a las empresas eléctricas, en aras del interés económico general, obligaciones de servicio público, entre las que se englobaría la protección medioambiental, siempre y cuando concurran motivos de interés general, y estas obligaciones queden claramente definidas, sean transparentes, no discriminatorias y se garantice el acceso a los consumidores nacionales en condiciones de igualdad.

No obstante, tales requisitos en modo alguno se satisfacen en los tributos que regula la **Ley 15/2012**, y en particular en el IVPEE.

2. "EL PRINCIPIO DE QUIEN CONTAMINA PAGA"

El **Tratado de Funcionamiento de la Unión Europea** establece en su **artículo 191.2**, que:

> *"La política de la Unión en el ámbito del medio ambiente tendrá como objetivo alcanzar un nivel de protección elevado, teniendo presente la diversidad de situaciones existentes en las distintas regiones de la Unión. Se basará en los principios de cautela y de acción preventiva, en el principio de corrección de los atentados al medio ambiente, preferentemente en la fuente misma, y en el principio de quien contamina paga".*

Con los tributos medioambientales del sector eléctrico, se pretende aumentar la carga tributaria a aquellos sujetos que contaminan, especialmente a "*los que más provecho obtienen de ello para realizar una actividad económica perjudicial para el medio ambiente*"[370]. Este es el sentido del "principio de quien contamina paga", creado originariamente por la ciencia económica, y, desde el punto de vista

---

370 Vid. VARONA ALABERN, J. E. (2009): *Extrafiscalidad y dogmática tributaria*, op. cit., página 144.

jurídico, "*contiene una formulación un tanto difusa y poco depurada*"[371], ya que, no toda acción contaminante debe generar un pago de un tributo, y cuando deba hacerlo, no necesariamente tiene que ser un tributo. Sin embargo, este principio constituye un verdadero mandato jurídico[372].

El principio de "*quien contamina paga*" ha tenido un tratamiento destacado en relación con dos ámbitos del ordenamiento comunitario europeo, a saber:

(i) el de la responsabilidad por daños medioambientales, y

(ii) el de la prevención de la contaminación.

Ambos constituyen una referencia relevante en cualquier regulación tributaria medioambiental, y por supuesto, es un principio a analizar en el respeto o no en la **Ley 15/2012**.

La **Directiva 2004/35/CE, del Parlamento Europeo y del Consejo, de 21 de abril de 2004**, sobre responsabilidad medioambiental en relación con la prevención y reparación de daños medioambientales, regula con carácter general la aplicación del principio "*quien contamina paga*" en la esfera europea, cuya finalidad es la "*prevención y reparación de los daños medioambientales*". Por ello, analizamos algunos aspectos de dicha Directiva.

En primer lugar, de la **Directiva 2004/35/CE**, cabe destacar las siguientes ideas a la hora de valorar la aplicación del principio estudiado:

- debe ser el operador que cause los daños al medioambiente (y no otro) el que sufrague "*el coste de las medidas preventivas o reparadoras necesarias*",
- "*es preciso establecer un vínculo causal entre los daños y los contaminantes identificados*",

371 Ibídem, página 145.

372 Cfr. HERRERA MOLINA, P. M. (2008): "El principio quien contamina paga", *op. cit.*, páginas 195 y 212, "*se trata de un verdadero mandato jurídico respaldado por el Tratado Constitutivo de la Comunidad Europea y basado en el principio de equivalencia*"; vid. también, CAZORLA PRIETO, L. M. (2008): "Los principios constitucional-financieros en la tributación ambiental", *Tratado de Tributación Medioambiental*, volumen I, Thomson-Aranzadi/Iberdrola, Pamplona, página 57, "*este principio se configura como una exigencia del principio de generalidad*". Sin embargo, VAQUERA GARCÍA, A. (1999), *Fiscalidad y medio ambiente*, op. cit., página 10, mantiene una actitud crítica ante el principio de quien contamina paga, poniendo en duda la solidez y operatividad de este principio en la tributación medioambiental.

- lo anterior, *"a fin de inducir a los operadores a adoptar medidas y desarrollar prácticas dirigidas a minimizar los riesgos"* de daños medioambientales,
- sin embargo, no debe exigirse la compensación de daños que *"se deriven de actos que estén fuera del control del operador"*.

En este sentido, el **apartado 2.2 de la Directiva 2004/35/CE,** define como daño medioambiental: "*el cambio adverso mensurable de un recurso natural o el perjuicio mensurable a un servicio de recursos naturales, tanto si se producen directa como indirectamente*". Es decir, la citada Directiva exige la mensurabilidad de un cambio adverso o un perjuicio para que éste pueda considerarse como un daño medioambiental que pueda, en su caso, dar lugar a una responsabilidad indemnizable.

A su vez, esta mensurabilidad está directamente relacionada con medidas preventivas y reparadoras previstas por los **artículos 5 y 6 de la Directiva 2004/35/CE** para la cobertura de posibles daños medioambientales generados por el "operador" de que se trate; se entiende por "operador", conforme a lo recogido en el **artículo 2 de la Directiva 2004/35/CE**: "*cualquier persona física o jurídica, privada o pública, que desempeñe o controle una actividad profesional o, cuando así lo disponga la legislación nacional, que ostente, por delegación, un poder económico determinante sobre el funcionamiento técnico de esa actividad, incluido el titular de un permiso o autorización para la misma, o la persona que registre o notifique tal actividad*".

Es decir, la consideración de un daño medioambiental desde el punto de vista de la **Directiva 2004/35/CE** exige la concurrencia de los siguientes extremos:

- un daño inminente o consumado;
- evaluable; y,
- que sea producido como consecuencia directa o indirecta de las acciones del operador, entendido éste como aquél que desempeña o controla la actividad empresarial que ocasiona el daño mensurable, pero no otro, lo cual es coherente con la exigencia de atajar la contaminación en la fuente.

En lo que concierne a los principios inspiradores de la fiscalidad ambiental en la Unión Europea, permítasenos recordar que la relación de dichos principios con el de "quien contamina paga" fue configurada por la Comisión en su comunicación: **"Impuestos y gravámenes ambientales en el mercado único" (COM 97 (9) final)**[373]. En ella se sostuvo que:

> *"Este tipo de fiscalidad puede resultar adecuada para llevar a la práctica el principio de que "quien contamina paga", puesto que se incluyen los costes ambientales en el precio de los bienes o servicios. Los instrumentos fiscales se consideran incentivos a los productores y consumidores cuyo efecto es orientar la elección hacia actividades más sostenibles desde el punto de vista ambiental"*[374].

En la misma comunicación, la Comisión hacía referencia a la necesidad de que la imposición ambiental no sólo resultase justificada, sino que, además, estuviese alineada con los objetivos ambientales de la Unión Europea y el resto de sus políticas[375]., recomendación que también se recogió en el **Libro Verde** sobre

---

373 Vid. Comunicación de la Comisión, de 26 de marzo de 1997, sobre impuestos y gravámenes ambientales en el mercado único [COM (97) 9 final - Diario Oficial C 224 de 23.7.1997]: "*En efecto, los impuestos y gravámenes ambientales pueden permitir la aplicación del principio de que "quien contamina paga", induciendo a consumidores y productores a adoptar comportamientos más compatibles con las exigencias ecológicas*"; cfr. HERRERA MOLINA, P. M. (2008): "El principio quien contamina paga", en BECKER, F., CAZORLA, L. M., MARTÍNEZ-SIMANCAS, J., (Directores), en *Tratado de Tributación medioambiental*, op. cit., páginas 187 y siguientes.

374 La política medioambiental tiene como fin la corrección de las externalidades relacionadas con el medioambiente, con el objetivo de mejorar la calidad de vida de los ciudadanos, preservar la biodiversidad e internalizar los efectos negativos que se generen. El ordenamiento medioambiental es un ámbito particularmente propicio para el *green nudge*, empujando a los ciudadanos hacia "*la elección de la opción más sostenible y ambientalmente aconsejable*". Cfr. TERRÓN SANTOS, D. (2019): "La nueva actividad pública de fomento: el «green nudge» en la actual contratación pública", *Gestión y Análisis de Políticas Públicas, INAP*, número 22, páginas 24 a 39; vid. también MELLADO RUIZ, L. (2019): "Nuevos enfoques del Derecho Ambiental desde la metodología Nudge", en RIVERO ORTEGA, R.; CEREZO PRIETO, M. (Coordinadores), *Innovación en las normas ambientales*, Valencia, Tirant lo Blanch, página 76.

375 Así recogía que: *"Al implantar exacciones ambientales, los Estados miembros deberán justificar fehacientemente la necesidad de resolver problemas ambientales. Debe prestarse especial atención a la relación entre estas disposiciones y el artículo 130R del Tratado CE, la legislación comunitaria de medio ambiente y la jurisprudencia correspondiente, el V Programa de Medio Ambiente, y los acuerdos internacionales a los que se ha adherido la Comunidad Europea".* Comunicación de la Comisión, de 26 de marzo de 1997, op. cit.

la utilización de instrumentos de mercado en las políticas de medioambiente y otras políticas relacionadas —COM (2007) 140 final—[376].

Por ello, la Comisión viene proponiendo, entre otras medidas, una reforma de la Directiva sobre la imposición de productos energéticos (Directiva 2003/96/CE), precisamente buscando la finalidad de integrar: *"la fiscalidad de la energía y los objetivos políticos pertinentes de la UE"*. A este fin la Comisión ha venido proponiendo reiteradamente, dividir los niveles mínimos comunitarios de imposición en elementos energéticos y medioambientales, de tal forma que los combustibles se gravarían en primer lugar de modo uniforme según su contenido energético y, en segundo lugar: "*teniendo en cuenta el hecho de que las emisiones generadas durante la combustión difieren de un combustible a otro, los impuestos podrían reflejar los aspectos ambientales de la energía (al distinguir entre emisiones de gases de efecto invernadero y emisiones de otros tipos de gases)*". En este mismo sentido, se señala que:

> *"las emisiones de CO2 procedentes de la mayor parte de la producción de electricidad se tienen actualmente en cuenta en el régimen de comercio de derechos de emisión, mientras que la producción de electricidad está exenta, en principio*[377] *del impuesto sobre el consumo de energía, de conformidad*

[376] Cfr. INFORME sobre el Libro Verde, sobre la utilización de instrumentos de mercado en la política de medioambiente y otras políticas relacionadas, 19 de febrero de 2008 (2007/2203(INI)), ponentes Anne Ferreira y John Purvis. https://www.europarl.europa.eu/doceo/document/A-6-2008-0040_ES.html.

[377] De los pocos países de la Unión europea que contemplan un impuesto sobre la producción de energía eléctrica se encuentra España. La mayoría de los países de la Unión Europea han optado por gravar el gas y el petróleo (entre ellos el Reino Unido), o por establecer impuestos relacionados con los "beneficios caídos del cielo" o *windfall profits tax* o *windfall benefits tax* (dentro de los cuales también se encuentra España, además de ya poseer un IVPEE). La propuesta del Ministro de Hacienda del Reino Unido (junio de 2022), Rishi Sunak, contemplaba sumarle un 25% al Impuesto de Sociedades, para pasarlo del 40% actual, al 65% durante tres años, a menos que antes de ese plazo los precios de la electricidad vuelvan a precios históricamente normales. Este último sistema, es el que ya apuntamos como uno de los mejores mecanismos para España, a fin de evitar la amalgama de tributos pretendidamente medioambientales, y lograr una mejor protección medioambiental.
Vid. https://cincodias.elpais.com/cincodias/2022/06/22/companias/1655872795_364123.html.

con la Directiva sobre imposición de los productos energéticos. Un componente medioambiental adicional en forma de impuestos que refleje los mismos aspectos medioambientales que los considerados en el RCCDE[378]*, pudiera no resultar adecuado en este caso concreto".*

Por último, las comunicaciones de la **Comisión, al Parlamento Europeo, al Consejo, al Comité Económico y Social Europeo, y al Comité de las Regiones, de 26 de enero de 2011, COM (2011) 21**, señala que: *"Una Europa que utilice eficazmente los recursos- Iniciativa emblemática con arreglo a la Estrategia Europa 2020"*[379]; y **de 8 de marzo de 2011 COM (2011) 112 final**, recoge una *"Hoja de ruta hacia una economía hipocarbónica competitiva en 2050"*, en cuya **página 6** se afirma expresamente que: *"la electricidad desempeñará un papel fundamental en la economía hipocarbónica"*[380], uno de cuyos objetivos es la reducción de la factura energética de Europa, y de su dependencia respecto a las importaciones de combustibles fósiles.

---

378 Siglas de Régimen de Comercio de Derechos de Emisión de la Unión Europea. Cfr. https://climate.ec.europa.eu/eu-action/eu-emissions-trading-system-eu-ets_es; cfr. también, https://eurlex.europa.eu/legalcontent/ES/TXT/HTML/uri=LEGISSUM:emissions_trading_system

379 https://eur-lex.europa.eu/legal-content/ES/TXT/PDF/?uri=CELEX:52021DC0082.

380 SANZ RUBIALES, Í. (2011): "Notas sobre la hoja de ruta hacia una economía hipocarbónica competitiva en 2050 (Comunicación de la Comisión de 8 de marzo de 2011, COM(2011) 112 final)", *Revista Catalana de Dret Ambiental*, Volumen 2, número 1, páginas 8 y siguientes, https://raco.cat/index.php/rcda/article/view/326015: *"Parece evidente que, en una economía descarbonizada, la electricidad pasa a ser la fuente de energía por excelencia (...). Pero puede ser útil —y así lo señala la Comisión— complementar la técnica del mercado de emisiones con otros instrumentos como la fiscalidad de la energía, actualmente en fase de estudio (...). Al final, queda la duda de si el "medio ambiente" como título competencial justificador de las medidas contra el cambio climático no ha sido sustituido —total o parcialmente— por el de la "política energética" o, más en concreto, por el de la "seguridad en el suministro energético". La incidencia ambiental de estas medidas, en cuanto unilaterales, es prácticamente nula a efectos de la tutela del medio ambiente y de la lucha contra el cambio climático (al menos, mientras los Estados desarrollados y las economías emergentes no empiecen a tomar medidas similares). Y, sin embargo, gracias a ellas, la seguridad energética de los países europeos se verá notablemente mejorada, con todas las ventajas que ello conlleva respecto de la situación de la Unión Europea en el contexto económico mundial"*. Cfr. también, LUCHENA MOZO, G. M. (2003), "Fiscalidad de la Energía", *Crónica Tributaria*, número 108, página 74.

A la luz de lo examinado, la decisión adoptada por el legislador español mediante la creación de un "*tributo medioambiental*", como el IVPEE, parece resultar contraria a todos los principios enunciados anteriormente, por cuanto supone el rechazo de la fórmula que había sido propuesta por el regulador, aumentando la presión fiscal sobre un sector, el eléctrico, cuya incidencia ambiental en lo que afecta a las emisiones (objetivo prioritario de la política ambiental de la Unión Europea) ya está recogida a través del régimen de derechos de emisión, por lo que se está sometiendo a dichos operadores a un doble gravamen medioambiental.

A estos efectos recordemos que la autoridad reguladora, la **Comisión Nacional de la Energía, en su informe 2/2012**[381], a la hora de prever medidas de financiación del *déficit de tarifa*, proponía instrumentar un sistema de financiación alternativa de las primas a las energías renovables, que estaría a cargo de otros sectores energéticos, por considerar que el sector eléctrico y sus consumidores ya participan suficientemente en la consecución del objetivo de desarrollo de las políticas de generación de energías renovables, para lo cual la propia **Comisión Nacional de la Energía** proponía un incremento en el gravamen de los hidrocarburos, con el que se pretenderían recaudar 2.000 millones de euros/año. La **Comisión Nacional de la Energía** apuntaba también, que dicha fórmula, en todo caso situaría la fiscalidad de los hidrocarburos en España por debajo de la media de la Unión Europea.

Al rechazar esta fórmula, el legislador sustituyó un gravamen al consumo de hidrocarburos, tal y como proponía la **Comisión Nacional de la Energía**, por un incremento de la fiscalidad sobre la electricidad. Esto es, se penalizaba las fuentes hipocarbónicas que podrían ayudar a conseguir mayores niveles de independencia energética. Todo ello, además, entrañaba un doble gravamen medioambiental sobre un sector cuyo impacto ambiental resulta contemplado en el régimen de comercio de derechos de emisión.

A su vez, según la **Directiva 2008/01/CE, de 15 de enero, sobre Prevención y Control Integrado de la Contaminación**, *"los objetivos y principios de la política comunitaria de medio ambiente"* se deben encaminar a la prevención, *"actuando preferentemente en la fuente"*. Y ello porque, conforme al **punto 1 del**

381 Cfr. "*Informe sobre el sector energético español, parte I: Medidas para garantizar la sostenibilidad económica-financiera del sistema eléctrico*", Comisión Nacional de la Energía, de 7 de marzo de 2012, https://e00-elmundo.uecdn.es/documentos/2012/03/09/deficit_electrico.pdf.

Anexo, de la Recomendación 75/436/EURATOM, CECA, CEE, de 3 de marzo de 1974[382], relativa a la imputación de costes y a la intervención de los poderes públicos en materia de medioambiente:

> *"La imputación a los causantes de la contaminación de los costes resultantes de la lucha contra ésta les incita a reducir la contaminación y a buscar productos o tecnologías menos contaminantes y permitirá de esta manera utilizar, de forma más racional, los recursos del medio ambiente; además, esta imputación responde a criterios de eficacia y equidad".*

Además, la imputación de *"los costes resultantes de la protección del medio ambiente contra la contaminación según principios idénticos en toda la Comunidad"* es necesaria a fin de evitar que distorsiones de la competencia afecten a los intercambios y a la localización de las inversiones, lo que sería incompatible con el mercado común.

Esta interpretación ha sido respaldada también por **la Sentencia del Tribunal de Justicia de la Unión Europea, de 25 de febrero de 2010, en el caso PONTINA AMBIENTE SRL contra REGIONE LAZIO, (asunto C-172/08)**, cuyos considerandos[383], inciden en la necesidad de gravar la contaminación en

---

[382] Vid. 75/436/Euratom, CECA, CEE: Recomendación del Consejo, de 3 de marzo de 1974, relativa a la imputación de costes y a la intervención de los poderes públicos en materia de medio ambiente (Diario Oficial número L 194, de 25/07/1975 páginas 0001 - 0004).

[383] Así la **Sentencia del Tribunal de Justicia de la Unión Europea, de 25 de febrero de 2010,** en los considerandos 34 y siguientes, recoge que: "*34. De ello se desprende que el artículo 10 de la Directiva 1999/31 no se opone a que un Estado miembro introduzca un impuesto sobre los residuos depositados que la entidad explotadora de un vertedero debe pagar y repercutir sobre el poseedor de los residuos que los ha depositado (...). 35 El artículo 10 de la Directiva 1999/31 exige, no obstante, tal como resulta igualmente del vigésimo noveno considerando de dicha Directiva, que los Estados miembros adopten medidas a fin de garantizar que el precio exigido por la eliminación de los residuos mediante depósito se fije de modo que cubra el conjunto de los costes vinculados con la creación y la explotación del vertedero. 36 Esta exigencia es una expresión del principio «quien contamina paga», que implica, como el Tribunal de Justicia ha declarado ya en el marco de la Directiva 75/442 y de la Directiva 2006/12/CE, del Parlamento Europeo y del Consejo, de 5 de abril de 2006, relativa a los residuos (DO L 114, p. 9), que el coste de la eliminación de los residuos deberá recaer sobre sus poseedores (véanse sentencias de 7 de septiembre de 2004, Van de Walle y otros, C-1/03, Rec. p. I-7613, apartado 57; de 24 de junio de 2008, Commune de Mesquer, C-188/07, Rec. p. I-4501, apartado 71, y Futura Immobiliare y otros, antes citada, apartados 44 y 45 y jurisprudencia citada). Dicha exigencia se inscribe en el ob-*

su fuente, interpretando determinados preceptos de la **Directiva 1999/31/CE del Consejo, de 25 de abril, relativa al vertido de residuos.**

---

jeto de la Directiva 1999/31 que es, con arreglo a su artículo 1, apartado 1, cumplir los requisitos de la Directiva 75/442, y en concreto de su artículo 3 que obliga a los Estados miembros a tomar las medidas adecuadas para fomentar la prevención o la reducción de la producción de los residuos. 37 De ello se deduce, en particular, que, con independencia de cuál sea la normativa nacional que regule los vertederos, dichas normas deben garantizar que el conjunto de los costes de explotación de dichos vertederos sea soportado efectivamente por los poseedores que depositan los residuos para su eliminación. 38 En consecuencia, la posibilidad de que un Estado miembro introduzca un impuesto sobre los residuos que debe pagar la entidad explotadora de un vertedero y que deben reembolsar a esta última las colectividades que depositan los residuos, queda supeditada a que este dispositivo fiscal vaya acompañado de medidas cuyo objeto sea asegurar que el reembolso del impuesto se lleve a cabo efectivamente y en un breve plazo con el fin de que sobre dicha entidad explotadora no recaigan cargas de explotación excesivas ocasionadas por la demora en el pago por parte de dichas colectividades y que, de este modo, no se menoscabe el principio de que quien contamina paga. En efecto, hacer recaer dichas cargas sobre la entidad explotadora, llevaría a imputar a la mencionada entidad explotadora costes relacionados con la eliminación de residuos que no ha generado y que sólo le corresponde eliminar en el marco de sus actividades de prestador de servicios. 39 En todo caso, al igual que un impuesto como el de que se trata en el litigio principal, calculado sobre la base de la cantidad de residuos depositados, constituye un coste de explotación en el sentido del artículo 10 de la Directiva 1999/31, que debe ser incluido en el precio que el poseedor que deposita residuos debe abonar a la entidad explotadora de un vertedero, todos los costes relacionados con el cobro de las cantidades adeudadas en este concepto por el poseedor a la mencionada entidad explotadora y, en concreto, los costes resultantes de la demora en el pago de estas cantidades, incluidos en su caso los costes soportados para evitar una sanción pecuniaria, deben repercutirse en ese precio para cumplir los requisitos contemplados en el artículo 10 de la Directiva 1999/31. (...) 41 Habida cuenta de lo anterior, procede responder a la primera cuestión que el artículo 10 de la Directiva 1999/31 debe interpretarse en el sentido de que no se opone a una normativa nacional, como la aplicable en el litigio principal, que establece a la entidad explotadora de un vertedero como sujeto pasivo de un impuesto especial sobre el depósito de residuos sólidos en vertederos que le debe reembolsar la colectividad local que ha depositado los residuos y que establece sanciones pecuniarias contra aquélla en caso de pago tardío de dicho impuesto, a condición no obstante de que dicha normativa vaya acompañada de medidas cuyo objeto sea garantizar que el reembolso de dicho impuesto se lleve a cabo efectivamente y en un breve plazo y que todos los costes relacionados con el cobro y, en concreto, los costes resultantes de la demora en el pago de cantidades adeudadas por este concepto por dicha colectividad local a la mencionada entidad explotadora, incluidas las sanciones pecuniarias eventualmente impuestas a esta última como consecuencia de dicha demora, se repercutan en el precio que dicha colectividad debe abonar a la mencionada entidad explotadora. Corresponde a los órganos jurisdiccionales nacionales verificar el cumplimiento de dichos requisitos".

A fortiori, la **Ley 15/2012** no sólo no contiene referencias concretas sobre qué daños reales o potenciales se pretenden corregir, lo que excluye, conforme hemos expuesto, su carácter extrafiscal, sino que, además y para el caso de que a los efectos puramente dialécticos se admitiese la concurrencia de tales daños o impactos ambientales, hace responsables de tales daños a quienes no los provocan. En efecto, como el **Preámbulo de la Ley 15/2012** manifiesta respecto del impacto que generan las redes de transporte y distribución de energía eléctrica:

> *"Este impuesto gravará la capacidad económica de los productores de energía eléctrica cuyas instalaciones originan importantes inversiones en las redes de transporte y distribución de energía eléctrica para poder evacuar la energía que vierten a las mismas, y comportan, por sí o como resultas de la propia existencia y desarrollo de las tales redes, indudables efectos medioambientales, así como la generación de muy relevantes costes necesarios para el mantenimiento de la garantía de suministro".*

Pues bien, el hecho de que el legislador grave la producción de energía eléctrica para atender a los costes que generan los presuntos daños medioambientales derivados de las actividades de transporte y distribución de energía eléctrica supondría, además, una actuación contraria al **Reglamento 714/2009/CE del Parlamento Europeo y del Consejo, de 13 de julio de 2009,** relativo a las condiciones de acceso a la red para el comercio transfronterizo de electricidad[384]**, y al Reglamento número 838/2010 de la Unión Europea, de 23 de septiembre,** sobre la fijación de directrices relativas al mecanismo de compensación entre gestores de redes de transporte y a un planteamiento normativo común de la tarificación del transporte[385]**,** así como del **artículo 32 de la Directiva 2009/72/CE** (**actual artículo 6 de la Directiva (UE) 2019/944**), dado que traslada a los productores de energía eléctrica una carga medioambiental que no les corresponde.

El generador eléctrico no puede ser, bajo ningún concepto, el "operador" responsable de una teórica compensación por los presuntos daños derivados de la red de distribución de energía eléctrica, por cuanto la generación y la distribución constituyen, como es conocido, actividades absolutamente separadas con regímenes y responsabilidades completamente diferenciadas.

Los productores ya soportan peajes por el uso de las redes de terceros, de conformidad con lo dispuesto en el **artículo 32 de la Directiva 2009/72/CE,**

---

[384] Diario Oficial de la Unión Europea, número 211, de 14 de agosto de 2009.

[385] Diario Oficial de la Unión Europea, número 250, de 24 de septiembre de 2010.

(artículo 6 de la Directiva (UE) 2019/944), y el Reglamento 714/2009/CE, sobre las condiciones de acceso a las redes para los intercambios transfronterizos de electricidad. Este precedente ya establece unas condiciones homogéneas para el peaje de acceso que deben pagar los productores para contribuir al coste de las redes, de forma que no se alteren las condiciones de mercado que encuentran los productores para vender su energía producida, por lo que una justificación de los nuevos gravámenes relacionada con las implicaciones sobre las inversiones en redes sería contraria a la normativa homogénea que ha querido imponer el citado Reglamento.

Así, el **artículo 14 del mismo Reglamento 714/2009/CE** dispone que:

> *"Cuando corresponda, la cuantía de las tarifas aplicadas a los productores y/o los consumidores proporcionará incentivos de ubicación a nivel comunitario y tendrá en cuenta la cantidad de pérdidas de la red y la congestión causadas, así como los costes de inversión en infraestructura"*[386].

Es decir, no sólo se pretende hacer a los productores, responsables de un teórico coste ambiental, dimanante del mantenimiento de estructuras de distribución y transporte que son propiedad de terceros, sino que, además, se ignora que la normativa regulatoria europea ya impone a los productores una compensación, precisamente destinada a financiar el coste de las inversiones, lo que hace que la referencia contenida en el preámbulo de la Ley anteriormente transcrito, sea contraria a lo dispuesto en el **Reglamento de la Unión Europea 838/2010**.

En suma, la regulación que introduce la **Ley 15/2012**, en concreto respeto del IVPEE, entraña una vulneración del principio comunitario europeo de "*quien contamina paga*", dado que:

- este principio exige realizar un análisis de **proporcionalidad** que ha estado ausente en la tramitación de la Ley. El principio de proporcionalidad exige limitar la carga impositiva al coste del daño presuntamente creado,
- el impuesto a la producción **no traslada incentivo alguno al productor "en la fuente" para no contaminar**. El generador eléctrico debe pagar dicho tributo en todo caso, mientras produzca electricidad. Tanto si contamina como si no. Y ello, porque el generador no cuenta con margen al-

386 Esta previsión ha sido desarrollada con posterioridad en los anexos al Reglamento de la Unión Europea 838/2010, en su parte B) relativo a las Directrices, desarrolla un planteamiento normativo común de la tarificación del transporte.

guno para controlar o evitar los impactos ambientales que corresponden netamente a otros (i.e. transportistas),

- **los importes recaudados no se destinan** específicamente a compensar los perjuicios o impactos ambientales (sino a "financiar los costes del sistema eléctrico").

Visto lo anterior, cabría preguntarse:

(i) ¿Es compatible con el principio "quien contamina paga" y con lo dispuesto en el artículo 191.2 del Tratado de Funcionamiento de la Unión Europea, tal y como el mismo ha sido interpretado por la Directiva 2004/35/CE, el que se pretenda imponer a los productores de energía eléctrica un tributo justificado en la existencia de unos daños ambientales que no resultan probados y que nunca serían causados por dichos productores, sino que teóricamente dimanan de las actividad de terceros —redes de distribución— cuando, además, dicho tributo puede ser contrario a los principios inspiradores de la política europea en materia de fiscalidad ambiental?

(ii) La imposición de un tributo como el IVPEE, cuya principal justificación utilizada por el legislador en el preámbulo de la Ley 15/2012 es la de contribuir a la financiación de los costes e inversiones necesarios para el funcionamiento de las redes de distribución de energía eléctrica, ¿es contraria a lo dispuesto en el artículo 32 de la Directiva 2009/72/CE en relación con el artículo 14 del Reglamento 714/2009 sobre las condiciones de acceso a las redes para los intercambios transfronterizos de electricidad, así como con el apartado 3 de la parte B) del Anexos al Reglamento UE 838/2010, por suponer una doble carga a los productores de energía para cubrir la financiación de unas mismas redes de distribución?

A nuestro parecer, y a pesar de la **Sentencia del Tribunal de Luxemburgo** a la que ya nos hemos referido y sobre la que volveremos en el siguiente Capítulo, la regulación que introduce la **Ley 15/2012** supone una vulneración del principio de la Unión Europea de "quien contamina paga"[387]. Por un lado, no se

---

[387] Interesa resaltar que, sorprendentemente, el Tribunal Supremo, en su Sentencia 513/2021, de 15 de abril, Fundamento Jurídico cuarto, apartado e), recoge que: "*En este esquema clásico, además, interfieren nuevos principios medioambientales que aportan una nueva visión, en la medida en que no se trata tanto de disuadir de determinadas prác-*

destinan los importes recaudados específicamente a compensar impacto alguno al medioambiente y, por otro, el impuesto a la producción no se impone a quien genera el daño ambiental o la contaminación.

3. LAS DIRECTIVAS 2008/118/CE Y 2020/262

La **Directiva 2008/118/CE, del Consejo, de 16 de diciembre de 2008**[388], regula el Régimen General de los Impuestos Especiales, que en relación con la **Directiva 2003/96/CE, de 27 de octubre,** por la que se reestructura el régimen comunitario de imposición de los productos energéticos y de la electricidad (que

---

ticas o conductas (como sucede, en particular, en los impuestos especiales), como de hacer recaer las consecuencias de la actividad potencialmente lesiva del medio ambiente a quienes crean el daño o el peligro para éste mediante el ejercicio de una actividad empresarial de la que se obtienen beneficios. Así, los principios de recuperación de costes, de internalización o el de que "quien contamina paga". Dicha interpretación, resulta novedosa, pues parece abandonar la exigencia de protección medioambiental por la mera exigencia de compensación económica ("contamine, pero pague"), extremo que entendemos no se ajusta a la consolidada doctrina constitucional sobre tributos medioambientales. Esta sentencia ha sido dictada en el recurso contencioso-administrativo número 517/2015, interpuesto por la asociación española de la industria eléctrica (UNESA), contra el Real Decreto 198/2015, de 23 de marzo, por el que se desarrolla el artículo 112 bis, del Texto Refundido de la Ley de Aguas, y se regula el canon por utilización de las aguas continentales para la producción de energía eléctrica en las demarcaciones intercomunitarias. La sentencia estima parcialmente el recurso anulando la Disposición Transitoria segunda, y la Disposición Adicional primera, del Real Decreto 198/2015, de 23 de marzo, en relación con los pagos realizados por las empresas en los ejercicios 2013 y 2014, por incurrir en una retroactividad en grado máximo.

388 Derogada por la actual Directiva (UE) 2020/262 del Consejo, de 19 de diciembre de 2019, por la que se establece el régimen general de los impuestos especiales (Diario Oficial de la Unión Europea número 58, de 27 de febrero de 2020), que establece, en el apartado segundo de su artículo primero, que: "*Los Estados miembros podrán imponer a los productos sujetos a impuestos especiales otros gravámenes indirectos con fines específicos (...)*". Cabe destacar que la Directiva 2020/262, es continuista con lo ya establecido en la Directiva 2008/118/CE del Consejo, de 16 de diciembre de 2008, relativa al régimen general de los impuestos especiales, y por la que se derogó la Directiva 92/12/CEE (Diario Oficial de la Unión Europea número 9, de 14 de enero de 2009). Por ello nos referiremos a la Directiva 2008/118/CE, que era la que estaba en vigor en el momento de la liza en relación con la Ley 15/2012, y que en nada altera en este concepto la Directiva 2020/262.

deroga la **Directiva 92/2012/CE, de 25 de febrero,** relativa al régimen general, tenencia, circulación y controles de los productos objeto de impuestos especiales), tienen por objeto la armonización, en el ámbito europeo, del régimen impositivo que recae sobre los mismos.

Recordemos que, según el **artículo 3 de la Directiva 2003/96/CE**: *"se entenderá que las referencias de la Directiva 92/12/CEE a «hidrocarburos» e «impuestos especiales», en la medida en que se aplique a hidrocarburos, abarcan todos los productos energéticos, la electricidad y los impuestos indirectos nacionales a que se hace referencia, respectivamente, en el artículo 2 y en el apartado 2 del artículo 4 de la presente Directiva"*

La inclusión de la electricidad dentro de los Impuestos Especiales a los que se refería la derogada **Directiva 92/2012/CE, de Consejo, de 25 de febrero**, hace que resulte aplicable a éstos lo que establecía el **artículo 3.2 de la citada Directiva 92/2012/CE**, a cuyo tenor:

> *"2. Los productos a que se refiere el apartado 1 podrán estar gravados por otros impuestos indirectos de finalidad específica, a condición de que tales impuestos respeten las normas impositivas aplicables en relación con los impuestos especiales o el IVA para la determinación de la base imponible, la liquidación, el devengo y el control del impuesto.*
>
> *3. Los Estados miembros conservarán la facultad de introducir o mantener gravámenes sobre otros productos que no sean los enunciados en el apartado 1, siempre y cuando dichos gravámenes no den lugar, en el comercio entre Estados miembros, a formalidades relativas al cruce de fronteras".*

Esta mención ha de ser completada por lo dispuesto actualmente en el **artículo 1.2 de la Directiva 2008/118/CE** (cuyo contenido es el mismo del **artículo 1.2 de la Directiva (UE) 2020/262**), conforme al cual:

> *"Los Estados miembros podrán imponer a los productos sujetos a impuestos especiales otros gravámenes indirectos con fines específicos, a condición de que tales gravámenes respeten las normas impositivas comunitarias aplicables a los impuestos especiales o el impuesto sobre el valor añadido por lo que respecta a la determinación de la base imponible, el cálculo de la cuota tributaria, el devengo y el control del impuesto. Dichas normas no incluyen las disposiciones relativas a las exenciones".*

En mi opinión, en lo afectante a las tecnologías que acuden al mercado de producción de energía eléctrica, es discutible que pese que el legislador lo ha calificado como un **tributo directo**, éste constituya un **gravamen indirecto** en los términos prohibidos al amparo de lo dispuesto, en el **artículo 1.2 de la Directiva (UE) 2020/262**, en el derogado **artículo 1.2 de la Directiva 2008/118/CE** y también en lo que recogía el derogado **artículo 3.2 de la Directiva 92/2012/CE.**

En efecto, si bien es cierto que formalmente el IVPEE ha sido definido como un **tributo de naturaleza directa**, conforme ya hemos recogido, la sustancia material del IVPEE es la de un gravamen de **naturaleza indirecta,** que recae sobre la electricidad producida, infringiendo con ello los límites que impone el ordenamiento europeo.

Como acredita la aprobación del ya citado **Real Decreto-Ley 15/2018, de 5 de octubre, de medidas urgentes para la transición energética**, la naturaleza y sustancia del IVPEE es la de un **gravamen indirecto**, que choca con lo dispuesto en el **artículo 3 de la Directiva 2003/96/CE**, en conexión con el **artículo 1.2 de la Directiva 2008/118/CE**.

Como señala la Exposición de Motivos del **Real Decreto-Ley 15/2018**, la internalización en el precio de la energía eléctrica de determinados tributos está afectando decisivamente el precio del mercado eléctrico. A tal efecto, dispone el **apartado VIII, del Preámbulo del Real Decreto-Ley 15/2018** lo siguiente:

> *"VIII. Por último, se adoptan una serie de medidas relacionadas con la normativa fiscal, con el objetivo principal de moderar la evolución de los precios en el mercado mayorista de electricidad.*
>
> *En primer lugar, se procede a exonerar del Impuesto sobre el valor de la producción de la energía eléctrica a la electricidad producida e incorporada al sistema eléctrico durante seis meses, coincidentes con los meses de mayor demanda y mayores precios en los mercados mayoristas de electricidad, en consonancia con el fin último perseguido por la presente norma.*
>
> *Ello conlleva modificar el cómputo de la base imponible y de los pagos fraccionados regulados en la normativa del tributo.*
>
> *En segundo lugar, se modifica la Ley 38/1992, de 28 de diciembre, de Impuestos Especiales, para introducir una exención en el Impuesto sobre Hidrocarburos para los productos energéticos destinados a la producción de electricidad en centrales eléctricas o a la producción de electricidad o a la cogeneración de electricidad y de calor en centrales combinadas. Este gravamen, que afecta principalmente a las centrales de ciclo combinado de gas natural, es trasladado a los precios finales en las horas en que esta tecnología fija los precios del mercado mayorista, por lo que su exención, que ya existía antes de la entrada en vigor de la Ley 15/2012, de 27 de diciembre, de medidas fiscales para la sostenibilidad energética, permitirá eliminar el efecto multiplicador de estos impuestos sobre los precios del mercado mayorista con carácter permanente, teniendo un impacto tanto mayor cuanto mayor sea el comportamiento marginal del gas natural en dicho mercado.*
>
> *En la medida en que los impuestos anteriores son tenidos en cuenta a los efectos del cálculo de los parámetros retributivos de las instalaciones de producción de energía eléctrica a partir de fuentes de energía renovables,*

cogeneración y residuos, se establece un mandato para la revisión de dichos parámetros con efectos inmediatos".

Todo ello tiene reflejo en las **Disposiciones Adicionales Sexta y Séptima del Real Decreto-Ley 15/2018**, a cuyo tenor:

> *"Disposición adicional sexta. Determinación de la base imponible y del importe de los pagos fraccionados del Impuesto sobre el valor de la producción de energía eléctrica durante el ejercicio 2018.*
>
> *Para el ejercicio 2018 la base imponible del Impuesto sobre el valor de la producción de energía eléctrica constituida por el importe total que corresponda percibir al contribuyente por la producción e incorporación al sistema eléctrico de energía eléctrica, medida en barras de central, por cada instalación en el período impositivo minorada en las retribuciones correspondientes a la electricidad incorporada al sistema durante el último trimestre natural.*
>
> *Los pagos fraccionados del último trimestre se calcularán en función del valor de la producción de energía eléctrica en barras de central realizada durante el período impositivo minorado en las retribuciones correspondientes a la electricidad incorporada al sistema durante el último trimestre natural, aplicándose el tipo impositivo previsto en el artículo 8 de la Ley 15/2012, de 27 de diciembre, de medidas fiscales para sostenibilidad energética y deduciendo el importe de los pagos fraccionados previamente realizados.*
>
> *Disposición adicional séptima. Determinación de la base imponible y del importe de los pagos fraccionados del Impuesto sobre el valor de la producción de energía eléctrica durante el ejercicio 2019.*
>
> *Para el ejercicio 2019 la base imponible del Impuesto sobre el valor de la producción de energía eléctrica constituida por el importe total que corresponda percibir al contribuyente por la producción e incorporación al sistema eléctrico de energía eléctrica, medida en barras de central, por cada instalación en el período impositivo minorada en las retribuciones correspondiente a la electricidad incorporada al sistema durante el primer trimestre natural.*
>
> *Los pagos fraccionados se calcularán en función del valor de la producción de energía eléctrica en barras de central realizada desde el inicio del período impositivo hasta la finalización de los tres, seis, nueve o doce meses a que se refiere el apartado anterior minorado en el importe de las retribuciones correspondientes a la electricidad incorporada al sistema durante el primer trimestre natural, aplicándose el tipo impositivo previsto en el artículo 8 de la Ley 15/2012, de 27 de diciembre, de medidas fiscales para sostenibilidad energética y deduciendo el importe de los pagos fraccionados previamente realizados".*

Como con claridad se desprende del Preámbulo del **Real Decreto-Ley 15/2018,** y de las **Disposiciones Adicionales Sexta y Séptima** transcritas, el Gobierno introdujo una modificación en dos impuestos que gravan, por un lado y de modo directo, la propia electricidad y, por otro, el gas natural empleado en las centrales de ciclo combinado para la producción de electricidad, todo ello, con el objetivo de reducir o "*moderar la evolución de los precios en el mercado mayorista de electricidad*".

Llamamos la atención respecto de la equiparación en el tratamiento que el **Real Decreto-Ley 15/2018,** otorga al IVPEE en cuanto a su efecto en la determinación del precio de la energía eléctrica. En efecto, resulta chocante que si el IVPEE, como se sostiene por la Administración, es efectivamente un **tributo de naturaleza directa**, produzca un impacto tan directo y automático en el precio de la energía eléctrica. Así, frente a la supuesta naturaleza directa del IVPEE, el Preámbulo del **Real Decreto-Ley 15/2018,** viene a remachar con toda claridad que la supresión en la base imponible del IVPEE de "*las retribuciones correspondientes a la electricidad incorporada al sistema*" (conforme a los términos de las **Disposiciones Adicionales Sexta y Séptimo del Real Decreto-Ley 15/2018**) permite una reducción directa en el precio marginal de la electricidad[389].

---

[389] Así, la referencia del Consejo de Ministros, de 5 de octubre de 2018, a la hora de valorar las medidas introducidas en el **Real Decreto-Ley 15/2018**, señalaba lo siguiente: "*Moderación de los precios de electricidad: Como medida de choque ante la subida del precio de la luz experimentado en los últimos meses, el Real Decreto-Ley incorpora dos disposiciones relacionadas con la normativa fiscal con el objetivo de moderar, de forma directa, la evolución de los precios en el mercado mayorista de electricidad. En primer lugar, se suspende el impuesto del 7% a la generación eléctrica, aprobado en 2012, durante seis meses. En segundo lugar, se introduce una exención en el Impuesto Especial de Hidrocarburos para desactivar el mal llamado denominado céntimo verde. Este gravamen, pensando para desincentivar el uso de fuentes de energía ligadas a hidrocarburos, emite en el mercado una señal opuesta: el céntimo es trasladado a los precios finales de la electricidad cuando tecnologías como el gas fijan los precios en el mercado mayorista. La evolución del mercado mayorista en un escenario de normalidad apunta a que, al final de 2018, la factura de la electricidad podría experimentar una subida del 3,6% respecto del año anterior, de no adoptarse medidas. Así, para un hogar con un consumo de unos 2.600 kWh anuales, la subida podría ser de 23,4€ para el conjunto de 2018, según las expectativas de precio de mercado. En el caso de un hogar que consuma 3.600 kWh, la subida sería de unos 32,4€ en todo el año. Las dos medidas fiscales reducirían la factura del último cuatrimestre en una cuarta parte de la subida total: unos 6,2 euros para el hogar de 2.600 kWh y unos 8,5€ para el hogar más intensivo, con consumos de 3.600 kWh. Ambas medidas se adoptan de forma temporal mientras el Gobierno de España aborda, de forma participada, un conjunto de medidas estructurales tendentes a adaptar el funcionamiento del mercado a un modelo energético diferente y más plural, que ha de ser positivo para el medio ambiente, la salud pública, la calidad de vida de los ciudadanos y la moderniza-*

Por su parte, resulta también ilustrativa la Proposición de Ley presentada por el Partido Popular, por la que se modifica la Ley 15/2012, de 27 de diciembre, de medidas fiscales para la sostenibilidad energética, para la supresión del IVPEE, en la que, por quién fue autor material de la aprobación del IVPEE, se propone la reducción del tributo al 0%, lo que se cifra en un impacto directo en los precios del mercado marginalista, equivalente a una reducción en el entorno del 7%[390].

En este sentido, permítasenos recordar que, atendida la estructura del mercado eléctrico español y, fundamentalmente, su metodología de fijación del precio de la energía eléctrica a través del sistema de "*precio marginal*", la imposición de un Impuesto como el IVPEE, que afecta a todas las tecnologías que participan del *pool* eléctrico, ha provocado una internalización directa de dicho tributo en el precio final de la electricidad.

Como el Tribunal Supremo ha tenido ocasión de analizar en numerosas ocasiones[391], la compra y venta de energía eléctrica se realiza mediante la participa-

---

ción de la economía. Para garantizar que los menores ingresos tributarios derivados de las medidas anteriores pongan en riesgo la sostenibilidad del sistema eléctrico, se eleva para 2018 el límite máximo de los ingresos por la subasta de los derechos de emisión de gases de efecto invernadero que se transfiere al sistema eléctrico anualmente y que hasta ahora estaba establecido en el 90% del ingreso total, con un máximo de 450 millones al año. Por último, para mayor refuerzo de la sostenibilidad financiera del sistema eléctrico —que, en definitiva, equivale a garantizar que no se tengan que incrementar los peajes y cargos que pagan los consumidores—, se introduce la posibilidad de que el superávit acumulado de ingresos del sector eléctrico pueda ser aplicado a los desajustes de ingresos y gastos que se pudieran producir en los ejercicios 2018 y 2019".

390 Así, al Exposición de Motivos de la citada Proposición de Ley, señala a este respecto lo siguiente: "*Con la reducción del impuesto sobre el valor de la producción eléctrica al 0% los precios del mercado marginalista deberían reducirse en el entorno del 7%, ya que es un coste variable que se traslada en las ofertas del mercado mayorista de electricidad. Conforme a la propia Ley 15/2012, una cantidad equivalente a la recaudación del citado impuesto se aporta al sistema eléctrico para financiar los importes que perciben instalaciones de generación con fuentes de energía renovable acogidas al régimen primado, por tanto, esta reducción de la recaudación del impuesto deberá compensarse con la mayor recaudación que percibe la Administración por las subastas de derechos de emisión de* CO_2".

391 Entre otras, las Sentencias de la Sala Tercera del Tribunal Supremo, Sección 3ª, de 16 de octubre de 2003 (Repertorio de Jurisprudencia 2003/8389) y de 5 de mayo de 2014 (Repertorio de Jurisprudencia 2014/2894).

ción de los agentes del mercado, en un mercado eléctrico organizado, gestionado por OMIE (Operador del Mercado Ibérico de Energía - Polo Español) y OMIP (Operador del Mercado Ibérico de Energía - Polo Portugués) y también mediante la contratación bilateral entre agentes compradores y vendedores, al margen del mercado organizado.

Centrados en el mercado organizado y, concretamente, en el mecanismo de fijación del precio marginal, es importante recordar que, como ya ha analizado el Tribunal Supremo en otros asuntos[392], este sistema tiene una peculiaridad, y es que todos los vendedores en el mercado organizado cobran el precio marginal, que es el precio resultante de la casación de las ofertas, mismo precio que pagan todos los compradores. De este modo, el precio marginal del mercado será el precio que recibirán todos los generadores y otros agentes vendedores que han casado sus ofertas de venta (es decir, cuyas ofertas estaban por debajo del precio marginal resultante), y lo que tendrán que pagar los compradores que hayan casado sus ofertas de adquisición (con ofertas de compra superiores al precio marginal).

Pues bien, con la aprobación del Real Decreto-Ley 15/2018, atendida la motivación que de dicha medida se contiene en el Preámbulo de dicha norma, se evidencia, que el IVPEE entraña una afectación directa del precio de la electricidad, dado que el tributo ha sido directamente incorporado en la elaboración de las ofertas como un coste variable más, provocando con ello una elevación del precio marginal de la electricidad, equivalente a su coste para las empresa eléctricas, hasta el punto de que una modificación como la introducida, que supone en la práctica una medida equivalente a su exención, tendrá un efecto moderador equivalente y directo en la fijación del precio marginal.

Por todo ello, no parece que estas circunstancias fueran atendidas por el **Auto de 10 de enero de 2018**[393], como veremos más adelante, ya que no se

---

392 Véanse, por todas, Sentencias de la Sala Tercera del Tribunal Supremo, Sección 3ª, ambas de 26 marzo de 2014 (Repertorio de Jurisprudencia 2014/2544) y (Repertorio de Jurisprudencia 2014/2545).

393 Así, los apartados 1 y 2 del fundamento jurídico primero del citado Auto de 10 de enero de 2018 señalaban lo siguiente: *"1. Esta Sección Segunda de la Sala Tercera del Tribunal Supremo ha llegado a la convicción de que, en lo que se refiere al IVPEE, la Ley 15/2012 no presenta problemas de ajuste con el ordenamiento jurídico de la Unión Europea. Sin embargo, por las razones que más adelante se reiterarán, persisten en su ánimo las dudas sobre la constitucionalidad de los artículos 1, 4.1, 6.1 y 8 de la Ley 15/2012. 2. Una vez que este*

determinó si el IVPEE es uno de los gravámenes indirectos restringidos por los preceptos referidos, sin que la definición formal del IVPEE como un tributo directo sobre la actividad de producción empleada por el legislador, incida en modo alguno en esta cuestión, dado que, como se manifestaba en las **conclusiones** de la **Abogada General, Sra. Christine Stix-Hackl**, correspondientes al **asunto C-475/03** (Banca Popolare di Cremona), de fecha **14 de marzo de 2006**, el hecho de que un impuesto pueda gravar, teóricamente, una actividad económica como tal y no sus transacciones, configurándose, al menos formalmente, como un impuesto directo y no indirecto, no puede considerarse como un elemento definitorio de la naturaleza del tributo desde la perspectiva comunitaria.

A su vez, las Directivas europeas utilizan el concepto de "***gravamen indirecto***" para prohibir a los Estados miembros que impongan gravámenes al consumo sobre los productos sujetos a imposición europea. Este concepto de **gravamen indirecto** es autónomo del Derecho europeo que ha de ser objeto de una interpretación homogénea en todos los Estados miembros de la Unión Europea, es decir, la calificación del carácter directo o indirecto del gravamen, a estos efectos, debe realizarse desde un punto de vista europeo y no nacional, por lo que las calificaciones empleadas en el nivel nacional han de ser necesariamente irrelevantes cuando contradigan la calificación efectuada en el ámbito europeo.

En tal sentido se ha manifestado reiteradamente el **Tribunal de Justicia de la Unión Europea**, al exigir que aquellos conceptos empleados en la normativa comunitaria, cuya definición no se remita a un ordenamiento nacional, debe ser objeto de interpretación uniforme en los veintisiete Estados miembros de la Unión Europea. Esto ha dado origen al "***concepto autónomo de Derecho de la Unión***", que, entre otras, ha sido definido en la **Sentencia de 27 de junio de 2013**, dictada en el **asunto C-320/12 (Malasya Dairy Industries Pte. Ltd)**, en sus considerandos 25 y 26[394].

Tribunal considera que la citada Ley no se opone al Derecho de la Unión Europea, quedan removidos los obstáculos a la admisión de la correspondiente cuestión de inconstitucionalidad, expresados en el ya citado ATC 202/2016, de 13 de diciembre".

394 Así recoge que: "25. *Según reiterada jurisprudencia, de las exigencias tanto de la aplicación uniforme del Derecho de la Unión como del principio de igualdad se desprende que el tenor de una disposición de Derecho de la Unión que no contenga una remisión expresa al Derecho de los Estados miembros para determinar su sentido y su alcance normalmente debe*

A este respecto, el antiguo **artículo 93 del Tratado de la Comunidad Europea** y, actualmente, **artículo 113 del Tratado de Funcionamiento de la Unión Europea**, no contienen una precisión de las diferencias entre imposición directa e indirecta, no pudiéndose formular una definición legal completa, inequívoca y universalmente válida de lo que constituye un tributo directo o indirecto.

En las conclusiones, de los **asuntos acumulados C-370/95, C-371/95 y C-372/95** (CAREDA y otros), el Abogado General, SR. PHILIPPE LÉGER, indicó que, la aplicación de los textos es más importante que su enunciado formal, el cual, en caso de divergencia con la práctica, debe considerarse accesorio, de modo que, para configurar a un tributo como indirecto, lo más importante, por encima del tenor de la ley, es que el mecanismo establecido permita al operador económico, en relación con el consumidor, integrar en el precio practicado, o añadir a éste, el importe del tributo del que es sujeto pasivo, al margen de que dicha integración se efectúe como una traslación económica o como una repercusión jurídica autorizada por la Ley:

> *"No creo que se pueda acoger la alegación de que la repercusión no es realizable, o debe considerarse como tal, por el hecho de que una legislación como la Ley española no la prevea expresamente. (...)*
>
> *El concepto de «repercusión sobre el consumidor» es una de las características de dicho impuesto, que sin embargo no figura en la definición literal que da de él la Primera Directiva. Este texto califica al IVA de impuesto «sobre el consumo» simplemente para expresar la idea de que es adeudado por la cesión de un bien o por la prestación de un servicio, no para decir que su carga es transferida al adquirente o al beneficiario. De ello puede deducirse que lo más importante, por encima del tenor de la ley, es que el mecanismo establecido permite al operador económico, en relación con el consumidor, integrar en el precio practicado, o añadir a éste, el importe del tributo del*

ser objeto en toda la Unión de una interpretación autónoma y uniforme, que debe buscarse teniendo en cuenta el contexto de la disposición y el objetivo perseguido por la normativa de que se trate (véase, en particular, la sentencia de 22 de septiembre de 2011, Budějovický Budvar, C-482/09, Rec. p. I-8701, apartado 29). 26. Consta que la redacción del artículo 4, apartado 4, letra g), de la Directiva 2008/95 no contiene definición alguna del concepto de «mala fe», el cual tampoco se define en los otros artículos de dicha Directiva. Dicha disposición no contiene tampoco ninguna remisión expresa al Derecho de los Estados miembros en lo que respecta a este concepto. Por tanto, el sentido y el alcance del mencionado concepto deben determinarse a la luz del contexto en el que se inserta la disposición de que se trata de la Directiva 2008/95 y el objetivo perseguido por ésta".

que es sujeto pasivo en virtud de la operación de que se trate, de modo que la carga fiscal no recae sobre él"[395].

Esta interpretación fue acogida por el **Tribunal de Justicia de la Unión Europea,** en su **Sentencia de 26 de junio de 1997**, dictada en los referidos asuntos **C-370/95, C-371/95 y C-372/95** (CAREDA y otros)[396], al entender que lo definitorio para que un tributo constituya un impuesto indirecto es, que el tributo en cuestión se traslade económicamente al consumidor, mientras que es irrelevante que la legislación nacional aplicable, prevea su repercusión formal e íntegra sobre los consumidores. Para que un tributo tenga carácter de gravamen indirecto en los términos de dicha doctrina, no es necesario, pues, que la legislación nacional prevea expresamente que el tributo pueda repercutirse sobre los consumidores, sino que lo relevante será si, de una manera práctica, dicho tributo se traslada al consumo por su integración total o parcial en el precio de los bienes o servicios.

395 CAREDA y otros, Conclusiones del abogado general, SR. PHILIPPE LEGER, presentadas el 27 de febrero de 1997, página I-3730, https://eur-lex.europa.eu/legal-content/ES/TXT/PDF/?uri=CELEX:61995CC0370

396 **Sentencia del Tribunal de Justicia de la Unión,** de 26 de junio 1997, **C-370/95, C-371/95 y C-372/95** (CAREDA y otros): "*Según jurisprudencia reiterada (véanse, especialmente, las sentencias de 27 noviembre de 1985, Rousseau Wilmot, 295/84, Rec. p. 3759, apartado 16, y de 7 de mayo de 1992, Bozzi, C-347/90, Rec. p. 1-2947, apartado 9), el artículo 33 de la Sexta Directiva, al dejar a los Estados miembros la libertad de mantener o de establecer determinados tributos indirectos, como los que gravan consumos específicos, a condición de que no se trate de impuestos que tengan «carácter de impuestos sobre el volumen de negocios», tiene por objeto impedir que el funcionamiento del sistema común del IVA sea puesto en peligro por medidas fiscales de un Estado miembro que graven la circulación de bienes y servicios, y recaigan sobre las transacciones comerciales de una manera comparable al IVA (...). Procede, pues, responder a la segunda cuestión que el artículo 33 de la Sexta Directiva debe interpretarse en el sentido de que, para que un tributo tenga carácter de impuesto sobre el volumen de negocios, no es necesario que su repercusión sobre los consumidores conste en una factura o en un documento equivalente. A efectos de la aplicación de esta disposición, corresponde en cualquier caso al Juez nacional comprobar si el tributo controvertido puede gravar la circulación de bienes y servicios de manera comparable al IVA, y para ello deberá examinar si dicho tributo tiene las características esenciales de este último. Tal será el caso si tiene carácter general, si es proporcional al precio de los servicios, si se percibe en cada fase del proceso de producción y distribución y si se aplica al valor añadido de los servicios*". https://eur-lex.europa.eu/legal-content/ES/TXT/PDF/?uri=CELEX:61995CJ0370

En el presente caso, no se trata de una mera extrapolación práctica, sino que ha sido la propia experiencia práctica de la exigencia del tributo desde su aprobación, la que ha puesto de manifiesto, que efectivamente **el tributo ha sido incorporado al precio de la electricidad**.

En este sentido, los análisis estadísticos realizados por la **Oficina Europea de Estadística (Eurostat)**, cuya misión es producir datos sobre la Unión Europea y promover la armonización de los métodos estadísticos de los Estados miembros, evidencian que el IVPEE, ha encarecido el componente del precio de la energía de la factura eléctrica para los consumidores en el sistema eléctrico español.

De los referidos análisis se obtiene un incremento notable del precio de la energía entre 2012, ejercicio previo a la entrada en vigor del IVPEE, y el ejercicio 2014, en el que se consolidan plenamente sus efectos, y así sucesivamente en los años posteriores en los que ha estado operativo el IVPEE. Así, atendiendo a los datos correspondientes al segundo semestre de ambos ejercicios, se observa un incremento en el precio de la energía, incluyendo impuestos y otros gravámenes, del 8,08%[397].

TIME ▸ / GEO ▾	2012S2	2014S2
Spain	0.2275	0.2367

Si se elimina el efecto de otros tributos y se atiende exclusivamente al precio de la energía, el incremento fue del 4,04%.

TIME ▸ / GEO ▾	2012S2	2014S2
Spain	0.1789	0.1861

La misma conclusión se extrae de la siguiente tabla que compara el precio de la electricidad en distintos Estados miembros en el segundo trimestre durante los ejercicios 2012 a 2014[398]:

397 http://appsso.eurostat.ec.europa.eu/nui/submitViewTableAction.do

398 http://ec.europa.eu/eurostat/documents/3217494/7052812/KS-DK-15-001-EN-N.pdf/eb9dc93d-8abe-4049-a901-1c7958005f5b

Table 2.1.1: Half-yearly electricity and gas prices, 2012–14
(EUR/kWh)

	Electricity prices						Gas prices					
	Households (2)			Industry (3)			Households (4)			Industry (5)		
	2012s2	2013s2	2014s2	2012s2	2013s2	2014s2	2012s2	2013s2	2014s2	2012s2	2013s2	2014s2
EU-28	0.195	0.202	0.208	0.116	0.118	0.120	0.070	0.071	0.072	0.038	0.040	0.037
EA	0.205	0.215	0.221	0.122	0.126	0.128	0.077	0.079	0.079	0.039	0.041	0.038
Belgium	0.222	0.222	0.204	0.111	0.110	0.109	0.073	0.067	0.065	0.035	0.034	0.029
Bulgaria (1)	0.096	0.088	0.090	0.078	0.073	0.084	0.056	0.052	0.047	0.040	0.035	0.034
Czech Republic	0.150	0.149	0.127	0.103	0.099	0.082	0.066	0.058	0.056	0.034	0.033	0.030
Denmark	0.297	0.294	0.304	0.099	0.100	0.088	0.096	0.098	0.088	0.042	0.044	0.036
Germany	0.268	0.292	0.297	0.130	0.144	0.152	0.065	0.069	0.068	0.038	0.048	0.040
Estonia	0.112	0.137	0.133	0.082	0.097	0.093	0.052	0.048	0.049	0.036	0.035	0.037
Ireland	0.229	0.241	0.254	0.140	0.137	0.131	0.067	0.072	0.075	0.042	0.047	0.042
Greece	0.142	0.170	0.179	0.122	0.124	0.130	0.102	0.089	0.080	0.058	0.051	0.047
Spain	0.228	0.227	0.237	0.120	0.120	0.117	0.086	0.089	0.096	0.038	0.038	0.037
France	0.145	0.159	0.175	0.079	0.085	0.091	0.068	0.073	0.076	0.040	0.039	0.038
Croatia	0.138	0.135	0.132	0.094	0.094	0.092	0.047	0.047	0.048	0.046	0.043	0.040
Italy	0.230	0.232	0.234	0.178	0.172	0.174	0.097	0.095	0.095	0.040	0.038	0.035
Cyprus	0.291	0.248	0.236	0.234	0.201	0.190	:	:	:	:	:	:
Latvia	0.137	0.136	0.130	0.111	0.115	0.118	0.056	0.050	0.049	0.040	0.037	0.036
Lithuania	0.127	0.139	0.132	0.114	0.123	0.117	0.061	0.061	0.050	0.046	0.041	0.037
Luxembourg	0.171	0.165	0.174	0.101	0.100	0.099	0.059	0.057	0.051	0.051	0.045	0.039
Hungary	0.162	0.133	0.115	0.100	0.098	0.090	0.052	0.042	0.035	0.047	0.048	0.039
Malta	0.168	0.169	0.125	0.186	0.186	0.186	:	:	:	:	:	:
Netherlands	0.190	0.192	0.173	0.097	0.094	0.089	0.084	0.085	0.082	0.037	0.036	0.033
Austria	0.202	0.202	0.199	0.112	0.111	0.106	0.076	0.075	0.073	0.043	0.043	0.040
Poland	0.153	0.144	0.141	0.096	0.088	0.083	0.058	0.051	0.050	0.038	0.036	0.036
Portugal	0.206	0.213	0.223	0.115	0.114	0.119	0.085	0.093	0.104	0.042	0.042	0.047
Romania	0.108	0.128	0.125	0.076	0.082	0.081	0.027	0.031	0.032	0.026	0.029	0.031
Slovenia	0.154	0.166	0.163	0.094	0.095	0.085	0.073	0.071	0.063	0.055	0.048	0.044
Slovakia	0.172	0.168	0.152	0.127	0.127	0.117	0.051	0.052	0.052	0.041	0.039	0.038
Finland	0.156	0.156	0.154	0.074	0.075	0.072	:	:	:	0.048	0.047	0.056
Sweden	0.208	0.205	0.187	0.078	0.075	0.067	0.127	0.122	0.114	0.055	0.055	0.044
United Kingdom	0.179	0.180	0.201	0.119	0.120	0.134	0.058	0.059	0.065	0.034	0.036	0.035
Iceland	0.116	0.107	0.116	:	:	:	:	:	:	:	:	:
Liechtenstein	:	:	0.155	:	:	0.140	:	:	0.086	:	:	0.056
Norway	0.178	0.178	0.166	0.086	0.087	0.081	:	:	:	:	:	:
Montenegro	0.101	0.105	:	0.071	0.073	:	:	:	:	:	:	:
FYR of Macedonia	0.079	0.078	0.082	:	0.075	0.078	:	:	:	0.050	0.039	0.042
Albania	0.117	0.115	0.116	:	:	:	:	:	:	:	:	:
Serbia	:	0.061	0.060	:	0.066	0.067	:	0.044	0.045	:	0.038	0.038
Turkey	0.147	0.131	0.131	0.096	0.081	0.081	0.041	0.037	0.037	0.030	0.027	0.027
Bosnia and Herzegovina	0.080	0.080	0.081	0.066	0.066	0.062	0.056	0.051	0.051	0.057	0.053	0.053

(1) Provisional data electricity industry 2014 semester 2.
(2) Annual consumption: 2 500 kWh < consumption < 5 000 kWh.
(3) Annual consumption: 500 MWh < consumption < 2 000 MWh.
(4) Annual consumption: 5 600 kWh < consumption < 56 000 kWh (20 - 200 GJ).
(5) Annual consumption: 2 778 MWh < consumption < 27 778 MWh (10 000 - 100 000 GJ).
Source: Eurostat (online data codes: nrg_pc_204, nrg_pc_205, nrg_pc_202 and nrg_pc_203)

En la anterior tabla se aprecia un incremento general del precio de la energía en los distintos Estados miembros. No obstante, mientras que el incremento medio en la Unión Europea entre 2013 y 2014 fue del 2,9%, en España alcanzó un 4,1%, siendo uno de los Estados que sufrió un mayor despegue en el precio de la energía.

Esa tendencia se ha mantenido en los últimos años, de modo que, en 2017, España se situó como el quinto país que más paga por kW/h, teniendo en cuenta tasas y otras cargas.

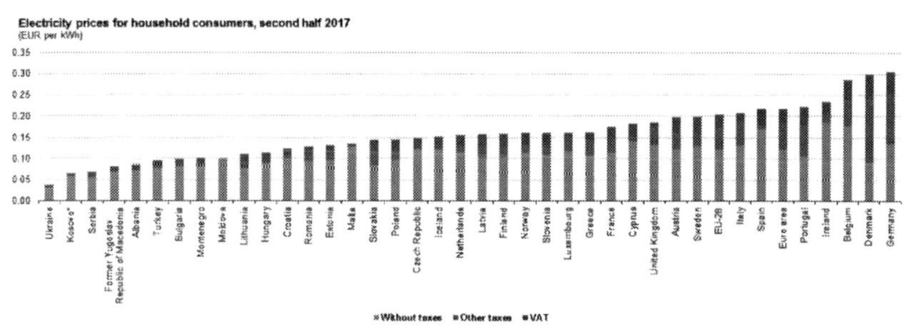

A nuestro entender, la explicación más plausible (además de los factores estructurales que afectan al mercado español de la energía) es que, desde el ejercicio 2013, el importe del 7% en concepto de IVPEE, viene siendo repercutido a sujetos distintos de quienes producen la energía eléctrica o la incorporan al mercado. En otras palabras, desde la entrada en vigor del IVPEE, el precio de la electricidad se ha encarecido, muestra definitiva de que dicho impuesto ha sido incluido en el precio y, por tanto, trasladada su carga a los consumidores finales.

Si acudimos al contexto y objetivo de la prohibición de gravámenes indirectos sobre los tributos sujetos a imposición especial, hemos de recordar los objetivos, por los que la normativa europea ha buscado la armonización impositiva. Son especialmente relevantes en este sentido algunas menciones recogidas en los considerandos **cuarto**, **decimosegundo** y **decimotercero** de la **Directiva 2003/96/CE**:

> *"4. Unas diferencias importantes en los niveles nacionales de imposición a la energía aplicados por los Estados miembros podrían ir en detrimento del funcionamiento adecuado del mercado interior.*

> *(...)*
> *12. Los precios de la energía son elementos fundamentales de las políticas comunitarias de la energía, de los transportes y del medio ambiente.*
> *13. La imposición determina parcialmente el precio de los productos energéticos y de la electricidad".*

En este sentido, la preocupación subyacente, tanto en la **Directiva 2003/96/CE**, como en la **Directiva 2008/118/CE** (actualmente Directiva (UE)) 2020/262) y su antecesora, es la de que los sistemas tributarios nacionales no produzcan distorsiones que acaben incidiendo, en mayor o menor medida en el precio de la energía, en la medida en la que dichas distorsiones puedan suponer un obstáculo al correcto funcionamiento del mercado interior[399].

Por ello, la prohibición de "**gravámenes indirectos**" ha de venir referida a todas aquellas figuras tributarias nacionales que, al margen de su definición formal, puedan tener una incidencia en el precio de la electricidad, creando distorsiones en el funcionamiento del tan perseguido mercado energético europeo.

En nuestro supuesto, la aprobación del **Real Decreto-Ley 15/2018**, evidencia que el IVPEE, en lo que atañe a aquellas tecnologías que acuden a los mercados de producción, ha tenido una incidencia directa en el precio de la electricidad, en la medida en la que, por la estructura del mercado, parte de la carga tributaria pueda ser internalizada por los generadores en las ofertas de venta de electricidad realizadas en el mercado.

Tal extremo, viene a sumarse al resto de indicios que abonan el carácter indirecto del IVPEE, y consecuentemente, su incompatibilidad con los límites que el ordenamiento europeo impone a los Estados miembros para crear tributos que recaigan, directa o indirectamente, sobre los productos sujetos a la normativa sobre Impuestos Especiales.

---

[399] Cfr. VEGA BORREGO, F. A. (1998): "La interdicción de la discriminación impositiva en la organización mundial del comercio: a propósito del asunto Japón-impuestos especiales sobre bebidas alcohólicas", *Revista de derecho Financiero y de Hacienda Pública*, Volumen 48, número 250, páginas 789 y siguientes, "*Entre los instrumentos de protección comercial utilizados por los Estados en las relaciones económicas se encuentran los tributos internos (internal taxes) de cada Estado. Estos instrumentos constituyen un obstáculo al comercio internacional, por lo que, principalmente a partir de la terminación de la Segunda Guerra Mundial, han sido múltiples los acuerdos internacionales para su eliminación*".

Así, recordamos los actos propios del Gobierno de España que ilustran suficientemente la naturaleza que la propia Administración atribuye al IVPEE, como son:

(i) la **Orden HAP/2803/2012, de 28 de diciembre**, por la que se modifica la Orden PRE/3581/2007, de 10 de diciembre, por la que se establecen los departamentos de la Agencia Estatal de Administración Tributaria y se les atribuyen funciones y competencias. Mediante esa Orden se atribuye al Departamento de Aduanas e Impuestos Especiales la dirección, planificación y coordinación de la gestión del IVPEE; o,

(ii) las diferentes consultas vinculantes, emitidas por la Subdirectora General de Aduanas e Impuestos Especiales (entre ellas, Consultas Vinculantes 1602/13, de 14 de mayo de 2013; 1639/13, de 17 de mayo de 2013; 1640/13, de 17 de mayo de 2013, 1641/13, de 17 de mayo de 2013, 0321/14, de 10 de febrero de 2014).

A partir de dicha condición del IVPEE, como potencial gravamen indirecto, en el sentido y objeto previstos en el artículo 1.2 de la Directiva 2008/118/CE, es fácil advertir su disconformidad con dicho precepto, dado que:

(i) se trata de un gravamen que carece de una "finalidad específica" en los términos referidos por dicha Directiva, debido a su falta de justificación real; y,

(ii) adolece de evidente incompatibilidad con los principios estructurales de la imposición indirecta, fundamentalmente en materia de devengo (sin descartar incompatibilidad en cuanto a base imponible, cuota y sistemas de control).

En lo que se refiere a la falta de finalidad específica del gravamen, tal y como señaló el Abogado General SR. ANTONIO SAGGIO en las conclusiones correspondientes al asunto C-437/97 (EKW y Wein & Co.), de fecha 1 de julio de 1999:

> *"para determinar el significado de esa expresión debe recurrirse a la ratio de la disposición y al contexto en el que se inscribe. Habida cuenta de que dicha expresión se refiere a "otros impuestos indirectos", es decir, a impuestos indirectos distintos de los impuestos especiales, no pueden considerarse finalidades específicas aquellas que se persiguen, o pueden perseguirse, mediante los impuestos especiales".*

Por ello, entendió el Abogado General que: "*si se considera que una de las finalidades de los impuestos especiales consiste en recaudar fondos para cubrir las necesidades presupuestarias generales de las entidades públicas, debe excluirse que los impuestos que tengan por objeto aumentar los ingresos de entidades locales, como las regiones o los municipios, puedan considerarse destinados a alcanzar finalidades específicas y de ese modo ampararse en la excepción al régimen general de los impuestos especiales*"[400], criterio que se ha visto confirmado por la Sentencia, de 25 de julio de 2018, del Tribunal de Justicia de la Unión Europea, en el asunto C-103/17 Messer France[401].

En el mismo sentido hemos de referirnos, tanto a las conclusiones formuladas por el Abogado General SR. NILS WAHL, del Tribunal de Justicia de la Unión Europea, en el asunto C-82/12, presentadas el 24 de octubre de 2013 (Transportes S.L)[402], como a la posterior Sentencia dictada el 27 de febrero

---

400 Conclusiones del Abogado General SR. ANTONIO SAGGIO, asunto C-437/97 (EKW y Wein & Co.), de 1 de julio de 1999, página I - 1175, https://eur-lex.europa.eu/legal-content/ES/TXT/PDF/?uri=CELEX:61997CC0437

401 Sentencia, de 25 de julio de 2018, del Tribunal de Justicia de la Unión Europea, en el asunto C-103/17 Messer France: "*37. En relación con el primer requisito, de la jurisprudencia del Tribunal de Justicia se desprende que una finalidad específica, en el sentido del artículo 3, apartado 2, de la Directiva 92/12, es un objetivo distinto del exclusivamente presupuestario (sentencias de 24 de febrero de 2000, Comisión/Francia, C-434/97, EU:C:2000:98, apartado 19; de 9 de marzo de 2000, EKW y Wein & Co., C-437/97, EU:C:2000:110, apartado 31, y de 27 de febrero de 2014, Transportes Jordi Besora, C-82/12, EU:C:2014:108, apartado 23). 38. En efecto, para considerar que persigue una finalidad específica, en el sentido de dicha disposición, es preciso que el impuesto tenga por objeto, por sí mismo,* ***garantizar la finalidad específica invocada****. Así sucede en particular cuando el producto de este impuesto se debe destinar obligatoriamente a la reducción de los costes medioambientales ligados específicamente al consumo de electricidad gravado por dicho impuesto y a la promoción de la cohesión social y territorial, de forma que existe un vínculo directo entre el uso de los rendimientos del impuesto y la referida finalidad específica (véanse, en este sentido, las sentencias de 27 de febrero de 2014, Transportes Jordi Besora, C-82/12, EU:C:2014:108, apartado 30, y de 5 de marzo de 2015, Statoil Fuel & Retail, C-553/13, EU:C:2015:149, apartado 41)*", https://curia.europa.eu/juris/document/document.jsf?text=&docid=204389&pageIndex=0&doclang=es&mode=lst&dir=&occ=first&part=1&cid=8255976

402 Conclusiones del abogado general SR. NILS WAHL, presentadas el 24 de octubre de 2013, asunto C-82/12, Transportes Jordi Besora, S.L., contra Tribunal Económico Administrativo Regional de Cataluña y la Generalitat de Catalunya: "*18. En lo que respecta al extremo de qué constituye una «finalidad específica» en el sentido del artículo*

3, apartado 2, de la Directiva sobre los impuestos especiales, el Tribunal de Justicia ha declarado que debe entenderse como un objetivo distinto del «puramente presupuestario». También ha confirmado que el aumento de la autonomía municipal mediante el reconocimiento de una potestad tributaria constituye en sí mismo un objetivo puramente presupuestario, por lo que dicho objetivo no puede estar comprendido en la excepción del artículo 3, apartado 2, de la Directiva sobre los impuestos especiales. Por consiguiente, debe señalarse que, para cumplir esa disposición, el impuesto indirecto de que se trate no debe tener solamente una finalidad presupuestaria (...). 20. En este contexto, se suscita la siguiente cuestión: ***¿puede un impuesto indirecto, que responde (al menos en parte) a una finalidad presupuestaria por cuanto financia las competencias transferidas en materia sanitaria, considerarse sin embargo comprendido en el ámbito de aplicación del artículo 3, apartado 2, de la Directiva sobre impuestos especiales?*** *21. Aunque corresponde al tribunal remitente efectuar apreciaciones de hecho y aplicar el marco interpretativo proporcionado por el Tribunal de Justicia a los hechos del litigio del que conoce, debo confesar que* ***me resulta difícil aceptar que un impuesto indirecto como el IVMDH pueda tener una «finalidad específica»*** *en el sentido del artículo 3, apartado 2, de la Directiva sobre impuestos especiales. De hecho, según el tribunal remitente, el IVMDH persigue el mismo objetivo que el impuesto especial armonizado (el IH), a saber, reducir los costes sociales (sanitarios y medioambientales) provocados por el consumo de hidrocarburos (...). 24. La estructura de un impuesto indirecto puede constituir una indicación especialmente útil de la finalidad no presupuestaria de un tributo. De hecho, considero que esa* ***«estructura» constituye la herramienta principal para identificar una «finalidad específica»****. Ello se debe a que un impuesto rara vez escapa a las limitaciones de una finalidad presupuestaria, a menos que su estructura atestigüe la existencia de otro objetivo, no presupuestario (...). 30. A mi entender, la mera afectación de rendimientos tributarios a medidas sanitarias y medioambientales con carácter general no basta para demostrar que el impuesto persigue una finalidad no presupuestaria, según exige el artículo 3, apartado 2, de la Directiva sobre los impuestos especiales. En el presente asunto, no se ha acreditado ninguna relación directa entre, por una parte, las medidas financiadas con los rendimientos procedentes del IVMDH y, por otra, la finalidad de eludir y subsanar las repercusiones perjudiciales derivadas del consumo de hidrocarburos (...). 40. En mi opinión, la respuesta a estas cuestiones reside en la ratio legis de la Directiva sobre los impuestos especiales. El Tribunal de Justicia ha declarado que la finalidad de esta Directiva es evitar que* ***los impuestos indirectos suplementarios obstaculicen indebidamente los intercambios****. Así sucedería, en particular, si los operadores económicos estuvieran sometidos a formalidades distintas de las previstas por la normativa de la Unión aplicable en relación con los impuestos especiales o el IVA. Cuando el impuesto indirecto de que se trate afecte a este objetivo, no puede ser compatible con ninguno de esos sistemas impositivos. Por lo tanto, el criterio pertinente es si el impuesto interfiere en el buen funcionamiento del mercado, y no, como alegan la Generalitat de Catalunya y el Gobierno español, si el impuesto interfiere en el funcionamiento normal*

de 2014, en la que el Tribunal de Justicia de la Unión Europea ha declarado que el Impuesto sobre las Ventas Minoristas de Determinados Hidrocarburos es contrario al artículo 3, apartado 2, de la Directiva 92/12/CEE por tratarse de un gravamen indirecto que carece de una finalidad específica en el sentido del precepto, y que además no respeta la estructura de la imposición indirecta armonizada[403].

---

del sistema establecido por la Directiva sobre los impuestos especiales (o de la Directiva sobre el IVA) (...). IV. ***Conclusión:*** *59. A la luz de los argumentos expuestos, propongo al Tribunal de Justicia que responda del siguiente modo a las cuestiones prejudiciales planteadas por el Tribunal Superior de Justicia de Cataluña: El artículo 3, apartado 2, de la Directiva 92/12/CEE del Consejo, de 25 de febrero de 1992, relativa al régimen general, tenencia, circulación y controles de los productos objeto de impuestos especiales,* ***se opone a un impuesto indirecto como el Impuesto sobre las Ventas Minoristas de Determinados Hidrocarburos controvertido en el litigio principal, cuando el tribunal nacional considere que tal impuesto no tiene una finalidad no presupuestaria específica y no respeta el sistema general de los impuestos especiales*** *o del IVA para la determinación del devengo*". (El subrayado y la negrita son nuestros).

403 Así recoge la Sentencia que: "*23. En relación con el primer requisito, de la jurisprudencia del Tribunal de Justicia se desprende que una* ***finalidad específica, en el sentido del artículo 3, apartado 2, de la Directiva 92/12, es un objetivo distinto del exclusivamente presupuestario*** *(véanse las sentencias Comisión/Francia, antes citada, apartado 19; EKW y Wein & Co., antes citada, apartado 31, y de 10 de marzo de 2005, Hermann, C-491/03, Rec. p. I-2025, apartado 16) (...). 29. No obstante, tal afectación, que resulta de una mera modalidad de organización presupuestaria interna de un Estado miembro, no puede, como tal, constituir un requisito suficiente a este respecto, ya que cualquier Estado miembro puede ordenar la afectación del rendimiento de un impuesto a la financiación de determinados gastos, sea cual sea la finalidad perseguida. En caso contrario, cualquier finalidad podría considerarse específica en el sentido del artículo 3, apartado 2, de la Directiva 92/12, lo que privaría al impuesto indirecto armonizado por esta Directiva de todo efecto útil y sería contrario al principio con arreglo al cual una disposición que establece una excepción, como el mencionado artículo 3, apartado 2, debe ser objeto de interpretación estricta. 30. En cambio, para considerar que persigue una finalidad específica, en el sentido de esta disposición,* ***es preciso que un impuesto como el IVMDH tenga por objeto, por sí mismo, garantizar la protección de la salud y del medioambiente.*** *Tal sería el caso, en particular, como señaló esencialmente el Abogado General en los puntos 28 y 29 de sus conclusiones, si los rendimientos de dicho impuesto debieran utilizarse obligatoriamente para reducir los costes sociales y medioambientales vinculados específicamente al consumo de los hidrocarburos que grava dicho impuesto, de tal modo que existiera un vínculo directo entre el uso de los rendimientos y la finalidad del impuesto en cuestión. (...). 32. Además, se desprende de los elementos obrantes en poder del Tribunal de Justicia* ***que la norma nacional controvertida no establece***

Finalmente, interesa destacar las conclusiones del Abogado General del Tribunal, **SR. MAZIEJ SPUZNAR, presentadas el 3 de febrero de 2015, en el asunto C-5/14 Kernkraftwerke Lippe-Ems GmbH**, en las que se afirmaba, hasta en cuatro ocasiones consecutivas, que un sistema de imposición general que grave indistintamente a todos y cada uno de los procesos de producción de energía eléctrica no es compatible con el Derecho de la Unión Europea, y en particular, con los límites impuestos por la **Directiva 2008/118/CE**[404], todo

---

ningún mecanismo de afectación predeterminada a fines medioambientales de los rendimientos del IVMDH". (El subrayado y la negrita son nuestros). https://eur-lex.europa.eu/legal-content/es/ALL/?uri=CELEX:62012CJ0082. Vid. GUERVÓS MAÍLLO, M. A. (2014): "Sentencia del Tribunal de Justicia de la Unión Europea, de 27 de febrero de 2014, asunto C-82/12, Transportes Jordi Besora: Céntimo sanitario", *Ars Iuris Salmanticensis: AIS: revista europea e iberoamericana de pensamiento y análisis de derecho, ciencia política y criminología*, Volumen 2, número 2, páginas 268 y siguientes: "*Nos encontramos con esta Sentencia ante, permítanme la coloquial expresión, «ya te lo dije». El resultado dado por el Tribunal era la crónica de una muerta anunciada. Situación, por otra parte, tan habitual en nuestro sistema tributario en este camino tan incorrecto que han seguido las Comunidades Autónomas empeñadas una y otra vez en buscar nuevos y artificiosos hechos imponibles que rayan con la locura desde la visión de cualquier mente razonable*".

404 Conclusiones del abogado general SR. MACIEJ SZPUNAR, presentadas el 3 de febrero de 2015, **Asunto C-5/14, Kernkraftwerke Lippe-Ems GmbH contra Hauptzollamt Osnabrück** [Petición de decisión prejudicial planteada por el Finanzgericht Hamburg (Alemania)]: "*(...) Consta que no existe en Derecho alemán ningún sistema general de imposición previa de la producción de electricidad. No obstante, en ciertas circunstancias, establecer un nuevo impuesto únicamente para una parte de las empresas cuya situación es comparable puede tener el mismo efecto que la exención de un impuesto ya existente* ***¿Podría concebirse entonces un sistema tributario general en cuyo marco se grave por igual a todos los productores de electricidad en su producción?*** *70. Es característica propia de la electricidad que puede producirse con arreglo a numerosas técnicas, muy distintas las unas de las otras; a saber: la combustión de combustibles fósiles (carbón, gas natural o petróleo) y de sus derivados, la reacción nuclear, o bien el uso de distintas fuentes de energía renovables, tales como el agua, el viento, la energía solar, la energía geotérmica, etc. 71. Así pues,* ***me parece imposible crear un sistema de imposición previa que considere por igual a todos estos procedimientos productivos****. En otras palabras, las empresas productoras de electricidad con arreglo a esas distintas tecnologías no se hallan en una situación fáctica comparable en cuanto a su eventual tributación previa. Sólo tienen en común su producto final, es decir, la electricidad. Pues bien, como he observado en el punto 64 de las presentes conclusiones, el impuesto controvertido en el litigio principal no es un impuesto, ni siquiera indirecto, sobre la electricidad. Además,* ***un impuesto de este tipo, que gravase la electricidad en la fase***

con el objeto de evitar distorsiones en el funcionamiento de un mercado que se pretende opere con base en reglas unitarias.

En el presente supuesto, la aprobación del **Real Decreto-Ley 15/2018**, subraya cómo el IVPEE ha supuesto una distorsión del mercado eléctrico mediante la internalización cuasi-transparente de su importe en el precio final de la electricidad, todo ello, aun cuando no existan mecanismos de repercusión jurídica, afectando directamente al funcionamiento del mercado. A nuestro criterio, la medida adoptada acredita que el IVPEE incide en el consumo, hasta el punto de que se haya propuesto una medida tan extraordinaria como su suspensión, al objeto de conseguir una reducción en la factura eléctrica de los consumidores finales.

A la luz de todo lo anterior, podríamos plantearnos las siguientes cuestiones:

(i) Considerando la existencia de indicios de que el IVPEE puede tener incidencia en el precio de la electricidad, en la medida en que parte de la carga tributaria sea incorporada a las ofertas que se realizan en el mercado eléctrico por los productores y tecnologías que acuden a dicho mercado, ¿el IVPEE debe ser considerado como un gravamen indirecto a los efectos del artículo 1.2 de la Directiva 2008/118 CE (artículo 1.2 Directiva (UE) 2020/262) en relación con la Directiva 2003/96/CE?

(ii) En caso de respuesta positiva a lo anterior ¿sería compatible dicho tributo con las exigencias del citado precepto, en lo que se refiere a la observancia de las reglas de devengo, determinación de la base imponible y cuota de gravamen y sistemas de control en materia de Impuesto sobre el Valor Añadido e Impuestos Especiales?

A pesar del pronunciamiento del Tribunal de Justicia de la Unión Europea, como veremos más adelante, a nuestro entender no podemos dejar de defender que el IVPEE es un impuesto de **clara naturaleza indirecta**, incompatible con las Directivas de la Unión Europea, y en particular con el **artículo 1.2 de la Directiva 2008/118/CE**.

---

de producción, sería contrario a las disposiciones de la Directiva 2003/96, en relación con las de la Directiva 2008/118".
https://sirdoc.ccyl.es/Biblioteca/Dosieres/DL175ImpMedioambiental/pdfs/STribunal de Justicia de la Unión Europea-C-5-14-conclusiones.pdf

4. LA DIRECTIVA 2009/72/CE

La evolución de la normativa europea para la creación del mercado europeo de la energía, que encuentra sus pilares básicos en la Directiva del mercado interior, y en el Reglamento de acceso a las redes para transacciones transfronterizas, busca la creación de una verdadera unidad de mercado a través de instrumentar condiciones homogéneas para la explotación de las centrales existentes, y enviar las señales a la inversión en el ámbito de la Unión y no de los países a nivel individual.

La **Directiva 2009/72/CE** refuerza el proyecto de crear en la práctica el mercado interior de la energía en Europa, a través del desarrollo de los mercados regionales. En tal sentido, se establece en su Exposición de Motivos lo siguiente:

> *"(58) Con miras a la creación de un mercado interior de la electricidad, los Estados miembros deben promover la integración de sus mercados nacionales y la cooperación de los gestores de redes a nivel comunitario y regional, incorporando también los mercados aislados de electricidad que subsisten en la Comunidad.*
>
> *(59) El desarrollo de un auténtico mercado interior de la electricidad mediante una red conectada en toda la Comunidad debe ser uno de los principales objetivos de la presente Directiva. Por ello, los asuntos relativos a la regulación de las interconexiones transfronterizas y los mercados regionales deben ser una de las principales tareas de las autoridades reguladoras, en estrecha cooperación con la Agencia cuando corresponda.*
>
> *(60) Uno de los objetivos principales de la presente Directiva también debe ser asegurar unas normas comunes para un auténtico mercado interior y un amplio suministro de electricidad accesible para todos. A tal fin, unos precios de mercado no distorsionados ofrecerían estímulos para las interconexiones transfronterizas y las inversiones en nueva generación de energía, conduciendo, asimismo, a largo plazo, a la convergencia de precios".*

Estas consideraciones son posteriormente reflejadas en distintos preceptos de la Directiva. Así, podemos destacar el **artículo 6 de la Directiva 2009/72/CE**, que regula la promoción de la cooperación regional en los mercados, o el **artículo 36**, respecto de los objetivos generales de la autoridad reguladora, a cuyo tenor:

> *"Artículo 6. Promoción de la cooperación regional:*
>
> *Los Estados miembros y también las autoridades reguladoras cooperarán entre sí con el fin de integrar sus mercados nacionales a uno o más niveles regionales, como primer paso hacia la creación de un mercado interior plenamente liberalizado. En particular, las autoridades reguladoras, cuando los Estados miembros así lo hayan dispuesto, o los Estados miembros promoverán y facilitarán la cooperación de los gestores de red de transporte en el nivel regional, inclusive en cuestiones transfronterizas, con objeto de crear un mercado interior de la electricidad competitivo, fomentarán la concordancia*

de sus marcos legales, reglamentarios y técnicos, y facilitarán la integración de los sistemas aislados que forman las «islas» en materia de electricidad que persisten en la Comunidad. Las zonas geográficas cubiertas por esta cooperación regional incluirán la cooperación en zonas geográficas definidas de conformidad con el artículo 12, apartado 3, del Reglamento (CE) nº 714/2009.

(...)

Artículo 36. Objetivos generales de la autoridad reguladora:

(...)

b) desarrollar mercados regionales competitivos y que funcionen adecuadamente en la Comunidad con miras a la consecución del objetivo mencionado en la letra a)".

También el **Reglamento 714/2009 del Parlamento y del Consejo, de 13 de julio de 2009**, relativo a las condiciones de acceso a la red para el comercio transfronterizo de electricidad y por el que se deroga el Reglamento número 1228/2003, además de incorporar en su anexo, las Directrices sobre la gestión de la cogestión y asignación de la capacidad de transmisión disponible en las interconexiones entre redes nacionales, las mismas consideraciones que incluía la **Decisión de la Comisión (2006/770/CE)**, incluye en su Exposición de Motivos y en el **artículo 12** las necesidades de impulsar los desarrollos regionales.

A su vez, uno de los mercados regionales que se usa como referente de esta integración, es el mercado ibérico de la electricidad (en adelante, «**MIBEL**»), mercado único para España y Portugal establecido por el **Convenio de Santiago de Compostela,** firmado por ambos Estados en **2004**, y operativo desde el año **2007**, en el que participan (en teórica) en igualdad de condiciones, productores y comercializadores sin distinción de fronteras. El funcionamiento de este mercado resulta profundamente distorsionado, por la decisión unilateral de España de introducir nuevos costes para un conjunto de los productores participantes en este mercado. La decisión unilateral de introducir unos nuevos costes para un conjunto de productores de ese mercado plantea importantes discriminaciones para los agentes participantes, que no sólo son contrarias al propio Convenio fundamental del mercado regional, sino que indirectamente suponen una vulneración de la **Directiva 2009/72/CE** (**actual Directiva (UE) 2019/944**) al implicar una distorsión significativa del funcionamiento del mercado regional[405].

---

405 Cfr. VEGA BORREGO, F. A. (1998): "La interdicción de la discriminación impositiva en la organización mundial del comercio: a propósito del asunto Japón-impuestos especiales sobre bebidas alcohólicas", *op. cit.*, páginas 789 y siguientes.

En tal sentido, son significativas las **declaraciones de los Gobiernos de España y Portugal** formuladas en **octubre de 2004**, cuando suscribiera el antecitado Convenio Internacional, declaraciones que son las siguientes:

> *"La creación de un Mercado Ibérico de la Energía Eléctrica implica el reconocimiento por las Partes de un único mercado de la electricidad, en el cual todos los agentes tendrán igualdad de derechos y obligaciones y que las Partes se obligan a desarrollar y modificar, de forma coordinada, la legislación y reglamentación interna necesaria para permitir el funcionamiento del MIBEL (...) y se comprometen a cumplir las obligaciones derivadas de la existencia de un Mercado Ibérico de la Energía".*

La creación de este mercado ibérico se inscribe en el cumplimiento de un objetivo de la política energética comunitaria, (la creación de un mercado eléctrico único y plenamente interconectado), respecto al cual la formación de diferentes mercados regionales entre varios Estados constituye una fase intermedia imprescindible para la consecución del objetivo final.

En este sentido, el mercado ibérico de electricidad es considerado, desde su origen, como una iniciativa clave en el proceso intermedio de afianzamiento de los mercados regionales, como paso previo a la consecución de un mercado energético único europeo[406].

Así, en la **Decisión de la Comisión (2006/770/CE), de 9 de noviembre de 2006**, por la que se modifica el **anexo del Reglamento (CE) número 1228/2003, relativo a las condiciones de acceso a la red para los intercambios transfronterizos de electricidad**, en la que se establecen directrices sobre la gestión de la congestión y asignación de la capacidad de transmisión disponible en las interconexiones entre redes nacionales, se define como una de las **siete regiones**, la de **Europa Sudoccidental**, formada por **España, Portugal y Francia**; señala además, que:

> *"en estas siete regiones deberán definirse procedimientos compatibles de gestión de las congestiones, con vistas a formar un mercado interior de*

406 Esto se aprecia claramente en el "proceso de las Iniciativas Regionales" lanzado en 2006 por ERGEG (*European Regulators Group for Electricity & Gas*), con el apoyo de la Comisión Europea, y que fue el resultado de los trabajos realizados para avanzar en la creación de mercados regionales de electricidad, y la hoja de ruta para un mercado competitivo del gas natural. Dentro de este proceso, el MIBEL se configura como uno de los mercados de referencia, de tal forma que la Iniciativa del Suroeste de Europa, está configurada como el desarrollo del mercado eléctrico en la península Ibérica, y su integración con el resto de Europa a través de la interconexión España-Francia.

la electricidad europeo verdaderamente integrado. No se enfrentará a las partes del mercado a sistemas regionales incompatibles".

El papel de las iniciativas regionales como *estado intermedio hacia la consecución de un mercado energético único europeo*, ha sido también resaltado por la Comisión en distintas comunicaciones; es especialmente relevante su **Comunicación al Parlamento y al Consejo Europeo: "*El papel de las iniciativas regionales en el futuro*", (Bruselas, 7.12.2010 COM (2010) 721 final)**[407].

En este sentido, el **MIBEL** se configura como una de estas "bolsas de electricidad", en la que los agentes del mercado españoles y portugueses acuden a un mismo mercado a realizar sus ofertas de compra y venta de energía, y son tratados en igualdad de condiciones en lo concerniente a su participación en dicho mercado y a la aplicación de sus reglas de funcionamiento: características de las ofertas, información sobre el resultado de la casación del mercado, presentación de garantías al operador del mercado, y liquidaciones de las obligaciones de pago y derechos de cobros.

Esta igualdad de trato para todos los participantes se rompe cuando por la decisión unilateral de una de las partes que firmaron el Acuerdo, se decide gravar o cargar con un nuevo coste a un conjunto de agentes del mercado, creando una situación discriminatoria que va en contra de la unidad de mercado, principio básico del Derecho europeo, aplicable en este caso y que no permite acceder a los agentes al mercado en igualdad de condiciones. Se ha tomado una decisión legislativa no coordinada, que afecta al funcionamiento del **MIBEL**, y que perjudica a todos los productores de energía eléctrica de España frente a sus homónimos en Portugal.

Esta decisión unilateral de una de las partes que afecta al funcionamiento del **MIBEL** como mercado único, queda demostrada también por la decisión

---

407 Vid. Comunicación al Parlamento y al Consejo Europeo: "*El papel de las iniciativas regionales en el futuro*", (Bruselas, 7.12.2010 COM (2010) 721 final), páginas 7, 9 y 10: "*La cooperación regional, en fin, es fundamental para asegurar la integridad de las redes, para evitar perturbaciones y cortes de suministro y para poder corregirlos, caso de que surjan, con las mínimas molestias posibles para los usuarios y los productores. (...). Es importante garantizar no sólo que haya una estructura de gobernanza clara dentro de las regiones, sino también que el trabajo realizado por ellas sea coherente (...). Como etapa en el camino hacia un mercado único de la energía verdaderamente integrado, las iniciativas regionales tienen que desempeñar un papel fundamental en la configuración de la política energética futura de la UE y en la construcción de unas redes de energía integradas que sean aptas para atender a las necesidades de las próximas décadas*".

reactiva posterior que, ante esta modificación de las reglas de funcionamiento del mercado integrado, ha tenido que ser adoptada por el Estado portugués.

Así, el **4 de junio de 2013**, fue publicado en el ***Diário da República,* el Decreto-Lei número 74/2013**[408], en el que se establece que, **ERSE** (el regulador portugués) debe analizar cada seis meses las condiciones de competencia en el mercado. Si la conclusión del análisis indicara que se han alterado las condiciones del **MIBEL**, el Gobierno podría determinar, que los productores portugueses de régimen ordinario pasen a soportar parte de los costes de interés económico general aplicado a los consumidores portugueses.

Estamos, por tanto, ante una medida adoptada por el Estado portugués en claro reconocimiento de que la decisión adoptada por el Estado español con la **Ley 15/2012**, va a alterar el régimen de funcionamiento del **MIBEL**.

No debe entenderse en ningún caso, que la medida del **Decreto-Lei número 74/2013**, restituye el equilibrio en el **MIBEL**, y, que, por tanto, no se produce la ruptura del mercado. La situación discriminatoria para los productores españoles (un conjunto de los agentes que ofertan en un mercado único), se produce con la **Ley 15/2012**, dado que se enfrentan a una situación de costes operativos diferentes que la de los productores portugueses, independientemente de que, en una medida *ex-post*, las autoridades reguladoras portuguesas puedan decidir o no, que los productores de régimen ordinario portugueses pasen a sufragar parte de los costes del sistema portugués.

Esta distorsión del mercado regional no es sólo un problema de Derecho interno, o de incumplimiento de un tratado bilateral. La creación de un mercado regional distorsionado unilateralmente por parte de uno de los Estados miembros no constituye un "problema nacional", sino una vulneración relevante de los principios y objetivos inspiradores que subyacen tanto en la **Directiva 2009/72/CE** —y que se concretan (entre otros) en su **artículo 6**— (actual **Directiva (UE) 2019/944, artículo 61**), como en el **Reglamento 714/2009/CE**.

Dicho de otro modo, si la creación de mercados regionales es un objetivo a impulsar como medio para la consecución de un objetivo final, que es la conse-

[408] Cfr. Decreto-Lei n.º 74/2013, de 4 de junho, Diário da República número 107/2013, Serie I de 2013-06-04, páginas 3217-3218, "*Prevê a criação de um mecanismo regulatório tendente a assegurar o equilíbrio da concorrência no mercado grossista de eletricidade em Portugal e a adequada repartição de custos de interesse económico geral*", https://diariodarepublica.pt/dr/detalhe/decreto-lei/74-2013-513618.

cución de un *mercado energético único*, la distorsión de uno de dichos mercados regionales opera en sentido contrario, pues se convierte en un obstáculo para la consecución de dicho mercado energético único. Lo que nos llevaría a concluir que, el IVPEE es contrario, tanto a la **Directiva 2009/72/CE** como al **Reglamento 714/2009/CE**.

A mayor abundamiento, la decisión adoptada por varios Estados miembros de integrar sus mercados nacionales en un mercado regional único debería implicar que, a todos los efectos relevantes para la aplicación de la normativa europea en la materia, los mercados de España y Portugal no deban analizarse como mercados separados, sino como un mercado único.

Es obvio que la relación competencial y de interacción que se plantea en el marco del mercado ibérico de electricidad, es la misma que se plantea entre los productores de cualquier otro mercado nacional. Esto es así porque el diseño y la configuración del **MIBEL**, prevé la existencia de una única operación del mercado a través del **operador del mercado ibérico** (**OMI**) y mantiene los dos operadores de los sistemas español y portugués, si bien con un mandato expreso del **Consejo de Reguladores del MIBEL** de que, dentro del plan de convergencia regulatoria, es necesario evolucionar paulatinamente hacia una mayor integración de las actividades de la operación del sistema.

En estas condiciones, la introducción de un tributo, como el IVPEE, que discrimina a los productores que operan en una parte del mercado regional (España), y no a sus homónimos que operan en la otra parte (Portugal), también resuelta contraria a los principios de la imposición de la energía que subyacen en la **Directiva 2003/96/CE**. Como se dijo anteriormente, el marco fiscal creado por la **Ley 15/2012**, y singularmente el IVPEE, entraña una ruptura de la unidad del mercado ibérico debido a un incremento de las cargas tributarias sobre parte de los productores, lo que atenta contra el espíritu de algunos de los principios implícitos en la **Directiva 2003/96/CE**, que, no olvidemos, recordaba en sus **Considerandos 12 y 13** lo siguiente: "*Los precios de la energía son elementos fundamentales de las políticas comunitarias de la energía, de los transportes y del medio ambiente*" y que "*La imposición determina parcialmente el precio de los productos energéticos y de la electricidad*", así como el principio básico que ya se citaba anteriormente, conforme al cual: "*Unas diferencias importantes en los niveles nacionales de imposición a la energía aplicados por los Estados miembros podría ir en detrimento del funcionamiento adecuado del mercado interior*".

También es ilustrativo el **Considerando 14**, del borrador de Directiva presentada por la Comisión, el **13 de abril de 2011**, para sustituir la **Directiva 2003/96/**

CE (intento fallido como ya recogimos), a la que se refirieron Francia y España en sus observaciones ante el Tribunal de Justicia de la Unión Europea, como un argumento para justificar la disparidad impositiva, y cuya redacción precisamente reitera el carácter extraordinario de una excepción regional, así como la necesidad de garantizar el respeto de las normas de competencia en la materia, al proponer:

> *"Conceder a España y Francia la posibilidad de imponer tipos más altos sobre el consumo energético general en algunas partes de su territorio, reconociendo el proceso de descentralización a largo plazo, que están efectuando (véase el artículo 1, apartado 15, de la propuesta, relativo al artículo 18 de la DIE).*
>
> *En vista de su especial estructura administrativa y a fin de facilitar la implantación de la autonomía financiera en sus Comunidades Autónomas, debe autorizarse a España a aplicar a nivel regional niveles más altos de imposición del consumo energético general. Lo mismo vale para Francia, dada la necesidad de fortalecer la capacidad financiera de las regiones administrativas en el proceso de descentralización. Sin embargo, hay que asegurar que se mantiene un tratamiento igual a todas las fuentes de energía competidoras. Además, debe asegurarse que cualquier diferenciación del tipo de fuente de energía no obstaculiza el adecuado funcionamiento del mercado interior ni afecta la circulación de productos energéticos dentro de la UE"*[409].

En suma, las normas impositivas creadas por la **Ley 15/2012**, no sólo discriminan en el marco del mercado regional entre fuentes de energía competidoras, sino que, además, el marco impositivo creado obstaculiza el adecuado funcionamiento del mercado interior, y afecta a la circulación de productos energéticos dentro de la Unión Europea. Es cierto que, en este caso, no estamos hablando de un impuesto especial "*stricto sensu*", pero no es menos que, directa o indirectamente, el IVPEE puede tener una incidencia mediata en el precio de la electricidad, y su naturaleza y sustancia es análoga a la de los impuestos que prevé la **Directiva 2003/96/CE**[410].

Por ello, habría que plantearse si:

(i) Considerando que, a partir de la firma del Acuerdo de Santiago de Compostela, los mercados eléctricos de España y Portugal forman parte

---

409 Cfr., COM (2011), 169 final, de 13 de abril de 2011.

410 Como recogía FICHERA en la década de los noventa, uno de los campos en los que la Unión Europea ha centrado la atención desde sus comienzos, es el de los Impuestos Especiales o accisas en la terminología de la Unión Europea, "*tributi di antica origine, ma di rinnovata attualità*". Cfr. FICHERA, F. (1997): "L'armonizzazione delle accise", *Rivista di Diritto Finanziario e Scienza delle Finanze*, volumen LVI, parte I, página 216.

de un mercado eléctrico regional único e integrado (Mercado Ibérico de la Electricidad) cuyo funcionamiento se rige por las mismas reglas que las de un mercado nacional, la introducción por parte de las autoridades españolas de un impuesto como el IVPEE, que no ha sido previamente pactado con las autoridades portuguesas, y que es susceptible de incidir tanto sobre los productores de energía en España como, parcialmente, sobre el precio de la energía eléctrica ¿constituye una vulneración de lo dispuesto en el artículo 6 de la Directiva 2009/72/CE, así como del artículo 12 del Reglamento 714/2009 del Parlamento y del Consejo, de 13 de julio de 2009?

(ii) Dado que funciona bajo reglas análogas a las de un mercado nacional ¿resulta aplicable al Mercado Ibérico de la Electricidad la exigencia de un tributo uniforme en materia de tributos sobre la electricidad conforme a la Directiva 2003/96/CE en los términos confirmados por el Tribunal de Justicia de la Unión Europea en su Sentencia de 25 de octubre de 2012, dictada en el asunto C-164/11 (Comisión/Francia)[411]?

(iii) ¿Constituye el IVPEE una carga tributaria heterogénea contraria a la exigencia de gravamen uniforme en el seno de un mercado integrado, y que no se encuentra cubierta por ninguna de las excepciones en los supuestos previstos en los artículos 5, 14, 15 y 17 o 19 de la Directiva 2003/96/CE)?

Las respuestas a todas estas preguntas, de acuerdo a todo lo expuesto con anterioridad, tienen que ser afirmativas. El IVPEE, vulnera lo dispuesto en el **ar-**

---

[411] Vid. Sentencia del Tribunal de Justicia (Sala Octava) de 25 de octubre de 2012, Comisión/Francia, (Asunto C-164/11): "*Incumplimiento de Estado — No adopción, dentro del plazo señalado, de las disposiciones necesarias para adaptar su sistema impositivo de la electricidad a lo dispuesto por la Directiva 2003/96/CE del Consejo, de 27 de octubre de 2003, por la que se reestructura el régimen comunitario de imposición de los productos energéticos y de la electricidad (DO L 283, p. 51) — Aplicación de un tipo único a la expiración del período transitorio. Fallo: Declarar que la República Francesa ha incumplido las obligaciones que le incumben en virtud de la Directiva 2003/96/CE del Consejo, de 27 de octubre de 2003, por la que se reestructura el régimen comunitario de imposición de los productos energéticos y de la electricidad, al no adoptar las disposiciones necesarias para adaptar su sistema impositivo de la electricidad a lo dispuesto por esta Directiva, pese a la expiración del período transitorio establecido en su artículo 18, apartado 10, párrafo segundo*", https://eur-lex.europa.eu/legal-content/ES/TXT/HTML/?uri=CELEX:62011CJ0164&qid=1712226394577

tículo 6 de la Directiva 2009/72/CE (actual artículo 61 de la Directiva (UE) 2019/944), así como del **artículo 12 del Reglamento 714/2009**, resulta aplicable al Mercado Ibérico de la Electricidad la exigencia de un *tributo uniforme* en materia de tributos sobre la electricidad conforme a la **Directiva 2003/96/CE**, y, constituye, el IVPEE, una carga tributaria heterogénea contraria a la exigencia de gravamen uniforme en el seno de un mercado integrado.

5. VULNERACIÓN DE LOS LÍMITES RECONOCIDOS EN EL ARTÍCULO 3.2 DE LA DIRECTIVA 2009/72/CE

El IVPEE, vulnera además los principios reguladores del mercado eléctrico contemplados en el **artículo 3 de la Directiva 2009/72/CE** en conexión con el derecho de propiedad consagrado en el **artículo 17 de la Carta de los Derechos Fundamentales de la Unión Europea.**

En efecto, como hemos apuntado ya, desnudado el tributo examinado de su pretendida finalidad medioambiental, se evidencia que estamos ante un gravamen que choca con los límites y principios de no discriminación, transparencia, claridad y proporcionalidad, que han de regir la imposición de obligaciones específicas a los operadores del mercado eléctrico.

Permítasenos recordar que el artículo **3.2 de la Directiva 2009/72/CE** dispone lo siguiente:

> *"En el pleno respeto de las disposiciones pertinentes del Tratado, y en particular de su artículo 86, los Estados miembros podrán imponer a las empresas eléctricas, en aras del interés económico general, obligaciones de servicio público que podrán referirse a la seguridad, incluida la seguridad del suministro, a la regularidad, a la calidad y al precio de los suministros, así como a la protección del medioambiente, incluida la eficiencia energética, la energía procedente de fuentes renovables y la protección del clima. Estas obligaciones de servicio público deberán definirse claramente, ser transparentes, no discriminatorias y controlables y garantizar a las empresas eléctricas de la Comunidad el acceso en igualdad de condiciones, a los consumidores nacionales".*

Es decir, conforme a lo dispuesto en el citado precepto, los Estados miembros, y con ellos, en el caso de España, las Comunidades Autónomas, solo podrán imponer a las empresas eléctricas, en aras del interés económico general, obligaciones de servicio público, entre las que se englobaría la protección medioambiental, siempre y cuando concurran motivos de interés general, y estas obligaciones queden claramente definidas, sean transparentes, no discriminatorias, y se garantice el acceso a los consumidores nacionales en condiciones de igualdad.

Por tanto, el **artículo 3.2 de la Directiva 2009/72/CE**, no sólo proscribe las medidas discriminatorias entre los operadores del mercado eléctrico, en aras a la consecución de un mercado de electricidad competitivo, seguro y sostenible, sino que impone a los Estados miembros la obligación de respetar determinados requisitos en el caso de que deban imponer una obligación de servicio público a tales operadores.

Estos requisitos son:

(i) que se persigan objetivos de interés económico general,

(ii) que las obligaciones impuestas respeten el principio de proporcionalidad,

(iii) que las obligaciones impuestas estén definidas con claridad, sean transparentes, no resulten discriminatorias y que garanticen el acceso a los consumidores en igualdad de condiciones.

Así se desprende de la **Sentencia del Tribunal de Justicia de la Unión Europea, de 7 de septiembre de 2016, dictada en el asunto C-121/15 (ANODE)**, en la que el Tribunal europeo fijó con toda claridad su doctrina, respecto de las condiciones que deben cumplir las obligaciones que pueden imponer los Estados miembros en los mercados del gas (**Directiva 2009/73/CE**) y en el mercado de electricidad (**Directiva 2009/72/CE**):

> *"Aunque una intervención estatal en la fijación del precio de suministro del gas natural al consumidor final constituye un obstáculo a la consecución de un mercado del gas natural competitivo, esta intervención puede admitirse en el marco de la Directiva 2009/73 si se cumplen tres requisitos. En primer lugar, dicha intervención debe perseguir un objetivo de interés económico general; en segundo lugar, debe respetar el principio de proporcionalidad y, en tercer lugar, debe establecer obligaciones de servicio público claramente definidas, transparentes, no discriminatorias y controlables, y garantizar el acceso de las empresas de gas de la Unión a los consumidores en igualdad de condiciones".*

Resulta, por tanto, evidente, a nuestro juicio, que si para la imposición de obligaciones de servicio público referidas a "*la seguridad, incluida la seguridad del suministro, a la regularidad, a la calidad y al precio de los suministros, así como a la protección del medio ambiente, incluidas la eficiencia energética, la energía procedente de fuentes renovables y la protección del clima*", los Estados miembros deben respetar los requisitos previstos por el **artículo 3.2 de la Directiva**

2009/72/CE, en el supuesto en el que nos ocupa, en el que examinamos la creación de una obligación específica, de carácter puramente contributivo o financiero, que traslada a determinados operadores una carga puramente contributiva, dichos requisitos son, si cabe aún, más intensos y exigibles.

Resulta patente que desnudado, una vez más, el tributo examinado de su pretendido carácter medioambiental, la obligación impuesta no puede considerarse como una medida clara o transparente, dado que, al amparo de una *presunta* protección medioambiental, el legislador autonómico alumbra un impuesto contributivo cuya carga impositiva nada tiene que ver con el impacto medioambiental.

En consecuencia, nos encontraríamos ante un tributo que impone a los productores de energía eléctrica una obligación discriminatoria que, no resulta ni proporcional, ni clara, ni transparente a los fines que persigue, lo que determina la infracción de los límites del **artículo 3.2 de la Directiva 2009/72/CE**.

En conexión con lo anterior, subrayemos que las exigencias del **artículo 3.2 de la Directiva** de continua referencia no son sino manifestaciones específicas en la definición de las reglas de funcionamiento del mercado eléctrico, del derecho de propiedad garantizado universalmente en el **artículo 17 de la Carta de los Derechos Fundamentales de la Unión Europea**, en conexión con los **artículos 20 y 21** del citado cuerpo legal respecto de los principios de igualdad y no discriminación, y que resultarían también aplicables en el marco que estudiamos[412].

---

412 Así lo señaló la Sala Tercera del Tribunal Supremo respecto del análisis de compatibilidad de los impuestos a la producción y almacenamiento de combustible nuclear gastado también creados por la Ley 15/2012. El Tribunal Supremo planteó diversas cuestiones prejudiciales ante el Tribunal de Justicia de la Unión Europea en relación con estos impuestos nucleares, mediante dos **Autos de 27 de junio y de 10 de julio de 2017**, en los que se planteó la posible oposición al principio "quien contamina paga", al someter a mayor presión fiscal a una energía que contamina menos que otras, que no se ven afectadas por estos impuestos y además conlleva la alteración de la libre competencia del sector que proclama la **Directiva 2009/72/CE**. Una **finalidad de protección medioambiental** en el marco europeo justificaría objetiva y suficientemente como obligaciones de servicio público asumible por las empresas eléctricas contaminantes, la imposición de gravámenes de carácter tributario, desterrando el que el trato desigual entre estas pueda tacharse de discriminatorio, pero en este caso ya **dicha finalidad extrafiscal no existe**, por lo que gravar a determinadas empresas productoras de electricidad y no hacerlo respecto a otras, afecta directamente a la libre competencia. El Tribunal Supremo señalaba que el establecimiento de estos impuestos a las empresas nucleares, en exclusividad cuando no pueden justificarse desde la perspectiva medioambiental, solo sirve

En efecto, conforme a lo dispuesto en **los artículos 6.1 y 55.1 del Tratado de Funcionamiento de la Unión Europea**, y la interpretación que de tales

---

para formalmente legitimarlos, pudiendo ser contrario al Derecho europeo en cuanto supone una **discriminación no justificada y podría estar distorsionando el correcto funcionamiento del mercado interior de la electricidad**, al establecer unas medidas discriminatorias y **hacer recaer un mayor peso contributivo para financiar el déficit tarifario sobre las empresas nucleares,** a pesar de que dichos residuos también los pueden generar otros operadores económicos que no quedan sujetos a estos impuestos. Sin embargo, la **Sentencia del Tribunal de Justicia de la Unión Europea, de 7 de noviembre de 2019**, en los **asuntos acumulados C-80/18 a C-83/18**, consideró que los impuestos españoles a la producción y almacenamiento de combustible y de residuos nucleares no violan el principio de no discriminación contenido en la directiva sobre normas comunes para el mercado interior de la electricidad. En sus conclusiones, el **Tribunal de Justicia de la Unión Europea**, informó que no hay discriminación, a pesar de gravar únicamente a las empresas de generación que utilizan energía nuclear, y, a pesar de que su objetivo principal no sea proteger el medioambiente. Así recoge que: "*El principio de no discriminación (.) debe interpretarse en el sentido de que no se opone a una normativa nacional que establece impuestos sobre la producción y el almacenamiento de combustible y de residuos nucleares, como es el caso de los impuestos sobre la energía nuclear objeto de los litigios principales, que solo gravan a las empresas de generación de electricidad que utilizan energía nuclear, y cuyo objetivo principal no consiste en proteger el medio ambiente, sino en incrementar el volumen de ingresos del sistema financiero de la energía eléctrica. El artículo 3, apartado 2, de la Directiva 2009/72 debe interpretarse en el sentido de que no se opone a una normativa nacional, como la controvertida en los litigios principales, cuando el objetivo medioambiental y las características de los impuestos medioambientales previstos por la misma no encuentran concreción en la parte vinculante de esta normativa*". En este sentido, vid. ORTIZ CALLE, E. (2019): "Compatibilidad del impuesto sobre el valor de la producción de la energía eléctrica con el derecho de la Unión Europea", *Revista de Contabilidad y Tributación, CEF*, número 437-438, página 110: "*estamos ante una "discriminación inversa" admitida por la jurisprudencia del TJUE en aquellos sectores no armonizados. En otras palabras, al tratarse la fiscalidad sobre los beneficios de los productores eléctricos de un campo cuya regulación es competencia exclusiva de los Estados miembros el IVPEE no vulnera la Directiva 2009/72*"; en el mismo sentido, cfr. IGLESIAS CARIDAD, M. (2019): "El impuesto sobre el valor de la producción de la energía eléctrica a debate desde el Derecho Europeo", *Nueva Fiscalidad*, número 4, página 270; cfr. también ORTIZ CALLE, E. (2018): "La prohibición de alcance confiscatorio del sistema tributario y la imposición sobre la energía nuclear", *Revista Crónica Fiscal*, número 168; del mismo autor (2020): "Los impuestos sobre la energía nuclear y la producción hidroeléctrica. Protección del medio ambiente y libre competencia, a propósito de la Sentencia del Tribunal de Justicia de la Unión Europea de 7 de noviembre de 2019", *La Ley Unión Europea*, número 78. Criterio que no compartimos.

preceptos ha realizado el **Tribunal de Justicia de la Unión Europea en su Sentencia de 26 de febrero de 2013, en el asunto C-617/10 (*Aklagaren y Hans Akerberg-Fransson*)**, la Carta de los Derechos Fundamentales de la Unión Europea, constituye un instrumento jurídico vinculante a partir de la entrada en vigor del Tratado de Lisboa, y tiene el mismo valor jurídico que los Tratados. No cabe duda, que tales exigencias se cumplen en el supuesto examinado, dado que resulta necesario determinar la compatibilidad del impuesto controvertido, con la interpretación de las reglas europeas en materia de protección medioambiental, singularmente el principio "quien contamina paga", así como las reglas que rigen el funcionamiento del mercado eléctrico comprendidas, entre otras, en la **Directiva 2009/72/CE**. Incluso considerando las finalidades ocultas de la norma de allegar recursos presupuestarios, estaríamos también ante un interés europeo suficiente, como señalaban las **conclusiones del Abogado General del Tribunal de Justicia de la Unión Europea, SR. H. SAUGMANDSGAARD ØE,** formuladas en el **asunto C-64/16,** de fecha 18 de mayo de 2017[413].

Del mismo modo, subrayemos que tales principios de la Carta son el correlato en el ámbito europeo, de los principios de igualdad y legalidad, intensamente conectados con el principio de capacidad económica, que respecto del ejercicio del poder tributario consagra el artículo 31.1 de la Constitución Española. Si el examen pormenorizado del tributo controvertido permite apreciar la ausencia de finalidad extrafiscal, tales argumentos son igualmente válidos desde el punto de vista de los **artículos 17, 20 y 21 de la Carta de los Derechos Fundamentales de la Unión Europea**.

Por todo ello, y analizado lo que precede, cabe plantearse lo siguiente:

- ¿Son contrarios al principio de no discriminación, al principio de proporcionalidad y al resto de los principios contemplados en los artículos 3.1 y 3.2 de la Directiva 2009/72/CE el tributo examinado, teniendo en cuenta que su naturaleza no responde a la finalidad de servicio público de carácter medioambiental para la que teóricamente dicen ser creados, sino a un fin presupuestario general y que vienen a añadirse a la presión fiscal existente sobre operadores que ya se encontraban previamente sometidos

413 Que daría lugar a la Sentencia del Tribunal de Justicia de la Unión Europea de fecha 27 de febrero de 2018, (petición prejudicial planteada, con arreglo al **artículo 267 Tratado de Funcionamiento de la Unión Europea**, planteada por el Supremo Tribunal Administrativo (Portugal), https://curia.europa.eu/juris/document/document.jsf?text=&docid=199682&doclang=ES

a otros múltiples gravámenes que cubrían suficientemente los objetivos teóricos de la norma y con el tributo examinado han venido a solaparse, sometiendo a dichos operadores a una situación de sobreimposición no justificada?

- ¿Vulnera el tributo examinado el derecho de propiedad, así como el principio de igualdad y no discriminación garantizados en los artículos 17, 20 y 21 de la Carta de los derechos fundamentales de la Unión Europea?

Pues como ya hemos aseverado en los apartados anteriores, también aquí las respuestas son afirmativas, el IVPEE es un tributo con carácter discriminatorio, que vulnera el principio de proporcionalidad, ya que su naturaleza poco tiene que ver con un servicio público de carácter medioambiental, llegando con todo ello, a afectar al derecho de propiedad.

6. LA REGULACIÓN EUROPEA DE LAS AYUDAS DE ESTADO Y EL IMPUESTO SOBRE EL VALOR DE LA PRODUCCIÓN DE LA ENERGÍA ELÉCTRICA

El artículo **3.b) del Tratado del Tratado de Funcionamiento de la Unión Europea**, incluye, entre las competencias exclusivas de la Unión Europea, las relativas al establecimiento de las normas sobre las competencias necesarias para el funcionamiento del mercado interior, con el objeto de apoyar el desarrollo sostenible europeo en el marco de una economía social competitiva. Así, en los **artículos 107 al 109 del citado Tratado**, se regula el régimen de ayudas de Estado, fundamentados en evitar en el mercado distorsiones, con el objeto de que el mismo funcione de manera correcta[414].

---

414 Cfr. TORIBIO BERNÁRDES, L. (2020): "Ayudas de Estado y Deporte: los regímenes fiscales preferentes en el mundo del fútbol a la luz del Derecho Europeo de la competencia", *Revista Técnica Tributaria*, número 128, páginas 25 y 26: "*para que ese mercado interior funcione de manera correcta, sin distorsiones ni falseamientos, es necesario establecer una serie de normas sobre competencia que deben ser aplicadas de forma rigurosa y eficaz por parte de las instituciones europeas. Entre dichas medidas, destaca el régimen de ayudas de Estado, que se encuentra regulado, principalmente en los artículos 107 a 109 del TFUE*"; cfr. también, CUBERO TRUYO, A. (2009): "Las ayudas de Estado en la jurisprudencia del Tribunal de Justicia de las Comunidades Europeas. Análisis particular de las medidas tributarias forales", en *El Impuesto sobre Sociedades en una economía globa-*

Para que una medida pueda ser calificada como *ayuda de Estado o medida selectiva*, tendría que favorecer, directa o indirectamente, a determinadas empresas en comparación con otras que se encuentren en una situación fáctica y jurídica comparable, es decir, que la medida pretendidamente de alcance general sea, sin embargo, susceptible de afectar en particular a determinados operadores económicos[415]. Así:

> *"el criterio de la selectividad es, intuitivamente sencillo de entender, si bien en la práctica existe una amplia zona gris por lo que a los tributos específicos se refiere. De principio, podrán ser calificados como Ayuda de Estado aquellas medidas que se aparten del sistema «normal» de tributación, suponiendo así una excepción a la estructura del sistema general al que pertenecen"*[416].

---

lizada: el tránsito hacia su armonización europea, I Congreso Internacional de Derecho Tributario, Comunicaciones Científicas, páginas 255 y siguientes.

415 Cfr. Sentencia de 22 de diciembre de 2008, C-487/06, British Aggregates v Commission (Ayuda de Estado - Impuesto medioambiental sobre los áridos en el Reino Unido), con cita de Sentencias de 18 de mayo de 1994, Codorníu/Consejo, C-309/89, página I-1853, apartado 19; así como la Sentencia de 22 de junio de 2006, Bélgica y Forum 187/Comisión, C182/03 y C217/03, página I-5479, apartado 58. En las citadas sentencias se venía a determinar "*si las entidades productoras que no se ven afectadas por el impuesto se encuentran en una situación comparable desde el punto de vista jurídico o fáctico (...). Según reiterada jurisprudencia, una medida fiscal aplicada de manera selectiva a sectores comparables teniendo en cuenta el objetivo perseguido debe calificarse de ayuda de Estado (véase, en este sentido, la sentencia de 17 de junio de 1999, Bélgica/Comisión, C-75/97, Rec. p. I-3671, apartado 31)*".

416 Cfr. RUIZ ALMENDRAL, V. y ZORNOZA PÉREZ, J. J. (2004): "El impuesto sobre grandes establecimientos comerciales. Análisis constitucional", *Nueva Fiscalidad*, número 10, páginas 9 y siguientes: "*En relación con los impuestos propios autonómicos, se ha planteado recientemente una cuestión prejudicial en relación con algunos impuestos sobre grandes establecimientos comerciales (IGEC), establecidos también de forma mimética por varias Comunidades Autónomas siguiendo, con alguna variación, el modelo del tributo catalán, (declarado conforme con el marco constitucional en la STC 122/2012, de 5 de junio). La cuestión se planteó ante el Tribunal de Justicia de la Unión Europea mediante el Auto del Tribunal Supremo de 25 de abril de 2016, en el pleito iniciado por la Asociación Nacional de Grandes Empresas de Distribución. En sus conclusiones generales, publicadas el 9 de noviembre de 2017 (Asunto C-233/16, ECLI:EU:C:2017:852), la Abogada General J. Kokott propone al Tribunal declarar el impuesto compatible con los arts. 49 TFUE y 54 TFUE, así como con el régimen de Ayudas de Estado (art. 107.1 TFUE). En todo caso nótese que la cuestión controvertida en este caso no era tanto el establecimiento del impuesto en sí, sino la pretendida incoherencia de algunas de sus exenciones, que podrían*

En el caso de la tributación de la producción de la energía eléctrica se plantean varios problemas:

- desde la perspectiva de la selección material, que solo se grave la producción de la energía eléctrica y no otros tipos de fuentes de energía, y,
- que, dentro del gravamen a la producción de energía, se incluyan aquellas que derivan de fuentes renovables o energía limpia,

Sin que nada justifique esa selectividad.

Grosso modo se podría decir, que el IVPEE es contrario a lo dispuesto en el **artículo 107 del Tratado de Funcionamiento de la Unión Europea**, al formar parte integrante de un régimen de ayudas de Estado ilegal que no ha sido notificado a la Comisión Europea.

Tal y como manifestó la **Abogada General del Tribunal de Justicia de la Unión Europea, SRA. JULIANE KOKOTT**, en el **parágrafo 80** de sus **Conclusiones**, presentadas el **26 de mayo de 2011**, en el **asunto C-275/10 (Residex Capital IV CV)**[417]: "*Es bien sabido que también una empresa puede invocar ante los órganos jurisdiccionales que una prestación dineraria que se le ha reclamado es incompatible con el Derecho de la competencia*", reflexión ésta que en las notas a sus conclusiones (nota 55) se desarrollaba en los siguientes términos:

> *"Esto sucede, en particular, cuando una exacción parafiscal es parte integrante de un régimen de ayudas de Estado incompatible con el Derecho de la Unión. Véanse las sentencias van Calster (citada en la nota 10), en particular los apartados 54 y 65, de 7 de septiembre de 2006, Laboratoires Boiron (C-526/04, Rec. p. I-7529), en particular el apartado 40, y de 22 de diciembre de 2008, Régie Networks (C-333/07, Rec. p. I-10807). También en un litigio entre particulares una parte contratante puede alegar que una prestación pactada incumpliría las disposiciones del Derecho europeo de la competencia: véase la sentencia de 20 de septiembre de 2001, Courage y Crehan (C-453/99, Rec. p. I-6297), en particular el apartado".*

---

suponer una ventaja a algunos establecimientos que estaría injustificada desde la perspectiva del impuesto"; en el mismo sentido, CORDERO GONZÁLEZ, E. M. y SESMA SÁNCHEZ, B. (2005): "El Impuesto sobre grandes establecimientos comerciales del Principado de Asturias", *Revista de Información Fiscal*, número 72, páginas 89 y siguientes.

417 Cfr. página I - 13064, https://op.europa.eu/en/publication-detail/-/publication/de49f583-3da1-4623-8dd8-79f1ab4bf483/language-es/format-HTML

En la **Sentencia** dictada por el **Tribunal de Justicia de la Unión Europea**, de **7 de septiembre de 2006**, en el **asunto C-526/04 (Laboratories Boiron)**[418], a la que se refiere en la sentencia citada en el párrafo anterior, la Abogada General **SRA. JULIANE KOKOTT**, el Tribunal de Justicia de la Unión Europea reconoció que los obligados al pago de un impuesto pueden oponerse a ello cuando tal impuesto forme parte integrante de un régimen de ayudas de Estado ilegal. Esta doctrina se plasma en los **parágrafos 30 a 41** de la referida Sentencia, que se reproducen literalmente por su interés:

> *"30. Es cierto que, en varios asuntos que le han sido sometidos, el Tribunal de Justicia ha declarado que los deudores de un tributo no pueden invocar que la exención de que disfrutan otras empresas constituye una ayuda de Estado para eludir el pago de dicho tributo u obtener el reembolso del*

---

418 **Sentencia Tribunal de Justicia de la Unión Europea**, de 7 **de septiembre de 2006**, en el **asunto C-526/04 (Laboratories Boiron). https://curia.europa.eu/juris/document/document.jsf;jsessionid=6FABCF812CF716D652AE28E8DD9C08FD?text=&docid=63686&pageIndex=0&doclang=es&mode=lst&dir=&occ=first&part=1&cid=9762813.**
Vid. MARTÍN JIMÉNEZ, A., CARRASCO GONZÁLEZ, F., y GARCÍA HERREDIA, A. (2017): "Reseña de jurisprudencia tributaria del Tribunal de Justicia de la Unión Europea", *Revista Española de Derecho Financiero*, número 174, página 13: "*Para ambas compañías, la aplicación de la jurisprudencia Laboratoires Boiron, C-526/04, EU:C:2006:528, que permite la devolución de ciertos tributos considerados como ayuda de estado, justificaba también que se pudiera devolver la tarifa normal a los afectados por ella. El Tribunal de Justicia de la Unión Europea estimó que la medida considerada era muy distinta al impuesto controvertido en Laboratories Boiron, ya que la tasa irlandesa afectaba con carácter general a las compañías y la reducida era la ayuda de la que se beneficiaron sólo algunos operadores. En tales circunstancias, los deudores de la tasa no podían invocar la exención de que disfrutan otras empresas para eludir el pago de la tasa y obtener su reembolso (la situación en Laboratoires Boiron era ligeramente distinta al generar el propio gravamen una ayuda por dejar fuera de su ámbito de aplicación a determinadas empresas). Además, el Tribunal de Justicia de la Unión Europea subrayó la idea apuntada más arriba de que la Comisión no puede dejar de considerar como ayuda de estado una norma nacional por la única razón de que exista la posibilidad de que los órganos jurisdiccionales nacionales consideren la misma como una restricción a una libertad fundamental y puedan admitir el reembolso del impuesto pagado a las compañías sujetas a la tasa normal. En estas circunstancias, continuó el Tribunal de Justicia de la Unión Europea, corresponde al Estado miembro afectado comprobar, por cualquier medio adecuado y conforme con su ordenamiento y el Derecho de la Unión, que las medidas nacionales que tengan como efecto el reembolso de un impuesto a determinadas empresas no den lugar a una nueva ayuda, incompatible con el TFUE, a favor de las empresas beneficiarias de dicho reembolso*".

mismo (véanse en particular las sentencias, antes citadas, Banks, apartado 80, y Distribution Casino France y otros, apartados 42 y 44, y de 15 de junio de 2006, Air Liquide, C-393/04 y C-41/05, Rec. p. I-0000, apartado 43).

31. Sin embargo, la naturaleza de las medidas nacionales controvertidas en los asuntos que dieron lugar a las sentencias mencionadas en el apartado anterior difiere de manera esencial de la del gravamen sobre las ventas directas.

32. En efecto, en todos los asuntos citados, se trataba de una exención en beneficio de determinados operadores de un gravamen de alcance general y se alegaba que dicha exención constituía en sí misma una medida de ayuda.

33. En cambio, en el asunto principal, no se trata de tal régimen tributario, sino de un gravamen al que únicamente está sujeta una de las dos categorías de operadores en situación competitiva, a saber, los laboratorios farmacéuticos.

34. En tal caso de sujeción asimétrica a un gravamen, la supuesta ayuda resulta del hecho de que otra categoría de operadores económicos con la cual la categoría gravada está en relación directa de competencia, en este caso los mayoristas distribuidores, no está sujeta al pago del referido gravamen.

35. En el caso de autos, consta que esa no sujeción constituye además un objetivo deliberado, o incluso el objetivo principal, del gravamen sobre las ventas directas.

36. Sobre este particular, es preciso recordar que en el apartado 19 de la sentencia Ferring, antes citada, el Tribunal de Justicia señaló que existen en Francia dos circuitos de distribución de medicamentos que compiten directamente entre sí: por un lado, el de los mayoristas distribuidores y, por otro lado, el de los laboratorios farmacéuticos que realizan ventas directas. Además, en el mencionado apartado, el Tribunal de Justicia indicó que la finalidad principal del gravamen sobre las ventas directas es reequilibrar las condiciones de competencia entre los dos circuitos de distribución de medicamentos, que se ven falseados, según el legislador francés, por la existencia de obligaciones de servicio público que recaen únicamente sobre los mayoristas distribuidores. Por último, El Tribunal de Justicia añadió que, a raíz de la creación del citado gravamen mediante la Ley nº 97-1164, no sólo se interrumpió el crecimiento de las ventas directas registrado en los años inmediatamente anteriores, sino que incluso se invirtió la tendencia, ya que los mayoristas distribuidores recuperaron cuotas de mercado.

37. Si se demostrase que la no sujeción al gravamen sobre las ventas directas da lugar a un exceso de compensación en beneficio de los mayoristas distribuidores, en la medida en que la ventaja que estos últimos obtienen de esa no sujeción sobrepasaría los costes adicionales que tales mayoristas soportan para el cumplimiento de las obligaciones de servicio público que se les imponen, la sujeción de un laboratorio farmacéutico como Boiron al citado gravamen constituiría un acto que implica la ejecución de una medida de ayuda.

38. Si así sucediera, incumbiría al órgano jurisdiccional nacional, como se ha recordado en el apartado 29 de la presente sentencia, aplicar todas las consecuencias previstas en su Derecho nacional, en lo que atañe a la validez de tal acto.

39. En el caso de autos, la medida respecto a la cual se alega que constituye una ayuda es el propio gravamen sobre las ventas directas y no cualquier exención disociable de éste.

40. En tal supuesto, procede admitir que un operador económico como Boiron pueda alegar la ilegalidad del gravamen sobre las ventas directas, basándose en que constituye una medida de ayuda, para solicitar su restitución.

41. Además, ello no conduciría al órgano jurisdiccional nacional a permitir que se ampliase el número de beneficiarios de la ayuda. Bien al contrario, tal restitución, siempre y cuando resultase ser procedente, constituiría una medida especialmente adecuada para reducir el número de operadores económicos perjudicados por la medida que se considera que constituye una ayuda y, por ende, para limitar los efectos contrarios a las normas sobre la competencia de ésta".

Pues bien, en el presente caso, la imposición a los productores de energía eléctrica de un tributo como el IVPEE, reúne una serie de características que deben ser analizadas desde la óptica del derecho de la competencia y, en particular, del régimen de ayudas de Estado.

En primer lugar, la creación de este gravamen y la posterior afectación de su recaudación, lo convierten en un "**recurso estatal**" a efectos del análisis recogido por el **Abogado General del Tribunal de Justicia de la Unión Europea, SR. NIILO JÄÄSKINEN**, en sus **Conclusiones** correspondientes al **asunto C-262/12 (Vent du Colére y otros)**, presentadas el **11 de julio de 2013**:

"50. El principal elemento que diferencia el presente asunto del mecanismo examinado por el Tribunal de Justicia en el asunto Preussen Elektra, antes citado, consiste pues en que el gravamen con el que se pretendía financiar la obligación de compra de electricidad procedente de la energía eólica a un precio superior al de mercado se aplica a todos los consumidores de electricidad de Francia, con independencia de que adquieran energía verde o no, pues en el mercado liberalizado de la electricidad, cuya consecución constituye uno de los principales objetivos de la Unión, existe competencia entre los productores y los proveedores de energía.

(...)

54. A la luz de todas las consideraciones que preceden, procede concluir que el sistema establecido por la Ley n° 2000-108, en su versión modificada, establece un impuesto sobre el consumo de electricidad que se financia mediante una contribución general con arreglo a normas establecidas de forma uniforme por el Estado y que afecta al conjunto de los consumidores de electricidad en el territorio nacional. La configuración de dicha contribución excluye completamente que pueda calificarse como una medida circunscrita a una categoría de empresas, que es exigida, gestionada y controlada por operadores privados.

(...)
57. A la luz de todo lo anterior, considero que procede responder a la cuestión planteada que el mecanismo derivado de la Ley n° 2000-108, en su versión modificada, está comprendido en el concepto de intervención del Estado o mediante fondos estatales en el sentido del artículo 107 TFUE, apartado 1"[419].

En la línea del análisis realizado por el Abogado General, en nuestro caso la creación de un impuesto que afecta a unos operadores y cuya finalidad es el establecimiento de un instrumento de financiación del déficit de tarifa, y, en concreto, conforme a la **Disposición Adicional quinta, de la Ley 17/2012, de 27 de diciembre, de Presupuestos Generales del Estado para el año 2013**, a la financiación de los costes correspondientes a otros productores de energías renovables, determina la consideración de estos fondos como estatales, y, en consecuencia, al formar parte tales fondos de un régimen de ayudas no notificado, esto trae consigo la ilegalidad de la **Ley 15/2012**. Es más, incluso prescindiendo de la citada **Disposición Adicional quinta, de la Ley 17/2012** y atendiendo a la **Disposición Adicional segunda, de la Ley 15/2012**, que prevé que anualmente las Leyes de Presupuestos Generales del Estado destinen una parte a financiar el déficit de tarifa, llegaríamos a la misma conclusión, puesto que el impuesto controvertido, constituye un instrumento de financiación del déficit destinado a compensar los costes del sistema, lo que obligaría a plantearse las mismas consideraciones contenidas en el **Auto del Tribunal Supremo de 22 de abril de 2013, dictado en el recurso número 181/2011**, donde se planteó la siguiente cuestión prejudicial:

"de conformidad con lo dispuesto en el artículo 267 del Tratado de Funcionamiento de la Unión Europea: La interpretación del artículo 107.1 del Tratado de Funcionamiento de la Unión Europea, así como de la jurisprudencia del Tribunal de Justicia de la Unión Europea sobre él (en especial, de las sentencias dictadas en los asuntos C-379/98 y C-206/06), ¿permite considerar como "ayuda otorgada por los Estados o mediante fondos estatales" las cantidades anuales asignadas a la sociedad Elcogás en cuanto titular de una instalación singular de generación de energía eléctrica, tal como se prevé en los planes de viabilidad extraordinarios aprobados para ella por el Consejo de Ministros, cuando la percepción de dichas cantidades se engloba en la partida general de "costes permanentes del sistema eléctrico" que, pagados por el conjunto de usuarios, se transfieren a las empresas del sector

---

419 https://curia.europa.eu/juris/document/document.jsf?text=&docid=139422&doclang=ES

eléctrico mediante sucesivas liquidaciones a cargo de la Comisión Nacional de Energía conforme a los criterios legales predeterminados, sin margen de discrecionalidad?"[420].

---

[420] Este Auto dio lugar a la **Sentencia del Tribunal de Justicia de la Unión Europea, de 19 de diciembre de 2013, en el asunto C-262/12**, que concluyó en lo siguiente: *"[...] Pues bien, el Tribunal de Justicia ya ha juzgado que un mecanismo de compensación de los sobrecostes cuya financiación recae en todos los consumidores finales de electricidad en el territorio nacional, con arreglo al cual las sumas recaudadas de esa forma se reparten y distribuyen a las empresas beneficiarias, conforme a la legislación del Estado miembro, por una entidad pública, debe considerarse una intervención del Estado o mediante fondos estatales en el sentido del artículo 107 TFUE, apartado 1 (véase en ese sentido la sentencia Association Vent De Colère! y otros, EU:C:2013:851, apartados 28 y 37). Carece de incidencia al respecto que las cantidades destinadas a compensar los sobrecostes no provengan de un suplemento específico de la tarifa de electricidad y que el mecanismo de financiación considerado no pertenezca en sentido estricto a la categoría de impuesto, exacción fiscal o tasa parafiscal según el Derecho nacional (...). Por todas las consideraciones precedentes, procede responder a la cuestión prejudicial que el artículo 107 TFUE, apartado 1, debe interpretarse en el sentido de que constituyen una intervención del Estado o mediante fondos estatales los importes atribuidos a una empresa privada productora de electricidad que se financian por el conjunto de los usuarios finales de la electricidad establecidos en el territorio nacional y que se distribuyen a las empresas del sector eléctrico por un organismo público conforme a criterios legales predeterminados"*. A su vez, la Sentencia del Tribunal de Justicia de la Unión Europea dio lugar a la **Sentencia del Tribunal Supremo de 27 de febrero de 2015**, donde se concluyó que: "*Decimoquinto.- Nuestro pronunciamiento sobre este punto debe afirmar, en consecuencia, que la financiación acordada en el año 2007 por el Consejo de Ministros a favor de Elcogás en el denominado plan de viabilidad constituía una "ayuda de Estado" en los términos del artículo 107.1 TFUE, y que tal ayuda no fue notificada a la Comisión Europea. No podía, en consecuencia, ser hecha efectiva hasta obtener la declaración de compatibilidad por parte de esta institución comunitaria que, obvio es afirmarlo, en ningún caso la ha autorizado. No siendo viable, pues, la entrega a Elcogás de cantidades adicionales a las que derivaban de la aplicación del régimen —ya extinguido— de costes de transición a la competencia (objeto de la Decisión de 25 de julio de 2001 en el expediente de ayudas de Estado NN 49/99), cualquier resolución ulterior de la Administración del Estado que negase la aportación a Elcogás por este concepto se atenía a la aplicación de las normas de los Tratados CE y TFUE, de aplicación preferente sobre las normas o actos nacionales contrarios a ellos, por más que la propia Administración estatal las hubiera incumplido en otros momentos. Desde esta perspectiva, el cese en la percepción de la ayuda pública a partir del 1 de enero de 2011, tal como deriva de la Orden impugnada, ha de reputarse conforme a Derecho, lo que implica el rechazo de la pretensión principal de la demanda*".

Consideraciones que luego fueron admitidas por la **Sentencia del Tribunal de Justicia de la Unión Europea, de 19 de diciembre de 2013, en el asunto C-262/12,** y por la **Sentencia del Tribunal Supremo de 27 de febrero de 2015.**

En segundo lugar, como hemos comentado ya, el legislador ha optado por el establecimiento del gravamen como mecanismo de financiación del déficit, y como alternativa al mecanismo de financiación sugerido por la autoridad reguladora, la **Comisión Nacional de la Energía**, en su **Dictamen 2/2012**[421].

Recordemos que la Comisión Nacional de la Energía proponía una serie de medidas, entre las cuales se recogían diferentes alternativas para la "*externalización de costes de los peajes eléctricos*"[422], que, a su vez, contenía diferentes submedidas, una de las cuales era la "*implementación de medidas para la financiación de las primas del régimen especial con otras fuentes de financiación diferentes a los peajes de acceso, determinando claramente cuál es el importe que corresponde financiar de dicha partida con cargo a los peajes de acceso*"[423].

Las medidas específicas propuestas en tal sentido requerían eliminar las primas del régimen especial de las tarifas de acceso financiándolas:

(i) bien mediante los Presupuestos Generales del Estado,

(ii) bien mediante ingresos de las subastas de CO2, o

(iii) bien mediante una nueva carga tributaria que gravase al resto de sectores energéticos.

Los argumentos del regulador para proponer esta tercera alternativa eran los siguientes:

(i) el cumplimiento del objetivo de participación de las energías renovables en el 20% del consumo final "*responde a una política energética global, y por tanto la financiación de su extracoste no debería afectar en exclusiva a los consumidores eléctricos*";

---

421 Cfr. "*Informe sobre el sector energético español, parte I: Medidas para garantizar la sostenibilidad económica-financiera del sistema eléctrico*", Comisión Nacional de la Energía, de 7 de marzo de 2012, https://e00-elmundo.uecdn.es/documentos/2012/03/09/deficit_electrico.pdf.

422 Ibidem, páginas 39 y siguientes del dictamen.

423 Cfr. "*Informe sobre el sector energético español, parte I: Medidas para garantizar la sostenibilidad económica-financiera del sistema eléctrico*", op. cit., página 40.

(ii) "*durante el año 2011 las renovables del sector eléctrico han alcanzado el 33% de la demanda de electricidad, 13 puntos por encima del objetivo global previsto para el año 2020, lo que supone un 39% de exceso. Como las primas a las renovables ascendieron a 5.500 M€, el sistema de redistribución de costes propuesto llevaría a que el 39% de las primas fueran soportadas por otros sectores energéticos distintos al eléctrico, esto es, 2.145 M€, mientras que el resto, recaería en el sector eléctrico (3.355 M€)*";

(iii) dicha financiación alternativa de otros sectores energéticos se podría conseguir mediante un incremento en el gravamen de los hidrocarburos con el que se pretenderían recaudar 2.000 millones de euros/año y que supondría fijar el porcentaje de gravamen de gasolinas y gasóleos en el 52% y el 46%, apuntando la Comisión Nacional de la Energía que "*se mantendría en ambos casos por debajo de la fiscalidad de la UE, según datos disponibles de 2011 y 2012 (hasta el 6 de febrero), aproximadamente 57%/56% para la gasolina y 49%/48% para el gasóleo*".

Es decir, si atendemos a la finalidad última del gravamen, que nada tiene que ver con un problema medioambiental achacable a las empresas productoras de energía eléctrica, sino con la búsqueda de un instrumento de financiación del déficit tarifario, nos encontramos con el hecho objetivo de que la **Comisión Nacional de la Energía** propuso como instrumento de financiación más adecuado, la imposición de una carga fiscal sobre el consumo de hidrocarburos por considerar que:

(i) el sector eléctrico ya asumía un esfuerzo suficiente en la introducción de las energías renovables de cara a la consecución del objetivo europeo de la reducción de emisiones;

(ii) dichos objetivos eran una carga de toda la política energética, por lo que en su caso debería ser trasladada al consumo de otros productos energéticos que no participaban en la misma medida en el objetivo de dichos fines de la política ambiental; y

(iii) considerando el nivel impositivo de dichos productos en España y la media en Europa, existía margen para realizar tal traslación.

No pretendemos decir que la apuntada tuviera que ser la solución adoptada, entre otras cosas porque, como se viene repitiendo, el problema del déficit tarifario no es su financiación, sino su generación, por lo que cualquier solución dirigida a financiar dicho déficit a cargo de un sector energético podría ser igualmente ilegal. Pero lo que sí se debe poner de manifiesto es que existía una recomendación expresa de la **Comisión Nacional de la Energía**, señalando que el sector eléctrico ya participaba suficientemente en la consecución de los fines de la política ambiental europea (reducción de emisiones) y apuntaba, en su caso, hacia otras fuentes energéticas.

En conclusión, donde la **Comisión Nacional de la Energía** proponía incrementar el gravamen del consumo de carburantes se decidió gravar asimétricamente a las dos fuentes de generación de energía hipocarbónica que actualmente más contribuyen a la consecución del objetivo de reducción de emisiones en la industria eléctrica.

La relación creada entre estas dos "*opciones*" implica que, de aceptarse la concurrencia del instrumento de financiación (que no se acepta), se ha decidido gravar más la producción eléctrica en lugar de gravar más el consumo de carburantes, lo cual puede generar distorsiones competitivas entre fuentes energéticas en ocasiones concurrentes, y en relación de competencia (vehículos eléctricos/ determinados consumos de calefacción) fruto de un tributo asimétrico[424].

Por último, la imposición del gravamen asimétrico acarrea una distorsión, que podría tener efectos en la competencia, al otorgarse una ventaja selectiva al resto de operadores, cuyo "*mix*" energético tenga una menor composición de energía nuclear (e hidráulica) respecto a la de aquellos operadores que tengan un mayor componente en su mix energético de estas dos tecnologías.

En lo tocante al resto de elementos necesarios para que pueda apreciarse la existencia de una ayuda de Estado, sujeta al régimen previsto en los artículos **107 y 108 del Tratado de Funcionamiento de la Unión Europea**, en cualquiera de los escenarios, tanto en el de la presencia de los fondos estatales, como en el carácter selectivo de la medida, son inherentes a la creación de un tributo asimétrico, por lo que no es necesaria mayor argumentación.

La calificación de los tributos afectos a un **régimen de ayudas como fondos estatales**, no admite discusión según la jurisprudencia del **Tribunal de Justi-**

---

424 Además de lo anterior, el que se tomara dicha opción en contra de la opinión del regulador, habrá de tener sus propias consecuencias tal y como requerían algunas de las partes en la cuestión prejudicial C-262/12: "*Vent de Colère y otros plantean una problemática relativa a la Directiva 2003/54/CE y proponen al Tribunal de Justicia que dirima si la citada Directiva obliga al órgano jurisdiccional nacional a excluir la aplicación de una medida nacional consistente en la obligación de compra de electricidad, adoptada en contra de la opinión del regulador nacional, es decir, la CRE*".

cia de la Unión Europea. Pueden traerse a colación, por ejemplo, entre otras muchas, la **Sentencia del Tribunal de Justicia de la Unión Europea, de 22 de diciembre de 2008, dictada en el asunto C-333/07 (Regie Networks)**[425].

En lo que atañe al **carácter selectivo de las medidas**, la misma asimetría del tributo y sus consecuencias, por razón de la distinta composición de su «*mix*» energético con los diferentes agentes, los cuales actúan en relación de competencia, da lugar a la selectividad, como apreció adecuadamente el **Tribunal de Justicia de la Unión Europea**, tanto en la **Sentencia de 7 de septiembre de 2006 dictada en el asunto C-526/04 (Laboratories Boiron)** a la que antes nos referimos, como previamente en su **Sentencia de 22 de noviembre de 2001, dictada en el asunto C-52/00 (Ferring)**, siguiendo la opinión previamente manifestada por el **Abogado General**, quien, en los **párrafos 36 y siguientes de sus Conclusiones**, presentadas el **8 de mayo de 2001**, formulaba el siguiente análisis relativo a la selectividad creada por gravámenes asimétricos:

---

425 **Sentencia del Tribunal de Justicia de la Unión Europea, de 22 de diciembre de 2008**: "*89. Así el Tribunal de Justicia ha declarado que el modo de financiación de una ayuda puede suponer que la totalidad del régimen de ayuda que pretende sostener sea incompatible con el mercado común. Por tanto, el examen de una ayuda no puede separarse del de los efectos de su modo de financiación. Al contrario, cuando examina una medida de ayuda, la Comisión debe necesariamente tener en cuenta también su modo de financiación si éste forma parte integrante de dicha medida (en este sentido, véanse, en particular, las sentencias Van Calster y otros, antes citada, apartado 49, y de 15 de julio de 2004, Pearle y otros, C-345/02, Rec. p. I-7139, apartado 29) (...). 94 En el caso de una exacción que financia un régimen de ayudas como el controvertido en el procedimiento principal existe un interés comunitario cierto en que el Estado miembro notifique este régimen, incluido el modo de financiación que forma parte integrante de él, a fin de que la Comisión pueda disponer de todos los datos necesarios para apreciar la compatibilidad de esta medida con el mercado común, apreciación que es competencia exclusiva de la Comisión, la cual actúa bajo el control del juez comunitario (en este sentido, véase, en particular, la sentencia de 18 de julio de 2007, Lucchini, C-119/05, Rec. p. I-6199, apartado 52 y jurisprudencia citada) (...). 99 Para que se pueda considerar que un tributo forma parte integrante de una ayuda, el destino del tributo debe estar obligatoriamente vinculado a la ayuda con arreglo a la normativa nacional pertinente, en el sentido de que la recaudación del tributo se destine obligatoriamente a la financiación de la ayuda y afecte directamente a la cuantía de ésta y, consiguientemente, a la apreciación de la compatibilidad de esta ayuda con el mercado común (véase, en particular, la sentencia de 15 de junio de 2006, Air Liquide Industries Belgium, C-393/04 y C-41/05, Rec. p. I-5293, apartado 46 y jurisprudencia citada)*", https://eur-lex.europa.eu/legal-content/ES/TXT/PDF/?uri=ecli:ECLI:EU:C:2008:764

"36. La dificultad y también el aspecto delicado de la cuestión derivan del hecho de que cualquier gravamen establecido a cargo de una determinada categoría de operadores económicos puede, por definición, considerarse como una ventaja concedida a todos los operadores no sujetos al citado gravamen que se encuentran con los primeros en una relación de competencia más o menos estrecha. Por limitarse a varios ejemplos, un gravamen impuesto a los productores de cerveza puede considerarse como una ayuda indirecta a los productores de vino; un gravamen soportado por los transportistas por carretera puede considerarse como una ayuda a las empresas ferroviarias; o incluso, un gravamen que recae sobre los explotadores de salas de cine puede suponer una ayuda para los teatros y así sucesivamente.

37. En resumen, una interpretación amplia del concepto de ayuda, que incluyese la imposición de un gravamen a terceros sujetos que se encuentran asimismo en una débil relación de competencia con los presuntos beneficiarios, correría el riesgo de ir más lejos de lo que pretenden la letra y el espíritu de la norma. De hecho, de esta forma, también se verían incluidas en el concepto de ayuda las ventajas indirectas y difícilmente verificables que podrían derivar del distinto régimen tributario aplicado a las actividades económicas tan sólo parcialmente asimilables y no de las intervenciones públicas destinadas a alterar de una forma significativa las condiciones de competencia. Sin contar —y no sería una consecuencia de poca importancia— con que una interpretación de esta índole supondría el riesgo de unas interferencias injustificadas en la política fiscal de los Estados miembros mediante la utilización inadecuada de unos instrumentos comunitarios encaminados a unos objetivos bien distintos.

38. Sin embargo, tampoco puede considerarse satisfactoria una solución que, al contrario, excluyese a priori cualquier posibilidad de ver una ventaja selectiva en la no imposición de un nuevo gravamen a determinados operadores económicos. De hecho, una interpretación de esta índole ofrecería a los Estados miembros un instrumento para eludir fácilmente la normativa comunitaria en materia de ayudas mediante el recurso discriminatorio a la tributación. Piénsese por ejemplo en la creación de gravámenes que recaen tan sólo sobre los transportistas aéreos privados, con exclusión, por consiguiente, de los públicos, o únicamente sobre las empresas automovilísticas que atraviesan una buena situación económica, y por lo tanto no sobre las que se hallan en dificultades. Es evidente que, en tales supuestos, sería difícil distinguir la no imposición del gravamen de una exención fiscal, dado que el efecto producido sería totalmente idéntico; y apenas tiene sentido recordar que, según reiterada jurisprudencia, el artículo 92 define las intervenciones públicas como ayudas de Estado precisamente en función de los efectos producidos por las mismas.

39. En definitiva, me parece que no puede ni admitirse ni excluirse a priori que la no imposición de un gravamen a determinados sujetos suponga conferir una ventaja selectiva en el sentido del artículo 92 del Tratado. Por consiguiente, la solución ha de buscarse caso por caso, considerando las especiales características de cada caso y, en particular, la relación de competencia existente entre los operadores interesados, la razón de ser del gravamen y los efectos producidos por éste".

En nuestro caso, como venimos examinando, el impuesto controvertido incide de forma diferente entre distintos operadores en el sector de la energía, en general, y en el sector de la electricidad, en particular, que operan, con mayor o menor grado de intensidad, en relación de competencia. El nuevo gravamen afecta en su posición competitiva en muy distinto grado, no sólo en forma directa, sino también indirecta; por ejemplo, los productores con un mayor "*mix*" de producción nuclear e hidráulica verán debilitada su posición financiera, lo que les puede llegar a perjudicar en operaciones corporativas o de adquisición en las que tengan que competir con otros productores que no se vean afectados por dicha carga.

En lo que respecta al impacto en los intercambios intracomunitarios, que los operadores españoles actúen en un mercado integrado con Portugal (además de con el resto de Europa a través de la conexión con Francia), puede generar potencialmente efectos comerciales en los intercambios intracomunitarios. Debemos en tal sentido recordar las consideraciones del **Tribunal de Justicia de la Unión Europea**, en su **Sentencia dictada el 17 de julio de 2008 en el asunto C-206/06 (Essen Netwerk Noord, BV)**:

"76. Por lo que atañe al segundo requisito, es decir, a la posibilidad de afectar a los intercambios entre Estados miembros, es preciso recordar que, según la jurisprudencia del Tribunal de Justicia, no existe un umbral o porcentaje por debajo del cual pueda considerarse que los intercambios comerciales entre Estados miembros no se ven afectados. En efecto, la cuantía relativamente reducida de una ayuda o el tamaño relativamente modesto de la empresa beneficiaria no excluyen a priori la posibilidad de que se vean afectados los intercambios entre Estados miembros (véanse las sentencias, antes citadas, Tubemuse, apartado 43, y Altmark Trans y Regierungspräsidium Magdeburg, apartado 81).

77. A este respecto, es preciso señalar que SEP y las empresas nacionales productoras de electricidad compiten con los productores de electricidad de otros Estados miembros. Habida cuenta, además, del contexto de liberalización del mercado de la electricidad y de la competencia intensa que resultó de él, este elemento es suficiente para concluir que la ayuda puede afectar a los intercambios"[426].

---

426 https://eur-lex.europa.eu/legal-content/ES/TXT/?uri=CELEX%3A62006CJ0206

La prueba más evidente del eventual impacto de las medidas en los intercambios comerciales intracomunitarios, la tenemos en la decisión que, ante tal modificación de las reglas de funcionamiento del mercado integrado, ha tenido que ser adoptada por el Estado portugués, comprometiéndose a analizar cada seis meses las condiciones de competencia en el mercado. Estamos, por ende, ante una medida del Estado portugués, en la que se plasma claramente que la decisión adoptada por el Estado español con la **Ley 15/2012**, podría alterar el régimen de funcionamiento del **MIBEL**.

En todo caso, como manifestó el **propio Abogado General en las Conclusiones dictadas en el asunto FERRING** a las que acabamos de referirnos:

> *"Según la jurisprudencia comunitaria, para calificar una determinada medida como ayuda, basta con que ésta pueda incidir sobre los intercambios comerciales entre los Estados miembros, sin que sea preciso demostrar su incidencia efectiva".*

Como reiteradamente ha manifestado el **Tribunal de Justicia de la Unión Europea**, la función de los órganos judiciales nacionales en la aplicación y vigilancia del régimen de prohibición de ayudas de Estado es autónoma y complementaria a la de la Comisión Europea, de tal forma que dichos órganos, por su propia autoridad, están obligados (y no sólo autorizados) a inaplicar toda medida de ayuda de Estado ilegal. Así lo ha declarado el Tribunal de Justicia de la Unión Europea en distintas ocasiones; citemos como ejemplo la doctrina sentada en los **parágrafos 24 a 31, de la Sentencia de 8 de septiembre de 2011, dictada en el asunto C-275/10**, al que anteriormente nos referimos, y conforme a la cual:

> *"24. Mediante su cuestión, el órgano jurisdiccional remitente pregunta, fundamentalmente, por una parte, si los órganos jurisdiccionales nacionales de los Estados miembros son competentes para anular una garantía en una situación como la del litigio principal, en la que dicha garantía fue otorgada por una autoridad pública para garantizar un préstamo concedido por una sociedad financiera a una empresa que no habría podido obtener esa financiación en condiciones normales de mercado y, por otra parte, en caso de respuesta afirmativa a esa cuestión, si el Derecho de la Unión obliga a ese órgano jurisdiccional a anular una garantía obtenida en tales condiciones.*
>
> *24. Para responder a la primera parte de esta cuestión, procede recordar que la aplicación de un sistema de control de las ayudas estatales, tal como resulta del artículo 88 CE y de la jurisprudencia del Tribunal de Justicia que se refiere al mismo, incumbe, por un lado, a la Comisión y, por otro, a los órganos jurisdiccionales nacionales (sentencia de 5 de octubre de 2006,*

Transalpine Ölleitung in Österreich y otros, C-368/04, Rec. p. I-9957, apartado 36).

25. A este respecto, los órganos jurisdiccionales nacionales y la Comisión desempeñan funciones distintas pero complementarias (véanse las sentencias de 11 de julio de 1996, SFEI y otros, C-39/94, Rec. p. I-3547, apartado 41; de 21 de octubre de 2003, van Calster y otros, C-261/01 y C-262/01, Rec. p. I-12249, apartado 74, y Transalpine Ölleitung in Österreich y otros, antes citada, apartado 37).

26. En efecto, mientras que la apreciación de la compatibilidad de las medidas de ayuda con el mercado común constituye una competencia exclusiva de la Comisión, que actúa bajo el control de los órganos jurisdiccionales de la Unión, los órganos jurisdiccionales nacionales velan por la salvaguarda de los derechos de los justiciables en caso de incumplimiento de la obligación de notificación previa de las ayudas de Estado a la Comisión prevista en el artículo 88 CE, apartado 3 (sentencias, antes citadas, van Calster y otros, apartado 75, y Transalpine Ölleitung in Österreich y otros, apartado 38).

27. En este contexto, debe recordarse que una medida de ayuda que se ejecute sin observar las obligaciones derivadas del artículo 88 CE, apartado 3, es ilegal (véanse las sentencias de 21 de noviembre de 1991, Fédération nationale du commerce extérieur des produits alimentaires y Syndicat national des négociants et transformateurs de saumon, C-354/90, Rec. p. I-5505, apartado 17, y de 27 de octubre de 2005, Distribution Casino France y otros, C-266/04 y C-270/04, C-276/04 y C-321/04 a C-325/04, Rec. p. I-9481, apartado 30). Además, el artículo 1, letra f), del Reglamento n° 659/1999 confirma esta interpretación.

28. A este respecto, el Tribunal de Justicia ha declarado en reiteradas ocasiones que incumbe a los órganos jurisdiccionales nacionales deducir todas las consecuencias de la infracción de dicho artículo 88 CE, apartado 3, conforme a su Derecho nacional, tanto en lo que atañe a la validez de los actos que implican la ejecución de las medidas de ayuda, como a la devolución de las ayudas económicas concedidas incumpliendo esta disposición (sentencias van Calster y otros, antes citada, apartado 64; de 21 de julio de 2005, Xunta de Galicia, C-71/04, Rec. p. I-7419, apartado 49, y CELF y Ministre de la Culture et de la Communication, antes citada, apartado 41).

29. Pues bien, en el litigio principal, el órgano jurisdiccional remitente considera que la garantía concedida a Residex es una medida de ayuda no notificada y, por tanto, ilegal.

30. De ello se desprende que, en ese caso, los órganos jurisdiccionales del Reino de los Países Bajos son competentes para extraer todas las consecuencias de esa ilegalidad, con arreglo a su Derecho nacional, incluido en lo que respecta a la validez de los actos que ejecutan dicha garantía".

En conclusión, estamos ante una medida en la que mediante fondos estatales, se otorga una ventaja selectiva a determinadas empresas en detrimento de otras, que compiten con las primeras en mercados concurrentes, sin que la medida responda a la lógica del sistema fiscal español, ni desde la perspectiva del principio de capacidad económica, ni desde la perspectiva de los supuestos fines extrafiscales del tributo, por cuanto, como hemos afirmado reiteradamente, se grava a las tecnologías con menor nivel de externalidades.

Capítulo IV
LA LITIGIOSIDAD EN EL ÁMBITO DEL IMPUESTO SOBRE EL VALOR DE LA PRODUCCIÓN DE LA ENERGÍA ELÉCTRICA

SUMARIO: 1. EL CONTROL DE CONSTITUCIONALIDAD DEL IMPUESTO SOBRE EL VALOR DE LA PRODUCCIÓN DE LA ENERGÍA ELÉCTRICA. LAS DUDAS SOBRE LA CONSTITUCIONALIDAD DEL IMPUESTO POR EL TRIBUNAL SUPREMO. 1.1 La posición del Tribunal Supremo. 1.2 La posición del Tribunal Constitucional. 2. LA POSICIÓN DEL TRIBUNAL DE JUSTICIA DE LA UNIÓN EUROPEA. LA SENTENCIA DEL TRIBUNAL DE JUSTICIA DE LA UNIÓN EUROPEA DE 3 DE MARZO DE 2021. 3. LA POSIBILIDAD DE QUE EL TRIBUNAL CONSTITUCIONAL Y EL TRIBUNAL DE JUSTICIA DE LA UNIÓN EUROPEA SE PRONUNCIEN DE NUEVO EN EL FUTURO SOBRE EL IMPUESTO DEL VALOR DE LA PRODUCCIÓN DE LA ENERGÍA ELÉCTRICA. *Vicios de inconstitucionalidad del IVPEE no examinados por el Auto de inadmisión del Tribunal Constitucional.*

¿Roma locuta, causa finita?
(Roma ha hablado el caso está cerrado)
SAN AGUSTÍN DE HIPONA
(sermón número 131.10, año 417)

De todo lo descrito en los Capítulos precedentes, hay un dato fundamental a destacar, y es el alto grado de conflictividad en la tributación en general[427],

---

427 Cfr. MORIES JIMÉNEZ, M. T. (2016): "El conflictivo recorrido legislativo y jurisprudencial del gravamen sobre el depósito de las entidades de crédito en el ámbito estatal y autonómico. Perspectiva de futuro", *Quincena Fiscal*, número 18, páginas 35 y siguientes: "*En torno al proceso de gestación del gravamen sobre los Depósitos de las Entidades de Crédito (en adelante, IDEC) en sus diferentes versiones como impuesto estatal y autonómico, han concurrido algunos de los problemas que en el ámbito del Derecho Financiero vienen ocupando mucho tiempo a los que nos dedicamos a su estudio afectando a cuestiones tales como:* ***el concepto de tributo en sí, los fines extrafiscales de los tributos, las fórmulas legales empleadas para su creación o modificación de aspectos esenciales*** *—Decretos-*

y, en los mal llamados tributos medioambientales del sector eléctrico, en particular[428].

La caótica regulación tributaria del sector eléctrico, la amalgama de tributos sin fines medioambientales, el objetivo claro de financiar el déficit de tarifa por encima de criterios constitucionales y de respeto al Derecho de la Unión Europea, etc., nos han llevado a la existencia: de un sinfín de obligaciones formales que asfixian al contribuyente, de un aumento de la conflictividad tributaria y la excesiva litigiosidad, tanto en los órganos revisores administrativos, como en el ámbito judicial. Todo ello preocupa fundamentalmente por varios motivos: por el enorme embalsamiento de asuntos que lleva apareja dilaciones indebidas, dando lugar a una posible vulneración del derecho a la tutela judicial efectiva, en su versión de derecho a obtener una respuesta en tiempo razonable a las pretensiones; y también, por el excesivo coste para la administración y para el contribuyente que lleva aparejado la existencia de aspectos burocráticos y miles de recursos[429].

---

leyes o Ley de Presupuestos Generales—, límites al poder tributario de las Comunidades Autónomas, el ejercicio de la autonomía financiera por parte de las CCAA, problemas de competencia fiscal con el Estado, etc. A muchas de estas cuestiones, se ha referido el TC al analizar los problemas planteados en relación con el IDEC en estos últimos años, solucionando algunas cuestiones polémicas, pero dejando a nuestro juicio algunos flecos sobre los que nos gustaría pronunciarnos y así cerrar el largo debate generado sobre esta figura, que ha puesto de manifiesto una deslealtad recíproca entre las CCAA y el Estado. No cabe duda, de que estamos ante un impuesto controvertido desde sus orígenes". (La negrita y el subrayado es nuestro).

428 Vid. ADAME MARTÍNEZ, F. (2019): "Los tributos ambientales en España", en CUBERO TRUYO, A. y MASBERNAT, P. (2019), (Directores): *op. cit.*, página 311: "*un dato importante a destacar desde este momento y es el alto grado de conflictividad generado por estos impuestos pues muchos de ellos han sido llevados ante el Tribunal Constitucional como consecuencia de recursos o cuestiones de inconstitucionalidad o ante el Tribunal de Justicia de la Unión Europea mediante cuestiones prejudiciales planteadas por Tribunales Superiores de Justicia o por el Tribunal Supremo. Algunos han superado el control de constitucionalidad y de compatibilidad con el Derecho europeo y siguen vigentes, pero otros no*".

429 Cfr. LAGO MONTERO, J. M. (Director); ALFONSO GALÁN, R. M. y GUERVÓS MAÍLLO, M. A. (Coordinadoras), (2018): *Litigiosidad tributaria: estado, causas y remedio*, editorial Thomson Reuters Aranzadi, Madrid, página 23: "*Aunque se trate de una preocupación ampliamente compartida, en nuestra percepción y en nuestro entorno, no por ello se trata de un sentir unánime. A juicio de algunos operadores e ilustres comentaristas, la existencia de cientos de miles de reclamaciones es expresión de dinamismo social, tratándose de un problema, y no muy grave, solo para el Estado. A nuestro juicio, sin embargo, se trata*

Las empresas del sector de la energía eléctrica están sometidas a más obligaciones formales que ninguna otra, por lo que desarrollan con las Administraciones Tributarias unas interminables relaciones jurídicas, sufriendo las consecuencias de una mejorable organización del sistema, por los costes financieros que, para ellas, e incluso para la Administración Tributaria representan[430].

Para LAGO MONTERO: "*a la hora de identificar las causas de este fenómeno de la litigiosidad tributaria creciente se suele distinguir entre causas mediatas e inmediatas (...) a nuestro juicio, no han cambiado apenas desde nuestro anterior estudio, en 2004 hasta nuestros días, 13 años después. Si acaso, se han consolidado algunas de ellas, (...) y sigue siendo, a nuestro juicio, la causa última y más mediata la tensión intrínseca entre el deber de contribuir y el derecho a hacerlo de la manera menos onerosa legalmente posible. De este choque de trenes es natural que resulten conflictos. Y las causas más mediatas, la tantas veces denunciada, por excesiva, complejidad normativa, prolija en regímenes especiales y beneficios fiscales que excepcionan el general cumplimiento del deber de contribuir; la proliferación incesante de conceptos jurídicos indeterminados, de presunciones limítrofes con ficciones, de cláusulas antiabuso entorpecedoras del fraude de ley y la simulación; la agobiante, sólo para algunos, presión fiscal directa e indirecta, hoy informáticamente extenuante a veces, pero verdaderamente onerosas ambas, en estos tiempos de recientes*

---

de un problema real tanto para las Administraciones Públicas como para los ciudadanos contribuyentes que osan recurrir, soportar y padecer la lentitud de un sistema mejorable en su eficiencia. El cómo reducir el número de litigios y aligerar el tiempo de duración de los procedimientos, sin merma de los derechos de los administrados, han sido desde el principio los objetivos-guías de este trabajo".

430 Cfr. CHICO DE LA CÁMARA, P. (2015): Informe "*Una propuesta de medidas alternativas de solución de conflictos (A.D.R.) en el sistema tributario español con especial referencia al arbitraje*", Fundación Impuestos y Competitividad, Madrid; vid. también Comisión General de Codificación (2013), sección especial para la reforma de la Ley de la Jurisdicción Contencioso-Administrativa: *Informe explicativo y propuesta de Ley de eficiencia de la Jurisdicción Contencioso-Administrativa*, donde se pone el acento en la necesaria reforma de los recursos administrativos previos, cuyas deficiencias considera causantes del mal funcionamiento de la jurisdicción contencioso-administrativa; A juicio del legislador, también estamos ante una excesiva litigiosidad, pues se refirió a ella, en la Exposición de Motivos de la reforma de la Ley General Tributaria (2015), en la primera página, tildando de *objetivo esencial* de la misma reducirla.

crisis económica y fiscal, para con aquellos grupos de contribuyentes más fácilmente controlables por las Agencias Tributarias"[431].

Claro ejemplo de conflictividad en el ámbito tributario ha sido el periplo judicial del Impuesto sobre el Valor de la Producción de la Energía Eléctrica, con más de doce años de contienda.

El IVPEE ha sido cuestionado en sede constitucional, europea y contencioso-administrativa *cuasi* simultáneamente, siendo un buen ejemplo de la complejidad que implica el conocimiento síncrono por distintos Tribunales de la misma norma[432]. Mientras se inadmitían por el Tribunal Constitucional diversas cuestiones de inconstitucionalidad, como veremos inmediatamente, en ese *impasse*, el **Tribunal Superior de Justicia de Valencia**, elevó una cuestión prejudicial ante el **Tribunal de Justicia de la Unión Europea** lo que provocó que, a pesar de la escasa aplicación que tiene en nuestro sistema jurisdiccional contencioso-administrativo el **artículo 43 de la Ley 1/2000, de 7 de enero, de Enjuiciamiento Civil**, referido a la suspensión de las actuaciones judiciales en relación con cuestiones prejudiciales, el **Tribunal Supremo y los Tribunales Superiores de Justicia** vinieron acordando la suspensión de los procedimientos, por la relevancia que podría tener en la decisión, la cuestión prejudicial planteada contra el IVPEE, hasta que el **Tribunal de Justicia de la Unión Europea** la resolviera.

Pasamos a exponer el recorrido judicial que, hasta la fecha, ha tenido el IVPEE.

---

431 Vid. LAGO MONTERO, J. M. (Director); ALFONSO GALÁN, R. M. y GUERVÓS MAÍLLO, M. A. (Coordinadoras), (2018): *Litigiosidad tributaria: estado, causas y remedio*, op. cit., página 37; Cfr. también, GAMERO CASADO, E. (2014): "Las relaciones obligatorias por medios electrónicos en la Administración Tributaria", homenaje al Profesor JAVIER LASARTE ÁLVAREZ, coordinadores ADAME MARTÍNEZ, F. Y RAMOS PRIETO, J., en *Estudios sobre el sistema tributario actual y la situación financiera del sector público*, Instituto de Estudios Fiscales, Madrid, páginas 2.169 y siguientes; vid. también, VELASCO CABALLERO, F. (2014): "La creación de una jurisdicción fiscal en España. Conclusiones", en *Seminario del Centro de* Investigación *sobre Justicia Administrativa celebrado por la Universidad Autónoma*.

432 Vid. SESMA SÁNCHEZ, B. (2020), "Efectos de las sentencias anulatorias de normas en el ámbito tributario", *op. cit.*, página 171-211.

1. EL CONTROL DE CONSTITUCIONALIDAD DEL IMPUESTO SOBRE EL VALOR DE LA PRODUCCIÓN DE LA ENERGÍA ELÉCTRICA. LAS DUDAS SOBRE LA CONSTITUCIONALIDAD DEL IMPUESTO POR EL TRIBUNAL SUPREMO

1.1 LA POSICIÓN DEL TRIBUNAL SUPREMO

El control de constitucionalidad del IVPEE se planteó por una doble vía.

La primera, a través de un **recurso de inconstitucionalidad (número 1780/2013)**, promovido por la Junta de Andalucía. En el recurso se invocó la vulneración del **articulo 9.3 Constitución Española**[433] (principio de seguridad jurídica), y se puso de relieve que el tributo, pese a su presunto carácter medioambiental, no realizaba ninguna diferenciación encaminada a favorecer a los productores eléctricos que empleaban fuentes de energía renovables, dando lugar entonces a situaciones de desigualdad. Además, el recurso planteaba, que el marco legal estable de las energías renovables se había visto afectado por varias modificaciones normativas que habían supuesto una quiebra del sistema legal nacional establecido.

Ello dio lugar a la **Sentencia del Tribunal Constitucional, número 183/2014, de 6 de noviembre**[434] que, de acuerdo con su reiterada jurisprudencia, sostuvo que: "*el art. 14 CE no consagra un derecho subjetivo a la desigualdad de trato*". A pesar de que:

> *"nada impide al legislador tomar en consideración razones medioambientales para configurar los tributos como un instrumento de política económica, en el supuesto del IVPEE, su aplicación generalizada responde a una lícita opción del legislador, que cuenta con un amplio margen para el establecimiento y configuración del tributo".*

---

433 Cfr. Recurso de inconstitucionalidad número 1780-2013, contra los artículos 4, 5 y 8 de la Ley 15/2012, de 27 de diciembre, de medidas fiscales para la sostenibilidad energética; El Pleno del Tribunal Constitucional, por providencia de 23 de abril 2013, acordó admitir a trámite este recurso de inconstitucionalidad, promovido por el Consejo de Gobierno de Andalucía contra los artículos 4, 5 y 8 de la Ley 15/2012, de 27 de diciembre, de medidas fiscales para la sostenibilidad energética;

434 Sentencia 183/2014, de 6 de noviembre de 2014. Recurso de inconstitucionalidad 1780-2013, Promovido por el Consejo de Gobierno de la Junta de Andalucía en relación con diversos preceptos de la Ley 15/2012, de 27 de diciembre, de medidas fiscales para la sostenibilidad energética. Boletín Oficial del Estado, número 293, de 4 de diciembre de 2014, páginas 91 a 113, https://www.boe.es/buscar/doc.php?id=BOE-A-2014-12649

La sentencia además añade, que tampoco cabe mantener un régimen fiscal preexistente —lo que, de por sí, impediría toda innovación legislativa—, en el sentido de conservar unos beneficios fiscales de naturaleza medioambiental que ya existieran en un régimen anterior, de manera que:

> *"la observancia estricta de esta línea argumental abocaría a la petrificación del ordenamiento desde el momento en que una norma promulgada hubiese generado en un sector de la ciudadanía o entre algunos poderes públicos la confianza en su vigencia más o menos duradera (...) y no sería coherente con el carácter dinámico del ordenamiento jurídico y con nuestra doctrina constante acerca de que la realización del principio de seguridad jurídica, aquí en su vertiente de protección de la confianza legítima, no puede dar lugar a la congelación o petrificación de ese mismo ordenamiento (STC 332/2005, de 15 de diciembre, FJ 17 y las resoluciones allí citadas). (STC 237/2012, de 13 de diciembre, FJ 9 c)"*[435].

En síntesis, los argumentos que llevaron al Tribunal Constitucional a desestimar el recurso de inconstitucionalidad fueron que:

(i) el **artículo 14 Constitución Española** no recoge un derecho subjetivo a la desigualdad de trato,

(ii) el legislador cuenta con un amplio margen para el establecimiento de los tributos, y

(iii) no existe la necesidad de mantener beneficios fiscales en los tributos de naturaleza medioambiental que venían establecidos en un régimen anterior[436].

---

435 Para ALONSO GARCÍA, R. y ALMUDÍ CID, J. M. (2020): *"(...) se desprende que la distinción tributaria entre productores de electricidad tradicionales y productores que emplean energías renovables, pese a resultar deseable en términos medioambientales, no resulta constitucionalmente obligada. (...), tampoco cabrá exigir, en términos generales, el mantenimiento de beneficios o incentivos fiscales de carácter medioambiental que pudieran existir en un régimen tributario preexistente, pues un planteamiento de esta naturaleza conduciría a una indeseada petrificación o congelación del ordenamiento"*. En "El Tribunal Supremo ante la constitucionalidad y la europeidad de las leyes (...)", op. cit., página 66 y 67. Sobre la amplia discrecionalidad del legislador en este punto, vid. la STC 64/1982, de 4 de noviembre, ECLI:ES:TC:1982:64, Fundamento Jurídico segundo, según la cual "*en cuanto a las técnicas apropiadas para llevar a cabo la protección del medio ambiente, corresponde su elección al legislador*".

436 En relación con la posibilidad de suprimir los beneficios fiscales que venían atribuidos por un régimen anterior, ya se pronunció el Tribunal de Justicia de la Unión Europea

La segunda de las vías de control de inconstitucionalidad del IVPEE, se planteó a través de **dos cuestiones de inconstitucionalidad** instadas por el Tribunal Supremo.

La primera, a través del **Auto del Tribunal Supremo, número 5923/2016, de 14 de junio**, donde en su razonamiento jurídico cuarto, se dirige al Tribunal Constitucional en los siguientes términos:

> *"Con carácter preliminar hemos de acotar el ámbito de nuestras dudas. En primer lugar, debe quedar claro que el contraste que provoca este reenvió al Tribunal Constitucional lo es entre la Ley 15/2012 y la Constitución, en particular su artículo 31.1.* ***No interviene para nada como elemento de enjuiciamiento en este momento el Derecho de la Unión Europea****, cuestión sobre la que insiste UNESA en su escrito de alegaciones. La eventual contradicción entre la mencionada Ley y dicho ordenamiento jurídico transnacional, así como las perplejidades interpretativas que tal enjuiciamiento pudiera provocar, disponen de otro marco procesal para su solución, sobre el que* ***se pronunciará esta Sala en el momento oportuno, si resulta menester****, una vez cuente con la respuesta del Tribunal Constitucional".*

(la negrita y subrayado son nuestras)

Para concluir planteando al **Tribunal Constitucional**, la cuestión de inconstitucionalidad respecto de:

> *"los artículos 12, 15, 17, 18, 19, 22, 24 y 26 de la Ley 15/2012, de 27 de diciembre, de medidas fiscales para la sostenibilidad energética, que regulan los impuestos sobre producción de combustible nuclear gastado y residuos radiactivos resultantes de la generación de energía núcleo eléctrica y el almacenamiento de combustible nuclear gastado y residuos radiactivos*

---

en el asunto **PLANTANOL**, en el que se cuestionaba la posibilidad de suprimir determinados incentivos fiscales que incidían sobre los biocarburantes. Para el Tribunal de Luxemburgo, "*debe admitirse que, para un operador económico que hubiera iniciado sus actividades bajo la vigencia de un régimen de exención fiscal aplicable a los biocarburantes y que, a tal fin, hubiera realizado inversiones costosas, una supresión anticipada de ese régimen puede afectar considerablemente a sus intereses, máxime cuando esta se efectúa de un modo súbito e imprevisible, sin darle el tiempo necesario para adaptarse a la nueva situación legislativa. La competencia para determinar si un operador prudente y diligente podía prever la posibilidad de supresión de la exención corresponderá al Tribunal remitente, que deberá tener en cuenta las vías de información normalmente empleadas por el Estado miembro que suprime la exención y las circunstancias concretas del supuesto*". **Sentencia Tribunal de Justicia de la Unión Europea, de 10 de septiembre de 2009, (C-201/08) ECLI:EU:C:2009:539, apartado 52.**

en instalaciones centralizadas, por su eventual vulneración del principio de capacidad económica proclamado en el artículo 31.1 de la Constitución".

Sorprenden las razones por las que el Tribunal Constitucional, en su **Auto 204/2016, de 13 de diciembre**[437], acaba inadmitiendo la cuestión de inconstitucionalidad. En síntesis, argumenta su inadmisión en que:

> *"el Tribunal Supremo no se ha dirigido previamente y vía prejudicial al Tribunal de Justicia de la Unión Europea (...), habiendo exteriorizado sus dudas acerca de la compatibilidad de la ley con el Derecho de la Unión Europea (...), dando prioridad al planteamiento de la cuestión de inconstitucionalidad sobre el planteamiento de la cuestión prejudicial europea".*

Y digo que sorprende, por dos motivos:

- **primero**, porque en ningún momento el Tribunal Supremo recoge dudas sobre la incompatibilidad del tributo cuestionado con el ordenamiento europeo; y
- **segundo**, porque ni el **artículo 267 del Tratado de Funcionamiento de la Unión Europea,** ni el **Tribunal de Justicia de la Unión Europea** han establecido prioridad al planteamiento de la cuestión prejudicial sobre el control interno de inconstitucionalidad. El Auto del Tribunal Supremo no se pronunció en ningún momento sobre la procedencia de activar la cuestión prejudicial. Simplemente, se limitó a dar cuenta de las alegaciones de la parte demandante, posponiendo un pronunciamiento al respecto "*en el momento oportuno, si resulta menester*".

Pero a mayor abundamiento, como ya hemos afirmado, no existe ninguna regulación jurídica que haga mantener una prevalencia de la cuestión prejudicial sobre la cuestión de inconstitucionalidad, sino todo lo contrario. El **Tribunal de Justicia de la Unión Europea** siempre se ha manifestado en términos de *neutralidad*, dejando en manos de los sistemas jurídicos nacionales, bajo determinadas condiciones, la decisión de anteponer, simultanear o posponer al planeamiento

437 Auto 204/2016, de 13 de diciembre de 2016. Cuestión de inconstitucionalidad 4179-2016. Inadmite a trámite la cuestión de inconstitucionalidad 4179-2016, planteada por la Sala de lo Contencioso-Administrativo del Tribunal Supremo en relación con diversos preceptos de la Ley 15/2012, de 27 de diciembre, de medidas fiscales para la sostenibilidad energética, https://hj.tribunalconstitucional.es/es/Resolucion/Show/25219

de la cuestión prejudicial, la activación interna de un control incidental de constitucionalidad[438].

Sin embargo, para nuestro Tribunal Constitucional no cabe ni la simultaneidad, ni la prevalencia de la cuestión de inconstitucionalidad frente a la cuestión prejudicial, pronunciándose en favor de la precedencia de la cuestión prejudicial[439], y ello en base a que:

> *"Al disponer los arts. 163 CE y 35.1 LOTC que la cuestión de inconstitucionalidad debe referirse siempre a una norma legal «aplicable al caso», ha de entenderse que la prioridad en el planteamiento debe corresponder, por principio, a la cuestión prejudicial del art. 267 TFUE; la incompatibilidad de la ley nacional con el Derecho de la Unión Europea sería causa de su inaplicabilidad y, por tanto, faltaría una de las condiciones exigidas para la admisibilidad de la cuestión de inconstitucionalidad. Esta sólo sería admisible si se ha descartado la posibilidad de que la ley cuestionada sea incompatible con*

---

438 Vid. el trabajo ya citado de ALONSO GARCÍA, R. y ALMUDÍ CID, J. M. (2020), "El Tribunal Supremo ante la constitucionalidad y la europeidad de las leyes (...)". En relación con la neutralidad en el planteamiento de las cuestiones prejudiciales se ha pronunciado en varias ocasiones el Tribunal de Justicia de la Unión Europea. Vid. asuntos acumulados **MELKI Y ABDELI, Sentencia del Tribunal de Justicia de la Unión Europea, de 22 de junio de 2010 (C-188 y C-189/10)**, en la que el Tribunal de Justicia de la Unión Europea declaró que: "*cuando el control incidental de constitucionalidad se antepusiera a la cuestión prejudicial en el contexto específico de una transposición reglada de directivas, pesaría entonces sobre el juez constitucional la obligación de activar a su vez la cuestión prejudicial antes de pronunciarse sobre la objetada constitucionalidad de la ley*". Lo que conllevaba, lógicamente, admitir la posibilidad de la precedencia de la cuestión de inconstitucionalidad sobre esta. Vid. también asunto **KERNKRAFTWERKE LIPPE-EMS**, Sentencia del Tribunal de Justicia de la Unión Europea, de 4 de junio de 2015 (C-5/14), donde el Tribunal de Justicia de la Unión Europea concluye que "*el artículo 267 TFUE debe interpretarse en el sentido de que un órgano jurisdiccional nacional, que albergue dudas acerca de la compatibilidad de una normativa nacional, tanto con el Derecho de la Unión como con la Constitución del Estado miembro de que se trate, no está privado de la facultad ni, en su caso, exento de la obligación de plantear al Tribunal de Justicia de la Unión Europea cuestiones sobre la interpretación o la validez de ese Derecho por el hecho de que esté pendiente un procedimiento incidental de control de la constitucionalidad de esa misma normativa ante el órgano jurisdiccional nacional encargado de ejercer ese control*".

439 En este sentido, cfr. también el Auto del Tribunal Constitucional 168/2016, de 4 de octubre, cuestión de inconstitucionalidad 2209-2016 y Autos del Tribunal Constitucional 183/2016 y 185/2016, ambos de 15 de noviembre (excluyendo la simultaneidad de ambas cuestiones en favor de la precedencia de la cuestión prejudicial).

el Derecho de la Unión y, en consecuencia, inaplicable. Dicho de otro modo, desde la perspectiva del ordenamiento jurídico español, el órgano judicial que duda de la constitucionalidad de una ley no podrá plantear cuestión sobre la misma ante el Tribunal Constitucional si al propio tiempo considera que esa ley es claramente incompatible con el Derecho de la Unión Europea, pues viene entonces obligado por este Derecho a no aplicarla. Si lo que sucede es que alberga dudas sobre la compatibilidad de esa ley con el Derecho de la Unión, lo que habrá de hacer es plantear primero la cuestión prejudicial ante el Tribunal de Justicia de la Unión Europea, de suerte que solo cuando este haya descartado la incompatibilidad de la norma nacional con el Derecho de comunitario cabrá plantear la cuestión de inconstitucionalidad" (Fundamento Jurídico tercero).

Pues bien, no podemos compartir estos argumentos del Tribunal Constitucional. En primer término, debemos poner énfasis en el hecho de que dicha doctrina constitucional no deriva de la interpretación de nuestra Carta Magna, esto es, del contenido del **artículo 163** en conexión con el **artículo 35.1 de la Ley Orgánica del Tribunal Constitucional**, sino del contenido y alcance que el Tribunal Constitucional otorga al **artículo 267 del Tratado de Funcionamiento de la Unión Europea**, como ya hemos recogido. En efecto, resulta extraño que el Tribunal Constitucional haga descansar su razonamiento en la interpretación de un precepto de la normativa europea que, además, no coincide con la que ha desarrollado el Tribunal de Justicia de la Unión Europea, máximo intérprete del **Tratado de Funcionamiento de la Unión Europea**.

De hecho, las propias Sentencias transcritas en el Auto de continua referencia ponen de manifiesto que la conclusión del Tribunal de Justicia de la Unión Europea, respecto del alcance del **artículo 267** del **Tratado de Funcionamiento de la Unión Europea** es distinta a la del Tribunal Constitucional, por cuanto expresamente prevé la posibilidad, de que la vía nacional de inconstitucionalidad, y la vía europea a través del planteamiento de cuestión prejudicial, se desarrollen de forma simultánea, subrayando, obviamente, la primacía del Derecho Europeo.

En este sentido, traemos a colación la **Sentencia del Tribunal de Justicia de la Unión Europea, de 11 de septiembre de 2014, asunto C-112/13**, cuyo **Considerando 46**[440], dispone lo siguiente:

---

440 ECLI:EU:C:2014:2195, Sentencia del Tribunal de Justicia (sala quinta), de 11 de septiembre de 2014, https://curia.europa.eu/juris/document/document.jsf?text=&docid=157515&pageIndex=0&doclang=es&mode=lst&dir=&occ=first&part=1&cid=5659

> *"En atención a las consideraciones anteriores, procede responder a la primera cuestión prejudicial que el Derecho de la Unión, y en particular el artículo 267 TFUE, debe interpretarse en el sentido de que se opone a una normativa nacional, como la controvertida en el litigio principal, según la cual los tribunales ordinarios que resuelven en apelación o en última instancia están obligados, cuando consideren que una ley nacional es contraria al artículo 47 de la Carta, a solicitar al Tribunal Constitucional, durante el procedimiento, la anulación con carácter general de la ley en lugar de limitarse a dejar de aplicarla en el caso concreto, en la medida en que el carácter prioritario de dicho procedimiento tenga como efecto impedir, tanto antes de la presentación de la referida solicitud al órgano jurisdiccional nacional competente para ejercer el control de constitucionalidad de las leyes como, en su caso, después de la resolución del citado órgano sobre esa solicitud, que los tribunales ordinarios ejerzan su facultad o cumplan su obligación de plantear cuestiones prejudiciales al Tribunal de Justicia. En cambio, el Derecho de la Unión, y en particular el artículo 267 TFUE, debe interpretarse en el sentido de que no se opone a tal normativa nacional cuando los tribunales ordinarios sigan estando facultados:*
>
> *1. para plantear al Tribunal de Justicia toda cuestión prejudicial que consideren necesaria, en cualquier momento del procedimiento que estimen apropiado, e incluso una vez finalizado el procedimiento incidental de control general de las leyes,*
>
> *2. para adoptar toda medida necesaria a fin de garantizar la tutela judicial provisional de los derechos conferidos por el ordenamiento jurídico de la Unión, y*
>
> *3. para dejar inaplicada, una vez finalizado ese procedimiento incidental, la disposición legislativa nacional controvertida si la consideran contraria al Derecho de la Unión.*
>
> *Incumbe al tribunal remitente comprobar si la normativa nacional puede interpretarse conforme a estas exigencias del Derecho de la Unión".*

La Sentencia transcrita no sólo rechaza la conclusión alcanzada por el Tribunal Constitucional, sino que incluso señala con total claridad que:

> *"los tribunales ordinarios están facultados: para plantear al Tribunal de Justicia toda cuestión prejudicial que consideren necesaria, en cualquier momento del procedimiento que estimen apropiado, e incluso una vez finalizado el procedimiento incidental de control general de las leyes".*

Es decir, no sólo prevé la compatibilidad de ambas vías, sino que incluso admite la posibilidad, de que las cuestiones prejudiciales, sean planteadas con posterioridad a la resolución del procedimiento incidental nacional de control constitucional. Distinta conclusión supondría equiparar, la decisión del juez nacional de plantear la cuestión prejudicial, a la de considerar directamente inaplicable la norma nacional por infracción del Derecho europeo, pues en ambos casos los efectos para la aplicabilidad de la norma **ex artículo 37.1 de la Ley Orgánica del Tribunal Constitucional**, serían los mismos siguiendo la doctrina expuesta por el Auto de inadmisión.

En consecuencia, la doctrina del Tribunal de Justicia de la Unión Europea, al interpretar el **artículo 267 del Tratado de Funcionamiento de la Unión Europea**, no permite sostener, como incorrectamente señala el Auto del Tribunal Constitucional examinado, que el planteamiento de la cuestión prejudicial debe tener carácter preferente y ser plenamente agotado en los supuestos en los que las normas cuya constitucionalidad se consulta también presenten potenciales vicios de Derecho europeo.

La solución jurídica por la que se ha decantado el **Tribunal Constitucional** con esta doctrina, amén de estar fundamentada en una interpretación del **artículo 267 del Tratado de Funcionamiento de la Unión Europea** contraria al criterio del **Tribunal de Justicia de la Unión Europea**, supone privar de aplicabilidad a una norma en el proceso, sin base legal para ello, anticipando su juicio de compatibilidad con el Derecho europeo.

La segunda de las cuestiones de inconstitucionalidad instadas por el Tribunal Supremo fue a través del **Auto 3/2018, de 10 de enero (recurso 2554/2014)**, donde, descartando cualquier incompatibilidad del IVPEE con el Derecho de la Unión Europea[441], considera que existen razones para cuestionar la finalidad extrafiscal del IVPEE, ya que el mismo parece gravar una manifestación de capacidad económica que ya lo está a través de otro tributo, cuyo hecho imponible es idéntico o muy similar al Impuesto sobre Actividades Económicas. En concreto el Tribunal Supremo acuerda:

441 Podemos intuir que el Tribunal Supremo, sin apenas motivación, llega a esta conclusión tras la Sentencia del Tribunal de Justicia de la Unión Europea, de 20 de septiembre de 2017 (C-215/16, C216/16, C-220/16 y C 221/16), asunto *Elecdey Carcelen e.a.,* entendiendo que los argumentos empleados por el Tribunal de Justicia de la Unión Europea para declarar la adecuación al Derecho Europeo del canon eólico de Castilla-La Mancha eran perfectamente extrapolables al IVPEE, aunque como venimos reiterando, es muy cuestionable (a pesar de la Sentencia del Tribunal de Justicia de la Unión Europea de 3 de marzo de 2021) que quepa atribuir al IVPEE, la condición de impuesto directo, siendo un impuesto que recae claramente sobre la energía eléctrica, conclusión que fue la que dio lugar a que el canon eólico se considerara compatible con el Derecho de la Unión.

> *"Plantear al Tribunal Constitucional cuestión de inconstitucionalidad respecto de los artículos 1, 4.1, 6.1 y 8 de la Ley 15/2012, de 27 de diciembre, de medidas fiscales para la sostenibilidad energética (BOE de 28 de diciembre), que regulan el impuesto sobre el valor de la producción de la energía eléctrica, habida cuenta de su eventual oposición al principio de capacidad económica que proclama el artículo 31.1 de la Constitución".*

El Tribunal Constitucional por **Auto 69/2018, de 20 de junio**[442], inadmitió la antecitada cuestión de inconstitucionalidad, ya que afirma que no encuentra razones para sostener que la regulación del impuesto vulnere el **artículo 31.1 Constitución Española**, reiterando la afirmación de la **Sentencia del Tribunal Constitucional, número 183/2014, de 6 de noviembre,** de que la creación y diseño de este tributo: "*responde a una opción del legislador*" que "*cuenta con un amplio margen para el establecimiento y configuración del tributo*", siempre que respete los principios constitucionales, sin que **ninguno de los invocados** pueda considerarse quebrantado, de forma que la doble imposición entre el IVPEE y el Impuesto sobre Actividades Económicas, no vulnera *per se* ningún precepto constitucional[443], no siendo necesario abordar en qué grado aquél presenta

---

442 Auto Tribunal Constitucional 69/2018, de 20 de junio, (Boletín Oficial del Estado, número 179, de 25 de julio de 2018), ECLI:ES:TC:2018:69ª. https://hj.tribunalconstitucional.es/HJ/es/Resolucion/Show/25692

443 El Tribunal Constitucional manifestó que, dado que el IVPEE es un tributo estatal (y no autonómico), no podría entrar en liza la prohibición de doble imposición a la que alude el artículo 6 de la Ley Orgánica 8/1980, de 22 de septiembre, de Financiación de las Comunidades Autónomas, por lo que la referida semejanza entre el tributo energético estatal y el impuesto local sobre la actividad económica no plantearía problemas de constitucionalidad. Dicho con otras palabras, la regla de prohibición de doble imposición únicamente operaría en las relaciones entre tributos propios de las Comunidades Autónomas y los estatales y locales, pero no cuando estos dos últimos se relacionan entre sí, lo que impide que el IVPEE colisione con un tributo municipal como el Impuesto sobre Actividades Económicas. Asimismo, el Tribunal Constitucional consideró insuficientemente justificado, tanto en el Auto de planteamiento de la cuestión como en el recurso que la motivó (pese a que el contribuyente había alegado que el IVPEE se solapaba igualmente con el Impuesto Especial de la Electricidad), que la superposición de tributos diera lugar a una situación de confiscatoriedad contraria al art. 31 CE, lo que le condujo a sostener que el IVPEE no presentaba tacha alguna de inconstitucionalidad. Vid. ALONSO GARCÍA, R. y ALMUDÍ CID, J. M. (2020), "El Tribunal Supremo ante la constitucionalidad y la europeidad de las leyes (...)", op. cit, página 67.

una finalidad extrafiscal y si esta predomina o no sobre su función recaudatoria, pues el Tribunal Constitucional considera admisible el solapamiento de ambos tributos, aunque tengan una finalidad principalmente fiscal. Es decir, el propio Tribunal Constitucional parece ser consciente de que la finalidad del tributo no es medioambiental, pero no llega a analizar el fondo del asunto porque concluye que el tributo no se solapa con el IAE.

Ha de subrayarse que:

> *"la finalidad de la cuestión de inconstitucionalidad no es en modo alguno resolver controversias interpretativas sobre la legalidad surgida entre órganos jurisdiccionales o dudas sobre el alcance de determinado precepto legal, para lo cual el Ordenamiento jurídico dispone de otros cauces. Su función se reduce así al enjuiciamiento de conformidad a la Constitución de una norma con rango de Ley que sea aplicable al caso y de cuya validez dependa el fallo" (**Sentencias del Tribunal Constitucional, número 157/1990, de 18 de octubre; 114/1994, de 14 de abril; 273/2005, de 27 de octubre; Autos del Tribunal Constitucional, número 62/1997, de 26 de febrero y número 328/2007, de 12 de julio**).*

Aunque la finalidad de la cuestión de inconstitucionalidad no es resolver controversias interpretativas, debe, no obstante, tenerse presente que como establece la **Sentencia del Tribunal Constitucional, número 37/2012, de 19 de marzo**:

> *"La doctrina legal de la Sala de lo Contencioso-administrativo del Tribunal Supremo sentada en sentencias estimatorias del recurso de casación en interés de ley no sólo tiene el valor complementario del ordenamiento jurídico que a la jurisprudencia del Tribunal Supremo le atribuye el art. 1.6 del Código Civil sino, además, verdadera fuerza vinculante para los Jueces y Tribunales inferiores en grado de dicho orden jurisdiccional. Por ello necesariamente ha de entenderse que lo que se cuestiona en el presente caso no es, en realidad, una mera interpretación jurisprudencial del Tribunal Supremo (en cuyo caso habríamos de declarar la inadmisibilidad de la cuestión), sino la constitucionalidad de determinados preceptos legales cuyo contenido vinculante ha sido determinado por la Sala de lo Contencioso-administrativo del Tribunal Supremo en las citadas sentencias en interés de ley. Esto es, los preceptos legales cuestionados tienen para los órganos judiciales del orden contencioso-administrativo el contenido preciso (ese mismo y no otro) que el Tribunal Supremo ha establecido al sentar doctrina legal vinculante en sentencias en interés de ley. En suma, en la medida en que el órgano judicial promotor de la presente cuestión viene obligado a aplicar en el proceso a quo unos preceptos legales con el contenido normativo fijado por el Tribunal Supremo en las citadas sentencias, de cuya constitucionalidad duda y de cuya validez depende el fallo, ha de concluirse que se cumplen las exigen-*

cias para el planteamiento de la cuestión de inconstitucionalidad, reservada a las leyes y normas con fuerza de ley"[444].

Para ALONSO GARCÍA, R. y ALMUDÍ CID, J. M. (2020):

> *"Que la incompatibilidad de una ley con una norma de la Unión no pueda ni deba identificarse, per se, con una incompatibilidad con la Constitución, (o, la compatibilidad de la norma con el Derecho de la Unión Europea no implica per se la compatibilidad con la Constitución), (o lo que es igual, que tal incompatibilidad no pueda ni deba entenderse, además, como una vulneración del art. 93 CE, convirtiendo en un problema de constitucionalidad lo que solo sería un problema de legalidad ordinaria), no significa, ni mucho menos, que a la incompatibilidad de una ley con una norma de la Unión no pueda acompañar una incompatibilidad con la Constitución (descartado el art. 93 CE como canon de constitucionalidad). Así, por ejemplo, por vulneración de la reserva de ley orgánica, o de la distribución de competencias entre el Estado y las Comunidades Autónomas, o de la infracción de derechos fundamentales o de principios rectores de la política económica y social de la Constitución reflejados en Tratados de la Unión y/o en su Carta de Derechos Fundamentales"*[445].

Por lo que, no sólo es posible, sino que, además, nada impediría el planteamiento de alguna nueva cuestión de inconstitucionalidad, a fin de aclarar las dudas de constitucionalidad que albergaba el **Tribunal Supremo** y todas las empresas de energía eléctrica.

1.2 LA POSICIÓN DEL TRIBUNAL CONSTITUCIONAL

Como hemos apuntado ya, destáquese que atendida la fundamentación del **Auto dictado por el Tribunal Constitucional con fecha 20 de junio de 2018**[446] de inadmisión de la cuestión de inconstitucionalidad planteada por

---

444 En este sentido, vid. artículo 163 de la Constitución y el artículo 35.1 Ley Orgánica del Tribunal Constitucional. También Sentencias del Tribunal Constitucional, número 114/1994, de 14 de abril; número 273/2005, de 27 de octubre, o número 131/2006, de 27 de abril.

445 Vid. ALONSO GARCÍA, R. y ALMUDÍ CID, J. M. (2020): "El Tribunal Supremo ante la constitucionalidad y la europeidad de las leyes (...)", *op. cit*, página 61 y 62.

446 Auto 69/2018, de 20 de junio, del Tribunal Constitucional, Cuestión de inconstitucionalidad 503-2018. Inadmite a trámite la cuestión de inconstitucionalidad 503-2018, planteada por la Sala de lo Contencioso-Administrativo del Tribunal Supremo en rela-

la **Sala de lo Contencioso-Administrativo del Tribunal Supremo mediante Auto de fecha 10 de enero de 2018**[447], existen aún muchas dudas respecto de la inconstitucionalidad del IVPEE que, a nuestro entender, no se resolvieron por el Tribunal Constitucional.

En este sentido, es ilustrativo el **último párrafo del Auto de inadmisión de inconstitucionalidad**, en el que, concretando el limitado alcance de su pronunciamiento a la duda constitucional planteada, deja explícitamente abierta la posibilidad a que pudiera concurrir una infracción constitucional en la actuación del legislador estatal, si el ejercicio de su poder tributario no respeta los límites del **artículo 31.1 de la Constitución Española**. Así recoge que:

> *"No se encuentran razones para sostener que la regulación del IVPEE vulnere el art. 31.1 CE, pudiendo reiterarse la afirmación de la STC 183/2014, que analizó esta figura desde la óptica de los arts. 14 y 9.3 CE, de que la creación y diseño de este tributo responde a una opción del legislador que cuenta con un amplio margen para el establecimiento y configuración del tributo (FJ 3), siempre que respete los principios constitucionales,* ***sin que ninguno de los invocados pueda considerarse quebrantado****" (el subrayado es nuestro).*

Este razonamiento debemos conectarlo con lo indicado en la **página 13 de la citada Resolución de inadmisión**, en la que se señala respecto de la duda de inconstitucionalidad suscitada por solapamiento entre el hecho imponible del IVPEE y del Impuesto sobre Actividades Económicas, lo siguiente:

> *"Así pues, la doble imposición entre el IVPEE y el IAE no vulnera per se ningún precepto constitucional. Para alcanzar esta conclusión no es preciso abordar en qué grado aquel presenta una finalidad extrafiscal y si esta predomina o no sobre su función recaudatoria, lo que solo cobraría sentido desde la premisa de una prohibición de doble imposición que, según se ha indicado, solo existe como regla de coordinación entre los tributos propios de las: Comunidades Autónomas y los estatales y locales y no de estos últimos entre sí, como sucede en el presente caso".*

---

ción con diversos artículos de la Ley 15/2012, de 27 de diciembre, de medidas fiscales para la sostenibilidad energética, que regulan el Impuesto sobre el Valor de la Producción de la Energía Eléctrica, https://hj.tribunalconstitucional.es/es-ES/Resolucion/Show/25692

[447] Auto 3/2018, de 10 de enero de 2018, Sala de lo Contencioso-Administrativo del Tribunal Supremo, recurso número 2554/2014, (Boletín Oficial del Estado número 179, de 25 de julio de 2018).

Por tanto, el propio **Auto de inadmisión** limita el alcance de su pronunciamiento de inadmisión, subrayando con trazo fuerte que en el examen de constitucionalidad efectuado no ha tenido ocasión de valorar, conforme a la duda de constitucionalidad finalmente planteada por el **Tribunal Supremo en su Auto de 10 de enero de 2018**, las consecuencias jurídicas que derivan de la total ausencia de finalidad medioambiental del IVPEE, sino tan solo los límites de los principios de capacidad económica y no confiscatoriedad ante la creación de sendos tributos por parte del poder tributario del Estado, cuyos hechos imponibles, prácticamente idénticos, someten a gravamen una misma capacidad económica.

Por todo ello, en nuestro parecer, la duda de constitucionalidad no ha sido resuelta, ya que, desvelado el verdadero fundamento y finalidad del tributo, la libertad de la que goza el legislador para la creación y configuración de nuevos tributos, exige que exista una mínima conexión entre dicha finalidad o fundamento de su creación y los elementos esenciales del tributo.

Así, cabría cuestionarse si ***¿un tributo como el examinado, en el que la finalidad declarada es la protección del medioambiente, pero que realmente persigue como finalidad o fundamento auténtico de su creación, la mera obtención de recursos económicos para corregir y financiar el "déficit de tarifa", respeta los principios constitucionales del artículo 31 de la Constitución cuando no hay correlación entre la configuración de sus elementos esenciales, y la última ratio de su creación?***

A nuestro entender, la respuesta a esta pregunta **es claramente negativa**; es decir, estamos ante la vulneración de los principios del **artículo 31 de la Constitución**, dado que la articulación de un tributo como el examinado, cuyos elementos esenciales no reflejan, ni permiten alcanzar la finalidad o fundamento de creación del tributo, infringen de modo flagrante, a nuestro criterio, los **principios constitucionales de generalidad, igualdad, capacidad económica, no confiscatoriedad y progresividad**, que en todo caso limitan el poder tributario del Estado.

Adviértase que el reconocimiento del carácter originario del poder tributario del Estado por el **artículo 133.1 de la Constitución**, que ampara la creación del tributo examinado, no entraña ningún tipo de exclusión respecto de los principios constitucionales consagrados en el ordenamiento constitucional que delimitan el establecimiento de nuevos tributos, principios que presentan el mismo contenido y grado de exigencia para el Estado, que para el resto de los entes territoriales con poder tributario, y que deben ser respetados con la misma intensidad por todos ellos.

En pocas palabras, el poder tributario del Estado, por mucho que se califique de originario, está sujeto al ordenamiento jurídico en su **totalidad** y, singularmente, a los principios de generalidad, igualdad, capacidad económica, no confiscatoriedad y progresividad, consagrados en el **artículo 31.1 de la Constitución**, en conexión con el **artículo 133.1** anteriormente referenciado. Asimismo, el ejercicio de dicho poder originario para el establecimiento de tributos mediante ley subraya la consagración del principio de legalidad del **artículo 31.3 de nuestro texto constitucional**. No obstante, no basta que los tributos sean aprobados mediante una norma con rango de ley, sino que será necesario, fruto de las exigencias dimanantes de los principios constitucionales de continua referencia, que el sustrato y fundamento de creación de la norma se compadezca con el contenido material de aquélla.

2. LA POSICIÓN DEL TRIBUNAL DE JUSTICIA DE LA UNIÓN EUROPEA. LA SENTENCIA DEL TRIBUNAL DE JUSTICIA DE LA UNIÓN EUROPEA DE 3 DE MARZO DE 2021

Con fecha **3 de marzo de 2021** se publicó la **Sentencia del Tribunal de Justicia de la Unión Europea**, por la que se resuelve la **cuestión prejudicial C-229/19 (Promociones Oliva Park)**[448], que planteó, por **Auto de fecha 22 de febrero de 2019**, la Sala de lo Contencioso-Administrativo del **Tribunal Superior de Justicia de la Comunidad Valenciana**, en relación con la compatibilidad del tan citado IVPEE con el ordenamiento europeo.

En relación con la cuestión prejudicial, se invocó que el IVPEE se añade a otros impuestos que gravan el mismo bien o servicio y que, pese a su regulación como impuesto directo, su naturaleza y elementos esenciales son los propios de un impuesto indirecto, cuya carga fiscal se repercute en el consumidor final de electricidad; además, a pesar de tener nominalmente una finalidad medioambiental, es esencialmente un impuesto recaudatorio, sin fin específico extrafiscal, que discrimina la producción de energía eléctrica derivada de fuentes renovables, sin diferenciar en función de la intensidad y de la contaminación del medioam-

---

448 https://s03.s3c.es/imag/doc/2021-03-03/Sentencia-Promociones-Oliva-Park_C-220-19.pdf

biente, distorsionando el mercado interior de energía eléctrica y vulnerando la libre competencia.

Sin embargo, el **Tribunal de Justicia de la Unión Europea**, como ya adelantemos con anterioridad, ha confirmado la compatibilidad del IVPEE con el ordenamiento europeo, declarado lo siguiente:

> *"En virtud de todo lo expuesto, el Tribunal de Justicia (Sala Décima) declara que:*
>
> *1) El artículo 1, apartado 2, de la Directiva 2008/118/CE del Consejo, de 16 de diciembre de 2008, relativa al régimen general de los impuestos especiales, y por la que se deroga la Directiva 92/12/CEE, debe interpretarse en el sentido de que no se opone a una normativa nacional que establece un impuesto que grava la producción e incorporación al sistema eléctrico de energía eléctrica en el territorio nacional y cuya base imponible está constituida por el importe total de los ingresos del sujeto pasivo obtenidos por la realización de estas actividades, sin tener en cuenta la cantidad de electricidad efectivamente producida e incorporada a ese sistema.*
>
> *2) Los artículos 1 y 3, apartados 1 y 2, así como apartado 3, letra a), de la Directiva 2009/28/CE del Parlamento Europeo y del Consejo, de 23 de abril de 2009, relativa al fomento del uso de energía procedente de fuentes renovables y por la que se modifican y se derogan las Directivas 2001/77/CE y 2003/30/CE, este último punto en relación con el artículo 2, párrafo segundo, letra k), de la misma Directiva, deben interpretarse en el sentido de que no se oponen a una normativa nacional que establece un impuesto que grava con un tipo único la producción de electricidad y su incorporación al sistema eléctrico, también cuando la electricidad se produce a partir de fuentes renovables, y cuyo objetivo no es proteger el medio ambiente, sino aumentar el volumen de los ingresos presupuestarios.*
>
> *3) El artículo 107 TFUE, apartado 1, y los artículos 32 a 34 de la Directiva 2009/72/CE del Parlamento Europeo y del Consejo, de 13 de julio de 2009, sobre normas comunes para el mercado interior de la electricidad y por la que se deroga la Directiva 2003/54/CE, deben interpretarse en el sentido de que no se oponen a una normativa nacional que establece un impuesto nacional que grava la producción e incorporación al sistema eléctrico de electricidad en el territorio de un Estado miembro, en el supuesto de que este impuesto no sea aplicable a la incorporación, en ese sistema, de la electricidad producida en los demás Estados miembros".*

En síntesis, la **Sentencia del Tribunal de Justicia de la Unión Europea** concluye que:

a) El IVPEE no se opone a la **Directiva 2008/118/CE del Consejo, de 16 de diciembre de 2008**, relativa al régimen general de Impuestos Especiales. Esta directiva se aplica a los impuestos indirectos, pero el IVPEE no tiene tal naturaleza por los siguientes motivos:

(i) no existe un mecanismo formal de repercusión del impuesto. El hecho de que la aplicación del IVPEE entrañe un incremento del precio de la energía y, por tanto, de la factura eléctrica de todos los consumidores finales, no es suficiente, por sí solo, para concluir que este impuesto se repercute íntegramente a estos consumidores; y

(ii) se calcula en función de la condición de productor de electricidad, sobre la base de los ingresos obtenidos y, por tanto, con independencia de la cantidad de electricidad efectivamente producida e incorporada al sistema eléctrico. Por este motivo, no hay un vínculo directo e indisociable entre este impuesto y el consumo de electricidad.

b) Tampoco se opone a la normativa europea sobre el fomento de energías renovables (**Directiva 2009/28/CE del Parlamento Europeo y del Consejo, de 23 de abril de 2009**). Ninguna de las disposiciones de dicha directiva prohíbe a los Estados miembros establecer un impuesto (como el IVPEE) que grave la producción de electricidad y su incorporación al sistema cuando la electricidad se produce a partir de fuentes de energía renovables. Por otra parte, aunque la propia Directiva prevé que los Estados puedan aplicar sistemas de apoyo para promover la utilización de energía procedente de fuentes renovables, no obliga a ello[449].

---

[449] Cfr. APODACA ESPINOSA, Á. M. (2021): "Sentencia del Tribunal de Justicia de la Unión Europea (Sala Décima), de 3 de marzo de 2021, asunto C-220/19, por la que se resuelven las cuestiones prejudiciales en relación con las Directivas 2008/118/CE, relativa al régimen general de los impuestos especiales, 2009/28/CE, relativa al fomento del uso de energía procedente de fuentes renovables y la Directiva 2009/72/CE, sobre normas comunes para el mercado interior de la electricidad", *Actualidad Jurídica Ambiental*, número 111, páginas 135-139: "*El TJUE descarta cualquier posible colisión de las Directivas analizadas con el IVPEE creado por la Ley 15/2002, de medidas fiscales para la sostenibilidad energética, pese a no discriminar en absoluto si la electricidad procede o no de fuentes de energía renovable. El TJUE se separa de las consideraciones del TSJ Valencia. Curiosa forma de fomentar la generación de energía mediante fuentes renovables si los gravámenes no hacen distingo respecto de otras fuentes no renovables. El TJUE hace una interpretación de la Directiva de energías renovables en el sentido de que ninguna sus disposiciones prohíbe a los Estados miembros establecer un impuesto, que grave la producción de electricidad y su incorporación al sistema, también cuando la electricidad se produce a partir de fuentes de energía renovables y que tampoco están en absoluto obligados a aplicar sistemas de apoyo para promover la utilización de energía procedente de fuentes renovables*". https://www.actualidadjuridicaambiental.com/jurisprudencia-al-dia-tribunal-de-justicia-de-la-union-europea-espana-comunidad-valenciana-energias-renovables-fisca-

c) Finalmente, tampoco se opone al **apartado 1 del artículo 107 del Tratado de Funcionamiento de la Unión Europea**, ni a los **artículos 32 a 34 de la Directiva 2009/72/CE del Parlamento Europeo y del Consejo, de 13 de julio de 2009**, sobre normas comunes para el mercado interior de la electricidad.

En este sentido:

- Los ingresos procedentes del IVPEE no constituyen el modelo de financiación de una medida de ayuda estatal, por lo que no se puede concluir que este impuesto esté incluido en el ámbito de aplicación de las disposiciones del **Tratado de Funcionamiento de la Unión Europea** relativas a las ayudas estatales.
- El principio de no discriminación recogido en la **Directiva 2009/72/CE** no se aplica en este caso, porque dicha directiva no constituye una medida relativa a la aproximación de las disposiciones fiscales de los Estados miembros.

Así, el **Tribunal de Justicia de la Unión Europea**, considera que los límites sustantivos de las normas europeas analizadas no permiten controlar el ejercicio por parte de los Estados miembros, de sus facultades para configurar figuras impositivas como el IVPEE, motivo fundamental por el que descarta su incompatibilidad con el Derecho europeo.

Pues bien, ni el IVPEE tiene naturaleza de impuesto directo, ni tiene connotaciones medioambientales. La **Sentencia dictada por el Tribunal de Justicia de la Unión Europea**, está asentada sobre unos cimientos extremadamente endebles. El Tribunal de Luxemburgo ha concluido declarando la naturaleza del IVPEE como impuesto directo, a partir de lo que la Administración dice que éste debe ser.

Como ya hemos recogido, la pretensión de la Ley de creación del IVPEE es atribuirle **carácter directo**. Tradicionalmente, se han empleado dos criterios para diferenciar los impuestos directos y los indirectos. Por un lado, **de acuerdo con el criterio económico,** serán directos, aquellos impuestos que recaigan sobre manifestaciones de capacidad económicas inmediatas, como la renta y el

---

lidad/. Cfr. también CHICO DE LA CÁMARA, P.; HERRERA MOLINA, P. M. y GRAU RUIZ, M. A. (2003), "Incentivos a las energías alternativas como instrumento de desarrollo sostenible", *Quincena Fiscal*, número 2, páginas 3 y siguientes.

patrimonio, mientras que serán indirectos aquellos que recaigan sobre manifestaciones mediatas, como el consumo. Por otro lado, **el criterio jurídico** se ha basado en la existencia de traslación jurídica, característica de los impuestos indirectos, aunque por todos es sabido que no siempre se cumple (por ejemplo, en el Impuesto sobre Transmisiones Patrimoniales Onerosas). El mismo **Tribunal de Justicia de la Unión Europea**, ha afirmado que la inexistencia de un mecanismo formal de repercusión del impuesto es motivo para considerar que el IVPEE tiene naturaleza directa[450].

La naturaleza de **impuesto directo** en relación con el IVPEE podría estar en relación con las centrales de generación tradicionales (nuclear o térmica), ya que suman la carga tributaria de forma íntegra. Sin embargo, no sucedería de igual forma con las plantas de generación basadas en fuentes de energías renovables, y en concreto con las que acuden a un *régimen retributivo primado*. Este tipo de tecnologías van a recibir la devolución parcial del IVPEE a través de la denominada "retribución específica" (acogidos al **RD 413/2014 y a la Orden**

---

450 El alcance de esta configuración se observa, en el asunto Braathens, Sentencia del Tribunal de Justicia, de 15 de abril de 2021 (petición de decisión prejudicial, planteada por el Högsta domstolen — Suecia) — Diskrimineringsombudsmannen / Braathens Regional Aviation AB, asunto C-30/19, apartados 22 y 23), en el que el Tribunal de Justicia de la Unión Europea, declaró que "*debe considerarse que un impuesto nacional, encaminado a la protección del medioambiente y que recae sobre el tráfico aéreo, calculado en función de datos relativos al consumo de carburante y a las emisiones de hidrocarburos y de monóxido de nitrógeno en un trayecto aéreo medio del tipo de avión utilizado, grava el consumo de dichos carburantes. Lo que determina que nos encontramos ante un impuesto indirecto, pues existe una relación directa e indisociable entre el consumo de carburante y las sustancias contaminantes emitidas al producirse dicho consumo*", https://curia.europa.eu/juris/document/document.jsf?text=asunto%2BBraathens&docid=242182&pageIndex=0&doclang=es&mode=req&dir=&occ=first&part=1&cid=10263170#ctx1; cfr. SEDEÑO LÓPEZ, J. F. (2021): "El Tribunal de Justicia de la Unión Europea respalda el Impuesto sobre el Valor de la Producción Eléctrica (Análisis de la STJUE de 3 de abril de 2021, Asunto C-220/29)", *Revista Aranzadi doctrinal*, número 6: "*por lo que creemos que es cuanto menos cuestionable que este sea uno de los motivos de peso empleados por el TJUE, para quien la inexistencia de un mecanismo formal de repercusión del impuesto es motivo para considerar que el IVPEE tiene naturaleza directa*"; cfr. MENÉNDEZ MORENO, A. (2019): "Otro impuesto cuestionado: el del valor de la producción de la energía eléctrica (I)", *Revista Quincena Fiscal*, número 10, planteaba la posibilidad de repensar los criterios de distinción entre impuestos directos e indirectos, en el sentido de que la repercusión no sea un criterio suficiente para calificar un impuesto como indirecto.

IET/1045/2014), como ya apuntamos anteriormente, y en concreto este impuesto computa como "*coste de* operación" de la instalación. Por tanto, teniendo en cuenta que esta "retribución específica" la termina soportando el consumidor final en la factura eléctrica (de forma repartida entre el Término Potencia fijo-y el Término Energía variable), cabe afirmar que el IVPEE también lo estaría sufragando, al menos parcialmente, este consumidor[451].

Pero a fortiori, como ya recogimos, es la propia doctrina del **Tribunal de Justicia de la Unión Europea**[452] la que nos vendría a confirmar tal calificación, ya que establece que, cuando un hecho imponible esté vinculado a la producción y venta de energía eléctrica (en concreto, en el **artículo 6.1 Ley 15/2012**, se observa que la base imponible recoge el importe total recibido por la producción e incorporación al sistema de energía eléctrica medida en barras de central), y el coste del impuesto sea trasladado al consumidor final, estamos ante un **gravamen indirecto sobre la electricidad**; esto es, ante un impuesto indirecto. Y aún más clarificador, es el hecho, como también ya apuntamos, de que la suspensión del IVPEE (según estableció el **Real Decreto-Ley 15/2018**) encontrase su justificación en la necesidad de proteger a los consumidores, y en especial habida cuenta la situación de especial vulnerabilidad (pobreza energética) en la que se encuentran muchos de ellos.

Por lo que resulta palmario, que el IVPEE debería tener la consideración de impuesto indirecto, lo que nos hubiese llevado a consecuencia jurídicas relevan-

---

451 Sobre este punto véase, ORTIZ CALLE, E. (2019): "Compatibilidad del impuesto sobre el valor de la producción de la energía eléctrica con el derecho de la Unión Europea", *Estudios financieros, Revista de Contabilidad y Tributación*, número 437-438, páginas 83 a 116: "*Es posible observar una relevante diferencia entre el mencionado criterio "jurídico" de clasificación y el empleado por el TJUE. De su doctrina se desprende que, asimismo, habrán de considerarse impuestos indirectos, al objeto de identificar los límites al poder tributario de los Estados miembros, aquellos cuyo coste se traslada a los consumidores vía precio, al margen de un mecanismo jurídico de repercusión, de forma diversa a lo que acontece en el IVA o en determinados Impuestos Especiales*"; vid. también, LEIVA LÓPEZ, A. (2020): "La inexistencia de finalidad medioambiental en el Impuesto sobre el Valor de la Producción de Energía Eléctrica (IVPEE) y sus consecuencias jurídicas", *Revista catalana de Dret Ambiental*, Volumen XI, número 2, páginas 1 a 34.

452 Entre otras, Sentencia de 1 de octubre de 2015, asunto C-606-13; y Sentencia de 20 de septiembre de 2017, asuntos acumulados C-215/16, C-216/16, C-220/16 y C-221/16.

tes, fundamentalmente la incompatibilidad con el **artículo 1.2 de la Directiva 2008/118/CE** (actual **Directiva 2020/262/CE**)[453].

La actual **Directiva (UE) 2020/262 del Consejo, de 19 de diciembre de 2019** (que sustituyó a la **Directiva 2008/118/CE**), por la que se establece el régimen general de los impuestos especiales establece, en el **artículo 1.2**, que "*Los Estados miembros podrán imponer a los productos sujetos a impuestos especiales otros gravámenes indirectos con fines específicos (...)*" Por tanto, según el tenor literal de la citada **Directiva**, el IVPEE, en tanto **impuesto indirecto**, debería tener una finalidad específica; esto es, una finalidad extrafiscal, en este caso, medioambiental. A pesar de los intentos del legislador de atribuir finalidad medioambiental al IVPEE, venimos manteniendo, que la misma no tiene lugar, ya que, el único fin del impuesto, declarado además por el legislador, es paliar el déficit de tarifa, lo que lo convierte en un único fin, que es el recaudatorio.

Por otro lado, a pesar de que la **Ley 15/2012** atribuye **finalidad medioambiental** al IVPEE, entendemos, como ya hemos detallado anteriormente, que de ninguno de sus elementos se desprende tal fin. No se aprecia en la regulación del tributo, un trato diferenciador hacia el contribuyente que atienda el mayor o menor grado de impacto medioambiental que sus instalaciones provocan, siendo de aplicación el mismo gravamen para todas ellas (7%), por lo que, no estaría respetando el consagrado principio de "***quien contamina, paga***"[454].

---

453 Así recoge, SEDEÑO LÓPEZ, J. F. (2021): "El Tribunal de Justicia de la Unión Europea respalda el Impuesto sobre el Valor de la Producción Eléctrica (Análisis de la STJUE de 3 de abril de 2021, Asunto C-220/29)", *Revista Aranzadi doctrinal*, número 6, página 12: "*Por tanto, consideramos que el asunto que más dudas planteaba era el relativo a la naturaleza directa o indirecta del IVPEE, ya que de haber sido considerado un impuesto indirecto, habría que haber entrado a analizar si tiene una finalidad específica compatible con el artículo 1.2 de la Directiva 2008/118. Dicha naturaleza, deberá interpretarse de conformidad con la normativa comunitaria, de acuerdo con el principio de primacía de la UE*"; en el mismo sentido ORTIZ CALLE, E. (2019), "Compatibilidad del impuesto sobre el valor de la producción de la energía eléctrica con el derecho de la Unión Europea, *op. cit.*, página 93.

454 Cfr. LEIVA LÓPEZ, A. (2020): "La inexistencia de finalidad medioambiental en el Impuesto sobre el Valor de la Producción de Energía Eléctrica (IVPEE) y sus consecuencias jurídicas", *Revista catalana de Dret Ambiental*, Volumen XI, número 2, página 24: "*No se estaría teniendo en cuenta que hay unas plantas de generación (fósiles) que contaminan más que otras (renovables), así como tampoco que en función del tamaño de las instalaciones de generación, el daño ambiental va a ser de mayor o menor intensidad; ya que a mayor*

Por lo expuesto, no cabría observar que se den los fines específicos a que se refiere la **Directiva 2020/262/CE** (que sustituyó a la **Directiva 2008/118/CE**), y que justificarían la oportunidad de adoptar este gravamen sobre un producto ya sujeto a impuesto especial. Para que ello hubiese tenido lugar, habría sido necesario que en la estructura del impuesto se contemplase un trato diferenciador entre los distintos sujetos pasivos del impuesto (las distintas plantas de producción), que atendiese a la tecnología que emplean y a las necesidades de refuerzos de red que provocan en función de su tamaño.

El aspecto más controvertido de la Sentencia es la conclusión a la que llega el Tribunal de Luxemburgo en relación a la **naturaleza del impuesto en relación con base imponible** del mismo[455], afirmando que el IVPEE no tiene naturaleza de impuesto indirecto y ello es porque, según el Tribunal de Justicia de la Unión Europea:

> *"algunas partes constitutivas de la base imponible (...) no dependen de la cantidad de electricidad efectivamente producida e incorporada al sistema" y que en consecuencia "el IVPEE se calcula en función exclusivamente de la condición de productor de electricidad, sobre la base de los ingresos de los sujetos pasivos parcialmente fijados y, por tanto, con independencia de la cantidad de electricidad efectivamente producida e incorporada al sistema eléctrico".*

Conclusión ésta discutible, ya que el **Tribunal de Justicia de la Unión Europea** llegó a la misma, asumiendo una interpretación del alcance del **artículo 6.1 de la Ley 15/2012**, que dista mucho de ser pacífica, y que, además, en ese momento se encontraba precisamente *sub iudice* (no estando resuelta por los tribunales españoles).

Se trata de determinar si existe o no un vínculo directo o indisociable entre el IVPEE y el consumo de electricidad. Mientras que para el **Tribunal de Justicia**

---

tamaño, mayores son las necesidades de refuerzo en las infraestructuras de red eléctrica y, por tanto, mayor es el impacto ambiental producido".

455 Vid. el trabajo de SOLÉ, C. y GARCÍA, J. C (2021), "IVPEE: ¿Sabía el Tribunal de Luxemburgo todo lo necesario?", en el *Periódico de la energía*, en el *Periódico de la energía*, 5 de marzo de 2021, DOI:https://elperiodicodelaenergia.com/ivpee-sabia-el-tribunal-de-luxemburgo-todo-lo-necesario/

de la Unión Europea dicha relación no se produce, nosotros no podemos compartir ese argumento[456].

El Tribunal de **Justicia de la Unión Europea**, estaba aceptando que la extensión de la base imponible del IVPEE era la defendida por la Administración Tributaria[457]. Ocurre no obstante, tal como señalaban SOLÉ y GARCÍA[458], que por mucho que la Administración interpretara, hasta ese momento, que el **artículo 6.1 de la Ley 15/2012** permitía gravar los ingresos obtenidos por productores de energía que nada tienen que ver con la producción e incorporación de energía eléctrica, **tendrían que haber sido los tribunales, y eventualmente el Tribunal Supremo**, quienes determinaran si dicho precepto, interpretado conjuntamente con el **artículo 4**, que determina el hecho imponible del tributo, permitía gravar conceptos retributivos percibidos por los generadores eléctricos que no remuneran la producción de electricidad incorporada a la red medida en barras de central, sino que retribuyen servicios prestados por dichos generadores para garantizar el buen funcionamiento del sistema eléctrico.

---

456 En relación con este argumento la doctrina ha venido manifestando sus dudas sobre esta cuestión. Así, ORTIZ CALLE, E. (2019), "Compatibilidad del impuesto sobre el valor de la producción de la energía eléctrica con el derecho de la Unión Europea, *op. cit.*, página 95, entiende que el IVPEE grava directamente la "electricidad" y no un elemento auxiliar. Sin embargo, IGLESIAS CARIDAD, M. (2019): "El impuesto sobre el valor de la producción de la energía eléctrica a debate desde el Derecho Europeo", *op. cit.*, número 4, página 262), subraya que: "*el hecho imponible del IVPEE es la "producción e incorporación al sistema eléctrico de energía", lo que se asemeja al de los Impuestos Especiales (IEE), además de que la base imponible es el importe percibido por el productor, lo que se acerca a la idea de contraprestación manejada por el Impuesto sobre el Valor Añadido (IVA)*". En sentido contrario, ROZAS VALDÉS, J. A. (2015): "El modelo español del sistema financiero eléctrico a la luz del derecho comunitario", *Revista Quincena Fiscal*, número 13, entiende que "*es un impuesto directo, pues la base imponible recae sobre el beneficio, no sobre el consumo o las ventas, además de que incide directamente sobre la capacidad económica del productor*". En este sentido, el Auto del Tribunal Supremo, de 10 de enero de 2018 recogía que, "*no alberga dudas, sin embargo, sobre la compatibilidad entre el IVPEE y el IE, porque el primero es un impuesto directo y el segundo indirecto de repercusión legal obligatoria*", (Fundamento Jurídico cuarto).

457 Por todas, Consulta vinculante V-1602-13 y Resolución del Tribunal Económico-Administrativo Central de 23 de abril de 2019, dictada en el procedimiento 4780/2016.

458 SOLÉ, C. y GARCÍA, J. C (2021), "IVPEE: ¿Sabía el Tribunal de Luxemburgo todo lo necesario?", en el *Periódico de la energía*, op.cit.

El **Tribunal de Justicia de la Unión Europea** apoyó toda su argumentación en el **segundo párrafo** del **artículo 6 de la Ley 15/2012**. Sin embargo, a nuestro entender, cuando este artículo se refiere a "*las retribuciones previstas en todos los regímenes económicos que se deriven de lo establecido en la Ley 54/1997, de 27 de noviembre, del Sector Eléctrico*", lo hace en el sentido, de que dichas retribuciones, forman parte de la base imponible del impuesto sí solamente derivan de la producción e incorporación al sistema de energía eléctrica medidas en barras de central, pero no cuando lo que se retribuya sea algo diferente[459]. Por lo que la mejor interpretación posible del **segundo párrafo del artículo 6.1 de la Ley 15/2012**, distinta de la que hace la Administración (y que erróneamente "*aceptó*" el **Tribunal de Justicia de la Unión Europea**, a nuestro entender), es la de que la expresión "*retribución percibida por todos los regímenes económicos*" se refería a los **Capítulos I y II del Título IV de la Ley 54/1997**, que diferenciaban las retribuciones percibidas por la energía eléctrica producida en instalaciones de generación bajo el "régimen ordinario", y las percibidas por instalaciones acogidas al llamado "régimen especial"[460]. Por lo que bajo esta interpretación integradora, el **segundo párrafo del artículo 6.1** querría decir que formaría parte de la base imponible, el concepto retributivo **—ex artículo 16 a) de la Ley 54/1997—** "*energía producida*", en cualquiera de los diferentes "*regímenes económicos de producción*" entonces previstos en la **Ley 54/1997** (energía producida en régimen ordinario y energía producida en régimen especial).

El **Tribunal de Justicia de la Unión Europea** concluyó declarando, que la naturaleza del IVPEE es la de un **impuesto directo**, sin una argumentación aparente, salvo la de acoger como criterio propio el que en ese momento había declarado la Administración tributaria y que se encuentra aún *sub iudice*, como ya hemos afirmado.

Nuestro criterio es claro**, la base imponible del IVPEE sólo puede coincidir con las retribuciones percibidas por la producción de energía eléctrica, sin que quepa sostener que dicha base imponible pueda constituirse por ingresos,**

---

459 De ser así el primer párrafo del artículo 6.1 y el artículo 4 de la Ley perderían su sentido, y podría llegar a darse el caso de que resultaran gravadas por el impuesto, instalaciones que no realizan el hecho imponible (por ejemplo, una central de producción parada que no vierte electricidad a la red, pero sí que percibe una retribución por prestar el servicio de garantía de potencia).

460 Esta interpretación parece más alineada con la literalidad del propio párrafo, que habla de "regímenes económicos" y no de "conceptos retributivos".

que, a pesar de ser obtenidos por productores de energía eléctrica, nada tengan que ver con la producción e incorporación de la energía eléctrica[461].

El criterio del **Tribunal de Justicia de la Unión Europea** condicionó a las posteriores resoluciones de los Tribunales españoles, algo que no tenía por qué haber sido así, teniendo en cuenta que lo que se debate en el ámbito europeo es la vulneración del ordenamiento europeo, mientras que lo que se debate en el ordenamiento español es la vulneración del ordenamiento constitucional y la vulneración del ordenamiento interno. El criterio que venimos defendiendo, sólo fue acogido parcialmente por la **Audiencia Nacional**, como recogimos en relación con la base imponible del IVPEE en el Capítulo anterior. Tanto los **Tribunales Económicos-Administrativos Regionales**, como el **Tribunal Económico-Administrativo Central**[462], así con el **Tribunal Supremo**[463], han venido manteniendo que la base imponible del IVPEE, abarca la totalidad de las retribuciones que se perciben en cada instalación, por el sujeto pasivo, en el proceso de producción e incorporación de energía eléctrica al sistema eléctrico.

---

461 En palabras de SOLÉ, C. y GARCÍA, J. C (2021), "*Si finalmente entendieran* (los tribunales) *que la base imponible del IVPEE sólo puede coincidir con las retribuciones percibidas por la producción de energía eléctrica, como defendemos, entonces el razonamiento del TJUE habría resultado viciado en su misma concepción, y entendemos que esto es algo que nuestros tribunales no deberían pasar por alto y que haría imprescindible una segunda remisión prejudicial*". "IVPEE: ¿Sabía el Tribunal de Luxemburgo todo lo necesario?", op. cit. De la cuestión prejudicial, como si de una premonición se tratase, ya adelantaron, ALONSO GARCÍA, R. y ALMUDÍ CID, J. M. (2020), que de la configuración del IVPEE resulta cuestionable la naturaleza de impuesto directo, afirmando que, "*precisar la naturaleza de este tributo resultará esencial para determinar su compatibilidad con el derecho de la Unión Europea. Y en este sentido hemos de anticipar que, mientras la tradicional diferenciación entre impuestos directos e indirectos empleada en nuestro país atiende básicamente al indicio de capacidad económica empleado por el legislador para diseñar el hecho imponible, el concepto de impuesto indirecto acuñado por el Tribunal de Luxemburgo obliga a tomar en consideración criterios distintos, entre los que predomina la posibilidad de trasladar la carga tributaria al consumidor, que pueden llegar a conducir a una calificación diversa a la realizada por el legislador español*". Pues es precisamente este motivo el que ha llevado al TJUE a desestimar la cuestión prejudicial. En "El Tribunal Supremo ante la constitucionalidad y la europeidad de las leyes (a propósito del Impuesto sobre el Valor de la Producción de la Energía Eléctrica)". *Revista de Administración Pública*, número 212, página 60.

462 Por todas, Resolución del Tribunal Económico-Administrativo Central, de 21 de junio de 2021, resolución número: 00-00814-2019, op. cit.

463 Por todas, **Sentencia del Tribunal Supremo 1656/2023, de 11 de diciembre**, recurso de casación 5637/2022, op. cit.

La **Sentencia de la Audiencia Nacional 3556/2021, de 15 de julio**, de manera parcial, acogió el criterio que apoyamos, reconociendo que en la base imponible del impuesto no deben de incluir más que los conceptos estrictamente relacionados con la retribución de la electricidad producida e incorporada al sistema[464].

Pero como ya dijimos, ninguna resolución ha logrado advertir las consecuencias de una interpretación razonable de los artículos que regulan el impuesto, de la **resolución del Tribunal de Justicia de la Unión Europea**, y de las resoluciones de la Audiencia Nacional, mostrándose incoherentes. Ya que las resoluciones de la Audiencia Nacional comienzan aceptando que el IVPEE es un tributo directo en base a la **resolución del Tribunal de Justicia de la Unión Europea**, para a continuación advertir que el tributo se ha autoliquidado de manera incorrecta, ya que **no se acepta el criterio administrativo**, porque lo único que grava el IVPEE, son los ingresos obtenidos simplemente por la energía introducida en el sistema eléctrico. Por lo que el impuesto descrito así, no sería al que se refería el **Tribunal de Justicia de la Unión Europea.** Teniendo la naturaleza de tributo indirecto.

El **Tribunal de Justicia de la Unión Europea** descarta el carácter indirecto del IVPEE, pero no entra a analizar, si existe o no una finalidad específica en

464 **Cfr. Sentencia de la Audiencia Nacional 3556/2021, de 15 de julio**, (recurso 1900/2019), como ya recogimos, donde estableció lo siguiente:
"*Lo que se discute aquí es la base del impuesto, y esta debe estar regulada de manera precisa en la ley de creación del impuesto. Y si bien el apartado segundo del artículo 6 parece avalar que se incluyan retribuciones por conceptos distintos a la producción e incorporación de electricidad en el sistema eléctrico, esta interpretación no es conforme ni con la finalidad del impuesto ni con el apartado primero del artículo 6. Por ello el hecho imponible lo constituye la producción e incorporación de electricidad en el sistema eléctrico. Esto lleva al propio TEAC a declarar que sin producción e incorporación al sistema eléctrico —como sucedió en dos centrales de Iberdrola— no se devenga el impuesto. (...). Si la base imponible es la medida en la que se realiza el hecho imponible, deberá medirse la electricidad producida e introducida en el sistema eléctrico. Esto es lo que claramente pretende el artículo 6.1 cuando se refiere a la retribución obtenida por "la producción e incorporación al sistema de energía eléctrica, medida en barras de central, por cada instalación, en el período impositivo". (...). Lo anterior no nos lleva a estimar en su totalidad la pretensión de la parte actora, pues el complemento por eficiencia y huecos de tensión y el complemento por energía reactiva (RD 661/2007, de 25 de mayo) sí se pagan por kW/h introducido en la red eléctrica. Son sobreprecios que se abonan por la calidad de la producción de la energía suministrada y, por tanto, son retribuciones percibidas por la producción e incorporación de energía eléctrica en el sistema eléctrico*".

el tributo (fin extrafiscal, en este caso medioambiental). En el mismo sentido, los **autos del Tribunal Constitucional** examinados tampoco llegaron a analizar esta cuestión[465].

A pesar de que no fue declarado contrario al **Derecho de la Unión Europea**, el IVPEE ha sido y continúa siendo, fuente de numerosas controversias (vulneración de las normas sobre ayudas estatales; afectación de la recaudación a financiar los costes del sistema eléctrico; subvención indirecta a la energía procedente de otros países, la base imponible del IVPEE sólo puede coincidir con las retribuciones percibidas por la producción de energía eléctrica, sin que quepa sostener que dicha base imponible pueda constituirse por ingresos, que, a pesar de ser obtenidos por productores de energía eléctrica, nada tengan que ver con la producción e incorporación de la energía eléctrica).

Así, salvo que se considere el alivio del ***déficit de tarifa*** como una finalidad extrafiscal (que no lo es), el IVPEE, como venimos reiterando, es un impuesto meramente recaudatorio, pues no se observan en su estructura, ni en ninguno de sus elementos esenciales, ningún elemento que permita pensar que estamos ante un tributo medioambiental. Por tanto, y a pesar de que, dado su carácter directo declarado por la **jurisprudencia de la Unión Europea**, cabría preguntarse: ***"si no existen otros mecanismos más adecuados para sufragar los costes del sistema eléctrico, y en última instancia, la posible supresión del IVPEE, en la medida en que es un impuesto que los productores acaban trasladando a los consumidores, quienes ven aumentado el precio de la electricidad"***[466]. Esta supresión podría venir acompañada, de lo que ya recogimos, de la creación de un régimen especial en el Impuesto sobre Sociedades para todas las empresas relacionadas con el sector eléctrico.

---

465 En este sentido, CASAS AGUDO, D.: (2018): "Sobre la legitimidad constitucional de la concurrencia del Impuesto sobre el Valor de la Producción de la Energía Eléctrica y el Impuesto sobre Actividades Económicas. A propósito del Auto del Tribunal Constitucional número 69/2018, de 20 de junio", *Nueva Fiscalidad*, número 4, páginas 213 y siguientes, señalaba que: "*el origen del intenso debate que ha suscitado este gravamen se halla en el divorcio existente entre la justificación extrafiscal que el legislador quiso atribuir formalmente a este gravamen en la exposición de motivos de su ley reguladora (la necesidad de internalizar los costes medioambientales derivados de la producción energética) y su finalidad real*".

466 Cfr. SEDEÑO LÓPEZ, J. F. (2021): "El Tribunal de Justicia de la Unión Europea respalda el Impuesto sobre el Valor de la Producción Eléctrica (Análisis de la STJUE de 3 de abril de 2021, Asunto C-220/29)", *op. cit.*, número 6.

El legislador debería definir con claridad cuál es el marco fiscal más adecuado en el marco de la transición ecológica y, en concreto, cual es el papel que va a desempeñar el IVPEE en este escenario, que desde luego nada tiene que ver con la protección medioambiental, y que no ha hecho más que sobregravar al sector de la industria eléctrica y por ende a los consumidores.

3. LA POSIBILIDAD DE QUE EL TRIBUNAL CONSTITUCIONAL Y EL TRIBUNAL DE JUSTICIA DE LA UNIÓN EUROPEA SE PRONUNCIEN DE NUEVO EN EL FUTURO SOBRE EL IMPUESTO DEL VALOR DE LA PRODUCCIÓN DE LA ENERGÍA ELÉCTRICA

El hecho de que la **Sentencia del Tribunal de Justicia de la Unión Europea, de 3 de marzo de 2021** *"despejara"* las dudas de compatibilidad del IVPEE con el ordenamiento jurídico europeo, tuvo como principal efecto práctico el alzamiento de las suspensiones de aquellos procedimientos que estaban paralizados en tanto no se pronunciara el **Tribunal de Justicia de la Unión Europea**, y ello conduciría a la posibilidad de un planteamiento de una nueva cuestión de inconstitucionalidad respecto del tributo analizado, permitiendo que cualquiera de los Tribunales judiciales que conocen de los recursos interpuestos contra el IVPEE, puedan volver a plantear las dudas de inconstitucionalidad que suscita más allá de la posible vulneración del **principio de capacidad económica**, que como hemos recogido ad initio, se centró la cuestión de inconstitucionalidad planteada por el citado **Auto de 10 de enero de 2018**, e inadmitida por **Auto de fecha 20 de junio de 2018**.

En efecto, confirmada (según el **Tribunal de Justicia de la Unión Europea**) la compatibilidad del IVPEE con el ordenamiento europeo en los términos de la Sentencia que ya describimos, y acreditada la aplicabilidad de los **artículos 1, 4.1 6.1 y 8 de la Ley 15/2012** respecto del examen de constitucionalidad que se planteó en su momento, todo ello, conforme a los términos del **artículo 35 de la Ley Orgánica 2/1979, de 3 de octubre, del Tribunal Constitucional**, quedaba expedita la vía para examinar los vicios de inconstitucionalidad en que incurre el IVPEE, todo ello, mediante el planteamiento de una nueva cuestión de inconstitucionalidad en la que, arrancando del análisis y conclusiones del Tribunal Supremo respecto de la ausencia de naturaleza medioambiental del IVPEE, extremo que fue expresamente excluido de su estudio por el **Tribunal Constitucional en el Auto de inadmisión de 20 de junio de 2018**, puedan plantearse aquellos vicios de inconstitucionalidad aún no analizados.

Aunque la finalidad de la cuestión de inconstitucionalidad no es resolver controversias interpretativas, debe, no obstante, tenerse presente que como establece la **Sentencia del Tribunal Constitucional, número 37/2012, de 19 de marzo**:

> *"la doctrina legal de la Sala de lo Contencioso-Administrativo del Tribunal Supremo sentada en sentencias estimatorias del recurso de casación en interés de ley no sólo tiene el valor complementario del ordenamiento jurídico que a la jurisprudencia del Tribunal Supremo le atribuye el art. 1.6 del Código Civil sino, además, verdadera fuerza vinculante para los Jueces y Tribunales inferiores en grado de dicho orden jurisdiccional. Por ello necesariamente ha de entenderse que lo que se cuestiona en el presente caso no es, en realidad, una mera interpretación jurisprudencial del Tribunal Supremo (en cuyo caso habríamos de declarar la inadmisibilidad de la cuestión), sino la constitucionalidad de determinados preceptos legales cuyo contenido vinculante ha sido determinado por la Sala de lo Contencioso-administrativo del Tribunal Supremo en las citadas sentencias en interés de ley. Esto es, los preceptos legales cuestionados tienen para los órganos judiciales del orden contencioso-administrativo el contenido preciso (ese mismo y no otro) que el Tribunal Supremo ha establecido al sentar doctrina legal vinculante en sentencias en interés de ley. En suma, en la medida en que el órgano judicial promotor de la presente cuestión viene obligado a aplicar en el proceso a quo unos preceptos legales con el contenido normativo fijado por el Tribunal Supremo en las citadas sentencias, de cuya constitucionalidad duda y de cuya validez depende el fallo, ha de concluirse que se cumplen las exigencias para el planteamiento de la cuestión de inconstitucionalidad, reservada a las leyes y normas con fuerza de ley".*

En este sentido, el **artículo 163 de la Constitución**, el **artículo 37.1 Ley Orgánica del Tribunal Constitucional**, y las **Sentencias del Tribunal Constitucional número 114/1994, de 14 de abril, número 273/2005, de 27 de octubre, y número 131/2006, de 27 de abril**, apoyan la posibilidad, no sólo del planteamiento de una nueva cuestión de inconstitucionalidad, sino que además es necesaria, a fin de aclarar las dudas de constitucionalidad que alberga el Tribunal Supremo, las empresas eléctricas, y el tributo en sí, que sigue siendo cuestionado.

La ausencia de finalidad extrafiscal, como reconocía el **Auto de 10 de enero de 2018**, determina la constatación de la concurrencia de múltiples vicios de inconstitucionalidad del IVPEE:

> *"Se grava la producción de la energía eléctrica y su puesta en el mercado, y que aparentemente eso es todo, porque no resulta fácil establecer una vinculación entre las inversiones en las redes de transporte y distribución y el impacto medioambiental que justifica el tributo. La necesidad de tales inversiones se relaciona con los costes estructurales del sistema eléctrico, que se*

financia a través de un complejo e históricamente controvertido juego de avales, peajes y cánones. Pareciera que, como sugiere Iberdrola Generación, de lo que se trata es de allegar caudales para reducir el conocido como "déficit de tarifa (...). Por lo tanto, esta Sala alberga serias dudas sobre la finalidad medioambiental".

Así el **Tribunal Supremo**, tras examinar el IVPEE a la luz de la doctrina del **Tribunal Constitucional** en materia de tributos extrafiscales, concluía en su Auto con rotundidad que, pese a que el legislador estatal le atribuya una finalidad extrafiscal de tutela o protección del medioambiente, el análisis de sus elementos estructurales refleja que el IVPEE tiene una finalidad puramente contributiva: la obtención de recursos económicos para financiar y corregir el denominado "***déficit de tarifa***".

El **Auto de 10 de enero de 2018** se limitó a plantear las dudas de inconstitucionalidad que suscitaba el IVPEE en relación con los límites del **principio de capacidad económica**, ya que el hecho imponible del citado tributo es prácticamente idéntico al de otros tributos estatales, gravando una misma capacidad económica, enmascarada bajo al aparente carácter medioambiental que el legislador ha querido otorgarle.

A pesar de que el legislador le atribuya una finalidad extrafiscal, el análisis de sus elementos estructurales refleja que el IVPEE tiene una **finalidad puramente contributiva:** la obtención de recursos económicos para financiar y corregir el denominado "déficit de tarifa", como así parece desprenderse del propio **Auto de inadmisión del Tribunal Constitucional, de fecha 20 de junio de 2018**, y con absoluta claridad del **Auto del Tribunal Supremo, de planteamiento de la cuestión de inconstitucionalidad, de 10 de enero de 2018** al decir que:

"En el caso de la Ley 15/2012, el legislador proclama una doble finalidad medioambiental y recaudatoria. Mientras que la finalidad fiscal se refleja de forma nítida en el articulado de la ley no ocurre lo mismo con la finalidad extrafiscal de protección del medio ambiente, ya que ninguno de los elementos configuradores del tributo se pone al servicio de dicho objetivo, ***por lo que esta Sala alberga serias dudas sobre la finalidad medioambiental del IVPEE"****.*

La cuestión que no quedaba resuelta por el **Auto de inadmisión de 20 de junio de 2018** es si, desnudada la ausencia de finalidad medioambiental del IVPEE, estamos ante un tributo, que, atendiendo a la configuración de sus elementos estructurales, infringe los principios del **artículo 31.1 de la Constitución**

Española a los que, en todo caso, se somete el ejercicio del poder tributario del Estado.

Resulta esencial analizar las consecuencias jurídicas de configurar formalmente el IVPEE como un tributo medioambiental, cuando efectivamente la articulación y configuración de sus elementos esenciales no responde a tal finalidad medioambiental, a fin de evitar la pervivencia en el ordenamiento jurídico de un tributo con vicios de inconstitucionalidad, y la repercusión que de ello se puede derivar a otros tributos.

Recordamos el carácter instrumental del tributo frente al carácter finalista de las políticas públicas, y tener presente que el tributo sirve a la financiación del gasto público, aunque pueda perseguir otras finalidades de interés general con amparo constitucional, es fundamental. Como ha afirmado el **Tribunal de Justicia de la Unión Europea**, en el **asunto Transportes Jordi Besora,** para que un impuesto pueda calificarse de medioambiental es preciso que esté: "*concebido por lo que respecta a su estructura, en particular, al hecho imposible o al tipo de gravamen, de tal modo que disuada a los contribuyentes*" del uso de contaminantes o, "*que fomente el uso de otros productos cuyos efectos sean menos nocivos para el medioambiente*"[467], si bien como ha afirmado el Tribunal Supremo, en el citado **Auto de 10 de enero de 2018**, las dudas sobre la finalidad medioambiental del impuesto no es circunstancia que lo convierta "*sin más en inconstitucional, por más que técnicamente sea defectuoso*".

El que no haya un **concepto común y consensuado del tributo medioambiental**, no significa que esta calificación carezca de relevancia jurídica, pues hay contextos en los que tal consideración supone el reconocimiento de un régimen jurídico propio, al que se anudan efectos de una mayor o menor flexibilidad reguladora. Con independencia del índice determinante considerado (base imponible, afectación de la recaudación, etc.), hay consenso en afirmar que el tributo extrafiscal, verdaderamente medioambiental, es expresión del principio "*quien contamina paga*"[468] y que debe incluir un efecto incentivador, pues de otro modo

---

467 Sentencia Tribunal de Justicia de la Unión Europea, de 27 de febrero de 2014, *Transportes Jordi Besora* [C-82/12, ECLI:EU: C.2014:108 (*Tol 4117790*)], apartado 32. En el mismo sentido, Sentencia del Tribunal de Justicia de la Unión Europea, de 5 de marzo de 2015, *Tallinna Ettevõtlusamet v. Staoil Fuel & Retail Eesti AS*, (C-553/13, ECLI:EU:C:2015;149 (*Tol 4745393*), apartado 42.

468 Como ya recogimos, este principio, en su origen de carácter económico y reconocido como principio que rige en las políticas medioambientales internacionales, fue recono-

no dejará de ser un tributo con finalidad preferentemente recaudatoria. Esto sucede palmariamente en el IVPEE, cuyos elementos estructurales hacen que el mismo sea claramente recaudatorio.

Consecuencia de todo lo anterior, nos haría plantearnos, si la doctrina constitucional que interpreta el **artículo 37.1 de la Ley Orgánica del Tribunal Constitucional**, ampararía la posibilidad de plantear una nueva cuestión de inconstitucionalidad y cuáles serían sus requisitos. La respuesta será afirmativa, siempre y cuando, la referida cuestión de inconstitucionalidad se planteara conforme a aquellos otros fundamentos que no fueron resueltos por el **Auto de inadmisión de fecha 20 de junio de 2018**.

El **artículo 37.1 de la Ley Orgánica del Tribunal Constitucional** establece que:

> *"Recibidas en el Tribunal Constitucional las actuaciones, el procedimiento se sustanciará por los trámites del apartado segundo de este artículo. No obstante, podrá el Tribunal rechazar, en trámite de admisión, mediante auto y sin otra audiencia que la del Fiscal General del Estado, la cuestión de inconstitucionalidad cuando faltaren las condiciones procesales o fuere notoriamente infundada la cuestión suscitada. Esta decisión será motivada".*

Nada impediría el planteamiento de una nueva cuestión de inconstitucional, a fin de despejar, como ya hemos recogido, las dudas de constitucionalidad planteadas por el **Tribunal Supremo**.

El precedente más inmediato en relación con este asunto, lo encontramos en el debate constitucional del **Impuesto sobre el Incremento del Valor de los Terrenos de Naturaleza Urbana o plusvalía municipal**. El Tribunal Supremo acordó plantear una nueva cuestión de inconstitucionalidad (**Auto del Tribunal Supremo 7591/2019, de 1 de julio**) en relación con la normativa del **Impuesto sobre el Incremento del Valor de los Terrenos de Naturaleza Urbana,** en un

---

cido por la Comisión Europea en su Primer programa de Acción de 1973 (DO 1973, C112/1) y hoy se encuentra contemplado en el artículo 191 del Tratado de Funcionamiento de la Unión Europea, que incorpora el principio "*quien contamina paga*" entre los que rigen para las políticas medioambientales de la Unión Europea, junto a los principios de prevención, reparación e integración, precepto que ha de completarse con el 192.4 y 192.5 del mismo Texto legal. No obstante, la puesta en práctica del principio es imperfecta, pues hay no pocas excepciones, como las que se plasman en el ámbito de la regulación de las ayudas de Estado. Cfr. KINGSTON, S. (2017), et al., *European Environmental Law*, Cambridge, University Press, páginas 91 y siguientes.

caso en que la cuota exigida por el impuesto era superior al beneficio obtenido por el contribuyente en la transmisión del inmueble. Recordemos que el **Tribunal Constitucional ya declaró, en su sentencia de 11 de mayo de 2017**, la inconstitucionalidad de los artículos reguladores de la base imponible del citado impuesto en supuestos en los que no se produce un incremento de valor de los terrenos transmitidos. El **Tribunal Constitucional** admitió a trámite esta nueva cuestión de inconstitucionalidad, al considerar que esos mismos artículos pueden vulnerar los principios de capacidad económica, e interdicción de la confiscatoriedad en supuestos distintos. El **Auto del Tribunal Supremo** de solicitud de nueva cuestión de inconstitucionalidad recogía que:

> *"Es evidente que de la constitucionalidad de tales preceptos dependerá la solución del litigio que nos ocupa: la cuota girada al contribuyente (...) habrá de reputarse conforme a Derecho si los artículos citados se consideran ajustados a la Constitución y disconforme con el ordenamiento jurídico si se aprecia la confiscatoriedad cuya concurrencia planteamos a las partes y al Ministerio Fiscal a través de esta resolución (...). Ahora bien —y es aquí donde queremos poner el acento—, **lo que no nos planteamos entonces** —tampoco lo hizo el Pleno del Tribunal Constitucional en su STC 59/2017 —, y suscitan ahora los hechos que deben ser objeto de nuestro enjuiciamiento, es si resulta compatible con el artículo 31.1 CE y, en particular, con los principios de capacidad económica e interdicción de confiscatoriedad establecidos en este precepto, la aplicación de la regla objetiva de cálculo de la base imponible del IIVTNU prevista en los artículos 107.1, 107.2 a) y 107.4 del TRLHL, en aquellos casos en los que como consecuencia de la venta del inmueble se ha generado una plusvalía pero la ganancia patrimonial obtenida es notablemente inferior al importe de la cuota tributaria que deriva de la liquidación del IIVTNU". (**Auto del Tribunal Supremo 7591/2019, de 1 de julio**).*

Dicho cuanto antecede, las dudas de inconstitucionalidad que aún subyacen en la regulación del IVPEE se amparan en una cuestión que ha sido excluida por el **Auto de inadmisión** de su examen y consideración, como son las consecuencias jurídicas que entraña la total ausencia de finalidad medioambiental del tributo examinado.

La **fundamentación** de la cuestión planteada y posteriormente inadmitida se concretó exclusivamente en el alcance de los **principios de capacidad económica y no confiscatoriedad,** como límite cuantitativo a la **creación de tributos por el Estado (IVPEE e IAE)**, tributos recayentes sobre una misma capacidad económica y con una configuración de hechos imponibles prácticamente idéntica.

El **Tribunal Constitucional** dejó sin examinar las consecuencias jurídicas que dimanan de la total ausencia de finalidad medioambiental del tributo examinado, y las consecuencias de esto con relación a los **principios constitucionales del artículo 31.1 y 133.2 de la Constitución Española**.

Por lo que sería necesario volver a plantear una nueva cuestión de inconstitucionalidad al objeto de solicitar del **Tribunal Constitucional** un nuevo pronunciamiento a fin de despejar las dudas sobre si una vez revelado el IVPEE como un tributo contributivo y no medioambiental, cuyo fundamento real y auténtico es la mera obtención de recursos económicos para hacer frente al déficit de tarifa, esto permite concluir que dicho Impuesto infringiría los **principios constitucionales de generalidad, igualdad, capacidad económica, no confiscatoriedad y progresividad, consagrados en el artículo 31.1 de la Constitución**, en la medida en que la articulación de los elementos esenciales del tributo nada tienen que ver con el fundamento real de su creación.

Consecuentemente, como ya hemos recogido, una vez despejadas las dudas de compatibilidad del IVPEE con el ordenamiento europeo, así como, atendidos los términos en los que el **Tribunal Constitucional** adoptó su decisión de inadmitir la cuestión de inconstitucionalidad planteada por **Auto de 10 de enero de 2018**, entendemos que las dudas de inconstitucionalidad que existen respecto del IVPEE, no sólo no han sido ya resueltas sino que subrayan la conveniencia de elevar una nueva cuestión de inconstitucionalidad respecto de los **artículos 1, 4.1 6.1 y 8 de la Ley 15/2012**, reguladores de los elementos esenciales del IVPEE.

Habría que preguntarse: ***si ¿un tributo, en el que la finalidad declarada es la protección del medioambiente, pero que realmente persigue como finalidad o fundamento auténtico de su creación, la mera obtención de recursos económicos para corregir y financiar el "déficit de tarifa", respeta los principios constitucionales del artículo 9.3 y 31 de la Constitución cuando no hay correlación entre la configuración de sus elementos esenciales, y la última ratio de su creación; cuando la articulación de sus elementos estructurales no refleja ni permite alcanzar la finalidad o fundamento de creación del tributo?***

- Vicios de inconstitucionalidad del Impuesto sobre el Valor de la Producción de la Energía Eléctrica no examinados por el Auto de inadmisión del Tribunal Constitucional.

El IVPEE no es un tributo medioambiental, sino que el verdadero y auténtico fundamento de su creación ha sido, desde sus orígenes, la obtención de recursos económicos para corregir y financiar el "déficit de tarifa", algo que no ha sido refutado por el **Auto de inadmisión del Tribunal Constitucional**.

En el espíritu de la **Ley 15/2012**, y así lo expresa la misma en su Exposición de Motivos, se encuentra la necesidad de financiación y corrección del déficit de tarifa. Es lo único que movió al legislador nacional a aprobar la citada **Ley 15/2012**, la creación de nuevas figuras impositivas con las que financiar el coste del citado déficit de tarifa.

Nadie pone en duda la libertad del legislador para fijar un gravamen con el que hacer frente al problema del déficit de tarifa. Los problemas de constitucionalidad, y las dudas constitucionales se proyectan en, si el ejercicio de esta libertad configurativa, de ese amplio margen del que goza el legislador para el establecimiento y configuración de los tributos, ha sido llevada a cabo dentro de los límites del **artículo 31.1 de la Constitución Española**, cuando, como sucede en el presente caso, existe una total desconexión entre el fundamento que justifica la creación del tributo, y la configuración de sus elementos estructurales, para así a su vez, poder justificar que únicamente los productores de energía eléctrica tengan que soportar este gravamen específico para financiar el "déficit de tarifa", cuando no existen circunstancias, que permitan acreditar una situación jurídica y de facto, distinta a los otros agentes del mercado que igualmente participan del sistema eléctrico.

El respeto a los principios del **artículo 31 de la Constitución Española**, pasa por la existencia necesaria de una conexión entre la generación y su financiación del citado déficit, fundamento de la creación del tributo, y la configuración de sus elementos esenciales (hecho imponible, sujetos pasivos, tipo de gravamen, o base imponible). La total desconexión es patente cuando se regula el citado tributo como medioambiental, ya que nada tiene que ver con la protección del medioambiente invocada por el legislador en el Texto de la Ley, y sí con la obtención de recursos económicos para financiar el citado déficit de tarifa.

Nos encontramos ante una figura impositiva que **quiebra el principio de interdicción de la arbitrariedad**, así como los **principios de generalidad, igualdad, capacidad económica y proporcionalidad**, consagrados en **el artículo 31.1 de la Constitución**.

Un tributo, que formalmente ha sido configurado y aprobado por el legislador como medioambiental, pero que, tras el examen de sus elementos estructurales, conforme a la doctrina del **Tribunal Constitucional** en materia de tributos extrafiscales, se revela como un tributo meramente contributivo, cuyo único objetivo es allegar nuevos ingresos para la Hacienda estatal: ***¿puede ser compatible con el adecuado respeto al principio de interdicción de la arbitrariedad, así como con el resto de principios y límites que disciplinan el poder tributario contenidos en los artículos 133 y 31 de la Constitución?***

El tributo examinado infringe claramente los **principios de generalidad e igualdad tributaria**, desde el prisma del **principio de la interdicción de la arbitrariedad**[469] consagrado en el **artículo 9.3 de la Constitución**, ya que, acreditado el carácter esencialmente contributivo del IVPEE, la aparente fundamentación medioambiental con la que se disfraza su creación deviene incoherente con la realidad sometida a gravamen, consagrando una evidente discriminación carente de verdadera justificación. La norma ofrece una supuesta justificación medioambiental que, sin embargo, se revela artificial, pues el tributo es esencialmente contributivo, consagrando además situaciones discriminatorias que no responden a una verdadera motivación medioambiental, dado que no se gravan realmente los impactos ambientales que pudieran producirse, sino tan sólo la mera actividad de producción con el objetivo de financiar el problema del déficit de tarifa.

Tanto es así que el propio **Tribunal Supremo** ya lo ha reconocido:

> *"el IVPEE carece de verdadera finalidad medioambiental y ha sido instrumentalizada con el objetivo de ignorar los límites dimanantes de los principios constitucionales de generalidad e igualdad ya expuestos, el tributo analizado establece situaciones de clara discriminación al no existir un motivo medioambiental real que sustente la selección de sujetos pasivos, los criterios de cuantificación de la base imponible, o la concreción del tipo de gravamen, elementos que están claramente desconectados de una auténtica vocación medioambiental".*

El **principio de seguridad jurídica**, consagrado en el **artículo 9.3 Constitución Española**, también se vería vulnerado en su sentido material. Dicho principio establece que quedan prohibidas aquellas situaciones que menoscaban el derecho al contribuyente a un conocimiento lo más rápido posible, y lo más acorde con sus racionales previsiones, de la incidencia que en la esfera particular pueda tener la aplicación de la norma jurídica. Tiene que existir una vinculación correcta entre técnica legislativa y técnica de ejecución. La **seguridad jurídica**

---

469 No existe verdadera coherencia y racionalidad entre el fundamento que supuestamente ha guiado la voluntad legislativa, y la realidad que efectivamente acaba sometiéndoselos a gravamen.

implica la seguridad de realización, de manera que las normas se apliquen a cada situación concreta con absoluto respeto a lo previsto en ellas, es decir, que de lo recogido en ellas se extraiga su finalidad real. La seguridad se manifiesta en la idea de protección de la confianza, tomando un papel importante, dentro del respeto de este principio constitucional, la definición de las hipótesis normativas. Parece claro, dicho lo anterior, que establecer un tributo con argumentos medioambientales, pero que, sin embargo, su único fin es el recaudatorio y no la protección del medioambiente como proclama el Preámbulo, infringe el principio constitucional de **seguridad jurídica**.

De los preceptos dedicados por nuestra Constitución al **principio de seguridad jurídica** (fundamentalmente los **artículos 9 y 103.1**), y la jurisprudencia constitucional elaborada a partir de ellos, se desprenden las dos ideas básicas que, al margen de la vinculación esencial existente entre los **principios de legalidad y seguridad jurídica**, dan contenido a este último. Nos referimos a las ideas de **certeza e interdicción de la arbitrariedad**, jugando en ambos casos un papel esencial el respeto al **principio de jerarquía normativa**, también recogido expresa y diferenciadamente en el **artículo 9.3 de la Constitución Española**.

La **Sentencia de la Audiencia Nacional, de 19 enero de 1998**, en su **Fundamento Jurídico Sexto**, establece que:

> *"El Tribunal Constitucional en la Sentencia 150/1990 señaló que los principios de seguridad jurídica y de interdicción de la arbitrariedad de los poderes públicos exigen que la norma sea clara para que los ciudadanos sepan a qué atenerse ante la misma, por lo que no cabe subestimar la importancia que para la certeza del Derecho y la seguridad jurídica tiene el empleo de una depurada técnica legislativa en el proceso de elaboración de las mismas".*

La **seguridad jurídica**, el vulgar "saber a qué atenerse", a que aspira todo ciudadano en un **Estado Social de Derecho**, según doctrina constante del **Tribunal Constitucional**, es suma de certeza y legalidad, de jerarquía y publicidad normativa, de irretroactividad de lo no favorable e interdicción de la arbitrariedad, sin perjuicio del valor que por sí mismo tiene aquel principio. Y aunque resulta claro que no puede erigirse en un valor absoluto, pues ello significaría la congelación del ordenamiento jurídico existente en un momento dado, ni debe entenderse como un derecho de los ciudadanos al mantenimiento de un determinado régimen fiscal, es igualmente evidente, que el **principio de seguridad jurídica** tiene que proteger la confianza de los ciudadanos que ajustan su conducta económica a la legislación vigente, frente a los cambios normativos que no sean razonablemente previsibles, y a lo recogido en la norma.

La regulación normativa ha de expresarse de tal manera que la definición de los supuestos de hecho comprenda un ámbito de la realidad normada lo más amplio posible, de forma que se aminoren las lagunas. El **Tribunal Constitucional** ha insistido en que las normas jurídicas han de construirse sobre "*un mandato cierto, publicado y preciso*"[470] debiendo estar "*claramente formuladas*"[471]. Ello impone que la norma jurídica no pueda ser opaca, tanto en lo relativo a la descripción del presupuesto de hecho, como a las consecuencias jurídicas de las normas, de tal manera que la misma ofrezca una estructura racional, de tal suerte que el empleo del método lógico-jurídico permita descubrir su sentido y sus conexiones.

Por todo ello, parece claro que existe una **vulneración del principio de seguridad jurídica** en determinadas regulaciones de tributos con pretendido espíritu medioambiental en sus Preámbulos, pero cuya finalidad, tras analizar su articulado, es únicamente recaudatorio, teniendo en cuenta además la prevalencia de la regulación normativa de los elementos esenciales, frente a lo pretendido en el Preámbulo, como ya detallamos, dando lugar a **falta de certeza**, y vulnerando la **seguridad jurídica** del contribuyente.

Si en estos tributos, aunque el legislador en los Preámbulos hable de: "*tributos ambientales, protección del medioambiente, etc.*", la realidad de su regulación manifiesta, que su fundamento es únicamente recaudatorio, lo que resulta que difícilmente el ciudadano puede adaptar su conducta a la protección medioambiental, más que nada porque la misma legislación no establece los mecanismos para ello. No existe verdadera coherencia y racionalidad entre el fundamento que supuestamente ha guiado la voluntad legislativa y la realidad que efectivamente acaba sometiéndolos a gravamen.

El IVPEE rebasa la libertad de la que goza el legislador para la creación y configuración de nuevos tributos, dado que el correcto ejercicio de dicha libertad debe exigir que exista una mínima conexión entre dicho fundamento de su creación, y los elementos esenciales del tributo creado, vulnerando groseramente:

---

470 Sentencia del Tribunal Constitucional 65/1987, 21 de mayo, Fundamento Jurídico Dieciocho.

471 Sentencia del Tribunal Constitucional 99/1987, 11 de junio, Fundamento Jurídico Sexto.

(i) la doctrina del **Tribunal Constitucional** en materia de tributos medioambientales, ya que la articulación de sus elementos estructurales no guarda conexión de ningún tipo con aquella finalidad que supuestamente constituye el fundamento de su creación;

(ii) los principios constitucionales que rigen el poder tributario del Estado (**artículo 31.1 Constitución Española**): **capacidad económica y no confiscatoriedad**, así como el **principio de proporcionalidad**, dado que ni el hecho imponible guarda relación con la manifestación de riqueza o capacidad económica que justifica el gravamen, ni los sujetos pasivos son quienes manifiestan tal capacidad, ni la base imponible o el tipo de gravamen guardan relación con los aspectos sustantivos sobre los que se articula la actuación del legislador y ampara su poder de imposición coactivo. El respeto a los principios del **artículo 31.1 de la Constitución**, impone que todos aquellos que ostenten un posición jurídica y fáctica idéntica respecto del fundamento auténtico de la creación del tributo, el "déficit de tarifa", queden gravados por el mismo. No solo los productores de energía eléctrica, sino todos los agentes que participan de la explotación económica unificada del sistema. Del mismo modo, si atendemos al principio de capacidad económica, la concreción de los criterios cuantificadores de la base imponible o la fijación del tipo de gravamen debería reflejar una mínima conexión entre aquello que se somete a gravamen, la incorporación al sistema de electricidad, y lo que verdaderamente exigiría el fundamento declarado de su creación, la protección del medioambiente;

(iii) Los **principios de generalidad e igualdad tributaria y seguridad jurídica**, desde el prisma del principio de la interdicción de la arbitrariedad (**artículo 9.3 y 133 Constitución Española**);

(iv) La interpretación del **artículo 6.1 de la Ley 15/2012**, sobre el cálculo de la base imponible del IVPEE.

En consecuencia, en el presente supuesto y dado que, como refleja el **Auto de inadmisión**, el **Tribunal Constitucional** ha dejado expresamente sin examinar las consecuencias jurídicas que dimanan de la total ausencia de finalidad medioambiental del tributo examinado, y las consecuencias de esto con relación a los principios constitucionales del **artículo 9.3, 31.1 y 133.2 de la Constitución**, lo que podría llevar a las empresas del sector eléctrico a volver a plantear otra cuestión de inconstitucionalidad respecto del tributo examinado, sobre todo en el momento actual, donde de nuevo vuelve a aplicarse el IVPEE, ya que se ha levantado la suspensión del tributo con efectos de **2024**, respetando la doctrina constitucional expuesta, visto que no existiría identidad sustancial entre la fundamentación material de esta nueva cuestión y la inadmitida por el Tribunal Constitucional, puesto que, permítasenos insistir, la duda de constitucionalidad y justificación de la nueva cuestión a plantear trae causa precisamente de aquello que no ha sido valorado, ni zanjado por el **Tribunal Constitucional.**

El **Tribunal Constitucional** debería aclarar si una vez revelado el IVPEE como un tributo contributivo y no medioambiental cuyo fundamento real y auténtico es la mera obtención de recursos económicos para hacer frente al déficit de tarifa, esto permite concluir que dicho Impuesto infringe los principios constitucionales de generalidad, igualdad, capacidad económica, no confiscatoriedad y progresividad consagrados en el **artículo 31.1 de la Constitución** en la medida en que la articulación de los elementos esenciales del tributo nada tienen que ver con el fundamento real de su creación.

CONCLUSIONES

Empezábamos este estudio aceptando que los cambios en el sistema jurídico, y más aún en el sistema jurídico tributario son inevitables, como recogía el profesor GARCÍA AÑOVEROS; pero también apelábamos a la importancia de la técnica legislativa y de los valores jurídicos en la vida financiera moderno, valores que ya el profesor SAINZ DE BUJANDA reclamaba.

La conciencia sobre la energía eléctrica ha existido en el hombre desde mucho antes que surgiera el concepto de electricidad. La energía eléctrica, pasó en sus orígenes, de un predominio absoluto de la fuente de energía hidroeléctrica (más de un 80% provenía de esta fuente de energía, basada en los saltos de agua), para no formar parte en la actualidad ni en un 12% de producción (estando además excesivamente gravada), teniendo un papel más importante otras fuentes de energía.

En España, se pasó de una libertad absoluta (libertad industrial) en relación con la industria de la producción de la energía eléctrica, a la calificación del sector energético como servicio público a mediados del **siglo XX**, aunque no existía un mercado unificado. Esta calificación de servicio público fue casi una necesidad como consecuencia de la crisis energética que se produjo tras la Guerra Civil, y la época de sequía de los años cuarenta, ya que, como hemos recogido, casi toda la energía provenía de la fuente hidráulica. Ello llevó a crear un sistema nacional eléctrico, respetando que la generación y el transporte siguiera en manos privadas. Sin embargo, la situación no repuntaba y comenzó la idea de nacionalizar todo el sistema, unificando las tarifas eléctricas.

Con la incorporación de España al desarrollo nuclear (**1968**), el Estado comenzó a potenciar el control de la producción y el transporte, declarándose este último **servicio público**, llegando a su nacionalización, lográndose así algo de equilibrio energético, pero comienza un importante endeudamiento por la creación sin límites de centrales eléctricas, dando lugar a un desequilibrio financiero.

Con el ingreso de España en la Unión Europea, aparecen los primeros ecos de la liberalización de nuevo del sector eléctrico, que llegaría, apoyado en la **Directiva 96/92/CE**, con la **LSE 1997**, abandonando la noción de servicio público, para pasar a **servicio esencial**, con actividades reguladas: transporte y distribución, y la liberalización de las actividades: de generación o producción, y comercialización. Los principales objetivos del sistema son dos: garantizar la libre competencia y garantizar el suministro eléctrico. Sin embargo, las desacertadas y tardías decisiones, llevaron al sistema a una crisis estructural que derivó en un increíble déficit, el conocido "*déficit de tarifa*", que alcanzó una deuda superior a 30.000 millones de euros, y que llega hasta nuestros días. El sistema era insostenible, las tarifas cobradas a los consumidores, estaban por debajo del coste de producción de la energía eléctrica, dando lugar a un déficit que se tornaba incontrolable.

Sin dejar de reconocer que el sector eléctrico es un sistema de una gran complejidad jurídica, como ya apuntamos, basado en un modelo regulado, de sectores sobre monopolios naturales necesarios, con acuerdos colusivos, y una fuente atractiva de fiscalidad; tampoco podemos ignorar que el sistema ha hecho complejo lo que en algunas ocasiones podría haber sido más sencillo, con un sistema absolutamente cambiante, sin ninguna estabilidad. Los desequilibrios tarifarios tenían fácil solución, simplemente equilibrar las tarifas a mercado, pero se optó por mantener artificialmente los precios, dando lugar, como ya recogimos, más que a un **déficit tarifario técnico**, a un **déficit tarifario político**, todo ello aderezado con que resultó más sencillo para el legislador, acudir a la tributación para paliarlo, que "*visto lo visto*", de poco o nada ha servido.

Los impuestos sobre la energía representan más del **83%** del cómputo total de la tributación medioambiental. La mayoría de estos impuestos adquieren la denominación de extrafiscales, aunque de ello sólo tengan el *nomen*.

La extrafiscalidad ha irrumpido con fuerza en las últimas décadas, pero como también hemos detallado, pocos tributos son verdaderos tributos extrafiscales, lo que los lleva a no respetar los postulados constitucionales, el Derecho de la Unión Europea y los principios de legalidad tributaria. Fundamentalmente pocos tributos extrafiscales están orientados a disuadir las conductas que vienen a proteger, convirtiéndose en instrumentos de intervencionismo administrativo (**tributos extrafiscales impropios**).

Los mecanismos tributarios para la protección medioambiental sobre tributos ordinarios, no han sido utilizados en España más que tímidamente. Los beneficios fiscales (exenciones, amortizaciones, desgravaciones a la base imponible o deducciones a la cuota), han resultado ser la mayoría inadecuados, porque, como hemos recogido con anterioridad, la adquisición de elementos para la protección medioambiental sobre los que se aplican estos beneficios, puede resultar más costosa que seguir contaminando. Por otro lado, la introducción del elemento medioambiental en tributos ordinarios brilla por su ausencia en nuestro país.

En España, se ha optado por la implantación masiva de tributos aparentemente ecológicos. Desde hace décadas, en nuestro país, se viene produciendo en el sector de las empresas eléctricas, una creación indiscriminada de tributos "*aparentemente extrafiscales, o barnizados como medioambientales*". Como ya afirmamos, vivimos en una época ***robinhoodniana***, con la extraña creencia, que por el hecho de ser rico (como si ser rico fuera un elemento determinante de por sí de un hecho imponible) se tiene que contribuir hasta la extenuación al sostenimiento del gasto público, con lo que ello lleva aparejado: la limitación de inversiones y la paralización de la generación de empleo.

La mayoría de los tributos medioambientales relacionados con el **sector eléctrico**, están fuera del sistema: su escasa elasticidad, la necesidad de su consumo, la tributación por igual de cualquier tipo de energía eléctrica sin diferenciar la fuente de la que procede, los costes administrativos de su gestión y recaudación, etc., difícilmente coadyuvan a la protección medioambiental, convirtiéndose en tributos eminentemente recaudatorios, sin ninguna finalidad extrafiscal, buscando únicamente intereses partidistas.

Todo ello, ha llevado a que nuestro sistema tributario español eléctrico, se haya visto integrado por una pluralidad de figuras tributarias, sin coordinación, ni armonía. Ya el **Informe LAGARES** (***Comisión de Expertos para la Reforma del Sistema Tributario Español 2014***), apuntó proponer una reestructuración de la fiscalidad sobre el sector eléctrico; en el mismo sentido, la **Comisión de Expertos de Transición Energética (2018)**, proponía una reforma de la actual fiscalidad de la energía, con una promoción de las energías renovables[472].

El **Informe España 2050** (Oficina Nacional de Prospectiva y Estrategia, 2021), marca como un objetivo a largo plazo "*fortalecer el papel de la fiscalidad ambiental, incorporando a su diseño y aplicación criterios que impulsen una transición ecológica justa*".

Conforme hemos argumentado, la **Ley 15/2012**, y en concreto el **IVPEE**, fueron creados con el exclusivo objetivo de allegar nuevos recursos económicos

472 Asimismo, partiendo de que "*una de las características del sistema fiscal español es el reducido peso de los impuestos medioambientales y su compleja y asistemática regulación actual*" y distinguiendo los tributos medioambientales de los "*pretendidamente medioambientales*", proponen la eliminación de los numerosos impuestos y 'cánones' autonómicos que no lo son. Cfr. *Libro Blanco sobre la Reforma Tributaria*, Comité de personas expertas 2022. página 219.

para que el Estado "*pudiera y pueda*" hacer frente a los problemas derivados del "*déficit de tarifa*", con independencia de cualquier finalidad de protección o mejora del medio ambiente (como manifestó con absoluta claridad el **Tribunal Supremo**, en su **Auto de fecha 10 de enero de 2018**, por el que se acordó plantear cuestión de inconstitucionalidad).

Este impuesto, a nuestro entender, no es más que un impuesto de **naturaleza indirecta**, que recae sobre los productores de energía eléctrica, que también son obligados tributarios del Impuesto sobre Actividades Económicas y del Impuesto Especial sobre la Electricidad, amén de otros tantos tributos. Es un tributo de **aparente finalidad medioambiental**, sin embargo, analizados sus elementos estructurales queda al descubierto su verdadera naturaleza, que no es más que la **recaudatoria**, cuyo objetivo principal es la financiación del "déficit de tarifa". Esto hace que el impuesto vulnere, de manera grosera, los principios constitucionales y la doctrina del **Tribunal Constitucional** en materia de tributos extrafiscales, ya que careciendo de toda finalidad medioambiental, le llevaría a entrañar la infracción de los principios constitucionales consagrados en los **artículos 9.3 y 31 de la Constitución** y, de modo singular, de los **principios de reserva de ley, generalidad, igualdad, progresividad y seguridad jurídica**, dado que su diseño y configuración no atiende a los parámetros generales de los tributos contributivos, sino que establece discriminaciones de corte pretendidamente medioambiental que carecen de justificación en el marco de un tributo de esta naturaleza.

Del mismo modo, como también hemos defendido, la regulación de la **base imponible del IVPEE** es incorrecta por incluir conceptos retributivos que no se encuentran incluidos en el hecho imponible del impuesto. Así, si tenemos en cuenta lo dispuesto en el **artículo 6 de la Ley 15/2012**, parece claro que el Impuesto lo que pretende gravar es la retribución percibida, por todos los conceptos, que provengan de las propias ventas de energía o de las liquidaciones del operador del sistema, pero no aquellas otras retribuciones por otros conceptos percibidas por las empresas de producción, dado que en su determinación se alude tanto en el hecho imponible, como en la base imponible, a la producción medida en "***barras de central***", alusión que sólo puede referirse a los **MW/h realmente vertidos a la red**, y, por tanto, a las retribuciones percibidas por todos los conceptos por esos MW/h vertidos a la red.

En cuanto a la infracción del **ordenamiento jurídico europeo**, y arrancando de los indicios sólidos que permiten defender que el Impuesto examinado tiene **naturaleza indirecta**, entre los que destaca la aprobación del **Real Decreto Ley 15/2018**, el IVPEE resulta contrario al **artículo 1.2 de la Directiva 2008/118/**

CE (actual **Directiva (UE) 2020/262**), en lo que afecta a las tecnologías que acuden al mercado de producción de energía eléctrica, dado que se trata de un gravamen que carece de una "**finalidad específica**" en los términos referidos por dicha Directiva debido a su falta de justificación real, así como por su incompatibilidad con los principios estructurales de la imposición indirecta.

Asimismo, y derivado de su falta de finalidad extrafiscal, el IVPEE vulnera también el **artículo 191.2 del Tratado de Funcionamiento de la Unión Europea**, en relación con el principio "**quien contamina paga**" y resto de principios orientadores de la política ambiental europea. Estos principios exigen efectuar un análisis de proporcionalidad que ha estado ausente en la tramitación de la **Ley 15/2012**, así como limitar la carga impositiva al coste del daño presuntamente creado. En este sentido, el IVPEE no traslada incentivo alguno al productor para no contaminar oponiéndole el deber pagar dicho tributo, siempre y en todo caso, mientras produzca electricidad. Además, los importes recaudados no se destinan específicamente a compensar los perjuicios o impactos medioambientales, sino a "**financiar los costes del sistema eléctrico**", lo que refuerza el carácter contributivo del Impuesto examinado.

A su vez, las normas impositivas creadas por la **Ley 15/2012** no sólo **discriminan** entre fuentes de energía competidoras, sino que, además, el marco impositivo creado **obstaculiza** el adecuado funcionamiento del mercado interior y afecta a la circulación de productos energéticos dentro de la **Unión Europea**. En efecto, directa o indirectamente, el IVPEE puede tener una **incidencia en el precio de la electricidad**, y su naturaleza y sustancia (tal y como ha reconocido el Gobierno de España atribuyendo las competencias para su gestión al Departamento de Aduanas e Impuestos Especiales de la AEAT) es análoga a la de los impuestos recogidos en la **Directiva 2003/96/CE**.

Asimismo, el IVPEE podría formar parte de un **régimen de ayudas de Estado ilegal**, ya que se trata de un tributo que afecta a unos operadores y cuya finalidad es la creación de un **instrumento de financiación** del déficit de tarifa. Esto acarrea la consideración de dichos fondos como estatales, y, en consecuencia, formarían parte de un **régimen de ayudas no notificado**.

Por último, en cuanto a la vulneración del ordenamiento jurídico europeo, desnudado el tributo examinado de su barniz medioambiental, queda patente que nos encontramos ante un gravamen que se contrapone con los límites y **principios de no discriminación, transparencia, claridad y proporcionalidad** que han de regir la imposición de obligaciones específicas a los operadores del mercado eléctrico.

Así, de acuerdo con lo establecido en el **artículo 3.2 de la Directiva 2009/72/CE** (actual **Directiva (UE) 2019/944**), los Estados miembros solo podrán imponer a las empresas eléctricas, con **fines de interés económico general**, obligaciones de servicio público, entre las que se encuadraría la protección medioambiental, siempre que concurran **motivos de interés general**, y estas obligaciones queden claramente definidas, sean transparentes, no discriminatorias y se garantice el acceso a los consumidores nacionales en condiciones de igualdad. Sin embargo, estos requisitos no se satisfacen en el caso que nos ocupa.

En relación con el **periplo judicial** de estos tributos regulados por la **Ley 15/2012**, y en concreto con el **IVPEE**, los **Autos de inadmisión del Tribunal Constitucional**, planteados en relación con el IVPEE, no resolvieron todas las dudas de inconstitucionalidad del tributo, al no entrar a analizar la naturaleza extrafiscal o contributiva del impuesto, a nuestro entender, el aspecto más importante de su inconstitucionalidad. Por otra parte, la **Sentencia del Tribunal de Justicia de la Unión Europea de 3 de marzo de 2021**, utiliza unas motivaciones en su resolución, que en el momento de su pronunciamiento aún se encontraban *sub iudice* en el ámbito interno español. Dejando abiertas dudas de constitucionalidad y de vulneración del Derecho de la Unión Europea en el tributo, aún no resueltas.

Hubiera resultado interesante, más que recargar el sistema tributario eléctrico de **aparentes tributos medioambientales**, haber **creado un régimen especial dentro del Impuesto sobre Sociedades para las empresas del sector eléctrico,** haciendo recaer la tributación en un verdadero tributo directo, con tipos incrementados en función de la contaminación (basado en volumen de negocio), cuyo exceso de recaudación fuera exclusivamente destinado a subvencionar energías renovables. Estos regímenes especiales serían mucho más efectivos para cualquier sector contaminante, que una amalgama de supuestos tributos medioambientales.

Con ello se conseguiría varios objetivos:

(i) que la tributación recaiga sobre un **impuesto directo**, evitando así la imposición indirecta, y la posible repercusión al consumidor;

(ii) que se acerque más a una **verdadera protección medioambiental**, y con ello al cumplimiento de los objetivos de la Unión Europea, ya que las empresas energéticas invertirán en energía renovable por encima de cualquier energía contaminante, con objeto de reducir la tributación por el Impuesto sobre Sociedades;

(iii) ahorro efectivo en costes empresariales y administrativos;

(iv) los costes del sistema serán incluso inferiores, porque se tiene en cuenta el conjunto de costes de tributos, y no los tributos individuales; una cosa es lo que se paga por el tributo y otra distinta lo que cuesta abonar el tributo.

Sin lugar a duda, como hemos defendido, resulta mucho más efectivo, la introducción de **desgravaciones medioambientales dentro de tributos tradicionales**, que el establecimiento aislado de **beneficios fiscales**, ya que estos últimos, como recogimos, pueden ser utilizados o no por el sujeto contaminante, en el sentido de que el beneficio puede ser menor que el gasto que le produce realizar conductas no contaminantes, eligiendo seguir contaminando antes que utilizar el beneficio fiscal.

Para que un tributo, en sentido general, sea óptimo debe de cumplir unos requisitos:

(i) *que el tributo afecte a una base grande de contribuyentes*: evitar tributos sobre determinadas clases de sujetos pasivos con el objeto de racionalizar al máximo los costes administrativos que lleva aparejado la recaudación de cualquier tributo;

(ii) *que su regulación sea simple y objetiva:* que la ley sea clara y no ambigua;

(iii) si lo que se busca con el tributo es recaudar, *fin fiscal*, es más efectivo sobre productos o servicios con demanda inelástica; sin embargo, en *tributos con fin extrafiscal*, no es efectivo en productos o servicios con demanda inelástica, porque el sujeto pasivo continuará produciendo o consumiendo a pesar del tributo (recordamos que la electricidad tiene una *demanda inelástica*);

(iv) *que sea justo*: apoyado en el principio de capacidad económica o de algún fin constitucionalmente protegido; y

(v) *que produzca un bajo coste administrativo*: a mayor complejidad del sistema tributario, mayor coste para la Administración, lo que redundará en un círculo vicioso, a mayor coste administrativo, serán necesarios mayores recursos, que a su vez se pagarán con tributos.

Nada de esto alumbra la regulación de ninguno de los tributos medioambientales eléctricos.

BIBLIOGRAFÍA

AA.VV.: *Libro blanco sobre la reforma tributaria (*2022), Madrid.

ADAME MARTÍNEZ, F. (2010): "Nuevos tributos ambientales: el impuesto sobre el daño medioambiental causado por determinados usos y aprovechamientos del agua embalsada y el canon eólico de Galicia", en *Revista Noticias de la Unión Europea*, número 308.

ADAME MARTÍNEZ, F. (2019): "Los tributos ambientales en España", en CUBERO TRUYO, A. y MASBERNAT, P. (2019), (Directores): *Protección del medio ambiente. Fiscalidad y otras medidas del desarrollo al desarrollo*, Editorial Aranzadi.

AGUALLO AVILÉS, A. (2001): "La necesidad de un análisis constitucional del Derecho Financiero. Hacia un Derecho Financiero Constitucional", *Revista Española de Derecho Financiero*, número 109-110.

AGUALLO AVILÉS, A. (2002), en "Una vez más, acerca de la necesidad de hacer un verdadero análisis constitucional de las Normas Tributarias", *I Jornada Metodológica "Jaime García Añoveros", Sobre la metodología académica y la enseñanza del Derecho Financiero y Tributario,* Instituto de Estudios Fiscales, 1 de febrero de 2002, documento número 11.

AIZEGA ZUBILLAGA, J. M. (2001), *La utilización extrafiscal de los tributos y los principios de justicia tributaria*, Servicio Editorial Universidad del País Vasco, Bilbao.

ALBIÑANA GARCÍA-QUINTANA, C. (1981), "Los impuestos de ordenamiento económico", *Hacienda Pública Española,* número 71.

ALMUDÍ CID, J. M y PALAO BASTARDÉS, B. (2021). "El impuesto sobre el Valor de la Producción de la Energía Eléctrica (IVPEE) y la sentencia del TJUE de 3 de marzo de 2021, asunto C-220/19, Oliva Park: una visión crítica", *Revista Técnica Tributaria,* 135.

ALONSO GARCÍA, R. (2000): "Actividad judicial v. Inactividad normativa (El Tribunal de Justicia de las Comunidades Europeas frente al déficit normativo de las Instituciones y de los Estados miembros)", *Revista de Administración Pública*, número 151.

ALONSO GARCÍA, R. y ALMUDÍ CID, J. M. (2020): "El Tribunal Supremo ante la constitucionalidad y la europeidad de las leyes (a propósito del Impuesto sobre el Valor de la Producción de la Energía Eléctrica)". *Revista de Administración Pública*, número 212.

ALONSO TIMÓN, A. (2014) coord.: *Sectores regulados: sector energético, sector del transporte y sector de las telecomunicaciones,* Dykinson, Madrid.

ÁLVAREZ FERNÁNDEZ, M. (2022): "De la interrumpibilidad del mercado de capacidad: las penalizaciones como elemento de cierre de la seguridad del suministro", *Revista Española de Derecho Administrativo*, número 223/2022.

AMATUCCI, A. (1975), "Qualità della vita, interessi diffusi e capacità contributiva", *Rivista di Diritto Finanziario e Scienza delle Finanze,* número 3.

ANÍBARRO PÉREZ, S. (1997): *La sujeción al Impuesto sobre Actividades Económicas,* McGraw Hill, Madrid.

APODACA ESPINOSA, Á. M. (2021): "Sentencia del Tribunal de Justicia de la Unión Europea (Sala Décima), de 3 de marzo de 2021, asunto C-220/19, por la que se resuelven las cuestiones prejudiciales en relación con las Directivas 2008/118/CE, relativa al régimen general de los impuestos especiales, 2009/28/CE, relativa al fomento del uso de energía procedente de fuentes renovables y la Directiva 2009/72/CE, sobre normas comunes para el mercado interior de la electricidad", *Actualidad Jurídica Ambiental,* número 111.

ARDANT, G (1972): *Historie de l'Impôt, Livre II, Du XVIIIe au XXIe siècle,* Librairie Arthème Fayard, París.

ARNEDILLO NERA, O. (2023): "Modelos de mercado eléctrico: paradigma competitivo y alternativas de diseño", *Ministerio de Industria, Comercio y Turismo, https://www.mincotur.gob.es/Publicaciones/Publicacionesperiodicas/EconomiaIndustrial/RevistaEconomiaIndustrial/364/39.pdf.*

ARIÑO ORTIZ, G.; DEL GUAYO CASTIELLA, I.; ROBINSON, D. (2020): *La transición energética en el sector eléctrico: líneas de evolución del sistema, de las empresas, de la regulación y de los mercados,* Orkestra, Instituto Vasco de Competitividad-Fundación Deusto, 2020. https://www.orkestra.deusto.es/images/investigacion/publicaciones/libros/colecciones-especiales/La-transici%C3%B3n-energ%C3%A9tica-en-el-sector-el%C3%A9ctrico.pdf (Fecha de último acceso 13 de abril de 2023).

ARIÑO ORTIZ, G. y LÓPEZ DE CASTRO GARCÍA-MORATO, L. (1998): *El sistema eléctrico español, regulación y competencia,* Editorial Montecorvo.

ARIÑO ORTIZ, G. y LÓPEZ DE CASTRO GARCÍA-MORATO, L. (1999): *Principios de Derecho Público Económico,* Editorial Comares, Granada.

ARIÑO ORTIZ, G. y LÓPEZ DE CASTRO GARCÍA-MORATO, L. (2001): *Derecho de la competencia en sectores regulados,* Editorial Comares, Granada.

ARIÑO ORTIZ, G. y LÓPEZ DE CASTRO GARCÍA-MORATO, L. (2003): *La competencia en sectores regulados,* Editorial Comares.

ARRIETA MARTÍNEZ DE PISÓN, J. (1991): *Régimen Fiscal de las aguas,* Cuadernos Cívitas.

ARRIETA MARTÍNEZ DE PISÓN, J. (1992), *Las actas de inspección de los tributos,* Universidad Autónoma de Madrid.

ARRIETA MARTÍNEZ DE PISÓN, J. (2005): "Sistema tributario y Constitución", *Cuadernos de Derecho Público.*

ARRIETA MARTÍNEZ DE PISÓN, J. (2016): "Fiscalidad, equidad y redistribución", *Anuario de la Facultad de Derecho de la Universidad Autónoma de Madrid*, número 20.

ARISTÓTELES: *Ética a Nicômaco*, traducción de CALVO MARTÍNEZ, J. L. (2014), Alianza editorial.

BACIGALUPO SAGESSE, M. (2020): "Cambios normativos y litigiosidad en el ámbito de la regulación española de las energías renovables: estado de situación", en DARNACULLETA I GARDELLA, M., ESTEVE PARDO, J. y IBLER, M. (coordinadores), *Nuevos retos del Estado garante en el sector energético,* Marcial Pons, Madrid.

BÁEZ MORENO, A. y ZORNOZA PÉREZ, J. (2024): "El Gravamen Temporal Energético: una "prestación" en busca de alguna razón de ser", en *Nuevos gravámenes,* Monográfico Nueva Fiscalidad.

BECERRIL MARTÍNEZ, C. (2011): "Entrevista", Actualidad Económica, febrero, número 13.

BETANCOR RODRÍGUEZ, A. (2008): "Discrecionalidad y tarifa eléctrica. Los retos jurídicos del déficit tarifario", *Revista de Administración Públ*ica, núm. 177.

BORRERO MORO, C. (1999): *La tributación ambiental en España,* Tecnos, Madrid.

BORRERO MORO, C. (2007): "Un sueño frustrado. (La tributación estatal pretendidamente ambiental sobre la energía)", *Revista Quincena Fiscal,* número 3-4.

BULLOCK, THEODORE H. (2005), *Electroreception,* Springer.

CALDERÓN CARRERO, J. M. (2014): "La incidencia del Derecho de la Unión Europea sobre el poder tributario de las Comunidades Autónomas", en: *La distribución del poder financiero en España: Homenaje al profesor Juan Ramallo Massanet,* coordinado por VEGA BORREGO, F. A.; ARRIETA MARTÍNEZ DE PISÓN, J. y ZORNOZA PÉREZ, J. (directores), Marcial Pons, Madrid.

CALVO ORTEGA, R. y CALVO VÉRGEZ, J. (2021): *Curso de Derecho Financiero. I. Derecho Tributario. Parte general y Parte especial II. Derecho Presupuestario,* Thomson-Reuters, Cívitas, Cizur Menor.

CALVO VÉRGEZ, J. (2022): "El canon por la utilización de las aguas continentales para la producción de energía eléctrica", *Revista Aranzadi Doctrinal,* número 11.

CÁMARA BARROSO, C. (2019): "La fiscalidad energética y medioambiental en España a la luz del derecho de la Unión Europea", *Nueva Fiscalidad,* Monográfico Fiscalidad Internacional y Comunitaria.

CARBAJO VASCO, D. (2012): "Urgencia y necesidad de una reforma global del sistema tributario español", en AA.VV., *Encuentro de Derecho Financiero y Tributario (primera edición), Desafíos de la Hacienda Pública Española (tercera parte), La Administración Tributaria,* Instituto de Estudios Fiscales, documento número 17.

CARBONELL, M.: "Historia de la energía solar", en https://www.hogarsense.es/energia-solar/historia-energia-solar.

CARVALHO, C. (2011): *El análisis económico del Derecho Tributario*, editorial Grijley.

CASADO OLLERO, G., (1991): "Los fines no fiscales de los tributos", *Revista de Derecho Financiero y Hacienda Pública,* Volumen 41, número 213.

CASADO OLLERO (2000): "Legalidad tributaria y función calificadora de la Administración fiscal", *BICAM,* número 16.

CASANA MERINO, F. (2004): "La Directiva 2003/96/CE del Consejo sobre la imposición de los productos energéticos y su incidencia en el ordenamiento interno", *Noticias de la Unión Europea*, número 237.

CASAS AGUDO, D. (2013): "Fiscalidad y energías renovables. Especial problemática de la energía eólica", *Crónica Tributaria,* número 146.

CASAS AGUDO, D. (2018): "Sobre la legitimidad constitucional de la concurrencia del Impuesto sobre el Valor de la Producción de la Energía Eléctrica y el Impuesto sobre Actividades Económicas. A propósito del Auto del Tribunal Constitucional núm. 69/2018, de 20 de junio", *Nueva Fiscalidad*, número.

CAVERO BRÚJULA, S. y BELLO PINTADO, A. (2007): "Estructura y estrategia competitiva en el mercado español de carburantes", *Revista Economía Industrial*, número 365.

CAZORLA PRIETO, L. M. (2008): "Los principios constitucional-financieros en la tributación ambiental", *Tratado de Tributación Medioambiental*, volumen I, Thomson-Aranzadi/Iberdrola, Pamplona.

CAZORLA PRIETO, L. M. (2022): *Derecho Financiero y Tributario, Parte General,* 22ª edición, Cizur Menor, Thomson Reuters Aranzadi.

CAZORLA PRIETO, L. M. (2023): Prólogo a la obra de VILLAR EZCURRA, M. (2023): *Fiscalidad, parafiscalidad y regulación económica en el sector eléctrico español*, Editorial Aranzadi, Cizur Menor, Navarra.

CAZORLA PRIETO, L. M. y CAZORLA GONZALEZ-SERRANO, L. (2009): "El tratamiento en el ordenamiento jurídico español del incremento de los precios de la energía eléctrica como consecuencia de la internalización de los derechos de emisión de CO^2", en BECKER, F., CAZORLA, L. M., MARTÍNEZ-SIMANCAS, J. y SALA, J. M., (Dir.), *Tratado de regulación del sector eléctrico, Tomo I: Aspectos jurídicos*, Thomson Aranzadi.

CHECA GONZÁLEZ, C, (1983), "Los impuestos con fines no fiscales: notas sobre las causas que los justifican y sobre su admisibilidad constitucional", en *Revista Española de derecho Financiero, Cívitas*, número 40.

CHECA GONZÁLEZ, C. (2019): *Persiguiendo la sombra de la justicia tributaria*, Cívitas, Thomson Reuters, Madrid.

CHENEY, M. (2001): *Tesla: Man Out of Time*, New York, Touchstone.

CHICO DE LA CÁMARA, P. (2015): Informe "*Una propuesta de medidas alternativas de solución de conflictos (A.D.R.) en el sistema tributario español con especial referencia al arbitraje*", Fundación Impuestos y Competitividad, Madrid.

CHICO DE LA CÁMARA, P. (2008): "La regla de la no confiscatoriedad como límite a la tributación medioambiental", en BECKER, F., CAZORLA, L. M., MARTÍNEZ-SIMANCAS, J., (Dir.), en *Tratado de Tributación medioambiental*, Volumen I, Thomson-Aranzadi, Pamplona.

CHICO DE LA CÁMARA, P.; HERRERA MOLINA, P. M. y GRAU RUIZ, M. A. (2003), "Incentivos a las energías alternativas como instrumento de desarrollo sostenible", *Quincena Fiscal*, número 2.

CIUCCI, MATTEO (11/2020), "La política energética: principios generales", *Fichas técnicas sobre la Unión Europea-2020*, Parlamento Europeo, www.europarl.europa.eu/factsheets/es.

CIUCCI, Matteo (10/2021), "La energía renovable", *Fichas técnicas sobre la Unión Europea-2021*, Parlamento Europeo, www.europarl.europa.eu/factsheets/es.

COASE, R. (1961): "The Problem of Social Cost", *Journal of Law and Economics*, número 3.

CODES CALATRAVA, G. (2013): "El canon a la generación hidroeléctrica", en BECKER, F., CAZORLA, L. M., MARTÍNEZ-SIMANCAS, J., (Dir.), *Los tributos del sector eléctrico*, Cizur Menor, Thomson Aranzadi.

CODES CALATRAVA, J. M. y TARLEA JIMÉNEZ, R. (2014): "El sector eléctrico". En ALONSO TIMÓN, A. J. (Dir.), *Sectores regulados: sector energético, sector del transporte y sectores de las telecomunicaciones*, Dykinson.

CONNOLLY, S. y MUNRO, A. (1999): *Economics of the Public Sector*, Prentice Hall Europe, London.

CORDERO GONZÁLEZ, E. M. y SESMA SÁNCHEZ, B. (2005): "El Impuesto sobre grandes establecimientos comerciales del Principado de Asturias", *Revista de Información Fiscal*, número 72.

CORTÉS DOMÍNGUEZ, M. (1985): *Ordenamiento Tributario Español, Tomo I*, 4ª edición, Cívitas.

CUBERO TRUYO, A. M. (1997): *La simplificación del ordenamiento tributario (desde la perspectiva constitucional)*, Marcial Pons, Madrid.

CUBERO TRUYO, A. (1997): "Una manifestación de inseguridad jurídica: las incongruencias entre el régimen jurídico material y el nomen iuris", *Revista Impuestos*, número 13.

CUBERO TRUYO, A. (2001): "La doble relatividad de la reserva de ley en materia tributaria. Doctrina constitucional", *Revista Española de Derecho Financiero, Cívitas*, número 109-110.

CUBERO TRUYO, A. (2009): "Las ayudas de Estado en la jurisprudencia del Tribunal de Justicia de las Comunidades Europeas. Análisis particular de las medidas tributarias forales", en *El Impuesto sobre Sociedades en una economía globalizada: el tránsito hacia su armonización europea*, I Congreso Internacional de Derecho Tributario, Comunicaciones Científicas.

CUBERO TRUYO, A. (2013), (Director): *Evaluación del Sistema Tributario Vigente. Propuestas de Mejora en la Regulación de los Distintos Impuestos*, Cívitas, Madrid.

CUBERO TRUYO, A. (Director), (2018): *Tributos asistemáticos del ordenamiento vigente*, Tirant lo Blanch, Valencia.

CUBERO TRUYO, A., GARCÍA BERRO, F. (2001): *El Derecho Financiero y Tributario en la Jurisprudencia del Tribunal Constitucional,* Mergablum.

CUBERO TRUYO, A. y MASBERNAT, P. (2019), (Directores): *Protección del medio ambiente. Fiscalidad y otras medidas del desarrollo al desarrollo*, Editorial Aranzadi.

DARNACULLETA I GARDELLA, M. (2020): "Las orientaciones de la Unión Europea sobre infraestructuras energéticas transeuropeas", en DARNACULLETA I GARDELLA, M., ESTEVE PARDO, J. y IBLER, M., *Nuevos retos del Estado garante en el sector energético,* Marcial Pons, Madrid.

DE LA CRUZ FERRER, J. (2019): "La regulación de la transición renovable ante el trilema de la política energética", en DE LA CRUZ FERRER, J., (Dir.), ZAMORA SANTA BRIGADA, I. (coordinador), en *Energía y Derecho ante la transición renovable*, Thomson-Aranzadi.

DE LA FUENTE MORENO, A. (2022), "La tentación de los impuestos a la carta", *Fedea,* 28 de julio de 2022.

DE LA FUENTE MORENO, A. (2022), "Comentario a la Proposición de Ley para el establecimiento de gravámenes temporales sobre determinadas empresas energéticas y entidades de crédito", *Fedea*, agosto 2022.

DEL BLANCO GARCÍA, A. J. (2015): *El Derecho de la Unión Europea como límite al sistema de financiación de las Comunidades Autónomas*, Madrid, Instituto de Estudios Fiscales.

DELGADO PIQUERAS, F. (1993), "Régimen jurídico del Derecho constitucional al medio ambiente", *Revista Española de Derecho Constitucional*, número 38.

DEL GUAYO CASTIELLA, I. (2020): "Concepto, contenidos y principios del derecho de la energía", *Revista de Administración Pública*, número 212.

DELORS, J. (1993): *Crecimiento, competitividad, empleo: retos y pistas para entrar en el siglo XXI: Libro Blanco*, Comisión Europea, CECA-CE-CEEA, Bruselas-Luxemburgo.

DE MIGUEL CANUTO, E (2007): *El Impuesto sobre la Electricidad*, Thomson-Aranzadi, Cizur Menor.

DE RAMÓN FORS, I. (2009): "Sobre la necesidad de perfeccionar el ordenamiento jurídico", *Diario La Ley*, número 7152, 8 de abril.

DE TRASOVARES, J. F. (1877): *Traducción de la obra Comentario al Espíritu de las Leyes de Montesquieu por el Conde Destut de Tracy,* Imp. Lib. y Lit. del Diario de Córdoba, Córdoba.

DE VICENTE DE LA CASA, F. (2012): "Los principios tributarios del artículo 31.1 de la Constitución Española y la concurrencia de tributos", *Revista de Información Fiscal*, número 109.

DE VICENTE-TUTOR RODRIGUEZ, M. (2016): *La fiscalidad ambiental en la Unión Europea,* http://www.conama.org/conama/download/files/conama2016/AEs%202016/1998973236_ppt_MVicente.pdf

DÍEZ SASTRE, S. (2018): *La formación de conceptos en el Derecho Público. Un estudio de metodología académica: definición, funciones y criterios de formación de los conceptos jurídicos,* Marcial Pons.

DRAGHI, M. (2024): *Informe sobre la competitividad europea,* 9 de septiembre de 2024.

EMBID IRUJO, J. M. (2014): "Norma, Economía y Lenguaje en el derecho de la crisis económica. El control judicial de la actividad administrativa en la economía. Algunas reflexiones", *Documentación Administrativa, Nueva Época*, número 1.

ENCABO RODRIGUEZ, I. (1993): "La imposición indirecta en la historia de la fiscalidad española. Una visión retrospectiva", *Gaceta Fiscal,* número 109.

ENDESA FUNDACIÓN: Historia de la Electricidad:

https://www.fundacionendesa.org/es/educacion/endesa-educa/recursos/historiaelectricidad.

ESCRIBANO LÓPEZ, F. (2002): "Algunas propuestas metodológicas para la (re)construcción de un Derecho Financiero del siglo XXI", *I Jornada Metodológica "Jaime García Añoveros", Sobre la metodología académica y la enseñanza del Derecho Financiero y Tributario,* Instituto de Estudios Fiscales, 1 de febrero de 2002, documento número 11/02.

ESCUIN PALOP, C. (2010): "Sobre las Leyes y sus límites", *Revista Española de Derecho Administrativo, Cívitas,* número 147.

FABRA PORTELLA, N. y FABRA UTRAY, J. (2012): "El déficit tarifario en el sector eléctrico español", *Papeles de Economía Española,* número 134.

FALCÓN Y TELLA, R. (2001): "La inconstitucionalidad declarada del Impuesto balear sobre instalaciones que inciden en el medio ambiente y la previsible inconstitucionalidad del Impuesto catalán sobre grandes superficies y del proyectado Impuesto extremeño sobre el ahorro", *Revista Quincena Fiscal,* número 5.

FERNÁNDEZ DE GATTA SÁNCHEZ, D. (2008): "La política ambiental y sobre el desarrollo sostenible en la Unión Europea: de sus orígenes a la estrategia de desarrollo y al Tratado de Lisboa", *Revista Aranzadi de Derecho Ambiental,* número 14.

FERNÁNDEZ ORDÓÑEZ, M. A. (2000): *La competencia*, Editorial Alianza, Madrid.

FERNÁNDEZ RODRÍGUEZ T. R. (1980), "Derecho, Medio Ambiente y Desarrollo", *Revista Española de Derecho Administrativo*, número 24.

FERRAZ LEMOS TAVARES, D. (2016), *Los tributos del mercado financiero: una perspectiva extrafiscal,* Editorial Marcial Pons, Madrid.

FERREIRA, A. y PURVIS, J. (2008): *Informe Libro Verde, sobre la utilización de instrumentos de mercado en la política de medioambiente y otras políticas relacionadas*, 19 de febrero de 2008 (2007/2203(INI)),

https://www.europarl.europa.eu/doceo/document/A-6-2008-0040_ES.html.

FERREIRO LAPATZA, J. J. (1993): "El principio de seguridad jurídica en la creación y aplicación del tributo", *Revista Crónica Tributaria*, número 68.

FERREIRO LAPATZA, J. J. (2005): *La justicia tributaria en España,* Marcial Pons.

FICHERA, F. (1997): "L'armonizzazione delle accise", *Rivista di Diritto Finanziario e Scienza delle Finanze*, volumen LVI, parte I.

FORD, H. y CROWTHER, S. (1922), *My Life and Work*, Project Gutenberg.

FUERTES LÓPEZ, M. (2008): "Once tesis y una premática para restablecer la dignidad de la Ley", *Revista de Administración Pública*, número 117.

GABRIOTTI, M. (1995): "Le ecotasse nella política ambientale comunitaria", en *Ambiente e Sviluppo*, número 3 (recurso electrónico: Dottrina e Dottrine).

GAGO RODRÍGUEZ, A. (2000): "La fiscalidad del siglo XXI", *Hacienda Pública Española,* número 155.

GAGO RODRÍGUEZ, A. (2003): "Experiencias recientes en el uso de los impuestos ambientales y de las reformas fiscales verdes", *Quinto Congreso de Economía de Navarra.*

GAGO RODRÍGUEZ, A. (2017), "Impuestos sobre la electricidad y la energía: una oportunidad para la consolidación fiscal", en GONZÁLEZ-CUELLAR SERRANO, M y ORTIZ CALLE, E. (Directores), en *La fiscalidad del sector eléctrico,* Tirant lo Blanch.

GAGO RODRÍGUEZ, A. y ÁLVAREZ VILLAMARÍN, J. C. (1995): "Hechos y tendencias de la reforma fiscal en los países de la OCDE (1980-1990)", *Hacienda Pública Española,* número 134.

GAGO RODRÍGUEZ, A.; LABANDEIRA VILLOT, X. y RODRÍGUEZ MÉNDEZ, M. (2002): "La práctica de la imposición ambiental y las reformas fiscales verdes", en GAGO RODRÍGUEZ, A. y LABANDEIRA VILLOT, X. (directores), *Energía, fiscalidad y medio ambiente en España*, Ministerio de Hacienda, Instituto de Estudios Fiscales.

GAGO RODRÍGUEZ, A. y LABANDEIRA VILLOT, X. (2002): "Introducción: fiscalidad, energía y medio ambiente", en GAGO RODRÍGUEZ y LABANDEIRA

VILLOT (directores): *Energía, fiscalidad y medio ambiente en España*, Ministerio de Hacienda, Instituto de Estudios Fiscales, Madrid.

GAGO RODRÍGUEZ, A. y LABANDEIRA VILLOT, X. (2014), "La imposición ambiental como opción para España", *Papeles de Economía Española*, número 139.

GAMERO CASADO, E. (2014): "Las relaciones obligatorias por medios electrónicos en la Administración Tributaria", homenaje al Profesor JAVIER LASARTE ÁLVAREZ, coordinadores ADAME MARTÍNEZ, F. Y RAMOS PRIETO, J., en *Estudios sobre el sistema tributario actual y la situación financiera del sector público.*, Instituto de Estudios Fiscales, Madrid.

GANDARIAS CEBRIÁN, L. (2023): "Bailando con lobos", *Fiscalblog*, 26 de noviembre de 2023, https://fiscalblog.es/?p=9114.

GANDARIAS CEBRIÁN, L. (2024): "El doble uso del Derecho", *Fiscalblog*, 21 de enero de 2024, https://fiscalblog.es/?p=9676.

GARCÍA AÑOVEROS, J. (1999): "El discurso del Método en el ámbito Hacendístico", Conferencia pronunciada en Barcelona, en marzo de 1999, *I Jornada Metodológica "Jaime García Añoveros", Sobre la metodología académica y la enseñanza del Derecho Financiero y Tributario,* Instituto de Estudios Fiscales, 1 de febrero de 2002, documento número 11/02.

GARCÍA BERRO, F. (2019): "Seguridad jurídica y confusión de cláusulas generales antiabuso (simulación, conflicto y alternativas legítimas de tributación)", en MARTÍN LÓPEZ, J. y PÉREZ BERNABEU, B. (Directores), *Seguridad jurídica y derecho tributaria: presente y futuro*, Editorial Aranzadi.

GARCÍA DE ENTERRÍA, E. (1994) "El régimen jurídico de la electricidad durante el siglo de vida de la Compañía Sevillana de Electricidad", en *Compañía Sevillana de Electricidad. Cien años de historia.*

GARCÍA DE ENTERRÍA, E.: (2000): *Justicia y seguridad jurídica en un mundo de leyes desbocadas,* Cuaderno Cívitas, Madrid.

GARCÍA DE ENTERRÍA, E.: (2006): "Memoria sobre la reconfiguración sustancial del sistema eléctrico español en 1951", *Revista de Administración Pública,* número 171, Madrid, septiembre-diciembre.

GARCÍA DE ENTERRÍA, E. y FERNÁNDEZ RODRÍGUEZ, T. R. (2000): *Curso de Derecho Administrativo I*, Cívitas. Madrid.

GARCÍA HEREDIA, A. (2011): "La incompatibilidad con el Derecho de la Unión Europea del Impuesto sobre las Ventas Minoristas de Determinados Hidrocarburos", en ESCRIBANO LÓPEZ, F.; MARTÍN JIMÉNEZ, A.; CARRASCO GONZÁLEZ, F.; SANZ CLAVIJO; A., (Coordinadores): *El Impacto del Derecho de la UE en el Poder Tributario de las CCAA*, Aranzadi,

GARCÍA MACHO, R. (1988): *Reserva de Ley y potestad reglamentaria*, Ariel Derecho, Barcelona.

GASCÓN ABELLAN, M. (2006): "Calidad de las normas y técnica normativa. A propósito del «Cuestionario Previo»", *Revista Española de la Función Consultiva*, número 6.

GIANNINI, A. D. (1945): *Elementi di Diritto Finanziario*, Milano.

GIMENO FELIÚ, J. M. (1994), *El sector eléctrico como servicio público*, Cívitas, Madrid.

GIMENO FELIU, J. M. (2015): "La codificación de la contratación pública mediante el derecho pretoriano derivado de la jurisprudencia del TJUE", *Revista Española de Derecho Administrativo*, número 172.

GIMENO PRESA, M. C. (2022): *Derecho y medio ambiente en el Antropoceno*, Editorial Aranzadi.

GOMEZ-FERRER RINCON, R. (2003), "El déficit de ingresos en el sector eléctrico", *Revista de Administración Pública*, núm. 162.

GÓMEZ TABOADA, J. (2022): "Lo guadiánico", *Fiscalblog*, 15 de noviembre de 2022. https://fiscalblog.es/?p=8009

GONZÁLEZ RÍOS, I. (2020), "La tutela jurídico-administrativa de la vulnerabilidad energética: medidas paliativas y estructurales", *Revista catalana de Derecho Público*, número 61.

GRIZIOTTI, B. (1953), "I principi delle entrate extrafiscali", en *Saggi sui rinovamiento delle finanze e del Diritto tributario*, Giuffrè, Milano.

GUERVÓS MAÍLLO, M. A. (2000): *El Impuesto Balear sobre instalaciones que inciden en el medio ambiente*, Marcial Pons.

GUERVÓS MAILLO, M. A. (2000): "Perspectiva de futuro de los impuestos ambientales de la Unión Europea", *Noticias de la Unión Europea*, número 190.

GUERVÓS MAILLO, M. A. (2005): "Imposición sobre energía en la Unión Europea", *Noticias de la Unión Europea*, número 240.

GUERVÓS MAILLO, M. A. (2013): "Ley 15/2012, de 27 de diciembre, de medidas fiscales para la sostenibilidad energética [BOE n.º 312, de 28 de diciembre de 2012]", *Ars Iuris Salmanticensis: AIS: revista europea e iberoamericana de pensamiento y análisis de derecho, ciencia política y criminología*, Volumen 1, número 1.

GUERVÓS MAÍLLO, M. A. (2014): "Sentencia del Tribunal de Justicia de la Unión Europea, de 27 de febrero de 2014, asunto C-82/12, Transportes Jordi Besora: Céntimo sanitario", *Ars Iuris Salmanticensis: AIS: revista europea e iberoamericana de pensamiento y análisis de derecho, ciencia política y criminología*, Volumen 2, número 2.

GUERVÓS MAÍLLO, M. A. (2021): "Real Decreto-Ley 12/2021, de 24 de junio, por el que se adoptan medidas urgentes en el ámbito de la fiscalidad energética y en materia de generación de energía, y sobre gestión del canon de regulación y de la tarifa de utilización del agua", *Ars Iuris Salmanticensis: AIS: revista europea e iberoamericana de pensamiento y análisis de derecho, ciencia política y criminología*, Volumen 9, número 2.

GUERVÓS MAÍLLO, M. A. (2023): "Ley 38/2022, de 27 de diciembre, para el establecimiento de gravámenes temporales energético y de entidades de crédito y establecimientos financieros de crédito y por la que se crea el impuesto temporal de solidaridad de las grandes fortunas, y se modifican determinadas normas tributarias [BOE-A-2022-22684]", *Ars Iuris Salmanticensis: AIS: revista europea e iberoamericana de pensamiento y análisis de derecho, ciencia política y criminología*, Volumen 11, número 1.

HERNÁNDEZ DE COS, P. (2022), "Un pacto de rentas en España: por qué y para qué", *50º Aniversario de la Facultad de Ciencias Económicas y Empresariales, Universidad de Sevilla*, 26 de abril de 2022.

HERRERA MOLINA, P. M. (1998): *Capacidad económica y sistema fiscal*, Marcial Pons, Madrid.

HERRERA MOLINA, P. M. (2000), *Derecho Tributario Ambiental (Environmental tax law). La introducción del interés medioambiental en el ordenamiento tributario*, Marcial Pons, Madrid.

HERRERA MOLINA, P. M. (2002), en "¿Existe un principio general de justicia financiera?", *I Jornada Metodológica "Jaime García Añoveros", Sobre la metodología académica y la enseñanza del Derecho Financiero y Tributario*, Instituto de Estudios Fiscales, 1 de febrero de 2002.

HERRERA MOLINA, P. M. (2008): "El principio quien contamina paga", en BECKER, F., CAZORLA, L. M., MARTÍNEZ-SIMANCAS, J., (Directores), en *Tratado de Tributación medioambiental*, Volumen I, Thomson-Aranzadi, Pamplona.

HERRERA MOLINA, P. M. (2011): "La STC 179/2006, de 13 de junio. Inconstitucionalidad parcial del Impuesto extremeño sobre las instalaciones que inciden en el Medio Ambiente", *Crónica Tributaria*, número 141.

IBERDROLA: https://www.iberdrola.com/medio-ambiente/historia-electricidad

IGLESIAS CARIDAD, M. (2019): "El impuesto sobre el valor de la producción de la energía eléctrica a debate desde el Derecho Europeo", *Nueva Fiscalidad*, número 4.

JOWETT, A. (1994), *Competition vs. Regulation*, Herbert Smith Exchange House, London.

KINGSTON, S. (2017), et al., *European Environmental Law*, Cambridge, University Press.

LAGARDE, C. (2019): *Discurso de apertura en el Instituto Peterson de Economía Internacional sobre tributación de las empresas en la economía internacional*, Fondo Monetario Internacional, 25 de marzo de 2019: https://www.imf.org/es/News/Articles/2019/03/25/sp032519-md-piie-opening-remarks-on-international-corporate-taxation#.

LAGARES CALVO, M. J. (2013): "Fundamentos de la Política Fiscal", en BECKER, F., CAZORLA, L. M., MARTÍNEZ-SIMANCAS, J., (Directores), *Los tributos del sector eléctrico,* Thomson Aranzadi.

LAGO MONTERO, J. M. (2021): *La simplificación de la imposición sobre la renta*, editorial Reus, Madrid.

LAGO MONTERO, J. M. (Director); ALFONSO GALÁN, R. M. y GUERVÓS MAÍLLO, M. A. (Coordinadoras), (2018): *Litigiosidad tributaria: estado, causas y remedio*, editorial Thomson Reuters Aranzadi, Madrid.

LASARTE ÁLVAREZ, J. (1983): "Funcionalidad del sistema fiscal y exigencia de cambio", en *Revista Española de Derecho Financiero, Cívitas*, número 37.

LASARTE ÁLVAREZ, J. (1993): *El sistema tributario actual y la situación financiera del sector público: discurso 18 de abril de 1993,* Sevilla, Real Academia sevillana de Legislación y Jurisprudencia.

LAVILLA RUBIRA, J. J. (2009), "El déficit tarifario en el sector eléctrico", en MUÑOZ MACHADO, S., SERRANO GONZÁLEZ, M. L. y BACIGALUPO SAGGESE, M. (coordinadores), *Derecho de la Regulación Económica, III. Sector Energético,* Iustel.

LAVILLA RUBIRA, J. J. (2015): "Prestaciones patrimoniales no tributarias impuestas a las empresas que operan en el sector eléctrico", *X Congreso de la Asociación española de profesores de Derecho Administrativo,* febrero, Madrid.

LEIVA LÓPEZ, A. (2020): "La inexistencia de finalidad medioambiental en el Impuesto sobre el Valor de la Producción de Energía Eléctrica (IVPEE) y sus consecuencias jurídicas", *Revista catalana de Dret Ambiental,* Volumen XI, número 2.

LÓPEZ DE CASTRO GARCÍA-MORATO, L. (1999), "La nueva Ley 54/1997, del sector eléctrico", *AFDUAM, Anuario de la Facultad de Derecho*, número 3.

LÓPEZ GUERRA, L. M. (2006): "Pluralismo y técnica normativa", *Cuadernos de derecho Público,* número 29.

LÓPEZ MARTÍNEZ, J. y PÉREZ LARA, J. M. (2003): "Incentivos fiscales para la creación de empleo (libertad de amortización para inversiones generadoras de empleo)", *Nueva Fiscalidad,* número 7, páginas 47 y siguientes.

LÓPEZ RAMÓN, F. (2021): "Notas a la Ley de Cambio Climático", *Actualidad jurídica ambiental,* número 114.

LOZANO SERRANO, C. (1998): "Las prestaciones patrimoniales públicas en la financiación del gasto público" en *Revista de Derecho Financiero,* número 97.

LUCHENA MOZO, G. M. (2003), "Fiscalidad de la Energía", *Crónica Tributaria,* número 108.

MARCOS FANO, J. M. (2002): "Historia y panorama actual del sistema eléctrico español", *Física y Sociedad,* número 13.

MARÍN-BARNUEVO FABO, D. (2017), "La inseguridad jurídica y el IIVTNU: incertidumbre también después de la STC (26) de 16 de febrero de 2017", en *Revista de Derecho, La Ley*, número 154.

MARÍN-BARNUEVO FABO, D. (2022), "La definitiva declaración de inconstitucionalidad de la plusvalía municipal y la nueva regulación del impuesto", *Revista de Contabilidad y Tributación*, número 468.

MARÍN BENÍTEZ, G. (2024): "Seguridad jurídica y retroactividad en materia tributaria", en AA.VV, *Derecho y retroactividad,* Anuario de la Facultad de Derecho de la Universidad Autónoma de Madrid, número 28.

MARTIN DELGADO, J. M. (1979): "Los principios de capacidad económica e igualdad en la Constitución Española de 1978", *Hacienda Pública Española*, número 60.

MARTIN DELGADO, J. M. (1981): "El control constitucional del principio de capacidad económica", *El Tribunal Constitucional*, Volumen II, Instituto de Estudios Fiscales.

MARTÍN JIMÉNEZ, A., CARRASCO GONZÁLEZ, F., y GARCÍA HERREDIA, A. (2017): "Reseña de jurisprudencia tributaria del TJUE", *Revista Española de Derecho Financiero*, número 174.

MARTÍN QUERALT, J. (1980): "La Constitución Española y el Derecho Financiero", *Hacienda Pública Española*, número 63.

MARTÍNEZ GARRIDO, S. (2009): "*Las liquidaciones de la Comisión Nacional de Energía, constituyen la pieza esencial en la función de determinación de los créditos y deudas de las actividades reguladas del sector eléctrico*". En BECKER, F., CAZORLA, L. M., MARTÍNEZ-SIMANCAS, J. y SALA ARQUER, J. M., (Directores), "Régimen jurídico de las liquidaciones de la Comisión Nacional de Energía", *Tratado de Regulación del sector eléctrico, Tomo I, aspectos jurídicos,* Cizur Menor, Thomson Aranzadi.

MARTÍNEZ LAGUNA, F. D. (2023): "La Directiva 2022/2523 en materia de imposición mínima societaria", *Carta Tributaria*, número 94.

MATEU DE ROS Y CEREZO, R. (2009): "El déficit de tarifa eléctrica: origen y regulación por el derecho positivo", en BECKER, F., CAZORLA, L. M., MARTÍNEZ-SIMANCAS, J. y SALA, J. M., (Directores), *Tratado de regulación del sector eléctrico, Tomo I: Aspectos jurídicos*, Thomson Aranzadi.

MEDINA, S. y RAMS RAMOS, L. (2009), "Las ayudas públicas en el sector eléctrico: el déficit tarifario", en GUILLÉN CARAMÉS, J. (director), *Derecho de la competencia y energía eléctrica*, Cívitas.

MELERO ALONSO, E. (2004): "La flexibilización de la reserva de ley", *Revista Jurídica, Universidad Autónoma de Madrid*, número 10.

MELLADO RUIZ, L. (2019): "Nuevos enfoques del Derecho Ambiental desde la metodología Nudge", en RIVERO ORTEGA, R.; CEREZO PRIETO, M. (Coordinadores), *Innovación en las normas ambientales*, Valencia, Tirant lo Blanch.

MENDOZA HERNÁNDEZ, D. (2019), "El gravamen de la energía eléctrica en España", *Observatorio Medioambiental*, número 22.

MENÉNDEZ MORENO, A. (2019): "Otro impuesto cuestionado: el del valor de la producción de la energía eléctrica (I)", *Revista Quincena Fiscal*, número 10.

MOLINA LEBRÓN, A. (2015): "El Canon a la Generación Hidroeléctrica. Problemas de inconstitucionalidad e incumplimiento del Derecho Comunitario", *Revista de Contabilidad y Tributación*, número 382.

MOLINA LEBRON, A. (2017): "Los cánones eólicos de las Comunidades Autónomas como falsos tributos medioambientales. Problemas de inconstitucionalidad e incumplimiento del Derecho de la Unión Europea", en *Tributos propios de las Comunidades Autónomas*, coordinado por SANZ GÓMEZ, R., editorial Tirant lo Blanch.

MOLINA LEBRON, A. (2022): "El desafortunado y tardío encuadre de las comercializadoras de energía eléctrica en el impuesto sobre actividades económicas. Cuestiones pendientes", *Revista Tributos Locales*, número 157.

MONTES PÉREZ DEL REAL, E. (2014) "La fiscalidad del sector eléctrico y su necesidad de reforma", *Cuadernos de energía*, 43.

MORENO GONZÁLEZ, S. (2019): "El canon por utilización de aguas continentales para la producción de energía eléctrica: análisis constitucional y de adecuación al Derecho de la UE", en GONZÁLEZ CUELLAR, M. L. y ORTIZ CALLE, E. (Directores), *La fiscalidad del agua: situación actual y perspectiva de reforma*, Tirant lo Blanch, Valencia.

MORIES JIMÉNEZ, M. T. (2016): "El conflictivo recorrido legislativo y jurisprudencial del gravamen sobre el depósito de las entidades de crédito en el ámbito estatal y autonómico. Perspectiva de futuro", *Quincena Fiscal*, número 18.

MORRIS, Simon C. (2003), *Life's Solution: Inevitable Humans in a Lonely Universe*, Cambridge University Press.

MUÑOZ MACHADO, S. (2009), "Introducción al sector energético: regulación pública y libre competencia", en *Sector energético*, Tomo I, Iustel.

NACIONES UNIDAS, "Objetivos de Desarrollo Sostenible", número 7: *Energía asequible y no contaminante*, en:

https://www.un.org/sustainabledevelopment/es/objetivos-de-desarrollo-sostenible/

NAVAS VÁZQUEZ, R. (1993): "Los impuestos especiales", en GARCÍA AÑOVEROS, J. (Director), *Manual del sistema tributario español*, Cívitas, Madrid.

NAVAS VÁZQUEZ, R. (2008): "Sistema tributario", *Revista Quincena Fiscal*, número 6.

NAVARRO SANCHÍS, F. J. (2020): "¿Puede mentir la ley?", en *Entrada digital* en el blog *Fiscalbolg.es* de 30 de octubre de 2020, http://fiscalblog.es/?p=6106.

NEBREDA PÉREZ, J. (1999), *Distribución eléctrica. Concurrencia de disciplinas jurídicas,* Cívitas, Madrid.

NEUMARK, F (1974), *Principios de la imposición*, Instituto de Estudios Fiscales, Madrid.

OCDE, *La fiscalidad y el medio ambiente. Políticas complementarias*, Ediciones Mundi-Prensa, Madrid.

ORTIZ CALLE, E. (2018): "La prohibición de alcance confiscatorio del sistema tributario y la imposición sobre la energía nuclear", *Revista Crónica Fiscal*, número 168.

ORTIZ CALLE, E. (2019): "Compatibilidad del impuesto sobre el valor de la producción de la energía eléctrica con el Derecho de la Unión Europea", *Revista de Contabilidad y Tributación*, número 437-438.

ORTIZ CALLE, E. (2020): "Los impuestos sobre la energía nuclear y la producción hidroeléctrica. Protección del medio ambiente y libre competencia, a propósito de la Sentencia del Tribunal de Justicia de la Unión Europea de 7 de noviembre de 2019", *La Ley Unión Europea*, número 78.

PALAO TABOADA, C. (1976), "Apogeo y crisis del principio de capacidad contributiva", en *Estudios Jurídicos en Homenaje a FEDERICO DE CASTRO*, Editorial Tecnos, Madrid.

PALAO TABOADA, C. (2004): "Nueva visita al principio de capacidad contributiva", *Revista Española de Derecho Financiero, Cívitas*, número 124.

PALAO TABOADA, C. (2023): "Prestaciones Patrimoniales de carácter Público", *Revista de Contabilidad y Tributación, CEF,* número 481, abril.

PAREJO ALFONSO, L. y CASTRO-GIL AMIGO, J (2021) coordinadores, *Directiva del mercado interior de la electricidad*, Editorial Aranzadi.

PASQUALE PISTONE y ANDREAS ULLMANN (2020): "Digital Taxes and Article 2 OECD Model Convention 2017", en *Taxes Covered under Article 2 of the OECD Model*, Last Reviewed: 30 November.

PATÓN GARCÍA, G. (2006): "Hacia un modelo de Impuesto ambiental. Las reformas pactadas y la creación de nuevos tributos", en *Nueva Fiscalidad*, número 7.

PEÑA ALONSO, J. L. (2008): "La finalidad extrafiscal y la estructura de los tributos medioambientales", en BECKER, F., CAZORLA, L. M., MARTÍNEZ-SIMANCAS, J., (Directores), en *Tratado de Tributación medioambiental*, Volumen I, Thomson-Aranzadi, Pamplona.

PEÑA ALONSO, J. L. (2013): "El impuesto sobre el valor de la producción de la energía eléctrica", en BECKER, F., CAZORLA, L. M., MARTÍNEZ-SIMANCAS, J., (Directores), *Los tributos del sector eléctrico*, Thomson Aranzadi, Pamplona.

PEREA SOLANO, B., ZATARAIN, A., CAÑIZARES, E. Y MONREAL, A. (2013), "Los instrumentos fiscales en el sector eléctrico", en BECKER, F., CAZORLA, L. M., MARTÍNEZ-SIMANCAS, J., (Directores), (2013) *Los tributos del sector eléctrico*, Thomson Aranzadi.

PÉREZ ARRIAGA, J. J. (2005): *Libro Blanco sobre la reforma del marco regulatorio de la generación eléctrica en España*, Instituto de Investigación Tecnológica, Universidad Pontificia Comillas de Madrid.

PÉREZ DE AYALA Y LÓPEZ DE AYALA, J. L. (1969), "Potestad administrativa y relación jurídica (I). La concepción de la relación tributaria como relación de poder", *Revista de Derecho Financiero y Hacienda Pública*, número 79.

PÉREZ RON, J. L. (2014): "El nuevo Estado de Derecho", *Quincena Fiscal*, número 4.

PIGOU, A. C. (1920): *The Economic of Welfare, MacMillan Press Ltd*, London. PIGOU, A.C. (1946). *La Economía del Bienestar*, Manuel de Torres, editorial Aguilar, Madrid.

PONCE SOLÉ, J. (2023): "El derecho a una buena administración, su exigencia judicial y el privilegio de ejecutoriedad de los actos administrativos. A propósito de la Sentencia de la Sala 3ª del Tribunal Supremo 1421/2020, de 28 de mayo de 2020, recurso de casación 5751/2017", Revista de Administración Pública, número 221.

PUGLIESE, M. (1938): *Corso di scienza delle finanze*, Padova.

REDACCIÓN, (2022): "Los beneficios caídos del cielo. La lluvia de ganancias del mercado marginal", en el *Periódico de la energía*, 8 de marzo de 2022, DOI https://elperiodicodelaenergia.com/beneficios-caidos-del-cielo-lluvia-ganancias-mercado-marginal/.

RIBES RIBES, A. (2015): "Capacidad normativa autonómica y límites derivados del Derecho y la jurisprudencia europeos: especial referencia al Impuesto sobre las Ventas Minoristas de Determinados Hidrocarburos", en PATÓN GARCÍA, G. (dirección), *Libertades comunitarias, autonomía tributaria y medioambiente*, Madrid, Centro de Estudios Financieros.

ROBIN HOOD, película dirigida por RIDLEY SCOTT (2010).

ROCA TRÍAS, E.; GARCÍA COUSO, S. (2017): "¿Es real el diálogo entre tribunales?: Cuestión prejudicial y control de constitucionalidad por vulneración de derechos y libertades fundamentales. Teoría y realidad constitucional", número 39, monográfico: *El Tribunal de Justicia de la Unión Europea como actor de constitucionalidad*, UNED.

RODILLA MARTÍ, C. (2018): "Precios excesivos en el mercado eléctrico", *Revista General de Derecho de los Sectores Regulados*, número 2.

RODRIGUEZ BEREIJO, A. (1985): "Una reflexión sobre el sistema general de la financiación de las Comunidades Autónomas". *Revista Española de Derecho Constitucional*, número 15.

RODRÍGUEZ BEREIJO, A. (2011): *Igualdad tributaria y tutela constitucional. Un estudio de jurisprudencia*, Marcial Pons, Madrid.

RODRÍGUEZ BEREIJO, A. (2015), "La Constitución Fiscal de España", Centro de Estudios Políticos y Constitucionales, Madrid.

RODRIGUEZ BEREIJO, A. (2021), "El principio de capacidad económica en una encrucijada. La problemática interpretación jurisprudencial del artículo 31.1 de la Constitución en el Impuesto sobre el Incremento del Valor de los Terrenos", *Revista Española de Derecho Financiero*, número 19.

ROSEMBUJ ERUJIMOVICH, T. (1995), *Los tributos y la protección del medio ambiente*. Marcial Pons Ediciones Jurídicas, Madrid.

ROSEMBUJ ERUJIMOVICH, T. (2009): "El impuesto como disfrute de bienes colectivos", *Revista Quincena Fiscal*, número 18.

ROZAS VALDÉS, J. A. (2015): "El modelo español del sistema financiero eléctrico a la luz del derecho comunitario", *Revista Quincena Fiscal*, número 13.

RUBIO LLORENTE, F. (1986): "El procedimiento legislativo en España", *Revista Española de Derecho Constitucional*, número 16.

RUBIO LLORENTE, F. (2006): "El papel del Consejo de Estado en el control de la calidad técnica de las normas", *Revista Española de la Función Consultiva*, número 6.

RUIZ ALMENDRAL, V. (2017), "Poder tributario autonómico y Derecho de la Unión Europea: consecuencias de un federalismo fiscal inacabado", *Revista Española de Derecho Europeo*, número 64.

RUIZ ALMENDRAL, V. (2018): "La imposición sobre las bebidas azucaradas envasadas: su compatibilidad con los límites y principios del ordenamiento tributario", *Quincena Fiscal*, número 18.

RUIZ ALMENDRAL, V. y ZORNOZA PÉREZ, J. J (2004), "El Impuesto sobre Grandes Establecimientos Comerciales. Análisis constitucional", *Nueva Fiscalidad*, número 10.

RUIZ ALMENDRAL, V. y ZORNOZA PÉREZ, J. J (2004); "Constitución económica y Hacienda pública", en PECES-BARBA MARTÍNEZ, G.; RAMIRO AVILÉS, M. A. (Coordinadores): *La Constitución a examen: un estudio académico 25 años después*, Marcial Pons, Madrid.

RUIZ GARIJO, M. (2013): "La tasa ENRESA", en BECKER, F., CAZORLA, L. M., MARTÍNEZ-SIMANCAS, J., (Directores), *Los tributos del sector eléctrico*, Cizur Menor, Thomson Aranzadi.

SAINZ DE BUJANDA, F. (1948): "Introducción al Derecho Financiero", *Revista de Derecho Mercantil*, número 15.

SAINZ DE BUJANDA, F. (1967): *Hacienda y Derecho V, Estudios de Derecho Financiero*, Instituto de Estudios Políticos, Madrid.

SÁINZ DE BUJANDA. F. (1975): *Hacienda y Derecho I, Introducción al Derecho Financiero de nuestro tiempo,* Instituto de Estudios Políticos, Madrid.

SALAS GARCÍA-NEBLE, L. M. (2023): "Buena administración y confianza legítima: a propósito de las liquidaciones del IIVTNU en las transmisiones mortis causa", *Revista de Contabilidad y Tributación, CEF,* número 487, octubre.

SÁNCHEZ GALIANA, J. A. (2012), "Configuración y régimen jurídico de las tasas en el ordenamiento tributario español. Fiscalidad, parafiscalidad y extrafiscalidad", en *Revista Española de Derecho Financiero, Aranzadi.*

SÁNCHEZ PINO, A. J. (1996): "El efecto invernadero, alternativas en la intervención de la Unión Europea, especial referencia a la propuesta del impuesto sobre las emisiones de dióxido de carbono y la energía", *Revista Noticias de la Unión Europea,* número 138.

SÁNCHEZ PINO, A. J. (2001): "Exigencias de la seguridad jurídica en materia tributaria", *Cívitas, Revista Española de Derecho Financiero,* número 109-110.

SÁNCHEZ RODRÍGUEZ, A. J. (2019): *Manual de Derecho y Mercado de la Energía,* Tirant lo Blanch, Valencia.

SANZ RUBIALES, Í. (2011): "Notas sobre la hoja de ruta hacia una economía hipocarbónica competitiva en 2050 (Comunicación de la Comisión de 8 de marzo de 2011, COM(2011) 112 final)", *Revista Catalana de Dret Ambiental,* Volumen 2, número 1, https://raco.cat/index.php/rcda/article/view/326015.

SARASÍBAR IRIARTE, M. (2017): "Energías renovables y cambio climático: un binomio condenado a entenderse", en GALÁN VIOQUE, R. y GONZÁLEZ RÍOS, I. (directores), *Derecho de las energías renovables y la eficiencia energética en el horizonte 2020,* Pamplona, Aranzadi.

SCHMÖLDERS, G. (1962), *Teoría General del Impuesto,* Editorial Derecho Financiero, Madrid.

SEDEÑO LÓPEZ, J. F. (2021): "El Tribunal de Justicia de la Unión Europea respalda el Impuesto sobre el Valor de la Producción Eléctrica (Análisis de la STJUE de 3 de abril de 2021, Asunto C-220/29)", *Revista Aranzadi doctrinal,* número 6.

SERRANO MORENO, J. L. (1990), "La Constitución ambiental", *Anuario de Derecho Público de Estudios Políticos,* número 2.

SESMA SÁNCHEZ, B. (2020), "Efectos de las sentencias anulatorias de normas en el ámbito tributario", *Crónica Tributaria,* 177/2020.

SIMÓN ACOSTA, E. (2010): "Reflexiones sobre los fundamentos de la legalidad y la reserva de ley en el Derecho Tributario", en ARRIETA MARTÍNEZ DE PISÓN, J., COLLADO YURRITA, M. A. y ZORNOZA PÉREZ, J. (Directores): *Tratado sobre la Ley General Tributaria: Homenaje a Álvaro Rodríguez Bereijo, Tomo I,* Thomson-Reuters Aranzadi, Cizur Menor.

SIMÓN ACOSTA, E. (2005): "Aunque la mona se vista de seda", *Actualidad Jurídica Aranzadi*, número 659.

SIR THOMAS BROWNE'S, (1650): *Sobre Errores Vulgares o Pseudodoxia Epidémica*, Edición publicada en 2005, Ediciones Siruela, Madrid.

SMITH, A. (1976) *An inquiry into the nature and causes of the Wealth of Nations*. The University of Chicago Press, Chicago.

SOLÉ, C. y GARCÍA MUÑOZ, J. C (2021): "IVPEE: ¿Sabía el Tribunal de Luxemburgo todo lo necesario?", en el *Periódico de la energía*, 5 de marzo de 2021, DOI:https://elperiodicodelaenergia.com/ivpee-sabia-el-tribunal-de-luxemburgo-todo-lo-necesario/

SOLÉ, C. y GARCÍA MUÑOZ, J. C (2021): "IVPEE: El emperador sigue desnudo", en el *Periódico de la energía*, 23 de septiembre de 2021, DOI: https://elperiodicodelaenergia.com/ivpee-el-emperador-sigue-desnudo/

SOLER ROCH, M. T. (2002): "Reflexiones sobre la evolución del concepto de Derecho Financiero", en *I Jornada Metodológica "Jaime García Añoveros" sobre la metodología académica y la enseñanza del Derecho Financiero y Tributario*, Instituto de Estudios Fiscales, 1 de febrero de 2002, documento número 11.

SOLER ROCH, M. T. (2008): "El principio de capacidad económica y la tributación medioambiental", en BECKER, F., CAZORLA, L. M., MARTÍNEZ-SIMANCAS, J., (Directores), en *Tratado de Tributación medioambiental*, Volumen I, Thomson-Reuters Aranzadi, Pamplona.

STEWART, J. (2001), *Intermediate Electromagnetic Theory*, World Scientific.

TAPIA HERMIDA, A. J. (2022): "El gravamen temporal a los beneficios bancarios propuesto por el Parlamento español ante el dictamen del BCE de 2 de noviembre de 2022 apuntes para una polémica", *Diario La Ley*, número 10169/2022, Sección Tribuna, 14 de noviembre de 2022.

https://diariolaley.laleynext.es/Content/Documento.aspx?params=H4sIAAAAAAAEAMtMSbF1CTEAAmMzAwNDI7Wy1KLizPw8WyMDIyNDQ0MDkEBmWqVLFnJIZUGqbVpiTnEqAM-3Ti41AAAAWKE#tDT0000360012_NOTA1

TAPIA RAMIREZ, I. (2018): "Vuelve el déficit de tarifa", *El Confidencial*, https://blogs.elconfidencial.com/espana/desde-fuera/2018-09-19/deficit-tarifa-electrica-vuelve-gobierno_1618398/.

TERRÓN SANTOS, D. (2019): "La nueva actividad pública de fomento: el «green nudge» en la actual contratación pública", *Gestión y Análisis de Políticas Públicas, INAP*, número 22.

TOLEDO JÁUDENES, J. (1987): "El principio quien contamina paga y el canon de vertidos", *Revista de Administración Pública*, número 112.

TORIBIO BERNÁRDEZ, L. (2020): "Ayudas de Estado y Deporte: los regímenes fiscales preferentes en el mundo del fútbol a la luz del Derecho Europeo de la competencia", *Revista Técnica Tributaria*, número 128.

TORIBIO BERNÉRDEZ, L. (2023): "El defectuoso tratamiento de la reserva de ley en la Ley General Tributaria. Propuestas de mejora", *Revista Española de Derecho Financiero, Cívitas*, número 197.

TRAVERSA, E. y SCHERLEITNER, M. (2023): "How to Achieve the EU's Climate Goals? A Model Proposal for Multinational Entities Contributing to Fill the Green Investment Gap", December 1, 2023, disponible en SSRN: https://ssrn.com/abstract=4650390 or http://dx.doi.org/10.2139/ssrn.4650390.

VAQUERA GARCÍA, A. (1999), *Fiscalidad y medio ambiente*, Editorial Lex Nova, Valladolid.

VARONA ALABERN, J. E. (2005): "El tributo catalán creado por la Ley de Protección Civil de Cataluña y la STC 168/2004, de 6 de octubre", en *Nueva Fiscalidad*, número 6.

VARONA ALABERN, J. E. (2009): *Extrafiscalidad y dogmática tributaria*, Marcial Pons.

VEGA BORREGO, F. A. (1998): "La interdicción de la discriminación impositiva en la organización mundial del comercio: a propósito del asunto Japón-impuestos especiales sobre bebidas alcohólicas", *Revista de Derecho Financiero y de Hacienda Pública*, Volumen 48, número 250.

VELASCO CABALLERO, F. (2014): "La creación de una jurisdicción fiscal en España. Conclusiones", en *Seminario del Centro de* Investigación *sobre Justicia Administrativa celebrado por la Universidad Autónoma.*

VERA JURADO, D. (1994), *La disciplina ambiental de las actividades industriales: autorizaciones y sanciones administrativas en materia de medio ambiente,* Tecnos Madrid.

VERNENGO, R. J. (traducción 2002): *KELSEN, Teoría pura del Derecho,* México, Porrúa.

VILLAR EZCURRA, M. (2013): "Cuestiones de eficiencia, eficacia y legalidad comunitaria europea en el proceso hacia un modelo de fiscalidad de la energía", *Quincena Fiscal,* número 5, recurso electrónico Westlaw: BIB 2013/450.

VILLAR EZCURRA, M. (2023): *Fiscalidad, parafiscalidad y regulación económica en el sector eléctrico español,* Editorial Aranzadi, Cizur Menor, Navarra.

VILLAR EZCURRA, M. y CÁMARA BARROSO, M. C. (2022), *Los incentivos fiscales al autoconsumo de la energía fotovoltaica.* Editorial Instituto de Estudios Fiscales.

VIVES TORRENTS, X. (2006): "El reto de la competencia en el sector eléctrico", en Comisión Nacional de la Energía (Dirección), *Energía: del monopolio al mercado, CNE, diez años en perspectiva*, Editorial Cívitas.

VON DER LEYEN, U.: *Discurso Estado de la Unión Europea 2022,* de 14 de septiembre de 2022.

WEIZSÄCKER (1992): *Ecological Tax Reform: A policy proposal for sustainable development,* Zed Books, London- New Jersey.

YÁBAR STERLING, A. (1998), editora: *Fiscalidad Ambiental,* Cedecs Editorial, Barcelona.

ZAPATERO GÓMEZ, V. (1998): "El club de los monófilos", *Cuadernos de Derecho Público*, número 3.

ZORNOZA PÉREZ, J. (1993): "Tributos propios y recargos de las Comunidades Autónomas". *Documentación Administrativa*, 1992-1993, Madrid.